黑龙江历史文化研究工程项目（CBZZ1805）
国家社科基金项目 (12BZW124)

满通古斯语民族
民间口述资源的女性研究

郭淑梅 著

商务印书馆
创于1897 The Commercial Press
2019年·北京

图书在版编目(CIP)数据

满通古斯语民族民间口述资源的女性研究/郭淑梅著.—北京:商务印书馆,2019
ISBN 978-7-100-17022-2

Ⅰ.①满… Ⅱ.①郭… Ⅲ.①通古斯满语族—语言学—研究 Ⅳ.①H54

中国版本图书馆CIP数据核字(2019)第001161号

满通古斯语民族民间口述资源的女性研究
郭淑梅 著

商务印书馆出版
(北京王府井大街36号 邮政编码100710)
商务印书馆发行
北京顶佳世纪印刷有限公司印刷
ISBN 978-7-100-17022-2

2019年7月第1版 开本710×1000 1/16
2019年7月北京第1次印刷 印张23½
定价:88.00元

目　录

第一章

满族口述神话创世叙事

第一节 傅英仁满族口述神话

在满通古斯语族口述资源中，创世神话作为一种古老的民间叙事，对探究远古人类穷极造化的想象力和把握世界的独特方法，有不可替代的作用。在只有语言没有文字的口耳相传的原始社会形态中，“所有的历史都是口述史”，一切与生存相关的“工艺与技能，时间与季节，天堂，领地，法律，言语，事物，交易”① 等必须牢记在心，世代传诵。行吟诗人、故事的歌手、民间故事家、说书人等不同称谓的记忆力超群的特殊人物都是口述史的承担者，他们在世界范围内生生不息、薪火不灭的讲述活动，使得后世有机会得窥人类初年魅力四射的智慧宝藏。满族萨满神话，正是经过口述传承人，也就是民间故事家的口头传递，才保留下承载着民族生存密码的历史画卷。这些被历史学家称为口头证据的神话，看上去色彩斑斓，激情澎湃，折射出满族先民尊崇宇宙、效法万物、信仰萨满教、气势恢宏的自然神韵。

由黑龙江省宁安市满族故事家傅英仁口述、张爱云记录整理的《满族萨满神话》口述文本，共计30万字，记述了满族萨满世代相传的“老三星”开天辟地的创世神话。对经由萨满之间内部传承的此类创世神话，满语称“窝车库乌勒本”，意为“神龛上的故事”，被尊奉为满族族众的神物。傅英仁口述传承的《满族萨满神话》，在传承过程中遵守严格的氏族内部规定。满族创世天神的圣事神迹，仅限于满族萨满之间递交授教，一般来说，在老萨满晚年时才传予弟子，并嘱其切勿外泄。这种在萨满师徒之间口耳相传、对外秘而不宣的保密方式，使得傅英仁等萨满传人传承的“神龛上的故事”以文本形式公开亮相时，得到了学术界的高度关注。满族说部“神龛上的故事”，被认为是继赫哲族口述资源伊玛堪整理后，满通古斯语族口述“活化石”的再次出土。

傅英仁（1919～2004），男，满族镶黄旗人，姓富察，祖籍黑龙江省宁安市。大专文化，1946年工作，1983年离休。他一生经历复杂，曾任小学校长、中学教员、县干校副校长、县业余教育办公室干部、蔬菜公司干部、县志编辑

① ［英］保尔·汤普逊，《过去的声音——口述史》，覃方明、渠东、张旅平译，辽宁教育出版社，2000年，第26页。

室主编等职。曾为县人大常委、政协常委，牡丹江市人大代表。也曾兼任中国民协理事、省民协理事、县市民协名誉主席等名誉职位。1984 年，离休后的傅英仁获黑龙江省人民政府颁发的“满族民间故事家”称号，成为黑龙江省著名非物质文化遗产传承人，中国著名民间故事家、口述传承人。由傅英仁一生多变的履职经历，可见其动荡而不平凡的生命轨迹。

傅英仁口述传承的《满族萨满神话》，主要流传在黑龙江省宁安市。黑龙江省的满族来自三种成分——世居满族、京旗满族、驻防满族。民族称谓“满洲”意即“吉祥的民族”，辛亥革命后简称满族。满族族源上溯至古肃慎族系后裔女真族，语言属阿尔泰语系满通古斯语族满族支。宁安市归属黑龙江省牡丹江市管辖，古称“宁古塔”，意为六个贝勒之地。顺治六年（1649）置昂邦章京、副都统，后改称宁古塔将军。在《满族萨满神话》后记中，傅英仁回顾了他在宁安时期当“少年萨满”的经历。傅英仁自幼师从宁古塔大萨满关寿海、梅崇阿、郭鹤龄，习练萨满。他掌握的满族神话故事主要传承于上述三位萨满师父。13 岁至 17 岁，傅英仁拜关寿海为师，关寿海是清朝副都统衙门笔贴式，即秘书，是位满汉齐通人士。大约花费了四年时间，关寿海传授了一百多位萨满神的故事给傅英仁。这些故事一半以上是完整的，另一部分只有神名和故事情节。傅英仁的舅舅郭鹤龄是清朝佐领，四品官衔。从郭鹤龄那里，他又学会了一些萨满神话和萨满祭祀礼仪。傅英仁的三舅爷梅崇阿是远近闻名的大萨满，傅英仁跟随梅崇阿习练萨满舞，承继了五套萨满舞。此外，傅英仁的奶奶和三爷傅永利都是著名的满族民间叙事高手。他的家族内部，无论父系还是母系，都诞生过著名的大萨满，在满族萨满故事口述传承方面，傅英仁的条件得天独厚，尤其是在宁安一带，这种优越的条件无人能及。

满族萨满神话的传承，最初遵守的严密性和家族性，遇到历史动荡、时代更迭时，也会有所松动。傅英仁回忆道：“清代以前，萨满神话是绝对不许对外人讲述的，以免在社会上流传开来，遭到曲解，亵渎神灵，只能在极少数老萨满中讲述承传，以后，特别是 20 世纪 30 年代，封禁渐开，我也十多岁了，又当上了小萨满，我才有幸得到这样的真传。”①

---

① 傅英仁讲述、张爱云整理，《满族萨满神话》，黑龙江人民出版社，2005 年，第 360 页。

作为满族人，傅英仁独特的生存境遇，他少年遭逢的萨满经历，是保存萨满文化记忆值得庆幸的事情。傅英仁很珍惜他所拥有的满族口头文化遗产，他透过大半生的历史尘埃，在记忆中爬梳拣拾萨满文化的金子，在83岁高龄时，把他从三位师父那里承继的全套神话《满族萨满神话》系列故事完整地口述下来，留给了后人。

一、老三星创世

（一）水生型创世神话

傅英仁口述传承的《满族萨满神话》，一个很重要的叙事立场，是给予老三星创世神话中原古神的地位。老三星是没有性别指向的原古神，满族萨满创世神话中的主要天神阿布凯赫赫、阿布凯恩都哩、巴纳姆恩都哩，敖钦大神，恶魔耶路哩都是在原古神基础上诞生的弟子。老三星裂生了女天神阿布凯赫赫等五个弟子，第一个裂生的大弟子女天神阿布凯赫赫与恶魔耶路哩代表着善恶两种势力，天宫大战起源于耶路哩对天宫权力的觊觎。女天神阿布凯赫赫因掌权失误而让位于男天神阿布凯恩都哩，男天神承担起继续与恶魔耶路哩战争的责任。男天神阿布凯恩都哩执掌周期结束后，将权柄交由女天神佛托妈妈等新三星掌管，女天神佛托妈妈继续与恶魔耶路哩等黑暗势力博弈。傅英仁的满族萨满创世演进过程的轨迹说明，老三星和新三星新旧势力的交替掌权，并不意味着老三星退出了创世舞台，老三星造出天宫、大地、人和万物，便将天宫和人世间交给新三星佛托妈妈、堂白太罗和纳丹岱珲去打理，自己去做更高层次的建构。

老三星创世神话水生型是满通古斯语族众多创世神话形态中的一种。在满通古斯语族创世神话中，因各语族独特的传承历史，有天神创世、神化身创世、神兽造地说等天地形成类，也有水生、树生、石头造人、泥土造人、人兽结合、洪水再造说等人类起源类型。① 内容并不一致的创世神话，可以视作满族、赫哲族、鄂伦春族等满通古斯语族在漫长的生存史演化进程中，由于地理环境、原始聚落、族群发展等状况的不同，也就是史前地域性族群性的变动不居而产生

① 黄任远，《通古斯－满语族神话研究》，黑龙江人民出版社，2000年，第124～138页。

的差异所致。

傅英仁口述传承的满族萨满创世神话是水生型创世神话。考察中国少数民族创世神话，水生型并不少见，如彝族《六祖史诗》中的“人祖来自水，我祖水中生”①，认为彝族祖先是水生。基诺族《阿嫫腰白》的创世女神阿嫫腰白是大海所生。② 水作为一种远古的生命意象，反复出现在创世神话中，说明原始社会洪荒漫天的集体无意识世代相传深植于民族心理，传递出生命的本源与水的不可分离，也象征着史前时期人类所经历的水世界的存在。在地理分布上，《满族萨满神话》的传承地在黑龙江省。黑龙江古代称黑水，辽代始见黑龙江之称，清代乃以黑龙江作为行政区划，满语称萨哈连乌拉。东北以乌苏里江、黑龙江为界河与俄罗斯为邻，西接内蒙古自治区，南与吉林接壤。境内江河纵横，水资源居北方各省之首。黑龙江、松花江、乌苏里江、嫩江和牡丹江五大水系，兴凯湖、镜泊湖、五大连池等江河湖泊，以及大量的内陆湿地和水域生态，使得野生动植物异常繁茂。加上清以来的封疆政策，黑龙江作为清朝皇族的龙兴之地不得开垦，更呈现出原始蛮荒状貌。1949 年后之所以对黑龙江展开大规模的开发建设，主要是因为黑龙江地理自然资源得天独厚。傅英仁家族久居宁古塔，境内的牡丹江水系古称忽汗水，著名的镜泊湖是该河的干流，流域总面积 37023 平方公里。远古传承的水生型创世形态与地域性特征相符。原始人对水生命力的崇拜，源自自然界本身的力量，只有自然界本身的力量影响到人的生存时，人才会产生对其崇拜或恐惧的心理。傅英仁对水生型创世神话的解释可视为混沌说。他认为，宇宙最初是由水组成，混沌呈汪洋大海状。水分轻重两种，轻者为水，重者为巴纳姆水，也称真水。水有特殊功能，可生万物也能灭万物。轻重两种水撞击时，产生水花、水泡、水球，进而产生火花。火花间撞击又产生了火球。火球间撞击，遂产生了大水星和大火星，两星撞击，最终产生了大光星。大光星与前两星不同，除本身发光外还带有灵气。由于大光星的性灵关系，大光星主管着大水星和大火星。而后，三星聚合成了含有水火光三种灵气的三位一体的神老三星。③

---

① 刘尧汉，《中国文明的源头》，云南人民出版社，1985 年，第 37 页。

② 宋兆麟，《中国生育信仰》，上海文艺出版社，1999 年，第 416 页。

③ 傅英仁讲述、张爱云整理，《满族萨满神话》，黑龙江人民出版社，2005 年，第 10 ～ 11 页。

老三星的创造力来源在于老三星自带灵气。灵气是指老三星能够产生智慧，智慧是产生万能的原始之气。灵气对混元之气具有澄清、分离的作用。分离后，灵气上升造为天宫，混元之气下沉为浊气，再与巴纳姆水和七彩神土混合，形成大地。灵气不仅仅是产生智慧和万能，还会聚集成保护层，包裹着天上人间不受扫帚星等象征宇宙破坏力的外来黑暗势力的侵害。

由此，老三星创世利用了灵气也就是智慧，创生了天穹万星、大地以及阿布凯赫赫、阿布凯恩都哩等众位天神。从神的形态上看，老三星只是水光火三位一体的性灵神物，没有神或人的赋形。在傅英仁的口述中，这个水光火一体的星体，却承担着宇宙空间开天辟地的大任，故称之为满族原古神。

（二）女神群造物神话

水生型创世神话里的老三星作为宇宙间区别于扫帚星的一个善星星体，处于尚未创造人类万物的无性繁殖阶段。老三星裂生①弟子阿布凯赫赫和阿布凯恩都哩分别有了各自的性别。裂生是神诞生的一种方式，也是老三星自我繁殖的一种手段。裂生等于老三星运用一己之力，自身分裂出可以区分男女的性别神。前者是女天神，后者是男天神。女天神阿布凯赫赫是傅英仁《满族萨满神话》中出现的第一位具有母性气质的天神。在其他满族萨满神话中，阿布凯赫赫也称阿布卡赫赫，亦是经常被提及的女天神，她的神祇功能相当于西方众生眼中的基督教上帝、东方佛教徒眼中的菩萨，对满族人有护佑拯救的作用。当人遭遇厄运时，往往口中念及阿布凯赫赫，以求获得眷顾和拯救。因此，在萨满教信仰范围内，阿布凯赫赫是全知全能、体恤满族人苦难并拯救满族人脱离苦海的天母神。

老三星裂生五位天神，终极目的是繁殖造物，使天宫大地神人同在，万物欣欣向荣。但是，傅英仁口述的重点并不是将阿布凯赫赫和阿布凯恩都哩这一对男女天神配成双，通过交合产生后代，繁殖一批天神，制造家族式神祇传承模式。在傅英仁的口述中，女天神和男天神二者的差异圈定在性格气质上，两

---

① 傅英仁认为，天上繁殖方式有五种，裂生、湿生、化生、胎生、卵生。裂生是由一个分裂成两个三个到无数个；湿生是凡潮湿地方都能生小动物；化生是依宇宙变化从一种生物转化成另一种生物；胎生是怀胎后生产；卵生是产卵后孵化。其中，老三星裂生的五位徒弟天生为神。

位性别神均是带有自然特征的天然神体，阿布凯赫赫仁慈包容，不主张杀戮。按裂生顺序，她位尊老大，天宫管理上以她的观点为重。阿布凯恩都哩的天然神体本性，与老大恰好相反，崇尚武力，喜欢除暴安良，位列老二。由于天宫大战导致推崇尚武性格的政治需要，老二阿布凯恩都哩注定成为老大阿布凯赫赫的取代者，这是傅英仁叙事尚武（男性）性别立场所注定的。

此外，其他的神各有分工，老三是地神巴纳姆恩都哩，老四是大力神敖钦大神。四位天神裂生时，均有七彩神光护佑，都是善神本根。他们最终都围绕着女天神阿布凯赫赫的指挥棒转，以维护天宫利益为个人立场。第五位天神耶路哩裂生时，是一团黑气。老三星意识到此神非彼神，身份颇可疑，决意分解耶路哩，以免留下祸患。但是，根性善良仁厚的阿布凯赫赫对此大加阻拦，决定把自身的神光分一部分给耶路哩，希望耶路哩得到一部分七彩神光后变为善神。可事实恰恰相反，当耶路哩获得七彩神光进而获得生存权后，不再遵守行善诺言，而是对阿布凯赫赫执掌天宫的权力产生了浓厚兴趣，一再图谋夺取天宫权位，为满族创世神话中著名的天宫大战“神魔大战”埋下伏笔。

傅英仁在《满族萨满神话》中，对女天神阿布凯赫赫忍让包容的性格缺陷是有诟病的。仁慈是叙述者视女天神缺乏执政力度的关键。女天神的政治主张，不仅左右着女神群，也影响着善恶之争的成败。在傅英仁口述立场看来，阿布凯赫赫以仁慈执掌天宫权力，违背了萨满信仰中善恶对阵你死我活战斗哲学的宗旨。这与他以后在叙事中将女天神推下神坛，从而确立男权天宫体制是一致的。

不论傅英仁口述中如何不赞成阿布凯赫赫的仁慈执政，他必须尊重阿布凯赫赫的身份地位，这应该是作为现代人的傅英仁，在口述传承过程中加了自身理解而造成的矛盾纠结。傅英仁必须在口述中呈现老三星赋予的满族女神群体以绝对主体的地位执掌天宫的历史命运。这是傅英仁作为现代人无法改变的萨满教传统——对女天神阿布凯赫赫的崇拜。基于满族女神崇拜传统，叙述必须围绕着女天神阿布凯赫赫女神群主体展开。

满族创世神话最突出的形象系列是“妈妈神”神群谱系，傅英仁在他传承的《满族萨满神话》中对此表现得相当充分。但是在此，傅英仁又一次将阿布凯赫赫的地位置于万能的老三星原古神之下，强调原古神的作用并不局限在裂生五个徒弟，老三星有更重要的事情要做。裂生五徒，命其各司其职，老三星将天宫交由阿布凯赫赫女天神管理，自己则退居幕后继续建造七层天宫。因此，水生型创世神话中的老三星是万能的、至高无上的，并不直接与人类等生物发生关系，只制造天宫之上的物质，如天神等。裂生的女天神阿布凯赫赫，在其之下管理天宫大地人类万物。阿布凯赫赫的首要职责是到地上寻找上劫[①]大洪水后存活下来的一些女神，以创造新世纪新人类。所以，在矛盾纠结中，傅英仁口述创世神话给予阿布凯赫赫女神神群司创造繁衍的重任。

经历过大洪水之后，劫后余生的十位妈妈神，在阿布凯赫赫的安排下，重启生命历程，合力创造自然万物。女神群地位显赫，功高至伟。口述中，水的意象再次出现，但这水不是作为老三星诞生时宇宙间充满着的混混沌沌的水，也不是一片汪洋尚未有生命迹象的水，而是发生过的大洪水迹象。这与洪灾过后再造人类的世界性人类起源原始洪水神话是相通的。洪水神话是以洪水灭绝人类以及人类再生为内涵的。再生内容和形态差异万千，典型的洪水再生原型是兄妹成亲，如白族、怒族、独龙族、黎族、水族、羌族、佤族等中国少数民族的创世神话，都有洪灾过后，世上只剩成功避开洪水的兄妹俩，兄妹成为再造人类的始祖的故事。[②] 傅英仁的口述传承中，人类再生过程中从未出现过男人，全部由女人来完成。在《满族萨满神话》中，需要引起关注的是满族原始初民的生命轮回观和女神群造物信仰的合二为一。在洪劫过后，创造人类和自然界万物的不是兄妹而是生命力旺盛的“妈妈神”神群。

生命轮回，是原始人对自然界宇宙万物“再生”的初步认识。满族先民在生命起源上讲究“劫”，满族萨满信仰中以自然界“再生”的生命轮回现象映照自身，揭示出生生不息的人类繁衍生存规律。在每一次生命轮回初始，洪水过后，必然有女神现身，她们都是“上劫”的产物。以此推断，水劫之后重生的女神们，组成妈妈神群，去建造一个新的以女天神为中心的宇宙新秩序。

因此，复活上劫女神是阿布凯赫赫建立妈妈神群谱系的第一步。她必须招

---

① 傅英仁认为，宇宙的一个起始至结束为一个大劫。一个大劫包括三个中劫，一个中劫包含九个小劫，一个小劫是天国的八十一万天年。《汉语大字典》对劫的解释是梵语“劫波”，劫者，盖是纪时之名，犹年号耳。所以，从宇宙起始到结束，视为劫，是傅英仁口述传承的主要观点。

② 向柏松，《神话与民间信仰研究》，人民出版社，2010 年，第 57 ～ 58 页。

兵买马，要上劫有能力的女神辅佐她，建立起以她为中心的女神统治制度。创世之初，人类万物首先要考虑的是繁殖大事。在此，佛托妈妈神贡献最大，拿下头功。她是上劫可以行走的柳树女神。“行走”是上劫树的主要特征，意味着不挑剔环境，随处留下痕迹。由于柳树繁殖能力强，在北方苍茫寒冷的大地上，存活概率高，俗语称“插柳成荫”，受满族族众崇拜。满族柳树节，就是纪念柳神——满族人始母神的节日，也称满族母亲节。① 洪劫过后，柳树神复活，在新秩序中是第一助手神，负责人类和万物灵魂的繁殖哺育。柳树神佛托妈妈的主要特征是有一双巨乳。巨乳作为原始生殖崇拜原型大母神身体的一部分，不仅有容器的特征，还有外施性的表现，“它赋予女人营养施与者的典型特征”②。

正如大母神原型以容器般的身体象征母性滋养生命、包容万物的史前女神精神，佛托妈妈神用两个巨大乳房喂养着她身上保留下来的上劫灵魂，为生命提供动力源，无疑是满族萨满创世神话中的大母神。上劫灵魂在新秩序到来时，成为天宫灵魂山上收纳的首批灵魂，由佛托妈妈的徒弟、灵魂山守护神僧格——刺猬神负责。经过包容万物的大母神的巨乳喂养保存下来的灵魂，成为劫后重建活动必要的精神储备。

第二位助手神是海兰妈妈神。她在上劫是树神，保留了上劫所有行走的树种，为植物的繁殖提供了先决条件。她边走边撒树籽，以播种的方式创造一片片树林。播种方式是人类定居后进行农耕活动时发明的一种助力植物生长的手段，因此必须有人工喂养水，还要有自然界阳光、风、雨露的共同作用，树才能生长。但是，在满族萨满神话里，神与自然的关系突破了自然界的生长规律，强调大母神的主动喂养功能。在对树木实施喂养的过程中，一个趣味性的镜头凸显了出来，佛托妈妈跟海兰妈妈后面，用乳汁浇灌树籽。因而，树长得很快，地上有了绿色。乳汁不单对灵魂肉身躯体等动物类起哺育作用，还为植物类提供营养成分。赋予佛托妈妈大母神哺育万物的特征，显然是满族萨满教信仰所特有的尊自然界万物有灵，不分彼此无高低贵贱，均受益于大母神的原始母系

---

① 富察春兵在《满族的母亲节——柳树节》（满族文化网，2016 年 5 月 8 日）中认为，北京满族人把冬至后的 81 天分为 9 个阶段，按次序分为头九至九九。根据满族人从关外带来的古俗，九九后第一天为柳神节，又称柳树节。

② ［德］埃利希·诺伊曼，《大母神——原型分析》，李以洪译，东方出版社，1998 年，第 122 页。

氏族观念所致。

第三位助手神是安车骨妈妈神。安车骨是古代地名，在现今黑龙江省五常市一带。她在上劫保留下带翅膀会飞翔的灵魂，是创造飞禽的女神。由此，活动在天空的物种也有了。第四位助手神是海伦妈妈神①，她可役使江河湖泊中的水族，鱼界物种也齐备了。第五位助手神是突忽烈妈妈神②，她领有鲸鱼、乌龟等五支海洋队伍，海洋也有女神来掌控了。第六位助手神是赛音妈妈神，她对动物有役使能力，大地上的百兽也得到了女神的管理。此外，阿布凯赫赫还收服了部落神萨哈连妈妈、粟末妈妈、漠里罕妈妈、完达哈妈妈等十位女神，以及乌春切德利③妈妈等，使其充当助手神。天上地下、江河湖海，都按部就班，开始创建满族母权制新秩序。

上劫众妈妈神组成隶属于阿布凯赫赫的女神神群，从事造物工作。阿布凯赫赫的势力范畴分为天上国、地上国、地下国三层。人和动物起源，一律遵守延续天上国规则，运用天神拥有的材料制造。用七彩神土给地上的天兽制造生殖器，动物分成雌雄。人类是从动物中产生的，选择头脑聪明、前后肢分开且能够直立行走的动物，给它们装上人的灵魂，就产生了人类。

傅英仁口述传承的满族创世神话认为，在存在形态上，人与动物并无太大差异，根本区别在于灵魂。从满族萨满祭礼过程中，萨满习惯于召唤各种动物神附体，进入“神上身”阶段的仪式里，可以看出创世神话与萨满教人与自然界万物沟通乃至变形的观念关系密切。因此，满族创世神话关于人与动物的产生过程，关于灵魂差异说，对我们解释萨满“异能”等“出神”行为无疑具有重要参考价值。而这一切，均有赖于妈妈神神群对人与动物不分贵贱的造物原则，散发着史前大母神的精神光照。

（三）善恶二元对立

善恶二元对立观念，是满族萨满神话设置故事悬念、推动情节深入、制造形象特征的叙事焦点，也是满族创世神话强调原始宗教萨满教二元对抗存在的理论

---

① 海伦，即水獭。

② 突忽烈，即鲸鱼。

③ 乌春切德利，即萨满歌舞女神。

依据。在满族萨满创世神话中，善恶引申出两种势力永久冲突的宗教观念。满族萨满教认为，善神与恶神之争，在天宫建造之始就埋下隐患，具体表现形式是阿布凯赫赫与耶路哩之间展开的天宫大战，也称神魔大战。满族萨满教在创世神话中加入了恶魔（恶神）耶路哩，与其说这种原始宗教是自然神崇拜，不如说是善恶对立的战斗性宗教。恶魔终将被正义之师打败，善神一方也会历尽千难万险，损失惨重。在以阿布凯赫赫为首的善神与以耶路哩为首的恶魔持续不断的搏斗中，萨满教拯救世间万物的特征才得以发扬光大。

傅英仁口述传承的《满族萨满神话》，神魔大战并非局限在老三星创造的善恶冲突的弟子之间，口述人将宇宙也设定成一个善恶二元对立的存在体系。内在的善恶对立，既源于内在自身所制造的失误如裂生耶路哩并没有分解他，使恶神的存在成为事实。重要的是，外在世界同样存在着恶势力——扫帚星，这是宇宙星座中与善星对抗的星座。口述人所提供的外部范畴来自于宇宙空间，确定了一个永恒的无法避免的对抗框架。老三星并非在宇宙中一星独大，在宇宙偌大的循环体系里，老三星只不过是一个善星而已。扫帚星是一个与老三星共同存在于浩瀚宇宙的恶势力星体。从层级上看，老三星与扫帚星在宇宙中对抗，阿布凯赫赫与耶路哩在天宫、地上国、地下国体系里对抗，善恶二元对立成为宇宙运行的不二法则。

战争的根源究其动因是权力争夺，最初来自天神内部的善恶两股势力之争。耶路哩原本是老三星裂生的神，只不过生性好动，经常在天宫内部东走西逛。在游走的过程中，本根趋恶的耶路哩偶然冲破了天宫的灵气包围，越界与深具破坏力和腥臭气的扫帚星星主一拍即合，并拜其为师，习练扫帚星魔法。由于外部势力的支持，耶路哩由恶神转变为魔鬼，走上与阿布凯赫赫天神群对抗，夺取天宫权力的歧路。

阿布凯赫赫与耶路哩之争，提醒人们《满族萨满神话》所讲述故事的中心议题是天神之间内在矛盾的集中突显。矛盾的对立，从女天神阿布凯赫赫掌权便已开始了，承认神魔之间不可调和的权力争夺，也就意味着认同满族社会自古以来就不太平。傅英仁口述传承的神魔大战，根植于萨满教是善恶冲突宗教的观念，象征着善神主持正义，魔鬼代表邪恶，两种势力生死较量，没有妥协回旋的余地。

阿布凯赫赫与耶路哩之间的神魔大战，关键在于结局是女天神所代表的母权制退场。神魔大战的核心是争夺天宫以及人类万物的掌管权。傅英仁通过《大魔鬼耶路哩》的神话故事，对此有相当细致的讲述。口述认为，阿布凯赫赫不能明辨是非，养痈成患，枉坐创世女神宝座。她三次因师兄弟情分，不忍对耶路哩下手，贻误战机，致天宫损失惨重。① 傅英仁口述传承对阿布凯赫赫的批判倾向，基于以暴制暴的父权制立场。阿布凯赫赫凭借仁慈的自然本性主政天宫，大母神的宽容性格特征不仅没有为她带来理想秩序，反而助长了邪恶气焰上升。作为传承久远的民间口述资源《满族萨满神话》，口述人将女天神所秉承的仁慈包容等品质等同于无能的价值判断，明显地带有传承者父权制意念主观投射到创世神身上的性别动机。在这一动机的驱使下，傅英仁在口述传承中，着力去表现阿布凯赫赫母权制式微，最终让位于父权制天神阿布凯恩都哩是历史必然的观念。

为证明叙事者的立场观点，傅英仁的口述叙事动用了老三星的力量。尽管老三星没有性别，不过作为创世神话叙事的隐身者，一个更高层级的设计者，一个全知全能者，老三星在语言表述以及行为规范上更像是一个男性老者的智慧化身。老三星让阿布凯赫赫第三次用安达葫芦收服罪恶昭彰的耶路哩时，已暗示具有包容性的阿布凯赫赫施“仁政”的失败。在耶路哩花言巧语、痛改前非的虚假表演面前，阿布凯赫赫再次上当受骗，天母神形象大损。退让不仅说明阿布凯赫赫的执政缺乏力度，还制造出天母神愚昧无知任人戏弄的形象。最终，老三星以一种凌驾于母权制权威之上的全知全能者形象出场，收拾阿布凯赫赫留下的烂摊子，把地下国出口封住，让耶路哩长期待在地下国里。对阿布凯赫赫的训诫是，“把天宫治理好，把众神管理好，把妈妈神安置好，防止耶路哩勾结扫帚星扰乱天宫”②。老三星的训诫隐含着对女天神执政不利的不满，也预示着下一步善神面临的形势更加严峻。所谓道高一尺魔高一丈，阿布凯赫赫的对手耶路哩拥有强大的恶势力联盟，他们斗志旺盛，即使被封在地下国里，耶路哩和扫帚星小妖们，也抓紧训练布瘟法、吃人法、吸血法、伪装法、三变

---

① 傅英仁讲述、张爱云整理，《满族萨满神话》，黑龙江人民出版社，2005 年，第 24 ～ 29 页。
② 同上注，第 29 页。

法、脱壳法等魔界大法，以备攻打天宫，从阿布凯赫赫手中夺权。

母权制必败的结局，预示着神魔大战中魔道具有的巨大杀伤力和潜在威胁，也就是说，魔鬼从来没有退出战争。耶路哩魔性不改初恶，与耶路哩魔性相呼应的是人间存在着大批邪恶势力。《大魔鬼耶路哩》专门描述耶路哩如何装模作样、口是心非、口蜜腹剑，以骗取阿布凯赫赫的信任。口述人在恶魔耶路哩的身上装满了现代人的阴谋诡计，与现代人的恶俗丑陋一模一样。从这点上讲，傅英仁的神魔之战，就是人间叙事“好人坏人”的现代翻版。《神魔大战》讲述耶路哩带领五魔五鬼五妖一行队伍，由扫帚星座星主负责给耶路哩打开地下国封口攻打天宫的故事。在这则故事里，阿布凯赫赫慈悲为怀、包容恶事的母权制政治弊端一览无余。她不仅没有对敌方采取新战略，而且仍不思进取，不审时度势，导致错判局势，以行礼让为名，铸成大错。母权制以先礼后兵的劝退规则，一再贻误战机。“我去和他讲讲道理，也许会使师弟回心转意，如果他能把这些魔鬼赶回地下国，还可以重新修行，以成正果。”① 在周围众神规劝女天神不可这般善心对待妖魔鬼怪，以防对天宫不利的情况下，她依然固执己见，可见阿布凯赫赫的“以德治理”的母权政治多么软弱无力。战争失败后，阿布凯赫赫不得不退回天宫，由四方大神也就是四只天鹰将耶路哩拦在天宫外。

傅英仁的口述传承表现出明显的男权立场，尖锐地指出母权制式微的原因——分不清敌友，也表达了对阿布凯赫赫性格的不满。从阿布凯赫赫一再采取包容的感性神格，与耶路哩用尽心机的策略化的理性神格（恶神神格）相比较而言，耶路哩的理性观更可取。他用一个细节把耶路哩冷静客观的理性精神阐述得非常到位。耶路哩失败后，退回地下国，认真研究攻打天宫的对策。他充分利用神性（也即人性）争名夺利好大喜功的弱点，设计行骗天宫四方大神。他假传阿布凯赫赫圣旨，说是对四方大神论功行赏，将四只天鹰引诱到天宫投胎山，四只天鹰为抢先转化为神体，私心大作，争夺出门权。它们挤成一团往门外飞，结果身体黏到一起无法分开，导致天宫门禁失守。四方大神抢着去投胎的选择性失误，正是源于耶路哩对神性也即人性弱点的理性分析，采取准确对策，一击毙命马上奏效。

---

① 傅英仁讲述、张爱云整理，《满族萨满神话》，黑龙江人民出版社，2005 年，第 33 页。

天宫失禁，耶路哩率众魔二次攻打天宫，阿布凯赫赫召来五百妈妈神和一千多女天兵积极备战。在这次战争中，她全部任用女神阻击耶路哩，三百女神对入侵之敌齐放天箭，耶路哩和众魔抵挡不住，再次逃回地下国。三百女神在与耶路哩第二回合的战争中贡献巨大。

耶路哩二打天宫失败后，决定利用外界力量，第三次攻打天宫。耶路哩搬来扫帚星座星主凡可沙增援，凡可沙对天宫施以制冰魔法，重创天宫。于是，天宫由春天变为寒冬，“从天宫的东、西、南、北四个方向涌上来重重的冰山，阿布凯赫赫连同三百名女神首当其冲，被冰山压到了大地上，另外二百名女神被及时赶来的老三星救到第三层天去了”①。大地成为冰川，耶路哩占据天宫，对众魔即位分封，将天宫变成腥臭之地。这场女天神与魔鬼的战斗，不仅让人看到了魔鬼耶路哩具有的巨大能量，还把阿布凯赫赫失败的原因归咎于她的短视。由于她认为天下不存在恶魔，因此幼稚轻敌，导致天宫失守。

傅英仁口述传承的《满族萨满神话》，创世历程险象环生，故事情节跌宕起伏。通观这部神话，可以看到，一部满族史，从开天辟地起始，就存在着正义与邪恶的神魔大战。每一场神魔大战，都进一步让人看清一个不争的事实，任何正义权利的伸张和正义结局的获得都要付出数以百倍力量的沉重代价。这一善恶的博弈过程，不仅是萨满女神，也是人类需要学习掌握的。阿布凯赫赫作为第一代女天神，拥有繁殖世间人类和万物的能力，亲率一众妈妈神辛勤创造宇宙万物，创世功绩有目共睹。但是，造物女神并不等于守护女神，她若想守住天宫权力，就必须接受任何一种势力包括恶势力的挑战。然而阿布凯赫赫没有觉悟，她一味地渴望宇宙万物趋向于美好，以她所崇尚的母权制慈悲为怀的包容大器之念，教条地审视天下万事万物，对敌对势力的打击明显缺乏力度。母爱泛滥，致其沉溺手足之情，将天下社稷管理之大任付诸感情用事，这种非理性的观念和制度只能使其走下神坛。由此，我们从傅英仁的口述叙事中得出结论，阿布凯赫赫与生俱来的自然性别优势，譬如仁慈和母爱，在创世结束后，已不具备任何优势。统治阶段，在适用于母权制还是男权制去达到执政力度也就是遵循理性逻辑这一重大结点问题上，傅英仁选择了明确的弃母权、扶男权

① 傅英仁讲述、张爱云整理，《满族萨满神话》，黑龙江人民出版社，2005 年，第 37 页。

的性别立场。

二、男权制天神

（一）尚武男神

傅英仁口述传承的《满族萨满神话》，对创世过程中母权与男权交叠更替方面，明显地倾向于对女天神阿布凯赫赫在战争中乏力无能的性别批判。口述进一步交代，天宫一派的阿布凯赫赫若想与地下国一派的耶路哩在神魔大战中获胜，需要仰仗天宫男神阿布凯恩都哩崇尚武力的性别力量。傅英仁满族萨满创世神话，设计了母权、男权、母权三个循环阶段叙事。阿布凯恩都哩的出场在第二阶段，以男神为崇拜对象的男权制统治时期。

创世神话第一阶段叙事，女天神负责造物，天地万物皆在妈妈神群手中焕发生机。春天朝气蓬勃地到来了，万物复苏，生命充满活力。主持繁衍的女神们并未意识到破坏力量会迅速到来。对付破坏性的敌对势力耶路哩，阿布凯赫赫等女天神并没有准备好，惨痛的代价就是必须逊位，移权柄于男天神阿布凯恩都哩。

创世神话第二阶段叙事，由男天神掌权天宫。神魔大战之后，女天神阿布凯赫赫将权力让渡给男天神阿布凯恩都哩，这一体制转型是满族历史发展的趋势。傅英仁的满族萨满创世神话认为，女天神与人是互为沟通的，女天神的特征是创造和拯救。满族作为满通古斯语族中人数较多的民族，其传承下来的口述资源，更多地显示出女神崇拜传统。这一点在很大程度上说明，满族社会经历过母系氏族社会向父系氏族社会过渡的历史，已深刻地烙印在民族记忆深处和萨满教传承谱系中。因此，作为社会管理上存在着明显缺陷，战争力量严重不足的母系氏族社会，遇到战争（恶魔耶路哩）时，将权力让渡给以尚武为生存原则的男权社会，由男神（魔）们自行解决善恶冲突，是傅英仁口述传承叙事所认同的重要观点之一。

在这种天宫座位和平让渡给男神的观点影响下，傅英仁对男天神阿布凯恩都哩取代阿布凯赫赫坐天下给出了“能力水平”的解释。何谓男天神的“能力水平”？男天神阿布凯恩都哩掌管天宫，虽然是原古神老三星赐予的，但前提必须是靠个人能力打拼出来的。正所谓“打天下者坐天下”，原始社会氏族部落长、从血缘关系走向地域关系的部落大联盟盟主，以及封建帝王称霸天下都是“打”出来的。部落战争产生歌颂英雄的史诗，英雄就是武力高强，能将对方制服的人。

傅英仁的口述中，当阿布凯赫赫被凡可沙压到冰山下时（实际上已经兵败），老三星调来已修炼成“九头六臂”的金甲大神阿布凯恩都哩前往救战。赐神器四个火葫芦，去消灭耶路哩，救出封在冰山里的阿布凯赫赫和三百女神。这场营救非常艰难，由于救援心切，阿布凯恩都哩让穿山甲神五克倍恩都哩和刺猬神僧格恩都哩带着火葫芦攻进冰山内部，将火葫芦交给阿布凯赫赫和三百女神，采用内外齐攻的兵略，可致冰山倒塌，以此救出众女神。但沙可凡制的冰硬比钢铁，且不断层层覆盖增厚，不留缝隙，为救援增加了难度。穿山甲神和刺猬神历尽千难万险才钻进冰里，无奈不能施展钻探能力，也被封在冰里，靠火葫芦仅能保命而已。

战争进入相持阶段。在女神们被压在冰山之下的战争间隙，由男神与男魔率军对垒的正面战场打响。阿布凯恩都哩率众男神，打退耶路哩和扫帚星座的众魔。男神们相当勇猛，与扫帚星四个魔头开战。阿布凯恩都哩、呼拉拉贝子、大力神敖钦大神、朱烟朱吞等身手不凡，致扫帚星座的众魔大败而归。

在这场神魔大战中，决定成败的最终还是萨满法术。阿布凯恩都哩与耶路哩公开比拼萨满法术。在改头换面、割头、大卸八块、坐火堆、推冰等法术的对决中，耶路哩落荒而逃。在这场男神全面出击打退耶路哩群魔挑战的战争中，从面对面的萨满比武，到战略战术的运用，都可以看出新科男天神阿布凯恩都哩善谋略、懂战术、重规则的超常能力和战神风采。

最终由老三星出面，收拾残局。老三星历数耶路哩背信弃义陷害天母、毁天宫、害生灵、谋反、夺天宫、勾结外星魔鬼欺师灭祖、不守神道学魔法等十大罪状，用安达葫芦把耶路哩收进去，并将其压到冰山之下，使其永世不得翻身。老三星救出阿布凯赫赫和三百女神，带着她们到二层天去修炼，天宫则交给男天神阿布凯恩都哩管理。《神魔大战》里说：“天宫从此由女性神天母掌管变为由男性神天神掌管，这是天宫历史的一大变动。”① 天宫权力体制由女天神

① 傅英仁讲述、张爱云整理，《满族萨满神话》，黑龙江人民出版社，2005 年，第 48 页。

掌握的母权制向男权制转型，历史从女神创世进入了男神治理年代。

（二）男权制确立

母权时代终结制度变迁，母权制向男权制转型，连带着天宫管理风格也产生了变化。男权制的确立，使新型的治理方法得以诞生。阿布凯恩都哩从命名、分封、等级、伦理的制度层面，为男权制治理扫清了道路。

天宫机构重新命名。男天神阿布凯恩都哩接掌天宫后，与阿布凯赫赫创世初始一样，开始巡访天地各界，着手天宫的结构布局，改变天宫内部设置，将过去的洞、寨改为殿、宫、阁。对原有的母权体制进行破拆、打乱，并赋予其崭新的内涵，是男权制治理行为转变的开端。

清理地盘，分封诸神。战后天宫重建的过程中，突出男权中心。阿布凯恩都哩让敖钦大力神将冰山从天宫推到地上国最寒冷的地方。阿布凯恩都哩拥有九个头，这九个头要分别发挥作用。中间三个头留在南天西天东天，他坐镇在北天，监视被压在北海冰山下的恶魔耶路哩。任命东斗四星、西斗五星、南斗六星、北斗七星方位星主。除了女神布星妈妈外，在他掌控的神域里均是男神参与管理。布星妈妈负责从东往西撒星，用满天星斗占领天空。

与地上国的管理密切相关的是西北天星座，这是金翅大鹏星座。这个星座是接收人间萨满归天的去处，萨满灵魂住在金翅大鹏心里修炼功法，修炼到一定程度再回到人间去“辟邪驱妖”。在傅英仁口述传承的《敖钦大神》里，金翅大鹏星座分封给了敖钦大神。敖钦大神是老三星裂生的第四位神，曾助力阿布凯赫赫制造天宫。神魔大战时，他曾三次深入耶路哩地下国境内，五次击败耶路哩的进攻，战功显赫。耶路哩视其为心腹大患，便取八步断肠草，害死敖钦大神。敖钦大神死后，身体分解成大地山川，变成金翅大鹏鸟。每当秋末冬初，在晚上八九点钟，西北半边天都是金翅大鹏的星座。①

对地上国诸神也进行了分封。神魔大战时代掉到地上的天神，可自愿选择归天与否。留在地上国的天神，均加封为河神、海神、湖神、山神、土地神等，并对其位置逐一做了安排。地上神分配到各哈拉供奉，每户均有自家的老佛爷

---

① 傅英仁讲述、张爱云整理，《满族萨满神话》，黑龙江人民出版社，2005 年，第 82 ～ 83 页。

神名，不下一千位。地上国第一次拥有了满族萨满大神以及家神。

建章立制，等级分明。与女天神阿布凯赫赫只关注造物不同的是，阿布凯恩都哩对已有神位以及天宫机构运行的管理极为重视。他整章建制，委派助手神堂白太罗全权负责规章制度、祭祀典礼等日常工作。在傅英仁口述传承的《堂白太罗》里，可以看到，位居七星之首的堂白太罗，为稳定天上神位，让他的弟子布星妈妈布星后，开始有步骤地分封有功的大神。他制定规则，在各星座中，根据功劳大小分封星主，确定星座等级。[①] 譬如，北斗七星中有七个星座七个星主，一等星座是北极星，二等星座是北斗星等，以此类推，不断加以分封。有章可循有法可依，以功论赏奖罚分明的天宫分封制，彻底颠覆了阿布凯赫赫"妈妈神"繁殖创造的运行体系，成为男权制体制的滥觞。

人兽分离，男女有别，以父为尊。阿布凯恩都哩对地上国混乱无序的人兽关系展开治理。阿布凯赫赫妈妈神群制造人类后，将人与动物相互区别，这是一场伟大的造物造人运动，是宇宙万物生灵存在的起源。遗憾的是，阿布凯赫赫等众女神制造的人缺乏智慧，尤其是存在人兽交配现象，尚未建立人兽不通婚的伦理规矩，留下许多人面兽身、兽面人身以及三肢多肢的乱交怪物。人类繁衍处于群婚杂交、"知其母不知有其父"的史前时代。史前蒙昧的生殖乱象，是世界各民族生殖神话经常表现的主题，在傅英仁口述传承的《满族萨满神话》中，创世纪叙事也涉及了人兽通婚的交配乱象，并将此现象归咎于母权制群婚杂交乱局。在对母权制进行批判的基础上，建构起男权制社会较为完备的权力治理体系。

等级制度的建立是男权制治理首个重大成果。男权制权力治理体制的逐步形成，主要依赖于堂白太罗在人间一千多年的治理成果——人兽分开，男女有别，部落形成，从根本上消除了人与人之间的乱伦关系和人兽交集的婚配行为。在尊重理性的前提下，厘清人兽间等级以及男女两性的等级。在此，兽的等级要比人低，女人的等级要比男人低。因此，堂白太罗治理体系所遵循的理性逻辑，在人间立下了祭天地、孝父母、爱兄弟、分长幼、别婚姻、立家长、严赏罚、懂礼节、重友情、立部落十大规矩，这些治理措施对于此后立国安邦有一定的奠基作用，以父为尊的等级制度在男天神阿布凯恩都哩执政时得到最大限

---

① 傅英仁讲述、张爱云整理，《满族萨满神话》，黑龙江人民出版社，2005 年，第 58 页。

度的张扬。

（三）萨满机制建立

萨满机制的建立是男权制治理的第二个重大成果。萨满是沟通天地的灵异之人，是堂白太罗在人间的代理人。天神的执政理念，要通过萨满传递到人间。因此，堂白太罗将满族部落的权力交由萨满打理，由其负责祭祀天地、拜祭神祖、卜问战争、咨询狩猎、掌管生育等重大事项。萨满既是神秘的行巫者，也是部落首领，对部落诸般事项具有生杀予夺大权。堂白太罗力图让满族人相信萨满，相信萨满所具有的沟通天地的能力，也相信萨满可以带来生存之道和兴旺之途。堂白太罗作为阿布凯恩都哩的助手神，通过萨满机制的构建，达到了男权制治理体系对地上国管理的政治目标。

傅英仁口述传承的《满族萨满神话》，女天神阿布凯赫赫全部力量都集中在造物，以及与耶路哩争夺天宫权力的神魔大战上，并没有在地上国制造萨满来沟通天上与人间。阿布凯恩都哩执政后，着手治理天宫和人间。第一步是将天宫和人间分离清楚。也就是说，将天与地、神界与人间隔开。这种天上人间的分离，是等级制度的变种，说明满族社会已经从母系氏族社会重视创造向父系氏族社会重视管理的方向转变。天神的代言人萨满，毕竟地位不是天神，但从阿布凯恩都哩开始，将地上国治理由萨满教信仰统一起来，形成部落首领和萨满身份的合一。由此，萨满教成为满族人信奉的原始宗教，由于部落首领与宗教权力互为支撑的因素，萨满地位能力和法术得到进一步张扬。萨满成为贯穿在满族神话传说、史诗、传奇等口述资源中满族传统文化的核心所在。

傅英仁口述传承的《满族萨满神话》对萨满身份、法术、神异能力进行了规定。

萨满沟通人神的异能。在傅英仁口述传承的《萨满玛发利学法术》里，讲述了神魔大战之前，天神和人之间曾经不分彼此，天上人间可以互相通关。神魔大战导致魔鬼混迹于人间，阿布凯恩都哩将天门关上，使人神相互阻隔不通音信。这样一来，虽然可以防止魔鬼进入天宫，但也不便于对人间的管理。① 因

---

① 傅英仁讲述、张爱云整理，《满族萨满神话》，黑龙江人民出版社，2005 年，第 125 页。

此，急需在人间培养一批能够沟通天地人三界的人，能够搭建这种桥梁的萨满的诞生就是迎合天宫管理需要的产物。

萨满法术。堂白太罗在人间培养萨满，并传授来自天宫的法术。这是传播萨满信仰的重要渠道。堂白太罗挑选了二十四个萨满，进行法术训练。在二十四个萨满弟子中，女性只占四分之一。可见，傅英仁口述传承的《满族萨满神话》中，满族最初的萨满并不全是女性，女萨满是极少的一部分①。堂白太罗训练的萨满，需要精通治理部落的十九种法术——传离舍法、夺舍法、催尸法、拘魂法、祛病法、移病法、搬运法、看病法、看香法、入水法、入火法、冥眼罩、卜算法、拘动物法、求雨法、驱邪法、借物逃遁法、附体法、制药法等。

天神对于凡人使用萨满法术是否靠得住，在态度上是有所保留的，因此只传授了一半萨满法术。这也表明，人间萨满尽管有机会习得萨满神术，按照天神的意志管理人间，但是萨满资格与天神特权有本质的不同，萨满不能够全知全能，这是神授萨满的历史命运。堂白太罗传授萨满法术后，萨满就开始在各自的部落里推行萨满教，这些经过堂白太罗培训的萨满，成为满族萨满的第一代祖师。

萨满歌舞术。阿布凯恩都哩推动了萨满歌舞的发展。阿布凯赫赫执掌天宫时，由于看到歌舞太过美好，担心天宫娱乐过度，会引发魔鬼耶路哩借机闯进天宫，因此下令禁止歌舞，甚至天上的鸟儿也不许唱歌。走投无路的歌舞神乌春切德利妈妈只好在天宫外游荡，最终在天宫外东面离天门不远处修建起灵气很高的乌春山，把天鸟收到乌春山，在山上栽种花草树木，女神们与鸟儿互相交流，自得其乐，一片歌舞升平的景象。

阿布凯恩都哩决定请乌春切德利妈妈等歌舞神返回天宫。无论是理政能手堂白太罗神，还是德高望重的北极星神，都未能顺利请回歌舞神。于是，阿布凯恩都哩亲自登门拜访，看到了乌春山繁花似锦、百鸟争鸣，一派祥和的景象。乌春切德利妈妈神同意帮助天神办两件事，“一是我们可以培养天国里会唱歌会跳舞的神，使天国恢复我们在那里时的热闹；另外，地上国听说堂白太罗也训

① 与傅英仁口述传承的满族萨满神话不同，在富育光等口述传承人的其他满族萨满神话中，女萨满往往早于男萨满存在于世。这一点说明，傅英仁的口述传承充满着母权制和父权制的矛盾纠结。

练了不少萨玛[1]，我们可以打发人到地上国训练萨玛，让他们在每次祭神，或者在赶妖除邪的时候唱颂歌辟邪”[2]。

乌春切德利妈妈所说的歌舞是萨满舞，是萨满教传承过程中萨满祭祀祭礼的重要组成部分。满族人普遍认为萨满歌舞是乌春切德利妈妈流传下来的歌舞，称之为“天音天姿”。满族萨满歌舞，有与众不同的舞蹈语汇。满族祭祀祭礼的特点是萨满打鼓甩腰铃唱歌跳舞合为一体，与其他民族的祭祀截然不同。满族萨满歌舞具有驱邪避妖功能。傅英仁口述传承的《满族萨满神话》中也讲到，在耶路哩施放妖气覆盖包围天宫时，乌春切德利妈妈带上歌舞神，赶赴天宫纵情歌舞，驱散恶气，使天宫展露光芒。每逢满族祭祀，萨满都要举行唱歌跳舞的仪式，意在用正气制造能量，以震慑驱除黑恶邪妖之气。因此，萨满歌舞是萨满教一种驱邪镇妖的法术，并非一般的娱乐歌舞。

满族萨满机制的建立，是一种自上而下的出自天神对地上国治理理念的顶层设计。从神选萨满，到习练萨满法术、学习萨满歌舞等一整套承受天神感召的萨满行止，都使萨满具备了凡人无法企及的神授力量——萨满异能。这些具备萨满异能的大萨满，世代为部落氏族所景仰，所崇拜，并通过参与日常生活，如生育、婚丧嫁娶、生产、战事等部落大事，指引满族社会生生不息，繁衍千秋。萨满神权天授的观念牢固地根植于满族人的头脑中，这也是满族萨满法术、萨满歌舞世代传承，并仅局限于萨满内部的神圣力量所在。

三、母权制重建

（一）柳石繁衍原型

在傅英仁口述传承的《满族萨满神话》里，创世神话经历了女天神阿布凯赫赫、男天神阿布凯恩都哩、女天神佛赫妈妈三个天神统治阶段。男天神阿布凯恩都哩以他的男权立场建立起一整套男权制治理体系，分封诸神，启动萨满机制，使萨满成为天地人三界的沟通者。阿布凯恩都哩治理有方，天上人间一切尽在其掌控之中。在他作为男天神一统天宫任期届满后，天宫权柄

---

① 萨玛，即萨满。

② 傅英仁讲述、张爱云整理，《满族萨满神话》，黑龙江人民出版社，2005 年，第 146 ～ 147 页。

回归到女天神手中。这是满族萨满创世神话中较为特殊的性别交替执政现象，是满族由母系氏族社会向父系氏族社会过渡的历史进程中，性别权力反复轮坐的一种表现。这与《满族萨满神话》中所认同的宇宙运行规律有直接关系。

傅英仁口述传承的宇宙观，认为万物运行规律是循环往复的。每个轮回过程要经过一个“劫”，前一个“劫”保存下来的神灵，要担负起劫后繁衍生存、再造万物、让生命周而复生的职责。“劫”后余生的生命创造者就是满族又一届天神，也是司繁衍的女天神。

男天神阿布凯恩都哩当政期间，经历过三个洪水混沌，称为三个劫。洪劫过后，地上国只留下了两个物体，长白山的一株柳树和北海中的一座石矸。一树一矸在水中兀立着。柳树慢慢地修炼成人形，石矸也变成了一个巨人。两个人形物开始互相打架，吹动火球想烧死对方。“大火球互相碰撞，立刻生出无数小火球，落在水里水干，飞到天上天晴”①，甚至成了天上的星星。阿布凯恩都哩看到地下两个生灵打得不可开交，又具有造星能力，认为这是造物的最好时机，就对徒弟昂邦贝子说：“有了这两个生灵，就有人类了。你神通广大，洪水前你又是人间的萨满，这回派你下界，教会这两个生灵的男女之情，以便滋生后代。”②

昂邦贝子遵命来到地上国，教训两个生灵不要打架，以免让恶魔耶路哩乘机杀死，切断人间烟火。他拿出男女生殖器，安在两个生灵的身体中间，教其行男女之事，帮助两个滋生男女之情，并留下桑木弓、柳木箭、铜托力、腰铃、手鼓五件法宝以备防身之用。

阿布凯恩都哩以柳树和石矸作为洪劫过后人类万物生命轮回的始祖，既突出了大母神特征，也为男性争得了父系性别权力。男性参与种族繁衍大事，至少父亲在此可以与母亲平起平坐。这与创世神话第一阶段，女天神阿布凯赫赫对男天神不屑一顾，完全依赖妈妈神神群完成全部造物过程，有本质上的区别。前者女天神独自造物繁衍，后者女神与男神共同创造生命，突出了男女性别立场。

---

① 傅英仁讲述、张爱云整理，《满族萨满神话》，黑龙江人民出版社，2005 年，第 84 页。
② 同上注，第 85 页。

在男天神阿布凯恩都哩统治的第二阶段，创世叙事主体转为男女性别立场。男天神阿布凯恩都哩并不参与造物繁衍，而是选择具有母性特征的柳树佛赫妈妈和男性气质的石矸乌申阔玛发为生命繁衍的起始点，指挥二者造物繁衍。洪劫后的柳树和石矸成为满族信仰中人类万物的始祖，繁殖出相貌各异的四对男女。“第一对长得四肢五官都很端正；第二对是尖嘴，一身羽毛，两只翅膀；第三对没手没脚，身长头小；第四对只有四只脚，人头，浑身披毛。”① 柳石姻缘的四对后代，从形状上看，第一对是人，第二对是飞禽，第三对是爬行类动物，第四对是走兽。夫妻两人除了养育孩子外，就是练习使用昂邦贝子留下的五件法宝桑木弓、柳木箭、铜托力、腰铃、手鼓。前两件用于狩猎，后三件是萨满法器。由于孩子是由母亲佛赫妈妈生的，因此她有绝对的权力安排家事。父亲乌申阔玛发尽管参与了繁殖，但在持家方面仍是女人说了算。

母权制重建，并非重走裂生女神阿布凯赫赫的创世之路。当初阿布凯赫赫洪劫后在地上国寻找到上劫行走的柳树神佛托妈妈，佛托妈妈最显著的特征是有一对可以浇灌万物生长的巨乳，佛托妈妈是创造地上国所有生命的大母神。原始氏族社会，大母神之所以被尊崇，源于其强盛的繁殖功能。在母权制重建过程中，佛赫妈妈尽管是柳树出身，但并没有佛托妈妈那样巨大的乳房，而且她必须接纳具有男性性别特征的石矸人，行男女之事才能创造繁殖。这种家族式的繁殖模式与佛托妈妈浇灌式的繁殖模式有本质的不同，即有性繁殖和无性繁殖的区别。有性繁殖是男天神阿布凯恩都哩治理框架内的一种创世手段，带有明显的男权立场。

在生命繁殖过程中引入善恶二元对立原则，使傅英仁口述传承的情节构成萨满教的战斗式的宗教特点。昂邦贝子说服佛赫妈妈和乌申阔玛发组成人间家庭时，就提醒他们：“地下国的魔头耶路哩要占领人间大地，你俩斗个不停，一旦被魔鬼制死，岂不断了人间烟火？”② 这一家人类、动物祖先，由天神阿布凯恩都哩制造，以占领地上国，招致恶魔耶路哩嫉恨。善恶冲突在此演变为阿布凯恩都哩创造的一对人类、动物始祖和恶魔耶路哩之争。通观傅英仁口述传承

① 傅英仁讲述、张爱云整理，《满族萨满神话》，黑龙江人民出版社，2005 年，第 85 页。
② 同上。

的《满族萨满神话》，一部讲述天神和恶魔斗争的历史，善恶之战从未休止，人类也总是因此付出沉重代价。

变形是原始社会神话故事经常出现的母题，善恶势力都可以使用变形手段达到成功目的。变形手段的运用也是耶路哩之所以能够屡屡得手的原因。耶路哩是充满理性精神的恶神，他善于审时度势，用心算计对手，经常会改变身形。如同孙悟空七十二变，耶路哩也有诸多变身绝技。神话中的变形，本身并没有贬义。但是用在耶路哩身上，则突出其狡诈的性格，也说明人类只看表面不识内里的自身弱点。正是这种不能明辨善恶美丑的人性欠缺，导致恶魔一贯出其不意欺骗善神。为破坏地上国佛赫妈妈和乌申阔玛发一家成功繁殖，耶路哩让弟子变身山梨树，诱骗乌申阔玛发吃梨。由于梨子味道很好，做了父亲的乌申阔玛发很爱妻儿，就想把梨子带回家去。在此值得注意的是，傅英仁口述传承的《满族萨满神话》已经有了家庭概念，作为满族祖先神，父亲乌申阔玛发养育家庭要付出生命代价，这是对父亲形象的早期描述，他是一个简单的有勇无谋的父亲。他外出采集食物，用力摇晃恶魔变身的梨树，这一摇，山崩地裂，乌申阔玛发被压在石头山下。耶路哩适时地变身为昂邦贝子，前去诱骗佛赫妈妈救自己的丈夫乌申阔玛发，还告诉她必须到东海寻取插在海眼里的赶海鞭，才能救夫出山。佛赫妈妈急切地赶往东海，直接掉入耶路哩布下的陷阱。她跳到东海海眼上的一瞬间，耶路哩马上用大山把她压住。一对夫妻从此离散，失去照顾的幼儿陷入了灾难。

在此，口述引入了传统的儿子替父亲复仇的模式。男天神阿布凯恩都哩力图拯救这对夫妻，从技术上应该没有任何问题。但是，口述采取了“学艺归来为父母复仇”的血亲复仇模式。这是神话史诗中“英雄出山”的习惯用法。英雄父母遇难，变成孤儿，被天神或贵人拯救，从此隐居习练武功。待来日武艺高强时，通过复仇获得一方霸主地位。血亲复仇叙事，一直是满通古斯语族史诗口述喜欢套用的模式。傅英仁口述传承的创世神话，也运用了血亲复仇模式，但复仇的焦点不是突出子女承受磨难成长为英雄，而在于子女需要“反哺”父母，提供的是一种新型的家庭伦理观念。在“反哺”观念的影响下，建立起一整套父母的权威，始祖神的地位。因此，满族家庭创建之始就定下家族规矩，父母受到子女的尊崇。

子女学艺归来，去拯救被关押拘禁父母的英雄血亲复仇模式，在此简化为只有拯救没有战争。四对子女被阿布凯恩都哩带到天宫传授法术武功。柳树化形人身的佛赫妈妈，身兼柳树遇水则生的功能，在水中自然而然地存活下来。她很容易脱离海眼，被子女救上岸来。乌申阔玛发前世是石身，身体性质与山石相同，子女拯救父亲时他已与山石结为一体，不能赋还人形了。佛赫妈妈失去丈夫助力，独自支撑破碎家庭，重新回到孤独的柳树形象。拯救与死亡的叙事结点，在于叙事主人公之一的父亲必须死亡，以使大母神柳树的繁殖性质得以凸显。父亲乌申阔玛发之死，说明《满族萨满神话》关于佛赫妈妈创造生命的故事，基于母系氏族社会背景，母亲再次成为人类和动物繁衍生存链条上的主体，进而为佛赫妈妈成神创造条件。

柳石繁衍原型，与阿布凯赫赫执政时期哺育神原型佛托妈妈神群繁殖原型的主要差异在于人与神的区别，柳石繁衍原型具有人类繁殖特征。佛托妈妈的前身是柳树神，其外形特点是有两个巨大的乳房，功能是喂养天下生物，主要是大母神哺育形象。阿布凯恩都哩执政时期，佛赫妈妈前身是柳树修炼成人形，最初尚未进入女神的行列。在男天神阿布凯恩都哩的安排下，获得女人的性别，与乌申阔玛发交配而繁殖人与动物，成为通晓自然性别规律，进行繁衍生息的满族祖先。在此，佛赫妈妈没有佛托妈妈哺育众生的能力。但是，作为满族最早的始祖，佛赫妈妈由生灵化为人形，进而成为女神，最终跻身女天神行列，成为萨满教创世神话中位列第三阶段的天宫掌门人，成神的过程极为艰难。在佛赫妈妈由人而成神的条件中，有一条最为重要，那就是修炼。佛赫妈妈在海眼上修炼的结果是，她不仅没有死，其柳树身形愈发高大，而且具备了天神素质和巨人般的外在条件，因此被阿布凯恩都哩选中管理天宫。

（二）柳母佛赫人神色彩

柳母佛赫作为傅英仁口述传承的《满族萨满神话》创世神话中掌管第三阶段天宫权力的女天神，经历了由柳而成人进而成神的过程。这种经历使佛赫妈妈虽然被称为阿布凯赫赫，但她个人可发挥的能量毕竟与创世第一阶段的天母神阿布凯赫赫由胎里带来的裂生天神的巨大能量无法相提并论。

柳母佛赫肩负起制造万物生灵的责任。她的繁殖手段是把自己生育的四对孩子配成双，送五个避水火的大石罐和天上的万生泥和万生柳，让昂邦玛发带着孩子们到人间制造生灵。第一对造出人间男女，第二对造出天上飞禽，第三对造出地上奔跑的动物，第四对造出地上爬行的动物。人世间由此有了生灵万物，这些生灵都住在石罐瓦罐里。昂邦玛发带着四对人类和动物飞禽夫妻，教会人类以及生灵万物各种生存技能。

经历了阿布凯赫赫造宇宙万物和人类、阿布凯恩都哩创萨满机制后，柳母佛赫执掌天宫的重心主要放在人类繁殖上。佛赫妈妈在造物治理上，由于神性弱化，行事比较艰难。第一代女天神是老三星裂生神，她执掌天宫均由老三星出面安排指导，遇到问题时也可随时搭救，有老三星为其兜底。她以仁慈之心抚育大地生灵，在与恶魔耶路哩对决时，常念及师兄弟情分，而忘记天国大计。因此，阿布凯赫赫是一个相对简单过于理想化的女天神。女天神位置的获得不是靠个人的能力，而是靠老三星的赐予，是神界对裂生为第一顺序神的理所当然的安排。

柳母佛赫执掌天宫时，情况大不相同。她是老三星安排的“新三星”第一位天神，但她很难享有前两代天神的特权。前两代天神都是裂生神，神格神威神仪无可争议，不沾半点凡人色彩。柳母佛赫是洪劫过后地上的柳树精灵渐成人形，是由人修炼而升为天神，人间色彩和世俗风格在她身上体现得更浓厚。口述中，她与耶路哩的冲突和战争也更人间化，更世俗化，甚至更萨满化。前两代女天神、男天神与耶路哩之间的战争，均是争夺天宫执掌权。佛赫妈妈这一代女天神与耶路哩的战争仅仅是争人权，争夺人类起码的生育权。也就是说，柳母佛赫要突破耶路哩阻碍人类繁衍生存的重重包围，才能最终获胜。与其说两者的善恶之争来自于天宫之战，不如说是源于地上国人类和生物的生存需要。柳母佛赫是满族先世在生存繁衍过程中“生育”遇到种种艰难险阻后，寄希望于繁殖力强盛的柳为生育型大母神，从而产生的一个战斗型的女天神形象。

（三）柳树生殖崇拜

柳母佛赫在傅英仁口述传承的《满族萨满神话》里出任女天神是不争的事

实，但需要多加注意的是满族神话里反复出现的柳树意象——柳主繁殖。在满族创世神话里，柳树、柳叶、柳枝一再地出现于许多满族氏族的神谕中，说明这个民族对生殖繁衍的高度重视，也说明涉柳的神话传说更为悠久古远。柳作为繁殖原型，在满族创世神话中具有相当普遍持久的影响力。

在第一代女天神阿布凯赫赫寻找上劫留下的十大妈妈神时，她的助手神佛托妈妈的形象就是大柳树，“每一片树叶上都有一粒像珠似的东西在晃悠”①，这些珠子般的东西是上劫灵魂。柳树神在上劫的形象特征是，“两个大乳房比一般女性大几十倍”，这是典型的史前大母神形象，哺育功能被明确地刻画出来。柳树神佛托妈妈在天宫里的身份是生育神，是天宫灵魂山的守护神。虽然是助手神，但地位不低，位列十大妈妈神之首。对柳树神的崇拜，使满族创世神话散发着哺育者万能、乳汁万能的造物芳香。

柳与生育繁殖的关系，是满族柳崇拜的主体。在满族氏族神谕中，曾经记载着先民对柳树的崇拜故事。例如，珲春满族喜塔拉氏萨满神谕，讲述了女天神阿布凯赫赫与恶神耶路哩展开神魔大战时，由于善神死得太多，阿布凯赫赫只好飞回天宫。耶路哩紧追不放，把她的柳叶战裙抓住，战裙上的柳叶飘落人间，育出人类万物。牡丹江富察哈拉神谕中，记载了祖先居地虎尔罕毕拉②突然变成虎尔罕海，洪水淹没了生灵万物，阿布凯恩都哩用身上搓的泥做成的人只剩下一个。他在水中奋力抓住一根柳枝才活下来。柳枝载着他进入石洞后，柳枝变成美女与他交媾，生育后代。③ 因此，无论故事形态、内容、情节有多少差异，满族氏族柳树、柳叶、柳枝主繁衍的生殖意象都十分明显。

佛赫妈妈由柳树而为人，由人而为神，这个过程非常漫长。她被天神阿布凯恩都哩选中，最初所看重的是她自身具备的繁殖功能。这从佛赫妈妈劫后余生时身形是柳树就可以得出结论。繁殖力极强的柳树佛赫妈妈接掌天宫时，“大家公认她是阿布凯赫赫。因为在海眼里修炼多年，她的身形更高了，她把四对儿女配成夫妻，教会他们夫妻生活之道”④。从“公认”两字可以看出，作为女

---

① 傅英仁讲述、张爱云整理，《满族萨满神话》，黑龙江人民出版社，2005 年，第 14 页。

② 虎尔罕毕拉，也称忽尔汗，今镜泊湖。

③ 富育光，《萨满教与神话》，辽宁大学出版社，1990 年，第 75 ～ 76 页。

④ 傅英仁讲述、张爱云整理，《满族萨满神话》，黑龙江人民出版社，2005 年，第 87 页。

天神，无论是外在形象还是她已经懂得繁衍生存之道的生育职能，她都有理由承担这个角色。

傅英仁口述传承的《满族萨满神话》，有一个规律性的情节，每到洪劫之后需要创造天地万物的时候，都由女人出场，承担女天神的角色。关于她是“阿布凯赫赫”这一说法，是很有隐喻意味的民间性别话语。满语发音上，也是具传统依据的性别指称。富育光认为，满族“最初尊称阿布凯赫赫（天母），‘赫赫’，满语‘女人’，由满语‘佛佛’（FeFe）女阴之音义转引而来，意寓女人有生育奇能。阿布凯赫赫的形象即为一个孕生万物的女阴，形似柳叶”①。大家公认她是阿布凯赫赫，主要因为她是柳出身，具备女阴，也即生殖女神象征。

（四）女天神萨满特征

萨满教是满通古斯语族的原始宗教信仰，傅英仁口述传承的《满族萨满神话》中心是讲述萨满神的故事。萨满神的能力高强与否，主要看萨满法术的运用是否成功。佛赫妈妈升任女天神执掌天宫，被推到最高统治者平台上，在这一层级上的两位前任天神，都与耶路哩交过手。佛赫妈妈也很难逃脱与耶路哩的战争。她继承着善恶二元对立的传统，上任之初便与耶路哩大打出手。天神与耶路哩之间的战争，作为一种善恶冲突的内在动力，推动着创世故事情节的发展。

通过战争，善恶两种势力积蓄的能量得以释放，善终将战胜恶的理念得到彰显。恶战之后，历史才能进入和平治理时期。从傅英仁口述传承的《满族萨满神话》的战争规律展开分析，可以看出，口述人不将神魔界限划得泾渭分明，不将神魔大战渲染一番，就不足以体现天神的力量。概括地说，满族史前史就是一部神魔战争的历史。

战争作为显示天神智慧和力量的渠道，也检验着来自人间升任女天神的佛赫妈妈，能否抵挡势力强大的恶魔耶路哩阵营，是否有资格胜任天宫新的掌门人。因此，口述以耶路哩不屑的口吻，衬托了佛赫妈妈要对付的强敌。得知昔日手下败将佛赫已成为女天神时，耶路哩愤愤不平。他率妖魔鬼怪先将她创造

---

① 傅英仁讲述、张爱云整理，《满族萨满神话》，黑龙江人民出版社，2005 年，第 88 页。

的地上生灵全部杀光。四对男女和昂邦玛发难以抵挡，便由人间返回天宫求助。在口述中，耶路哩总是一个“过分的”“没有道德底线的”“讨打的”、挑战正义之师忍耐力的恶魔形象。

傅英仁口述中的战斗型的女天神形象佛赫妈妈，此时得到有效的描述。她不屈不挠、不战胜邪恶誓不罢休的性格得以彰显。她一怒而起，“用柳叶做成裙子，用柳木做成鼓圈，用漫天皮做成鼓面，用铁树枝做成腰铃，点上年息香①，打起鼓来，甩动腰铃，请九层天上诸星、诸神”② 前来参战助战。这场女天神、天神、星神、天兽与耶路哩的神魔之战，整整打了一百零三天，也是地上一百零三年，彻底摧毁了恶魔耶路哩的挑战。

战争结束后，佛赫妈妈开始分封神位。投降天宫的水魔被佛赫妈妈分封为松阿里恩都哩、萨哈连恩都哩，也即松花江、黑龙江等各河口神主。三十六座大小山头的妖头，投降后也都获得分封。神魔大战中，受伤掉落到人间的男女诸神，也都成为各氏族部落的祖先神。恶魔耶路哩元气大伤，从此不再兴兵作乱。

神魔大战使佛赫妈妈天威大振，也印证了作为女天神，她有能力承担起后续的创世职责，繁殖创造人类万物。这一次，她利用了天宫资源，改变了仅仅依赖四对兄妹在大地上繁殖的模式。她从天宫砍倒大神树放入洪水③中，让人在树枝上生存，生物沿着树枝分杈发展，才有了类生物，以及满族各氏族分支。

佛赫妈妈在造物过程中，美中不足的是，“人类的繁殖没有动物快，人和人配婚以后生儿育女很不容易。阿布凯赫赫④就和四对兄妹商量，施行人和动物通婚，这才出现了第三代怪神恩都哩——人面豹身的恩都哩，鹰头人身的额多哩妈妈，通身是鳞的突忽烈玛发，人头鱼身蛇尾的松阿里恩都哩”⑤。人与动物婚配的描述，是对满族创世阶段在何种情况下出现“人兽婚”源头的一种追溯。这是一段毫无掩饰，忠实于远古传承的口述实录。作为当代口述人的傅英仁，在传承“人兽通婚”的内容时，也是在注释满族萨满创世神话所认同的人与世

---

① 年息香，也称年期香。

② 富育光，《萨满教与神话》，辽宁大学出版社，1990 年，第 75 ～ 76 页。

③ 请注意，这里又是洪水。洪水意象是再造生命的开始，若无洪水，似乎不能启动创世功能。

④ 阿布凯赫赫是佛赫妈妈的别称。

⑤ 傅英仁讲述、张爱云整理，《满族萨满神话》，黑龙江人民出版社，2005 年，第 88 ～ 89 页。

间万物平等的观念。

在佛赫妈妈造物之初，人与其他动物生灵的兄弟姐妹地位平等，说明满族社会信仰自然界人与动物、植物平等相处的万物有灵观念。但是，在生存发展漫长遥远的路途中，人与动物婚配越来越显示其只是人类繁衍的权宜之计。四对兄弟姐妹夫妻都抢着分枝分杈，开枝散叶，各自壮大生命链条。佛赫家族寻求生存之路中，机会不平等困扰影响着各自的感情。老大夫妻繁殖的人类在神树枝上占了上风。老二夫妻繁殖的兽类在神树枝上占据的位置次之。老三夫妻繁殖的带翅膀的禽类占不着好树枝，终日飞来飞去，无法落脚。老四夫妻繁殖的没有脚的生灵，连树枝都没占着，只能钻入地下生存。于是，从那时起，佛赫妈妈的后代四对同胞兄妹，慢慢地疏远了，在地理空间和势力范围内拉开了距离，终于成为仇敌。所以，人类也十分悲剧地结束了和其他动物的兄妹关系。

佛赫妈妈升任女天神阿布凯赫赫之后，她身上的女萨满素质表现得相当明显。当她一怒而起，迎战恶魔耶路哩时，她用的是萨满神术。她敦请天上诸神参战，打鼓、甩腰铃、点年息香，邀请天上诸星诸神参战，完成了请神仪式。所以，这一女天神的形象特征是生动的、有战斗力的，而非慈祥包容的。她是运用萨满法术、萨满舞、萨满请神送神仪式，最终达到驱魔送鬼赢得战争胜利的萨满女神。

天宫体制向女萨满神掌握的母权制轮回的过程中，宇宙万物均由女萨满神创造繁殖。对女萨满神创造力的崇拜，来源于萨满教女神崇拜的悠久传统，也说明在萨满教信仰体系内，男萨满相对于女萨满出现得更晚。同时，在“劫”和“混沌”的大洪水意象中，具有繁殖能力的女萨满天神，永远居于创世神坛上，地位牢不可破。这也是满族对女天神、妈妈神群从远古至今崇拜不绝的原因。

四、妈妈神创世神群

（一）母系氏族社会遗型

妈妈神是母系氏族社会遗型，拯救牺牲是创世神话中妈妈神的主要神格特征。傅英仁口述传承的《满族萨满神话》，妈妈神创世神群地位之高、影响之大、神位之多，都是极其引人注目的现象。妈妈神群之所以在满族各氏族中获得很大程度的认同，在于妈妈神创世神群对满族历史进程做出过巨大贡献，对满族社会生活产生了全方位的、广泛而深刻的影响，为满族族众的内心世界注入了崇高的灵魂。妈妈神创世神群的核心，是为拯救人类和宇宙万物赴汤蹈火的牺牲精神。

在《安楚拉妈妈的九顶神帽》里，述说的故事是安楚拉妈妈舍己救人，将生存机会让给他人，用九顶神帽拯救人类自身却分解化作青气的故事。安楚拉妈妈是裂生神，品极很高。九顶神帽是老三星给她的救世法宝。老三星叮嘱她，只要口念咒语，神帽要多大就有多大，无论神仙魔王还是人类万物都罩得住。九顶帽子是镇天宫之宝，每顶只可使用一次。除非遇到棘手大事，万勿动用。尤其第九顶帽子，是安楚拉妈妈的本命帽，无论遇到什么事都不能抛出去，否则她的身体就会自然分解直至死亡。

安楚拉妈妈的帽子战功卓著。神魔大战时，第一顶帽子救了被耶路哩埋在沙山下的堂白太罗。第二顶帽子包住了耶路哩混沌腥臭的魔水，使天宫免遭劫难。第三顶帽子控制了天外魔鬼扫帚星，把被掠到扫帚星濒临死亡的北斗七星拯救出来。第四顶帽子把耶路哩劫持到地下国的乌春山和乌春山上的歌舞神，整体迁回天宫。第五顶帽子镇住了五大海怪，避免海水淹没人畜庄稼。第六顶帽子收回了被耶路哩做成腰铃的天猪肋骨，把天猪肋骨送给萨满做腰铃，可驱妖辟邪。第七顶帽子是鹰帽，送给人类萨满使用，鹰帽流传在南部女真族萨满中。第八顶神帽是鹿角帽，在北部鄂伦春族赫哲族萨满中流行。这两顶帽子对人类万物起到了巨大的保护和拯救功能。

第九顶神帽是安楚拉妈妈的本命帽，无论如何她不应该再抛出。可天外魔星窜到天宫，天宫邪气越聚越多，对灵气构成严重威胁。为保证天上人间的安全，安楚拉妈妈扔出了第九顶帽子。随之，她的身体化作一缕青气①。这青气慢慢地包围着天体，从此天宫和地上的神人都安全了，而安楚拉妈妈的身体却不存在了。

在傅英仁口述传承的《满族萨满神话》中，母系氏族社会遗型妈妈神的牺

---

① 青气，也叫阿克都拉气。

牲精神得到颂赞推崇，这些故事很有可能来自于满族远古时期母系氏族社会遭遇重大劫难时部落女酋长女萨满为拯救族群所做出的自我牺牲，由族众们口口相传成为故事流传下来。他所传颂的众多女萨满神迹，作为满族民族崇拜的妈妈神象征，至今都是一笔宝贵的精神财富。

（二）满族女祖先原型

满族女祖先原型，也称妈妈神型，讲的是一些为族众利益投身战斗不惜失去生命的满族女祖先。这些女祖先最终都进入满族神龛，享受世代供奉祭礼。就拯救牺牲精神而言，非神系列的满族女祖先与女神安楚拉妈妈的高尚行为是一脉相承的。无畏忘我，以己之身度众之命的大我精神在氏族女穆昆达①身上表现得相当普遍。

原始氏族社会的女族长穆昆达，依靠自身的特殊本领，引领族群从蒙昧中摸索着前行，最终找到文明的曙光。这些于黑暗中前行不顾个人安危的行为受到后人颂扬，也得到天神的封赏和后世族众的供奉祭拜。

北方渔猎民族中，弓箭手一般特指男性。满族杨姓供奉的弓箭神多龙格格，却是一位女射手。她的神祇地位的奠定，是满族母系氏族社会英雄女祖先故事口述传承的结果。多龙格格是尼马察人，在成为神祇的满族人中，她需要先有神的外形。“长得跟小伙子似的，行事大方，身体健壮。别看年岁不大，要论起骑马、射箭、狩猎、捕鱼，那是样样精通，全氏族没有能比得上她的人。”② 一身武功、才能超众的多龙格格，成为掌管杨姓氏族事务的女穆昆达。在生存资源相对匮乏或难以获取的原始社会，性别身份并不是胜任穆昆达的必要条件，是否具有超拔的生存能力才是族众信任的关键。多龙格格有能力带领族众生存下去，获得更好的生存环境。这一点是考察女性身份的多龙格格是否具备升神资格的唯一指标。

故事发生在尼马察乌拉③，在东海窝集地界④。这一带的生存条件并不优

---

① 女穆昆达，指氏族女族长。

② 傅英仁讲述、张爱云整理，《满族萨满神话》，黑龙江人民出版社，2005 年，第 167 页。

③ 乌拉，满语，指江河。

④ 窝集，满语，指原始森林。

越，野兽众多，飞禽很大，为此，满族先民都把房子搭建在树上，以防猛禽野兽的攻击侵害，树屋就成为尼马察乌拉的特色建筑。树屋逐渐发展到用四到六棵大树，搭连二或连三的房子，俗称“连桥”，人们在树屋里生活得也很幸福。但是，随着萨哈连妖鹏的到来，多龙格格的部落开始遭殃，无论多么粗大的树屋都不能保护人的安全。萨哈连妖鹏上树占房，生啄活人，吞噬野兽。尼马察乌拉一带瞬间鸟兽绝迹，百草不生。萨哈连妖鹏“铁爪钢嘴，力大无穷，两只眼睛能冒出火苗，射出有几丈远；两翅一扇飞沙走石，谁也近不了身；不管人还是动物它都能一口吞下；多硬的弓、多厉害的箭也射不死它们”①。多龙格格求助于神射手阿不泰，两人协力射击妖鹏，也没能解决问题。不得已，她只好和阿不泰逃到东海窝集部。萨哈连妖鹏追踪而至，发现东海窝集一带比尼马察江畔环境更好，人多兽肥，便不再飞走。为拯救两个苦难的部落，阿不泰找到金刚石磨成箭，用窝集铁松做箭杆、北乌拉万年柳做强弓，射死了许多妖鹏，但终因寡不敌众被众妖鹏叼死。

多龙格格深知，若想打败萨哈连妖鹏，她的功力是不够的，需要借助更高一个层级的神的功力。与萨满请神一样，多龙格格深山拜神也是口述常见的叙事方式。多龙格格要拜的是满族祖先神长白山主。由灵禽白喜鹊引她去见长白山八百里深处的山主。“东飞飞，西飞飞，不如翻翻乱石堆。南看看，北看看，不如喝口泉水变一变。走十里，走百里，不如长翅飞千里。找一千，找一万，不如长白山上学神箭。”② 当她按图索骥找到清泉，喝了泉水生出翅膀时，飞向长白山已成可能。习武百天后，多龙格格再回部落，已不是单兵作战。她握有长白山主的镇山天弓和九支射妖神箭，她的箭“射一箭变百箭，箭箭射鹏眼，射出八支箭，妖鹏全射完，留下一支传给人间”③。多龙格格以凡非的神箭灭掉萨哈连妖鹏，拯救了两个部落后，重返长白山，获封多龙妈妈恩都哩。

多龙妈妈神由人而拜师求学，得神异能而进神阶，成为东海窝集部和尼马察部两个部落的祖先神，留下她的神箭。此后，两个部落的满族人世代都是以弓法箭术见长而举世闻名的神射手。东海窝集部和尼马察人，不忘神箭手多龙

---

① 傅英仁讲述、张爱云整理，《满族萨满神话》，黑龙江人民出版社，2005 年，第 167 页。
② 同上注，第 169 页。
③ 同上注，第 171 页。

妈妈的贡献，为纪念这位祖先弓箭神，求得祖先神的保佑，每逢秋季都要行祭拜仪式。先请木制人面双翅的怪鸟神像，置北炕供桌上。摆糕米酒和一对野鸡，点燃达子香①，供奉弓箭。“由专门侍候这位神的萨满戴神帽、穿神衣、扎腰铃、执手鼓、诵祭词，并做飞舞状，表示神已附身。”② 在庄严静穆的跪拜气氛中，族人完成了祭祀女祖先多龙妈妈神的仪式。

满族郭合乐氏族供奉的女祖先断事神他拉伊罕妈妈，生前是智勇双全的女罕王，掌管着乌苏里江东部四十八个部落联盟。她善使双刀，智勇双全，行事公平，部落里任何纠纷经她评判后无不令人心服口服。

在满通古斯语族的口述资源中，英雄的身世遭遇，必然异于常人。出身不同凡响，是大英雄出山的征兆。他拉伊罕妈妈，十岁时被大风刮走。这种情形一般是被神选中，隐匿于深山学艺，也是负有使命的前奏。十一年后，他拉伊罕返回家乡，这时她已武功高强，智慧超群，无人能够与之匹敌。她在途中遇到两个部落开战，交战双方打得你死我活，不可开交。她好心劝两个部落的人回家，反遭到双方讥笑。他拉伊罕提出，若有人能分开她合着的双手，就任其血战，否则必须听她号令。在崇拜力量的角力时代，她的力气大得惊人，就连公认的大力神纳尔汉都掰不开她的手。他拉伊罕吓住了在场的所有人，人们对她顶礼膜拜。四十八个部落推她当部落联盟首领，在他拉伊罕妈妈的统治下，部落联盟人畜两旺，日子祥和。

智勇双全的他拉伊罕妈妈，为治理部落，也得罪了人。游手好闲的年轻人勾结狼精，一直想害死她。为彻底消除狼患，她诈死后让人把尸体用桦皮包好，挂在松树上，等狼精出动进入部落吃人时，桦皮棺材裂开，她执刀砍下狼头。此时，部落成员才知道她为引狼出洞设计了诈死环节。为部落操心办事的女罕王最终被长白山主召回，列入满族女祖先神位。

祭拜断事神女祖先他拉伊罕妈妈，在每年秋季第一天的午前进行。祭拜形式是大树上挂个桦皮盒，树下为她摆好供品。部落穆昆达率族众跪拜祭神，宣读族规，以纪念他拉伊罕妈妈对部落繁荣昌盛立下的功绩。

---

① 达子香，即兴安杜鹃，枝叶燃烧均散发香气。

② 傅英仁讲述、张爱云整理，《满族萨满神话》，黑龙江人民出版社，2005 年，第 167 页。

傅英仁口述中这些功成名就的满族女祖先，生前依靠个人能力统治部落，获得了广泛认同和支持。这些满族女祖先，均是为族众利益做出巨大贡献的女族长，或是部落联盟女盟主女罕王。在完成世间责任义务之后，由满族祖先神长白山主召回，成为妈妈神神祇，由后世族人供奉香火，永世祭拜。

第二节　富育光满族口述神话

满族萨满神话以“天宫大战”为内容的口述传承并非仅存傅英仁版本，还有富育光讲述、荆文礼整理的满族萨满创世神话版本《天宫大战　西林安班玛发》（以下简称《天宫大战》），由吉林人民出版社于2009年出版，共计29万字。富育光口述传承的《天宫大战》，讲述了满族先世黑水女真人的创世神话，也称为“神龛上的故事”，主要流传在黑龙江沿岸一带的满族氏族部落中。

在黑龙江乌苏里江流域和东海窝集部，《天宫大战》的口述资源相当丰富，流传范围很广，异文也很多。据富育光考察，“自清代乃至民国年间直到1949年前，在北方诸噶珊春秋举行隆重祭礼时，常可听到萨满向族中击鼓讲唱以自然界众神宇宙鏖战为内容的《天宫大战》创世神话”①。这些神话讲述了萨满教创世观，即人类创世之初必有一番与黑暗势力生死搏斗的过程，由此才能获得生存权。

富育光（1933～），男，满族镶黄旗人，满姓富察哈拉，祖籍吉林，从小生活在黑龙江省瑷珲县大五家子村。1958年，毕业于东北人民大学中文系（现吉林大学中文系），入中国社会科学院吉林省分院文学研究所工作，从事民间口碑文学搜集整理研究。1959年，在理论刊物奋进杂志社任职，后又到吉林日报社任记者。1970年，到桦甸八道河子插队。1971年，借调到“八三”工程“东北输油管线吉林省建设工程指挥部”办报。1972年，回到吉林日报社。1978年，任吉林省社会科学院东北民族文化研究室主任。1986年，调入吉林省民族研究所工作，从事萨满教研究。1993年，享受国务院特殊津贴待遇，主持承担国家“八五”“九五”萨满教研究课题等。

---

① 富育光讲述、荆文礼整理，《天宫大战　西林安班玛发》，吉林人民出版社，2009年，第1页。

富育光师从父亲富希陆（1910 ～ 1980），传承了许多满族说部。其家族“共有五代人传承满族说部，时至今日长达近二百年，并且形成以富察氏家庭为主干，兼有其奶奶郭阔罗氏富察·美容（齐齐哈尔满族）、姑父张石头（瑷珲大五家子汉族）、母亲郭景霞（黑龙江省阿城区满族）为支干的满族说部传承世家”①。目前，由富育光口述、整理的满族说部达 9 部 13 册之多，而且至今仍处于整理阶段。2012 年，经过国家级机构审定，富育光获“第四批国家级非物质文化遗产民间文学满族说部传承人”称号。

与傅英仁一样，富育光也认为，《天宫大战》作为满族创世故事，与普通的民间口碑故事不同，是作为天神的训谕宏布于族众的。对天神的敬畏在这些训谕中得以强化并世代传承，构成十分肃穆的原始宗教萨满教信仰内容。《天宫大战》唱颂众神，均由氏族中最高神职的执掌者、德高望重的大萨满来承担，只有大萨满才有资格口授和解释神授的故事。直到 20 世纪三四十年代前后，在满族氏族内部，用满语讲唱《天宫大战》内容，不啻举办一场萨满颂神礼，族众认真聆听，场面庄严隆重。

富育光口述传承的满族创世神话《天宫大战》版本传承，来自于 20 世纪 30 年代白蒙元在黑龙江省孙吴县四季屯的满语咏唱。1937 年，吴纪贤和富希陆在四季屯对白蒙元的满语咏唱《天宫大战》进行了采录。记录文本是唱诗体，由富希陆珍藏，并由其子富育光继承。1990 年，富育光在其学术专著《萨满教与神话》中，首次公布了《天宫大战》部分采录文字。

一、阿布凯赫赫创世

（一）七彩神光

富育光口述传承的满族创世神话《天宫大战》，以文本形式出版时，在体裁上属于叙事诗类型。《天宫大战》从结构上讲，与傅英仁口述传承的《满族萨满神话》有明显区别。傅英仁口述传承的萨满创世神话是片断式系列故事，既有整体架构，又独立成篇，每篇都可以单独讲述，形式上比较灵活。傅英仁的

① 汪立珍，《“你坐在那儿，我为你讲述”——满族说部传承人富育光讲述传承说部的家族性》，《民族文学研究》，2014 年第 1 期。

叙事动力主要来源于情节发展的内在逻辑，注重善神与恶神矛盾冲突细节化，神格刻画极为细腻。富育光口述传承的《天宫大战》有叙事诗一咏到底的风格。故事内容不能单独拆开，是结构严谨，讲究传承顺序，语言诗化，以设问方式完整呈现故事情节的满族创世神话诗篇。

《天宫大战》提供了早期人类与自然界不分彼此、亲密互动的原始思维。以口述传承的方式，《天宫大战》中满族说部的“咏唱风格”相当完整地保留了下来，这是一部鲜活的对天神创世的赞美诗。可以明显地看到，在传承过程中，该诗篇很少受到萨满教之外的外来宗教如佛教、道教的影响。萨满教的原始特征难得一见地完整呈现出来。口述对象和人物的天真烂漫智慧神格，散发着早期人类与天地万物合而为一的迷人的自然芬芳。全诗分引子、九个腓凌[①]，以诗歌的形式叙述。

“引子”是全篇咏唱的开场，由传承人富育光在新年新月来临之际为族众讲述“神龛上的故事”。“引子”牵出《天宫大战》最初的讲述人，本氏族已经逝去的大萨满博额德音姆。得到她附体的萨满会自然而然地展示出博额德音姆所具有的超凡能力，她唱歌跳舞通宵达旦从不知疲惫。“她喜动不喜静，能用木、石敲击出各种节拍的动听章节，能张口学叫各种野山雀的啼啭声……她能站在猪身上做舞，猪不惊跑，也不把她摔下去，这是一股神劲。更惊奇的是，她魂附萨玛体后，你若问这个萨满族人，本部族中的某支某人某代逸事，她能滔滔而诉，时间、数字都不错。所以，往昔萨满祭祀时，若要查访牲畜失落方向或祖坟地址、原祖居地河口、祖谱远代宗嗣接续不清或生疑窦，便要迎请白发女神博额德音姆萨玛，降临神堂，指点迷津。”[②] 传承人富育光在讲述博额德音姆大萨满的神迹之后，转而进入对前辈口述传承人白蒙元讲唱的正本《天宫大战》开讲。

《天宫大战》的口述传承，极尽对神的尊崇礼遇，讲究仪式感。口述传承人白蒙元首先交代这次讲唱他所要请的神，也就是说，讲唱《天宫大战》不能随便开头，要把请神仪式做足。那么，请谁来讲唱这个故事呢？不是白蒙元讲唱，而是白蒙元请来的大萨满神博额德音姆来讲唱。正如口述开头，富育光

① 腓凌，满语，指回目。
② 富育光讲述、荆文礼整理，《天宫大战　西林安班玛发》，吉林人民出版社，2009 年，第 1 页。

交代大萨满博额德音姆会附体某些萨满的传说一样，白蒙元也要请这位大萨满光临附体。这种世代因袭的请神方式，说明口述传承人是正规萨满，必须交代《天宫大战》的传承来源，以突显满族萨满祭祀祭礼仪式中神灵崇拜的庄严肃穆。

仪式感是宗教祭礼的外在显形，是增添宗教神秘圣洁气氛的重要途径，它可直达听者内心，传递远古神话意蕴，达到人神共舞的目的。仪式感也表达了口述人内心对《天宫大战》的虔诚敬意。供品的置办也颇讲究档次，容不得半点马虎，供品也要配得上请来口述神谕的大萨满神。从下面的讲唱词可以看出，请神仪式相当排场华丽。“所有的供果，都摆上了祭坛，千网得来的安班阿斤，已经贡献上了。这是你的海中坐骑，我们是从两千里外的东海给你网来的。还有百只、千只山雀，美丽的红顶鹤，都是你的使者。它们听从你的神鼓的声响，一起鸣唱，鸣唱明天，明天美好的日子。”①

头腓凌②，迎请被尊为歌舞和记忆女神的博额德音姆大萨满的到来。为提升被迎请者的超凡功力和天助神佑般的大萨满地位，从下面的讲唱词中，可以看出对她的描述极尽华丽辞藻。“不知是几辈奶奶管家的年头，从萨哈连下游的东头，走来了骑着九叉神鹿的博额德音姆萨玛，百余岁了，还红颜满面，白发满头，还年富力强。是神鹰给她的精力，是鱼神给她的水性，是阿布凯赫赫给她的神寿，是百鸟给她的歌喉，是百兽给她的坐骥（骑）。”③

对博额德音姆萨满的尊崇，源于她曾经的异能神迹，以及对她关于神界记忆的绝对信奉。对她所要讲述的创世故事的神圣久远，对生命源头溯本追源的郑重其事，归根结底，对口述传承人的尊崇是满族创世神话得以流传至今的内在动力。

满族创世神话《天宫大战》，是满族先世东海女真人中间流传的故事，关于宇宙、人类、天神、万事万物的起源，与傅英仁水生型创世神话相类似。在东海女真人眼中，宇宙最初是不分天地、天水相连、流动不定的水和水泡泡。水泡泡里生出天母神阿布凯赫赫，“她小小的像水珠，她长长的高过寰宇，她大得

---

① 富育光讲述、荆文礼整理，《天宫大战　西林安班玛发》，吉林人民出版社，2009年，第3页。
② 头腓凌，指第一个回目。
③ 富育光讲述、荆文礼整理，《天宫大战　西林安班玛发》，吉林人民出版社，2009年，第5页。

变成天穹。她身轻能飘浮空宇，她身重能沉入水底”①，只有在水珠里才能看出她是七彩神光。

七彩神光阿布凯赫赫是创世女神始祖，她本身可以裂生出其他女神。与老三星裂生阿布凯赫赫几个徒弟不同，她“气生万物，光生万物，身生万物”，在万物分出清浊，有了上清下浊的状态时，她的下身“裂生出巴那姆赫赫”地母神，上身“裂生出卧勒多赫赫”布星女神。她与裂生的其他两个女神“同身同根，同现同显，同存同在，同生同孕”，育出大千世界宇宙万物。② 阿布凯赫赫作为满族先世东海女真人传说中开天辟地的创世女神，是居于天界的始母神，是万神之神。满族东海女真人创世神话，相当明确地讲述了阿布凯赫赫与地母神、布星女神三位一体的女神创世主体。

（二）三百女神谱系

在傅英仁口述传承的《满族萨满神话》里，老三星创世后，将天宫管理和创造万物的大权交由大徒弟——第一代女天神阿布凯赫赫打理。她统治下的天宫，有高达五百女神神群，女兵至少也有一千，但大部分女神是面目模糊没有名字的。在富育光口述传承的《天宫大战》里，居于女天神之上的老三星并不存在。由阿布凯赫赫为核心的天地星三姐妹直接创世，天宫由阿布凯赫赫为首的三姐妹统领，跟随其后的三百女神神群各司其职，构成了天宫体制中相当完备的女天神创世谱系。

在三百女神谱系中，阿布凯赫赫是天母神主宰穹宇，巴那姆赫赫是地母神主宰大地，卧勒多赫赫是布星女神主宰星群。三女神各有独立神格，互为补充，掌管天地星三位一体的宇宙世界。在三女神麾下，三百女神神群也各有特长，神格独立，各司其职。天宫运转有效而规范，呈现出严谨有序的管理体制。

三百女神谱系，内外机制运转皆在阿布凯赫赫三女神掌控之中，是《天宫大战》女神谱系的主要特点。傅英仁口述传承的《满族萨满神话》中，天宫体制在等级上并不严密，女神也可以发展成独立门派。譬如，歌舞神乌春切德利

---

① 富育光讲述、荆文礼整理，《天宫大战　西林安班玛发》，吉林人民出版社，2009 年，第 9 ～ 10 页。
② 同上注，第 11 页。

妈妈，受阿布凯赫赫驱逐，在乌春山建立起独立于天宫的歌舞神天下，天宫百般邀请都不肯回归，足见歌舞女神个性十足，天宫威仪荡然。但在富育光口述传承的《天宫大战》里，乌春女神霍洛浑和霍洛昆只是司职歌舞的小角色。身为歌舞女神，她们曾用美妙的声音和舞姿迷住了耶路哩，使阿布凯赫赫有机会进攻。耶路哩发现上当后，将两位女神碾成血粉，两女神死后变为鸣虫。两女神不仅没有独立开宗立派的机会，且只能作为天宫女神管理体制集体利益的牺牲品。

此外，司职细化、责任义务精确到了无以复加的地步。譬如，雪神曼君女神在三百女神中主管降雪，是北方雪神；牧兽女神奥朵西，掌握七彩云兽，专管放云马，是智慧战神，也是侍家女神；门神都凯女神，本是天上门神，后因犯错被贬为地下蚯蚓，也称小蟒神；生命女神多喀霍具有自生自育的能力，她是光明和火的化身，也是地上的石神；风神西斯林女神掌管天风，是个大力神，后叛变，成为恶魔耶路哩的助手神；突姆火神原长在地母心上，后被派到天上为布星女神照路，也称秋千女神；七星那丹那拉呼女神由东向西缓行，是领星的星神；者固鲁是阿布凯赫赫的护眼女神，形小神威大，也称刺猬神；花神依尔哈女神善于制造香气香云，保护天母神居地干净清爽；白腹号鸟神、白脖厚嘴号鸟神专为阿布凯赫赫采衔九纹彩石，以壮力生骨身上坚甲；九色花翅大嘴巨鸭神，从冰水中将阿布凯赫赫背上天，钻镐般的尖嘴变成了扁圆嘴；鱼母神变成机灵的鲤鱼拐子星，在泥里追咬到耶路哩，被封鱼星神西离妈妈；云母神变身为永世计时星，成为塔其妈妈星神；永世迎日女神兴克里，也称鼠星神；登高女神德登，善追逐风云；大力神福特锦女神，居于地心；九彩神鸟昆哲勒为天母神疗伤编裙；大鹰星哺育了世上第一个女大萨满；人类始母神女大萨满，是代敏大鹰和大洪水之后一个女人所生；东海人身鱼神、东海人首鱼神河湖沼海神罩七彩光衫，也称德立格女神；五个方位神西方洼勒格女神、东方德立格女神、北方阿玛勒格女神、南方朱勒格女神、中位都伦巴女神，还有替人间盗火的女神其其旦，也称拖亚拉哈大神。这些名目繁多的女神形象以及特殊的生存技能与其司职身份相当贴切，每个女神都有非同寻常的绝技和引人入胜、供人怀念的故事。

天宫框架设置见证了东海女真人相当复杂的思维进化水平。这种居住层级、领地的规划设计，便于集中统领调动。天宫分为九天九股，每股住着三十个妈妈神，共二百七十位。“一九雷雪三十位，二九溪涧三十位，三九鱼鳖三十位，四九天鸟长翼神，五九地鸟短翼神，六九水鸟肥脚神，七九蛇猬迫日神，八九百兽金洞神，九九柳芍银花神，统御寰天二百七，三位赫赫位高尊”①，女神之外，还有一位男神乌西哈布鲁古大神，也称爱日神。

这种设置不仅等级制度森严，且有严格的奖惩条例。三百女神神群体制，将以女神为主体的萨满教神界规范化。处于最高地位的天母神阿布凯赫赫，对诸女神与世间万物握有生杀予夺大权，是女权高度集中统治的标本。执政过程中，严酷的制度奖罚分明，且留有将功补过的机会。处罚门神都凯女神的错误，让她变为蚯蚓小蟒神，在地下为萨满带路，不可谓不严厉。由于蚯蚓小蟒神不辞辛苦功劳卓著，也会得到阿布凯赫赫的赏赐，允许她在地下自生自育，永远不死，不可谓不仁慈。当然，任何一种政权都会有反对派，阿布凯赫赫天宫体制也会迎接对抗挑战。严厉惩治也会使女神心生怨恨。譬如，风神西斯女神由于贪睡让恶魔耶路哩破了风阵，将阿布凯赫赫缚住。阿布凯赫赫惩戒她的方式相当严厉，将她逐出天界，夺去女性神牌。后果是，女风神怒而改变神形，变成男性野神，投靠了耶路哩成为恶魔助手，专与三百女神神群对抗。

在系统庞大的女神神系里，阿布凯赫赫、巴那姆赫赫、卧勒多赫赫创世三女神主要的工作是创造世界万物包括人类。三百女神除了各司其职，在与耶路哩发生战争的关键时刻，都会自觉地站出来保护三女神。三女神神格分别是性慈、性酣、性烈。她们三位制造的万物身上也均体现出她们的神格。地母神巴那姆赫赫喜欢酣睡，在她睡觉的时候，天母神阿布凯赫赫和布星女神卧勒多赫赫先她一步造出的女人，就秉承了两神的“心慈性烈”。当地母神醒来时，猛然间想起她还没有完成造人的事，于是很着急，就造出一些白天嗜睡夜里活动的天禽地兽和土虫。由于她没有天母神的慈性，造出的生物就会互相残杀。因为女人造得太多，阿布凯赫赫就吩咐地母神巴那姆赫赫造些男人。她用自己的肩胛骨和腋毛，加上天母神和布星女神的慈肉烈肉合在一起制造了男人，又从野

---

① 富育光讲述、荆文礼整理，《天宫大战　西林安班玛发》，吉林人民出版社，2009年，第58页。

熊胯下拿来个生殖器安在男人身上。自此，男女有了性别之分。地母神的肩胛骨有泥，所以她造的“男人比女人浊泥多，心术比女人叵测”①。

阿布凯赫赫等三女神在造人造物的同时，兼造神。富育光口述传承的《天宫大战》和傅英仁口述传承的《满族萨满神话》，在造神上的区别说明两者女神体系的差异。前者母权主导一切包括造神，后者处于母权和父权纠结矛盾中，神只能由原古神老三星裂生，并不能由天母神阿布凯赫赫制造。阿布凯赫赫若想拥有女神助手，只能寻找上劫复活女神。因此，富育光的阿布凯赫赫天母神是全知全能的“要光就有光”的上帝角色，她行使造神权力，说明地位至高无上。

富育光口述传承的《天宫大战》，神性与自然性相辅相成，每个神都因其自然属性而彰显出独特性格。比如地母神巴那姆赫赫嗜睡，总是睡眼蒙眬。在实现造人造物的事业中，她的工作进度明显存在拖沓问题，影响了天母神造人造物的总体规划。天母神阿布凯赫赫不得不对她进行监督，用自己和卧勒多赫赫女神身上的肉，合造一个九头八臂的敖钦女神，专门负责催促嗜睡的巴那姆赫赫加紧工作。敖钦女神拥有九头八臂，可以轮流歇息，使她具备了百禽百兽的能力和智慧。职责要求她不断地推搡地母神巴那姆赫赫，巴那姆赫赫不得安生，被激怒后随手拿起身上的两块山石砬子打她，一块打到她头上变成一只直插天穹的角；另一块打到她肚下，成了男性生殖器。敖钦女神被打后，身体“马上变了神形，一角九头八臂的两性怪神”② 诞生了。由于具备雌雄两性功能，可以自生自育，她生出了无数和她一模一样的怪神，这种自我繁殖自我复制功能的增加，让敖钦女神变得越发张狂无度，并开始欺负阿布凯赫赫等三女神。自此，敖钦女神变身为九头恶魔耶路哩。

富育光口述传承的《天宫大战》与傅英仁口述传承的《满族萨满神话》，讲述恶魔耶路哩的诞生各不相同，情节内容差异很大。但有一点是相通的，即耶路哩最初是一尊本事不小的天神，具备天神的禀赋和能力，只是由于机缘所致而成为恶神也就是恶魔，开始了与善神的对立。

---

① 富育光讲述、荆文礼整理，《天宫大战　西林安班玛发》，吉林人民出版社，2009 年，第 16 页。
② 同上注，第 22 页。

天神中存在着善恶转化机能，由于内在矛盾激发最终演化成善恶的对立冲突。两则口述神话都指出了萨满教朴素的人与神、人与自然物互为转化的原始宗教理念。

二、善恶变形机制

（一）性别变形与复制机制

在阿布凯赫赫等三位女神当权，掌握着创造宇宙万物权力的起源时代，敖钦女神原本只不过是一个侍神而已。但突然之间，她能够复制自己，拥有了繁衍生育的功能，事情由于意外机遇而逆转。对侍女神来说，她虽然比不上三位造物女神对大千世界拥有创造能力，但能够复制自己本身就是件了不起的事情。这使得她产生了接近三女神权力顶峰，随心所欲地造物的欲望。富育光口述传承的《天宫大战》，对敖钦女神由女神向男神性向转变的描述，在很大程度上隐喻了人类权力崇拜的弱点，以及这种人性弱点导致的欲望膨胀，直到坠入男性恶魔渊薮。

造成这一严重后果的地母神巴那姆赫赫，原本因敖钦女神总是推她产生厌烦，只是打算教训教训她，但她忘记自己是造物神身份，功能所致，只要她一出手，不是创造人就创造物，连石头都可以变成男性生殖器。这种随意性的创造，也来源于地母神慵懒的性格。例如，她在创造男人模样之前并无样子可循。地母神想参考禽兽和土虫模样，多加个雄性生殖器。但是她很困，闭着眼睛工作，错把山鸡、鸭子、母鹿当成男人安上生殖器。阿布凯赫赫和布星女神提醒她安错了，她醒来才急忙抓住黑熊的生殖器给男人胯上安装上。

地母神这位造物主的嗜睡和工作不认真，决定了她造的男人和动物品质都在女人之下。因为女人是按照天母神和布星女神的样子先行创造的，是两神性格的“自我复制”。男人那关键的性别特征是由地母神随便地一安而成的。阿布凯赫赫等三女神造物主，在造物方面拥有说了算的权力。生殖繁衍的事情成为三女神的特权，也是其他女神高不可攀的。尽管生育创造除三女神之外，在其他女神间是遥不可及的事情，女神中自生自育的复制性繁衍的功能，并非敖钦女神独有，生命女神多喀霍、小蟒神都凯女神都可以自我复制，但她们都没有变形为恶魔，那么，从神到魔的过程是怎么形成的呢？

权力的膜拜，导致女神转向恶魔事件的发生。敖钦女神在母权造物体制内，在三女神的笼罩下，充其量只是个侍女神，而且是让地母神巴那姆赫赫反感的看守，她对每天不断地摇晃地母神这种单调寂寞的看守职业很不满意，经常怒吼，就更惹地母神生厌。本就有一角九头八臂，身上有三位造物女神的骨肉魂魄，再加上自生自育功能，如虎添翼，变成了“性淫暴烈，能化气升天，能化光入日，能凭角入地”① 的恶魔耶路哩，女神变性为男性，使他的破坏能力非凡，可以搅得地动山摇、风雷四起、日月无光、万物惨死。由此可以看出，富育光的口述传承是厌弃男性的母权主体立场，是母系社会的遗存。

在富育光口述传承的《天宫大战》中，天母神阿布凯赫赫并非资质一般的统治者，她有一整套管理天宫的办法。这与傅英仁口述传承的《满族萨满神话》所提供的阿布凯赫赫仁慈过度能力不足的形象完全不同。后者在遭遇重大战争灾难时还必须由原古神老三星出面收拾残局。《天宫大战》里的阿布凯赫赫在摆布控制众女神方面，心机很深。她给敖钦女神九头八臂，是控制地母神巴那姆赫赫的懒散，同时她又担心敖钦女神能力太大，于是加了门神都凯女神，以控制敖钦女神，但门神都凯智慧不足，中了敖钦女神的奸计。无论阿布凯赫赫如何限制其他女神，但背叛终归还是发生了，追究其根源，还是权力崇拜的恶果。

敖钦女神性别转换导致成魔的描述，使母权论再次得到强调，只要性别转换成男性，必然坠入善的对立面，成为恶魔耶路哩。母权制立场使口述极力渲染耶路哩的权力崇拜论。由于神的本根，他统驭天宫的能力不可小觑。首先是，他有战略布局。先独揽星阵，隐身天界，从而获得与母权制阿布凯赫赫抗衡的资本。他把九个头变形为太阳般的亮星，天上多出九个太阳般的亮星，布星女神卧勒多赫赫大惊失色，迅速拿桦皮口袋去兜装，谁知口袋套在耶路哩九个头上，巨力将布星女神拖到耶路哩地下国。女神的光芒刺得耶路哩眼疼，他速将布星袋从东往西抛出，布星女神去追赶布星袋，从此星星总是从东升起往西移动。这场揽星战争的结果是天地昏暗日月无光。耶路哩初战告捷，此后不断挑

① 富育光讲述、荆文礼整理，《天宫大战　西林安班玛发》，吉林人民出版社，2009 年，第 22 页。

战阿布凯赫赫，战争打得触目惊心，直到耶路哩骑上天母神的侍女神奥朵西借他的藤草编白马，他被藤草缠住不得动弹时，双方战争的第一回合才以耶路哩的失败告终。

其次，他身上具备男性的一切恶习，包括对美色的追逐。耶路哩不仅渴望权力还贪恋美色。诗中用了对男性神才会有的形容词，特别地强调他的性别优越感，“见阿布凯赫赫身披九彩云光衫，姿貌秀美，便想调戏她，并想得到她”①。阿布凯赫赫不胜其烦，让众侍女驱赶耶路哩未果。奥朵西侍女神设计把七彩云马放到耶路哩眼里，才打败了他。对美的掠夺历来是男性战争中的目标，如荷马史诗《伊利亚特》中的美女海伦，引发了十年特洛伊战争。在富育光口述传承的创世神话里，男性毫不例外地选择了掠美作为发动战争的目的。

很明显，富育光口述传承的《天宫大战》创世叙事，突出了耶路哩“性淫暴烈”的男性负面性格，他是以男魔的身份姿态挑起天宫大战的。屡战屡败后，为显得更公平些，他甚至主动说要与阿布凯赫赫竞争权力。“要一对一地比试高低。双方都不要带帮手，谁胜了谁就是执掌寰天的额真达爷。万物都要由他领辖，由他创造，由他衍生更替。”②

叙事诗讲述到此，耶路哩发动神魔大战的目的已十分清楚。耶路哩之所以总是想打上天宫，无论是渴望拿到布星袋还是垂涎于阿布凯赫赫本身，都表现出他对造物权生育权的渴望。

天宫体制是母权制社会，男性无法通过自身繁衍表达社会诉求，遂产生了破坏的恶行。对生殖繁衍权代表的最高社会地位渴望的驱动，使他在面对一群女神时表露出单打独斗的恶魔风采，他打的是一场究竟是男魔还是女神拥有造物繁衍权的性别之战。在母权制体制内，以造物繁衍为大事。西斯林女风神，性别特征也是“暴烈”，被逐出天宫后，变身为男魔投靠耶路哩结盟作恶。西斯林女风神变性后，虽然具备自生自育的复制功能，但并没有造物主拥有的造物功能。

由上可知，性别争斗的核心还是造物权的争夺。当然，耶路哩争夺造物权

---

① 富育光讲述、荆文礼整理，《天宫大战 西林安班玛发》，吉林人民出版社，2009年，第34页。
② 同上注，第62页。

是违背自然规律的，母权制赖以生存的法宝就是拥有生育繁殖权，富育光口述传承的《天宫大战》，尽管以与耶路哩征战为内容，征战目的仍然是重新确立具有繁衍权的大母神——女天神至高无上的地位。

（二）神魔对立谱系

《天宫大战》是以阿布凯赫赫为代表的三百女神神群，和一角九头八臂的男性恶魔耶路哩的生死战争。战争的双方是神魔两个对立谱系，比起耶路哩，阿布凯赫赫尽管损失惨重，但总体上三百女神神群力量更大。她们以各自能力据守一方，经常是无论能力大小地位高低均奋起迎战，精诚合作，决策上从不失误。

由于耶路哩恶魔谱系缺少创造力，拥有的只是自生自育自我繁殖的复制功能，这是由于性别由女向男转换决定的。男性的复制能力辐射范围很单调，不能造成千变万化的世界。因此，男性只是通过破坏造物达到目的。破坏与创造是两种对立形态，也是两种对立观念。最终还是有创造能力而非复制能力的阿布凯赫赫三百女神神群站到了历史正面，成为创世神话讴歌的对象。作为性别历史发展过程中的负面形象，耶路哩成为龟缩在地下国里，独往独来，试图夺权，最终没有成功的失败的男性恶魔。

在傅英仁口述传承的创世神话《满族萨满神话》中，性别矛盾通过内部机制得以自行调解，由父权制取代母权制而顺利解决。更迭在内部环境中不流血不动刀地交接进行。天神之间，无论男女，在共同对付耶路哩和扫帚星方面达成了一致。在战争具体实施方案上意见分歧较大，显示出内部矛盾重重，失误不断。

富育光口述传承的《天宫大战》创世神话，对抗耶路哩的战争，往往是三百女神齐上阵，她们各自根据能力据守自己的阵地，给耶路哩致命一击。这中间有的女神就此献出生命，有的女神也可能会犯一些错误，但从来没有过内讧，没有决策上的失误。这说明就管理层面上来讲，阿布凯赫赫三百女神神群是有向心力的，是母权制的成功。

当把傅英仁与富育光两个创世神话文本放在一起加以比较时，发现了一个有趣的现象。在傅英仁的神魔对立体系中，女神神群不团结，对天母神纵容耶路哩是有质疑的。女神都劝告她“天母啊，你不能总是这么善心，你这么善待他们，对妖魔鬼怪有好处，对天宫可不利啊”，阿布凯赫赫却回答，“不管怎么样，咱们也要用善心、好心去感化恶意，这样会把恶人改造过来的”。① 阿布凯赫赫从战略决策上和善恶是非等根本性问题的立场把握上存在严重失误。她一意孤行，纵容恶魔壮大，最终失败，引咎辞职。因此，对善恶对立冲突的态度，是考验女神阿布凯赫赫是否具备天宫掌门人资格的决定性价值依归。

在富育光的神魔对立体系中，三百女神神群以三女神为中心，三女神又以天母神阿布凯赫赫为最高统帅，大家各司其职，形成严密的战争组织系统。天母神阿布凯赫赫并不武断，也没有善良到愚昧的程度，更不固执己见。她赏罚分明，恩威并重，经常流露出可以商量的余地。富育光的口述传承，完全认同这些描写得非常到位的掌权者素质。

天母神阿布凯赫赫对门神都凯的安排处理。惩罚过后，视其表现良好又心生怜悯，允许她自生自育，具备永生不死的功能。还有，足智多谋的战神、牧兽女神奥朵西靠着计谋打败了耶路哩，但同时也让耶路哩卷走了很多天马，天上色彩由九色减少到七色，这一失误让她失去了天宫牧兽女神神牌。她走后，天空少了百兽声音，只有一片云光，阿布凯赫赫又将其召回任用。布星女神被耶路哩打败以后，“神光被夺走大半”。“除了背着桦皮星袋蹒跚西行，默哑无言”②，阿布凯赫赫担心她寂寞，让地母神陪她玩耍，命猫头鹰、大雁和乌鸦在天上每天轮流鸣唱。地母神把长在心上的突姆火神派往布星女神身边，用突姆火神身体帮布星女神照路，对她用情至深。遇事留有回旋余地，并主动和其他女神商议对策，使《天宫大战》中的天母神阿布凯赫赫表现得很理性，具有处理问题有分寸有力度的神格特征，因而有能力调动神群。

富育光口述传承的性别立场，是全面的母权制集权式立场。居于权力中心的阿布凯赫赫，被三百女神神群“死士”般地保护着，为她赴汤蹈火，在所不辞。为救阿布凯赫赫，有一位神拼命啄冰，尖嘴也变成扁圆，爪子也被冰压成三片叶形，即九色花翅大嘴巨鸭；为救阿布凯赫赫，有两个女神被耶路哩摁成血粉、变成万千鸣虫，即霍洛浑霍洛昆两个乌春女神；为救阿布凯赫赫，有冲

① 傅英仁讲述、张爱云整理，《满族萨满神话》，黑龙江人民出版社，2005 年，第 33 页。
② 同上注，第 47 页。

锋陷阵的护眼女神刺猬神，有太多的女神前赴后继。

三百女神通过结盟的方式，用神群集体的智慧谋划联手打击耶路哩，以支持天母神战斗。卧勒多赫赫女神利用星群布阵，让天母神在星上歇息，用银光长翅打闪照亮，用星海堆成山川沟壑阻挡耶路哩。此计很成功，耶路哩见状也想在星上歇一下，但是登高女神德登故意将长发变成星地，待耶路哩刚一踏上星地，就猛一倾斜将他掉进地心。地心里住着四头六臂八足的大力神福特锦女神，她一把掐住九头耶路哩，使他受伤逃走。耶路哩被大力神福特锦捉住，“掐破肤甲，轧露光气”①，从此惧怕太阳火。耶路哩不死心，他在日落后冲上天空，动用黑风恶水，把阿布凯赫赫战裙扯下。战裙是护身法宝，阿布凯赫赫在众星神保护下逃回九层天，昏倒在太阳河边。九彩神鸟昆哲勒用身上的羽毛和太阳河水为她疗伤，用九彩神光羽毛为她编织战裙。地母神把野兽鱼虾百虫的魂魄摄来，让每个神魂献出一招神技，帮助阿布凯赫赫，又从身上取出块魂骨，让昆哲勒神鸟在太阳河边用彩羽毛重新为阿布凯赫赫编织护腰战裙。富育光的口述传承对女神集群智慧给予了极大的肯定，就是从这时起，女神集群的力量使得“天才真正变成了现在这个颜色，阿布凯赫赫也真正有了无敌于寰宇的神威”②。

在众神禽兽的协力帮助下，阿布凯赫赫终于打败耶路哩，“使它变成了一个只会夜间怪号的九头恶鸟，埋在巴那姆赫赫身下的最底层，不能再扰害天穹”③。耶路哩还会出世祸害人间。由于他是瞎子，害怕光明和篝火，因此留下黑夜里点冰灯燃篝火驱魔的习俗。从此，阿布凯赫赫成为“永远不死、不可战胜的穹宇母神”④。

富育光口述传承的满族萨满创世神话《天宫大战》，是一部对以天母神阿布凯赫赫、地母神巴那姆赫赫、布星女神卧勒多赫赫以及三百女神神群详细描摹的神话，也是对最具集体智慧和力量的女神体制的颂歌。善恶的对立冲突，以男性恶魔耶路哩的失败告终，开启了胜者为王的女神时代，也是母系氏族社会

---

① 富育光讲述、荆文礼整理，《天宫大战　西林安班玛发》，吉林人民出版社，2009 年，第 67 页。
② 同上注，第 69 页。
③ 同上。
④ 同上注，第 70 页。

繁衍生息、传递生存创造密码的大母神时代。

第三节 鲁连坤满族口述神话

鲁连坤讲述、富育光整理的满族说部《乌布西奔妈妈》，由吉林人民出版社于 2007 年 12 月出版，共计 26 万字。

鲁连坤，字雨亭，清光绪三十二年（1906）生，祖先是东荒片子人，居兴凯湖南支窝集岭。自称赫哲族后裔，姓勒穆赫氏。清康熙年间编入新满洲，隶属于宁古塔副都统衙门，满洲镶红旗籍。乾隆十九年（1754）分拨珲春一带，其祖父同治朝依兰副都统衙门贡差，父亲满汉齐通，光绪年间掌管开垦田庄事务。东宁旧名三岔口，是交通要道，内地人若想进东海窝集部东荒片子，东宁是必经之地。鲁连坤是会讲唱满族故事的东海满族后裔。

这部满族说部，主要流传在绥芬河、东宁、珲春一带，并不是专门讲述满族创世神话天宫大战、神魔大战的神谕故事，而是满族先世东海女真人的英雄史诗。但是，对于创世时期的三百女神同样有精彩的描述。

一、母权制传谕机制

（一）天母神体制

在鲁连坤口述传承的满族英雄史诗《乌布西奔妈妈》中，进一步说明了满族先世东海女真人奉萨满教为圭臬，以及母权制体系建构的严密性。口述传承的重点，从前述富育光口述的创世神话对三百女神创世战争的描绘，转向了满族氏族部落对女天神的顶礼膜拜。以天母神阿布凯赫赫建立的宏大母权框架的三百女神体系，吸引满族族众坚定对萨满教的信仰。关于三百女神司职和战争内容的大篇幅的完整叙述，并不是为了详细铺陈战争细节引发噱头，而是大萨满乌布西奔妈妈为部落族众“传谕神的古趣儿，讲颂神殿的威容”，训谕族众信奉萨满教的一种仪式。乌布西奔妈妈作为氏族女罕王兼大萨满，为族众设立萨满规则，传讲萨满神谕，引导训谕的题旨相当明确，意在树立天母神母权制管理体系的神威，便于她用萨满教统一精神，治理部落联盟。

鲁连坤口述传承的《乌布西奔妈妈》里，没有像上述两位口述传承人传承文本中所描述的天母神如何创世造物等天宫神界的故事。这一口述传承的特别之处在于，女天神创世神话以及和恶魔耶路哩的战争，是由乌布西奔大萨满传谕的故事，在结构上是故事套着故事的叙事程式，在内容上更突出满族萨满神话中“人间萨满”的神迹。作为东海女真人的部落联盟大首领、女罕王、大萨满，乌布西奔妈妈对部落联盟的管理方式，直接来自她所尊奉的萨满教天母神体制，即阿布凯赫赫三百女神神系。乌布西奔妈妈的神迹是她践行天母神阿布凯赫赫萨满教的结果，是满族萨满教成功的典范。

在乌布西奔妈妈传谕的神迹中，之所以传谕天神故事，关键在于借古喻今，为部落大联盟时期的行事规则寻找神的依据。也就是说，天宫的三百女神组织架构，对地上国东海女真人部落大联盟来说具有遵循义务和参照价值。在《乌布西奔妈妈》的叙事结构中，三百女神的身份地位也是有层级的，据守天宫的三百女神，受制于天宫层次的划分。天宫管理区域的设立，周到细致，便于天母神直接统治。

在空间配置上，形成天区十二方，坐骑有神兽待用。“便于观察、主宰，周身秀发全为警戒之目。中天分二方，她们三姊妹踞于中天之右，左天神鹿是她们的坐骑，神龟是她们的天舟，天云是她们的小威呼。中天又分为东南西北和四角十方，巡游周天。十方各为四方，均由各星属女神执管。星海有路，各归其属。千载万代，循复无已。”①

各路辅女神，“山、云、雷、闪，雪、冰、风、雹，霁、雾、尘埃、露、雨，蚀、潮、浪、冻、凇、凌，浴、流、泉、氦、虹，炬、灶、洋、洲、霉，霄、霓、霜、霞、灵三十四位大神，与山、云、雷、闪、雪、雨、虹七位辅神”。

各路侍女神，“月、星、光三神，和乌鸦、喜鹊、天鸠三侍女神，共计六位尊神”②。这些名目繁多的女神分为若干层次，位居最高层的是三姐妹女神，第二层是星属女神，第三层是四十二位尊神，第四层是六位侍女神。

高踞中天，被众星捧月的是天母神阿布凯赫赫，她击败了恶魔耶路哩，为

① 鲁连坤讲述、富育光整理，《乌布西奔妈妈》，吉林人民出版社，2007 年，第 73 页。
② 同上。

世界带来欢乐幸福。她主宰天穹，巴那吉额姆地母神主宰地隅，卧勒多额姆星神主宰星辰，三女神裂生，“互不能分，同生同在，永生永存”①。三位女神是永生之神，养育万物，是生命之根。阿布凯赫赫天母神主宰穹宇，身边护拥女神三百三十位之众。亲随女神三十九位，辅佑天母。地母神巴那吉额姆亲随女神二十七位，辅佐地母。

《乌布西奔妈妈》讲述的是东海女真人的历史。东海各部落濒临大江大海，从文学地理上讲，有突出的海洋特色。在地母神及其辅神中，许多海洋动物被赋予神位神名。地母神的助手神，首推执宰东海的光明女神德里给奥姆妈妈。德里给奥姆妈妈是东海生命之源，下辖追日神、送日神、海豹神、海熊神、鱼神、龟神、海蛇神、蛙神、海风神、礁石神、海鸟草卉神、蜥蜴神、岛鬼值日神等十三位神。地母神身边还有亲随女神，班达妈妈、谷鏊神、洞窟神、鬼府神、山巅神、河流神、江湖神、山峦神、林莽神、指路神、沙丘神、雪域神、碱滩神、石林神、地火神、旱神、虫神、地瘟神、土运神、地藏神、植育神、地被神、窝棚神、穴室神、窖神、树神、万牲万禽神等。地母神所动用的神灵体系庞大，生活中任何一种自然物几乎都可以被纳入神列。

布星女神也称星母卧勒多赫赫，其神形是人身鸟翅，她被人格化为身背装满星辰的小皮口袋，终日不停歇地在天宇间劳碌地安排星座的女人。她主管天宇、星辰、星路、星桥，身边有亲随女神四十二位，辅佐星母。

通过分析对比，我们可以发现，在鲁连坤口述传承、富育光整理的《乌布西奔妈妈》和富育光口述传承、荆文礼整理的《天宫大战》等满族创世神话资源中，天母神神群体系之完备、叙述之详尽，是满族萨满教传承中绝无仅有的神群现象，堪称三百女神神群谱系。这一体系完整的女神神群，说明在萨满教传承谱系中，富育光、鲁连坤等人的口述传承属于相近的一脉内容，这些原始母系氏族社会产生的女神神群自成体系，没有受到外来宗教如佛教、道教的影响，相对完整地保留了母系氏族社会母权制萨满教形态。萨满教原始宗教成分在其口述资源中占据主导地位，因而，作为地域性宗教的萨满教，《天宫大战》《乌布西奔妈妈》比之其他传承脉络讲述的萨满教历史，更能充分地体现满族萨

① 鲁连坤讲述、富育光整理，《乌布西奔妈妈》，吉林人民出版社，2007 年，第 74 页。

满教的母权制特征。

（二）东海女神“妈妈神”萨满神群

“妈妈神”神群是满族萨满口述传承中不可或缺的神群，她们或者是天母神体系内部的女神，或者是地上国的女萨满由于某种功绩而被封为女神，或是被氏族供奉着的女性祖先神、保护神。在《乌布西奔妈妈》中，有一位举足轻重的萨满神东海女神德里给奥姆妈妈，她是东海女真人的保护神。在萨满教三百女神的庞大神谱中，东海女神的地位高是由于她对萨满教的卓越贡献。

铸成萨满神镜。东海女神受阿布凯赫赫创世三女神之命，为使太阳光辉世代照耀生灵万物，从心中吐出一块心火，凝结成一轮栖居在生灵万物心中的新太阳。这轮新太阳，可使生灵万物在黑暗中识途，不再迷茫困惑。这轮新太阳就是被称为“托户离”的萨满铜镜。

显然，东海女神与人间萨满关系密切，铜镜是她的心火，也是照亮族众前行道路的太阳。对萨满铜镜的歌颂，也就是对萨满引领族人走向光明的作用大加歌颂。在萨满神群“妈妈神”的职责构成中，铜镜被称为“托户离妈妈”，铜镜妈妈统管大光明女神安班额勒尊妈妈、小光明女神阿吉额勒尊妈妈、万道光辉女神图门额勒尊妈妈。铜镜是满族萨满必佩神物，在萨满教中地位非凡。作为主宰万物心灵的一簇光明，铜镜成为萨满教精神信仰的符号象征。

掌管族众长寿。东海女神受阿布凯赫赫三女神之托，把长寿留给世间万物。她吐出一片心火，凝成长命女神查拉芬妈妈神群。查拉芬妈妈神群主要掌管女寿神、男寿神、老寿神、小寿神，还有兽寿神、禽寿神以及万花万草万木万鱼万虫万万生命的护寿神。在满族母系氏族社会母权制构成中，萨满的作用不仅引领族众，长驻族众心间，赋予其光明力量，还参与解决族众对长寿的渴望以及对生命未知的探索。

保佑族众健康平安。东海女神受阿布凯赫赫三女神之托，把病患抛离世间万物。她再次吐出一团心火，凝成阿米塔妈妈神群。阿米塔妈妈神群主要掌管医治百病事体，有十九位妈妈神负责东海人的身体健康。治病救人，保佑身体安康，成为萨满教传承至今的一项职能和技能。

抚慰各种魂灵。东海女神受阿布凯赫赫三女神之托，为使宇内大千世界不再充斥怨愤，她再次吐出一缕心火，凝成合布离妈妈神群。合布离妈妈神群主要掌管游魂安所，对灵魂行安慰之礼。“布凡妈妈管游魂，布安妈妈管浮魂，班哥妈妈管招魂，毕亚哥妈妈管夜亡魂，毛新妈妈管失主魂，宏克妈妈管寻落魂，波叶妈妈管久敬魂，都七妈妈管转生魂，鄂林妈妈管降生魂，莫音妈妈管冤诉魂。”① 灵魂是萨满教原始性的特征之一，灵魂之所以是萨满教一种独特的生命形态，身魂两离在“过阴追魂”“体外灵魂”等萨满异能现象中表现得最为突出。

东海女神“妈妈神”萨满神群，以其庞大的组织形式，网罗了可供满足东海女真人社会生活各个层面需求的神灵，每一种神灵都体现出东海女神德里给奥姆妈妈作为东海女真人的保护神，佑护族众繁衍不绝，传承万代的雄心和福佑万户的力量。东海女神“妈妈神”萨满神群，从精神层面鼓动起东海女真人渴望美好生活的萨满信念，将萨满教信仰深植族众内心。因此，东海女神“妈妈神”萨满神群，不计个人得失，为东海区域族众赴汤蹈火的正面形象得以凸显，成为口述传承的主体形象。

二、恶魔耶路哩

（一）幻化能力

鲁连坤口述传承的《乌布西奔妈妈》，讲述的是满族萨满教隆盛期记述萨满训谕的一种典型范式。故事涉及萨满教天母神圣迹，由大萨满乌布西奔妈妈传谕。她选择天宫三百女神的故事，向东海女真人传谕阿布凯赫赫等三女神开天辟地的创世伟业。以三百女神神群谱系展示天宫神威，震撼东海族众，从而达到收服各部落于乌布西奔妈妈主持的萨满教麾下，扩大萨满教在东海的势力范围的目的。如同封建社会“君权神授”一样，东海女真人母系氏族社会也需要一种沟通天地的“萨满权力神授”。大萨满乌布西奔妈妈，实践了满族先世东海女真人追随萨满教而夺天下的王者历史。

在萨满教思维中，如同正义与邪恶相生相随一样，始终有一个恶魔耶路哩与阿布凯赫赫等创世女神对立存在。东海女神“妈妈神”萨满神群，作为善神

---

① 鲁连坤讲述、富育光整理，《乌布西奔妈妈》，吉林人民出版社，2007 年，第 77 页。

神群的集体出世，同对抗恶魔耶路哩关系重大。作为善恶对立的两大谱系，恶魔耶路哩不仅在傅英仁、富育光口述传承的满族创世神话里成为挑战天宫善神的一方势力，而且在鲁连坤口述传承的满族说部《乌布西奔妈妈》里，恶魔耶路哩谱系也有一个庞大的队伍。

恶魔耶路哩一派的势力，能量巨大，不可小觑。在傅英仁、富育光口述传承的满族创世神话里，耶路哩善计谋，擅策略，拥有相当强大的幻化变形能力。在天宫大战中，耶路哩的幻化变形是为了赢得战争的胜利。在乌布西奔妈妈时代，天宫大战已演变成一件遥远的天神崇拜传说，神魔面对面的冲突也仅存在于追本溯源的故事中。在东海女真人的世俗生活里，恶魔耶路哩已渐行渐远。

乌布西奔妈妈弘扬萨满教，回顾萨满教历史，意在提醒东海女真人，与耶路哩的战争是永久的，萨满教的主旨是降福于人，但过程是漫长而艰难的。只要耶路哩存在，破坏就是正常的规律性动作，而针对这种破坏的反抗，也就是萨满们永无休止的战斗。

乌布西奔妈妈通过召请记忆女神布安都里降临，为族众讲解耶路哩的故事。“耶路哩化成九头鸟怪，年终岁尾还临祸世间。然它怯惧光明，要常燃篝火、灯明。”① 起源于满族萨满创世神话的善神与恶魔的对抗，在人间演变成了固定时间和范畴呈现的礼俗仪式。满族社会源远流长的祭礼篝火和明灯，正是与驱除恶魔耶路哩密切相关。

在信奉萨满教的满通古斯语族中，不仅是满族氏族社会年终岁尾燃起篝火，点亮明灯，祭祀祖先和众神以祛除邪恶妖魔，而且也是其他民族业已传承的萨满礼俗。

（二）耶路哩恶神体系

恶魔耶路哩是恶神，在尚未成魔之前，他本是天神阵营中的一员。由于机缘巧合，加之此神生来本性黑恶，遂转化为恶神。由于他是神体，能量极大，在鲁连坤口述传承的《乌布西奔妈妈》中，耶路哩具有化形亿亿海砂，粒粒海砂兴恶氛的能力，围绕着耶路哩形成了一个庞大的恶神体系：

---

① 鲁连坤讲述、富育光整理，《乌布西奔妈妈》，吉林人民出版社，2007 年，第 78 ～ 79 页。

都托是窃贼神，豪托是谎言神，托欧是骗语神，多威是奸诡神，曾吉是危宅神，角亢是地陷神，安俄是夜噬神，德林是伪善神，卡妞是怪鬼神，胡突是魔妖神，沙林是无头美女神，玛呼是迷人神，喝荣是暗算神，博诺是冻鬼神，窝浑是臭味神，苏栖是噎膈神，达巴奇是抢掠神，都岗是瘦鬼神，果尼是思症神，茹薄是戏谑神，拨其是撒癫神，哈雅是淫荡神，德化是离心神，莫诺是瘫神，亚顿是吼病神，衣嗄是天花神，库孙是膨闷神，河督是疥神，莫若是水痘神，哈它是痘毒神，喝勒是哑巴神，门棍是愚傻神，杨桑是唠叨神，拉齐是软瘫神，顺郭是哭神，麻占是矬神，牙里土是肥胖神，克里是麻子神，俄脱是丑鬼神，黑亚里是斜眼神，图伦是万祸神。①

从上述耶路哩恶神体系中可以看出，所涉人间不快事，包括妖魔鬼怪、盗窃、欺骗、狡诈、愚昧、病痛、丑陋、残废、精神缺陷，甚至哭和唠叨等代表人类情感宣泄的症候，在此均被纳入恶神恶事系列。这些恶神各司其职，主持制造人间坏事，而耶路哩是各种灾难祸害的始作俑者。所以，满族萨满在请神、"神上身"之后，为除病害、灭灾祸、整风纪，必须借助所请神的神力，与恶魔耶路哩及其整个恶神神群战斗。萨满作为满族社会除灾祛难避祸的勇敢无畏的战斗者，其职责就是与耶路哩恶神体系对抗。

与傅英仁口述传承的《满族萨满神话》中耶路哩与天宫外扫帚星联盟建立了一个更为庞杂的恶魔体系的宏观性不同，鲁连坤口述传承的《乌布西奔妈妈》中耶路哩建立的恶神体系更注重微观世界的渗透。他直接介入人间诸多事项，所涉之事无一不关乎满族人的日常生活，烟火味极浓。鲁连坤口述传承的创世三女神神群，在大萨满大英雄乌布西奔妈妈时代，已是传谕性的转述口吻。乌布西奔妈妈在强有力地托举天母神阿布凯赫赫权威的同时，实践着她从天宫侍女神身份落入凡尘，带领东海人过上平安幸福生活的承诺。

乌布西奔妈妈作为天宫的侍女神，秉承女神法则，她落入凡尘的主要目标是治理东海，实践东海人平安幸福生活的宗旨。所以，乌布西奔妈妈治理东海，亦遵循天母神的天宫布局，以层层设置"妈妈神"神群体制，体现天母神阿布凯赫赫女神谱系的权威性。在母权制高度集中的东海女真人"妈妈神"萨满神

① 鲁连坤讲述、富育光整理，《乌布西奔妈妈》，吉林人民出版社，2007 年，第 79 ～ 80 页。

群体制中，体制内的分工运转极为细致周到，“妈妈神”神群在整体中发挥各自的作用，而男神无一例外都被置放到耶路哩恶神体系里，这也是鲁连坤口述传承的满族创世神话中缺少男神的原因。由于高度弘扬满族萨满女神精神，张扬母权制，父权制得不到成长的机会，男神的价值也无从体现。因此，鲁连坤口述传承的满族创世神话，以完整的满族萨满女神崇拜体系，成为母权制口述传承的经典版本。

第二章

马亚川女真生殖神话叙事

第一节　女真生殖母题

《女真萨满神话》，由马亚川口述传承，黄任远、王益章整理，黑龙江人民出版社于2006年6月出版，共计26万字。

马亚川（1928 ～ 2002），原名马海山，男，满族镶黄旗人，姓马富费氏，祖籍辽宁省岫岩县，生于双城区希勤乡希叶村，小学毕业。父母早亡，居住在外祖母家。外祖母一家人都喜欢讲故事，家乡有满族人“述祖”习俗。他从小跟外祖父赵焕学会不少民间故事。小时候，他曾看过外祖父赵焕收藏的手抄本《女真谱评》①，里面的许多故事后来成为他口述故事的原始素材。马亚川是个苦孩子出身，放猪种地的活他都干过，画匠也做过，还曾出于感恩替舅舅当过日本劳工，九死一生，被日本军官救过命。他一生坎坷，命运传奇。1946年，马亚川参加工作，1983年离休。

马亚川口述传承的《女真萨满神话》，主要流传在黑龙江省哈尔滨市双城区一带。双城地处松嫩平原腹地，自古以来就是东北三大族系之一肃慎族系活动范围。公元十世纪，辽灭渤海国，女真人兴起。女真人分生女真和熟女真，生女真人居住在长白山至松花江流域，双城境内崛起的女真完颜部即生女真部之一。《女真萨满神话》主要讲述了满族先世生女真人在白山黑水亘古蛮荒之地艰难跋涉的生存困境。在生女真人渴望生殖繁衍，陷入生殖苦难无法自拔的时候，得到天神派来的萨满女神的助力，从此翻开了由蒙昧时代转而进入父权制文明定居时代的历史篇章。

在口述传承过程中，马亚川不仅传承了具有地域特点的满族先世女真人的神话传说，使双城一带的满族先世女真人的生殖叙事呈现出宝贵的史前文明特征，而且由于他本身也会编故事，口述过程中创造性地传承满族先世女真人的文化遗产是马亚川的一个很突出的特点。据高荷红调查，马亚川兼口述和笔记两种技能，是远近闻名的大故事家。马亚川作为“在创编、演述方面口头和书写并重”的“书写型”传承人②，具有惊人的记忆力和口若悬河的表达力。他

① 《女真谱评》已整理出版。由马亚川讲述，王宏刚、程讯记录整理，共计76万字，吉林人民出版社于2009年出版。

② 高荷红，《满族说部传承研究》，中国社会科学出版社，2011年，第94页。

无与伦比的口述能力得到了多方证实，他“是一位‘嘴茬子’。当年他在几百人的大会上讲话，从不打稿。一讲起来，出口成章”①。

作为极具魅力的口述人，也作为满族著名的民间故事家，马亚川口述传承的《女真萨满神话》，既带有他本身的传奇特质，也传递出双城区一带蛮荒广袤、极寒世界、万物皆在生殖繁衍之途艰难奔波遭遇风险的史前生命奇观，以及马亚川对女真萨满生殖传统接近实质性的把握。在地域性和口述风格上，《女真萨满神话》堪称女真人口述资源的名篇佳构，是原始社会生命延续之壮观景象的一朵神话奇葩。

一、生殖母题

（一）大母神崇拜

马亚川口述传承的《女真萨满神话》突出的特征是重复出现的生殖母题。一部传承久远的《女真萨满神话》，实际上仅仅是围绕着一件事情即生殖繁衍，反复组织故事线索，补充故事内涵，使其增强叙事效果，说明生殖崇拜有着丰富的历史积淀。

生殖母题是史前口述资源基于女神崇拜，反复运用的故事原型，在世界各地神话传说中广泛地出现。人类学研究经过大量田野考察认为，生殖繁衍是由象征丰饶繁殖的女神掌控的。尽管有学者对巴霍芬1861年《母权论》提出的人类历史第一阶段是母权制颇为慎重②，但近现代以来，人类学和考古学实证研究成果的大量出现，使史前女神生殖崇拜的观念已很少有争议了。史前女神崇拜与生殖崇拜紧密相连的论断已为学人广泛认同。

叶舒宪对女神崇拜主生殖繁衍做过系统的研究。他曾以《高唐神女与维纳斯》为题，专论古代女神对中国传统文化的影响，“在中国的父权制文明国家确立和发展的历史上，对已经一去不返的母系社会及其意识形态产品——女神宗教的怀恋、追忆和向往始终未曾止息”③。他在性别神话象征史《千面女神》中

---

① 马亚川遗稿，黄任远、王益章整理，《女真萨满神话》，黑龙江人民出版社，2006年，第3页。
② 叶舒宪，《千面女神》，上海社会科学院出版社，2004年，第13页。
③ 叶舒宪，《高唐神女与维纳斯》，中国社会科学出版社，1997年，第47页。

谈道："千变万化的女神其实都源出于一：那就是人类祖先对女性生育现象的神秘化与神圣化想象。"①

史前史对女神崇拜怀恋和追忆的可靠性，不仅存在于叶舒宪所指的中国正统史书记载中，且遍布世界各地的口述资源以及史前岩画、器物画等造型艺术范畴。许多材料不断为女神崇拜怀恋和追忆的可靠性提供佐证。史前口述资源发散出的大母神"女神精神"，以不同民族民间口述文学的雕塑石刻岩画等方式传承下来，至今影响着世界文明舞台上性别立场的演进。生殖与两性关系的探讨成为回溯女神崇拜，还原母系氏族社会大母神"女神精神"存在的必由之路。理安·艾斯勒将史前文明称为"神圣的欢爱"，从生殖和性别双向维度，对"统治性关系和伙伴性关系"进行了女性主义立场的解读。在此理论基础上，两性关系中的"性"，可以是"给予和获得快乐的方式，可以既是精神的，也是自然的"②。

旧石器时代的人有着生命源泉来自圣母，而非圣父的观点。这一观点与后来的犹太-基督教的生命观、世界观是完全相左的。理安·艾斯勒认为："女性身上所表现出来的那种具有创造性的性力量，是自然的伟大奇迹。有一个突出的例子是，法国一处岩洞圣殿入口（或阴道口）约 25000 年前的一幅雕刻，考古学家称为拉瑟尔（Laus-sel）的维纳斯。因为这幅古老的女神像不仅表明妇女的具有创造性的性力量受到崇敬，而且说明妇女的月经周期（就像日月和四季的周期一样），同样被视为宇宙生生不息的力量的神奇体现。"③ 考古学提供的遍布世界各地的史前女神雕塑，譬如被称为"大母神"原型的史前维纳斯女神像，基本特征是乳房高耸、屁股浑圆、孕相突出，在审美蕴意上隐含着吐纳性和包容性。人类学进一步证实，史前女性因自身形体呈现的孕育特征，能够掌控生命再生产环节以及在生殖关系中的显性存在，获得了被高悬于男性之上的女神地位，构成远古人类的大母神女神精神崇拜。自然界赋予女性容器式的生命体征，蕴含着神秘的生命再造能力，如同春夏秋冬季节更替所具有的万物开

---

① 叶舒宪，《千面女神》，上海社会科学院出版社，2004 年，第 1 页。

② ［美］理安·艾斯勒，《神圣的欢爱：性、神话与女性肉体的政治学》，黄觉、黄棣光译，社会科学文献出版社，2004 年，第 7 页。

③ 同上注，第 71 页。

合生长的循环功能，被寓言成具有丰产和收获能量。因此，女性主义研究者相信，“女性作为‘创造原则’，包容了整个世界。这是处于初始统一中的整个自然界，一切生命都从其中产生和发展”①，富含创造性特征，且包容大器的女性生命体，与自然界能够具备此类吐纳功能的万物，共同构成史前生殖崇拜的对象物。

（二）司生殖的萨满女神

马亚川口述传承的《女真萨满神话》，是一部以生殖繁衍为中心内容的口述史，所涉也很难逸出史前人类神话生殖母题。他所讲述的地域性神话故事，男女两性遵循大自然运作规律，与其他动物一样春天自然交配，繁殖生长。如同宇宙万物阴阳交合，昼夜交替，循环往复一样，不受任何人类文明思维的框囿，是自然而然顺势而为的生命现象。但是，在《女真萨满神话》里，除了繁殖事大，欲望的畸形追逐，看不到富有包容性的女体特征，也看不到具有吐纳功能的大母神形象。女人骨瘦如柴，缺乏具体形象，一种符号化的性别表述占据了口述者内心。马亚川口述资源所给出的两性交媾活动，由于牵涉史前妖魔怪物与女真人匪夷所思令人瞠目结舌的性事，比之乳房高耸屁股浑圆的生育女神大母神雕塑提供的审美形式，更为惊心动魄。

文明史以来的性别伦理观念，在马亚川所提供的女真初民生殖繁衍这类生命存续的头等大事上不堪一击。赤裸裸的性语汇的运用，象征春暖花开万物复苏的场景，与文明社会附加于两性的权利义务指向并无丝毫牵涉。尤其是父权制社会所发明的“性丑陋”“性奴役”“性政治”等压迫性的社会阴暗心理，在马亚川的口述传承中一概不存在。与大多数史前女神雕塑丰乳肥臀的母性特征不同，马亚川口述提供的史前生殖叙事是一场又一场艰难的充满血泪的生殖战斗，离歌颂孕相十足的生殖女神，以及由她们繁衍再生而带来的丰饶生活还有相当大的距离。也就是说，马亚川口述提供的女真人史前神话，与世界范围内的母系氏族社会大母神审美有相当大的距离。从地域性纵向历史角度来看，女真萨满神话出现的时间距今更为久远，或者与世界其他地区的大母神审美存在独特的地域性差别。

---

① ［德］埃利希·诺伊曼，《大母神——原型分析》，李以洪译，东方出版社，1998年，第60页。

马亚川口述提供的生殖母题，与史前生殖女神生命再生产目标一致，并不能就此说明，传递生命基因的女神崇拜集中体现在身怀孕相的大母神身上。不过，口述中没有出现大母神形象，也不意味着放弃了生殖女神崇拜的情节结构。马亚川口述传承的独特性和真正意图在于，将大母神的价值转嫁到女真萨满女神身上，反复强调了从天而降的女真萨满女神的法力无边，由于女萨满神的存在，赋予女真人繁衍生命的机会。也由于在叙事过程中萨满女神一直处于主体地位，因此叙事可以借用她拯救女真人的立场。萨满女神通过性别策略除妖降魔，并以身示范，教育女真人行正确的生殖繁衍方法，从而达到繁衍女真族系的目的。

在马亚川口述传承的《女真萨满神话》里，生殖母题不断地重复性建构，集中释放出“繁衍事大”的观念性信号。他不厌其烦地通过不同的故事场景反复呈现男女交媾、饥不择食的自然生理现象。“寻找留子”和“等待交配”成为马亚川讲述的神话传说中固定的场景，以及他所讲述的春天故事中的程式化动作。这种不断地不厌其烦地变换场景、地点、人物、动植物、山川雪野、千妖百怪，而重复一个生殖母题，实在是令人费解。很有可能的是，随着历史的不断演进，女真人萨满神话在口述传承过程中产生了文化累积现象，即生殖母题经过世代女真人以及后裔的口耳相传固定下来，在这个母题框架内，世代女真人及其后裔不断地再生发，再传承，从而形成重叠复重叠的堆积式的生殖母题现象。

因此，以男女、雌雄交媾为主的生殖母题，通过马亚川口述传承保留下来的神话特点，形成了一种拼装式的叙事结构。口述以生殖母题为主线，以人物不同的生存险境也就是故事情节的发展为内容，构成具有相同故事情节、不同人物形象、各类奇闻逸事、诸多妖魔鬼怪等大量神话元素之集大成的系列叙事。

马亚川从最基本的叙事单元出发，如讲述女真人生存活动地的名称、定居地的山水名称、氏族部落的部落名称以及器物名称、人物名称等地域性命名来历等，把女真初民与妖魔鬼怪栖居共生的史前野蛮蒙昧的原始生活一一剖开。在与妖魔鬼怪同处一地的远古世界里，女真人的生存胜算机会极其微小，女真人时刻被无法控制的、偷袭人类吸取阴阳二气从而壮大邪恶力量的妖精鬼灵包围着。女真初民不仅要与恶劣的生存环境殊死搏斗，还面临着种族繁衍断档的生命传承的困扰。一方面，原始女真人群女对有生育能力的男人留子的过度索取，使女多男少，留子变得愈发稀缺，于是恶性循环，导致男人愈发地躲避群女。另一方面，妖魔鬼怪也加入了与女真男女交配的行列，从而将女真人的生殖繁衍推到风雨飘摇的地步。

口述中的群女、留子、伏子①，构成各种正义邪恶势力冲突对立的焦点，彼此间的矛盾制造了口述情节推进的张力，使叙事呈现生动景象。萨满女神正是在女真原始初民陷入危难之时，由天神阿布凯恩都哩指派，降落到人间，持万物有灵观念，施展萨满法术，召唤神灵仙人助战，拯救女真人于生殖危难，最终开蒙训教，引其走向正确的繁衍轨道。

因此，生殖女神也就是萨满女神，在马亚川传承的口述资源中，并不承担怀孕生产的任务，不具备大母神包容一切的意义，也缺乏造物功能。萨满女神的出现，为女真人更好的繁衍提供了正常的生殖繁育方法和环境保障。所以，在此提供了一个女真萨满女神的教育型女神功能。马亚川口述传承的《女真萨满神话》中赞誉的萨满女神，是女真人的生殖守护神。

《女真萨满神话》总体上看是独立成篇的系列故事，在故事架构过程中，每个故事均有其他故事不可比拟的创新点。这也是口述能够以不同的角度、内容接续叙述的缘故。每当一则故事因太长讲不完时，可以另起篇目接着继续讲，对于听众来说，会有一种“卖关子”或“未完待续”的悬念期待。马亚川口述中，不论有多少奇异焦点吸引听众，每篇故事中都不能缺少萨满女神。也就是说，萨满女神是马亚川口述中贯穿全篇的主角。

萨满女神是马亚川口述叙事的主体人物，是俯瞰大地的全知全能者。她是一个女萨满行者，与《西游记》里护佑唐僧西天取经的孙悟空不断地降妖除魔一样，经常处于与妖魔鬼怪征战杀伐的状态中。在此，女真初民的原始生殖活动是萨满女神护佑之本，如同孙悟空护唐僧西天取真经一样，是故事渲染的中心事件。

---

① 群女，是女真人对远古时期处于蒙昧状态的野女人的称谓，其主要特点是随着自然界的时令而行动。群女中产生了头领，由于她们特殊的能力禀赋而带领群女聚集在山洞里生存。留子，指男人生殖器，特指具有繁殖能力的青年男人。伏子，指被母亲藏匿起来的留子，一般生育男孩的群女往往会从群体中逃脱出来，独自把男孩养大。原因有二，一是在群体中生存，男孩被群女集体占有，就有可能精力被消耗殆尽，寿命不长，必早死无疑。二是带男孩逃离群体生活的母亲，独自抚养留子长大成人，可自行与留子交配，繁衍后人。

但是，生殖主体叙事不单纯是讲生殖故事。萨满女神为女真初民不断地与妖魔世界拼杀的终极目标，不仅是女真人的生殖，也推演到整个自然界万物的阴阳相合，繁荣昌盛。萨满女神与邪魔外道的交配方式的近距离搏杀，是在替女真初民与妖魔鬼怪争夺交配权，从而扶正祛邪、固本清源。萨满女神在此既是掌控女真初民生殖繁衍的生殖保护神，更是自然界和人类社会“求真向善”“祛妖辟邪”的正义女神，体现出正义战胜邪恶、光明终将取代黑暗的恒久的宇宙观。

由于马亚川口述传承的《女真萨满神话》集中表现生殖母题，因此将生殖问题凸显了出来。那么，在女真后裔满族神话传说等口述资源中，是否存在萨满女神承担生殖女神的职责？萨满女神履行生殖女神职责，究竟是满族萨满神话中普遍存在的叙事情节，还是马亚川口述传承的《女真萨满神话》中所独有的萨满教生殖崇拜现象呢？

在满族萨满神话传说中，各司其职的女神神系规模庞大，满族神话《天宫大战》和满族英雄史诗《乌布西奔妈妈》中，就有三百女神之众，有主宰穹宇的天母阿布凯赫赫女神，主宰地隅的巴那姆赫赫女神，主宰星辰的卧勒多赫赫女神，三女神共管大千世界，余下诸位女神的身份和责任都相当具体明晰。

可以肯定的是，繁衍族群是满族萨满的司职所在。乌布西奔妈妈是部落联盟大萨满，她承担着引导繁衍的重任，她亲自为氏族部落难产女人接生的场面相当壮烈，生育作为一桩神圣之事被描写得近乎一场规模盛大、气氛紧张的战争。生殖在东海女真人社会中的重要性和仪式性，不言自明。为避免近亲繁殖带来畸形后代，乌布西奔妈妈力避兄妹杂交，实行各部族成丁牌符，建立连理花棚，岩岭野合，“禁忌本部内通婚”。这些举措都意味着她在履行生殖女神的职责。

满族女英雄史诗《恩切布库》中，也专辟一节讲述题为《传下了婚规和籽种》的故事，述及恩切布库女萨满亲自打破以母系血亲为中心的旧制，铲除了不分辈分不分男女地混杂交配居住的“妈妈窝”，并亲手创制了有利于种族繁衍的族外婚规。史前蒙昧的乱婚习俗，在口述中均由萨满女神来纠正、训育。这些例证进一步说明满族女萨满生殖崇拜观念的神圣价值。

口述资源作为对正史的补充校正，提供了今人通过口耳相传的氏族部落故事认识古代萨满司职生殖的重要途径。在满族社会的历史变迁中，萨满真能起到引导氏族繁衍的直接作用吗？满族说部传承人富育光对此是极为肯定的。他在《萨满教与神话》中认为："生育神崇拜始终占有突出的地位。……初民时期，广阔的北方荒漠，人口相对稀少。对北方先民来说，人的生育、种族的繁衍为每个氏族看作极重大的事情。"①

满族萨满主持氏族繁衍亦是相当普遍的满族社会现象。富育光在《萨满教与神话》中所提供的事例，说明满族萨满肩负两种基本责任与义务，那就是治病和繁殖。在该著作中，他翔实地论证了萨满教诸多辅导教授族众繁衍生殖的功能。郭淑云也指出，古代萨满在传播生理和两性结合知识方面起着重要作用。在萨满进行与生殖有关的祈神活动中，"生殖崇拜祭仪内容丰富，包括祈神传授交媾术、求性生活和谐、治疗性病以及子嗣祭、育孕祭、求子仪，等等"②。因此，可以确定的是，马亚川口述传承的《女真萨满神话》中，萨满女神司生殖职责，是满族先世女真初民艰难跋涉于自然环境的生存需要，起源于史前女真人传递生命基因的强烈愿望，而非后世故弄玄虚编造的故事。

由此，作为有文化且会写故事编故事的口述传承人马亚川，他的《女真萨满神话》以满族先世女真族系生存繁衍的艰辛历史为主要叙事内容，世代口述传承下来，其繁衍生存的活化石价值是毋庸置疑的。这部内容奇异的口述神话，呈现出萨满女神沟通天地人神、祛除邪魔鬼怪、施展除妖法术的众多拯救业绩，使女真族系光怪陆离的史前神话以一种超越今人心理范畴的描述引发心灵震撼。作为满族先世女真初民的民族志镜像，马亚川口述传承的《女真萨满神话》对记录女真初民史前生殖崇拜信仰，对天地人神包括自然物状貌的大跨度想象以及所隐含的地理空间内蕴，具有重要的研究价值。

二、女假人

（一）妖魔鬼怪

与许多传统神话传说故事一样，马亚川在讲述女真萨满神话时，沿用了

---

① 富育光，《萨满教与神话》，辽宁大学出版社，1990 年，第 73 页。

② 郭淑云，《原始活态文化——萨满教透视》，上海人民出版社，2001 年，第 376 页。

"传说""相传""据说""早先年""古时候"等民间口述方式。作为开篇，直接导入民间叙事的不确定性，具有广泛传承性及传播渠道的表达结构。这种带领读者与历史空间接轨的民间话语机制，瞬间可将受众吸纳进记忆者和口述者提供的时空隧道，并穿越时空界限抵达原始境界。民间口述叙事提供的平台貌似随意，读者完全可以当作不具可考价值的"瞎话"看待，但它却以谦卑的姿态突破受众的心理防线。

神话传说是否具有吸引力，能否强烈地控制住接受者，与传承者的口述才华有很大关系。马亚川无疑是天才的口述传承人，他传承的《女真萨满神话》，具有牵宇宙之浩荡，动神鬼之魂魄，让人为之惊惧为之讶然的艺术效果。在他鬼斧神工的语言艺术和上天入地搅起千堆雪万重浪式的恣肆狂野的情节叙事中，沉睡已久的女真初民交媾的场面被激活了。今人看来相当容易处理的一桩性事，在远古女真初民那里往往惊心动魄。生殖繁衍，子孙绵延万代，是满族先世女真人与妖魔鬼怪冲突对抗的关键所在。

在满通古斯语族口述中，马亚川传承的《女真萨满神话》生殖母题的反复出现，是区别于该语族其他族群口述资源的突出特点，尤其是对妖魔鬼怪的生殖器官的直接描绘，大胆惊人，粗犷豪放。对此，孟慧英认为，马亚川传承的女真萨满神话叙事，都是有生活原型的。马亚川的"故事真实地反映了满族及其先人女真人的社会生活、风俗习惯、民族心理，并带有浓郁的'东海窝集部'和'野人女真'的那种粗犷、豪放色彩"①。马亚川口述传承的《女真萨满神话》，狂放恣肆不加修饰甚至肆无忌惮的性放纵特点，从某种程度上投射出的是妖魔鬼怪具有吸纳人类精华，转而化形为无法控制的恶性事件的能力。这些超能量魔鬼吸纳和扫荡人类精华于一身的毁灭性的吞噬欲望，架势咄咄逼人，霸凌女真人。很有可能的是，史前各种怪兽横行，人兽交配，给女真人造成了沉重的心理负担，通过口述传承交由后世铭记世事艰难生命繁衍的历程，"述古"也是为了纪念原始初民为生命权和交配权的不懈奋战。因此，口述中濒临绝境的女真人在萨满女神的拯救下，与妖魔鬼怪正面展开了生殖争夺战。

---

① 孟慧英，《满族民俗文化论集》，吉林人民出版社，1991 年，第 54 页。

萨满女神面对的是变幻莫测的史前蒙昧阶段，一切都是混沌不清的。女真初民被自然界控制，不具备识别真假善恶的自觉能力。“性别打假”，区别女真人还是女假人，是萨满女神排除生殖障碍的关键所在。于是，在口述中，萨满女神披挂各种法器上阵，呼风唤雨，撒豆成兵，以解决“性别打假”的生殖难题。她经常手持铜镜，像孙悟空运用照妖镜一样，去辨识人和妖魔鬼怪杂乱交配的场景，而真相往往触目惊心。

（二）阴盛阳衰

对尚未完全脱离自然界动物性的原始初民来说，遵循自然界雄争雌、男追女的规律，属于正常的生殖现象。奇怪的是，女真初民却出现了女追男的反向生殖机制。这一不同寻常的交媾规律，在马亚川口述传承的神话架构中，所印证的逻辑是，女真初民生存的独特地理环境决定了其所遭遇的困境。在这一生殖困境中，地理条件决定了“阴气盛于阳气。天地浑然，就生妖魔鬼怪，人受其害，女多男少，人类濒于灭亡”①。对此，马亚川口述传承的观点是，由于女真活动区域阴气盛于阳气，生存繁衍之地气候寒冷，属于“阴”。环境决定了“阴气盛”，女真人男女比例失调，出现了女多于男的现象。阴气盛，阳气必然不旺，结果就会产生邪魔，一定程度上助长了“阴盛阳衰”生殖生态的不平衡。

“阴盛阳衰”的环境决定论影响了口述人的叙事立场，以至于《女真萨满神话》不断地就“男人为宝，女寻男，男躲女”这一主题拓展情节内容。神话故事反复叙述男女比例失调，也是其程式结构不断铺陈展开的前提因素。否则，故事情节的推进会失去前进动力。在世界各地的史前神话叙事中，男性的生殖作用体现得较弱，生殖多半只是女人的事情，所以生殖一直与包容和吐纳的大母神相衔接。遗憾的是，具有包容性创造性的“大母神”形象并没有在《女真萨满神话》中出现。女真初民的生殖景象，不仅没有生产的喜悦，反倒充斥着一遇生殖便可能死亡的悲剧气氛。悲剧气氛的连续营造，主要依据全知全能的萨满女神对大地的俯瞰式观察。萨满女神所到之处，均呈现出一片衰败和怪诞。与地域性相关联的是寒冷的气候所导致的妖魔鬼怪泛滥成灾。妖魔鬼怪不是通

---

① 马亚川遗稿，黄任远、王益章整理，《女真萨满神话》，黑龙江人民出版社，2006年，第112页。

过其他方式譬如吃人或攻击人等危害天下，而是通过性的方式戮害女真人。这一特殊视角，使马亚川口述传承的地域性特征凸显出来。在苍茫的黑土原野、冰雪封冻的大地上，萨满女神奔波往来，扭转她所遇到的女真人的生殖厄运。她将通过现场观察交媾以及交媾过程的异常，并从交媾的非人态识别真假女真人。

饰伪能力是人类和动植物界为自身生存而发展出来的一种较高的能力。识别女假人，也就是妖魔鬼怪，是萨满修炼到一定程度所具备的异能。萨满教信奉万物有灵论，支持人与动植物甚至某些物体互为变形，认为变形是自然界合理合法的事情。在马亚川口述传承的《女真萨满神话》范畴内，变形是为了达到更多的获取性资源的目的。冒充女真人的变形途径是极其复杂的，凡胎俗物不具备萨满女神的“天眼”，是很难辨别真假的。因此，妖魔鬼怪变成女真人来吸男人精子以壮其阳，危害人类包括自然界万千生物，往往能够得逞，造成女真人性能力不逮的困境。

口述中的真假变形，形式之多，类型之不可思议，环环相套，步步惊心。当然，口述传承人的立场是抑制趋向于邪恶的畸变，提倡有助于发挥良善能力的变形。变形的目的不同，也会获得不同的价值评判。口述中，妖魔鬼怪的变形，是一种猎取人和生物的性精灵补充自身能量的做法。假以时日，只要所需灵魂的数量积累到一定程度，就会变形成功，达到无法控制危害人类和自然界万物的地步。因此，口述在谈及妖魔鬼怪变形的男女时，都给予它们一副假面，这些假面最终难免露出马脚，从而达到水落石出的叙事效果。马亚川口述传承的《女真萨满神话》，无论山重水复，走过多么艰难的路程，最终的价值指向都是依靠萨满女神，调动一切可能的资源和力量，将妖魔鬼怪打回原形。

三、父系定居模式

（一）秃大的觉醒

马亚川口述传承的《女真萨满神话》中，留子既是群女争夺的“宝贝”，也是萨满女神保护的对象。在将女假人打回原形的过程中，萨满女神不仅要运用通天法术，还要借助留子的参与。留子秃大[①]是个性突出的男人，他对群女是极其不屑的，他“有个脾气，凡到春天的时候，群女寻到人了，他便挨个合欢同房一次，返身就走，说啥也不多待几天”。他梦想着一夫一妻的日子，“有些雀鸟都是一牡一牝相伴，下蛋抱雏”，“人也像这些雀鸟一样该有多好，何苦一个男人和十几个女人扯，还没等反过乏来，另个女人又缠巴你，不顶壳的就得被缠巴死。要是一男一女多好，幸福延年”。[②] 在女真初民远古时期，秃大一夫一妻制的婚姻梦想太过超前。后世的口述传承者马亚川，有意识地将现代社会婚姻家庭观念投射到了秃大身上，有穿越到远古社会之嫌，是口述传承过程中现代人的穿凿附会。

秃大婚姻梦想的现代性与《女真萨满神话》中原始初民的生殖立场产生了断裂。口述中的秃大也会出现一些不通情理的心理条件反射。当他终于看到一个不像群女那般骨瘦如柴，而是“大脑袋，长脸蛋，大眼睛，水灵灵，大屁股，肉腾腾”[③] 具备现代审美标准的由野猪精变形的美人时，竟然忘记了女真人都是群女结伴而行的习俗惯例，他像个现代人一样被美人色诱了。口述传承人将现代人的性心理投射到原始初民身上，结果是迎合了部分接受者的心理期许。关于口述传承过程中现代意识的跳跃性加入，明显稀释了史前史叙事的成分。

口述者的神话叙事，将叙述者个人关于女人作为父权制下女奴的身份表现得相当充分。拥有父权心理的秃大，心安理得地享受着美人对他的关照。美人背着他走崎岖的山路，把他藏匿到不易攀爬的山顶洞里独居。秃大每日只需陪着美人卖力地交配一次，就可以换来美人奉上的兽肉。待到某一天美人拿来人肉让他品尝时，根据女真人群女聚居且不屙白屎，以及吃骨头的野兽才屙白屎的生活经验推断，秃大才从妖怪的美人计中醒悟过来。这个故事体现了父系文明以来将美女妖魔化的父权制立场，也体现了口述人马亚川的性别立场。

为此，口述进一步申明，象征父权制立场的秃大，在萨满女神的帮助下，为提升男人的“阳气”，驱逐妖魔的“阴气”，极为夸张地针对美人妖的女阴部

---

① 马亚川遗稿，黄任远、王益章整理，《女真萨满神话》，黑龙江人民出版社，2006 年，第 124 ～ 127 页。

② 同上注，第 124 页。

③ 同上。

位展开杀戮。在此，隐喻男根文化的宝剑被口述者恭请出场。由秃大手持宝剑，对曾经与他交配过的美人操刀。秃大行杀戮前，假意抚摸美人妖阴户，“冷不防将斩妖剑刺进美人妖阴户里去了，由于他用力过猛，将他右手和胳膊伸进去半截，只听美人妖吱的一声，往前一蹿，斩妖剑将阴户和妖腹劐开了。美人妖的肠子肚子流淌出来，只听咕咚一声，摔在地上，现了原形，原来是头大野猪精，有两丈来长”①。秃大杀妖记复制了正义战胜邪恶的古老主题，秃大极其冷血地在斩妖信仰支配下杀掉了“勾引”他的美人妖，没有半点怜惜。

觉醒的秃大以“勾引”策略来反制美人妖，以其人之道还治其人之身，伸张了萨满教生殖崇拜的正义。随之而来的问题是，为什么不是以其他方式来杀，而是谎称性交等待美人妖兴起才动手呢？这恰恰与萨满教是原始宗教有关。萨满教崇尚万物有灵，人与世上万物的灵魂是可以互相转换的，成精的妖魔鬼怪一般都有体外灵魂，只要弄清灵魂所在的位置，就可以置敌于死地。渴望通过性交获得留子阳精的野猪精变形的美人妖，其灵魂集中在性要害部位。因此，美人妖性欲兴起时被秃大直捣女阴部位，一招毙命，是顺理成章符合逻辑的。在此，杀掉阴气旺盛的美人妖，将其打回野猪精原形，是萨满女神助力女真人生殖的第一步。最终，女真人生殖世界归于阴阳平衡，走入生殖正途，才是故事主张的结局。

（二）父系祖先神

故事的结局显然还需要口述传承，否则不足以增加戏码。根据萨满女神的理想繁殖模式，杀掉野猪精后，应马上建立父权制定居部落，取代群女野人般的繁殖模式。秃大作为定居部落唯一一位对群女拥有交配权的留子，他所交媾的对象不再是他喜欢的肉腾腾的野猪精，转而成为瘦弱的女真群女。这里显然并没有谈到秃大的心理感受，不过女真人群女虽然瘦弱但毕竟是女真人而非女假人。通过萨满女神的介入，这一假一真的厘清，奠定了秃大作为女真部落父系祖先神的地位，他的父权地位得以巩固，从此领受后世氏族的祭礼供奉。

---

① 马亚川遗稿，黄任远、王益章整理，《女真萨满神话》，黑龙江人民出版社，2006年，第127页。

秃大拥有女真部落父系祖先神地位，还与其部落战争中男人的战斗力有关。对这一口述故事换一种理解方式，譬如从妖魔鬼怪的象征性入手考察，可以发现，史前人视妖魔鬼怪并必大加挞戮的都是敌对部落，史前人习惯将敌对部落看作妖魔鬼怪。

假定野猪精属于被女真群女当成妖魔鬼怪的敌对部落，那么，与秃大行交媾活动的群女便是女真人部落，是“知其母不知其父”的母系部落。秃大在此部落中的地位，是一年一度春情发作时临时的泄欲工具。秃大在群女中地位的提升和凸显，源于秃大为群女部落奋力杀敌的保护者行为。杀掉美人妖，相当于现实中打败了与野猪崇拜有关的敌对部落，群女因此会普遍认同具有战斗力的秃大为本部落首领，定居建立父权制部落也就顺理成章。群女生育的子孙从此由“知其母不知其父”的母系社会，一跃而为“知其父不知其母”的父权制社会，男人的杀敌功劳成为支撑其父权制父系地位的外在显性标志。

四、变形策略

（一）男假人

马亚川口述传承的《女真萨满神话》充满着变形的情节内容，变形成为一种叙事策略被广泛运用。现实生活中，女真人难辨女假人，需要借助萨满女神的法眼，男假人亦是普遍存在的事实。若想将男假人打回原形，也并非易事。留子是女真人的稀缺资源，群女一旦发现留子的踪影，就迫不及待地集体冲上前去，掠夺式地和留子行交媾活动。最终往往会上当受骗，很多时候她们不是和留子交配，而是把自然界赋予的生殖权利拱手交给了妖魔鬼怪充当的男假人，造成了身体畸变甚至死亡的悲剧。

对妖魔鬼怪来说，冒充留子的途径很简单，只要改变性别和外在形貌即可。萨满女神经常会施展美人计策，利用妖魔鬼怪急于交配的心理，性诱其上当，将其现场除掉。冒充留子蒙骗女人，是马亚川口述中又一频繁出现的男假人故事情节。对男假人的处理方法，如同对付女假人，仍然是采用萨满教崇信的做法，集中在性要害部位，摧毁其性器。

《除妖精》里，人面大怪物变成的男人，说话童声稚气，诱群女主动前来性交。萨满女神闻讯赶来，发现这些交配过的群女都已全部中了妖法，呆愣愣地像被钉在地上一样。她用照妖镜对着男人一照，发现是个人面牛身马足的窫窳精①，萨满女神禀告天神阿布凯恩都哩，获知“这窫窳精本是牛马精被东海龙王用海水憋在穴洞里，吃了几个婴儿后，婴儿的精灵聚在它的精灵之内，变成人面婴儿之音。由于它本性是吃人的妖精，至今未变，又经过千年修炼，所以有呼风唤雨的妖术，又能寻穴洞而行，迷惑人的眼。特别厉害的是，它会迷人妖术，将人用妖法迷住后，人就变成痴呆一般，听它摆布，最后任由它吃掉”②。萨满女神对付此精怪，采用自身变形为美女，引诱窫窳精发情的策略。当其阳物腾起时，假意摆弄，乘其不备咬掉。窫窳精的妖灵集中在阳具上，阳具尽失，窫窳精则气断身亡。这阳物从萨满女神口中吐出时变成一股白气随风而逝。可见，窫窳精的阳具虽然比留子的阳具大，但充斥的不过是气体而已。

对于妖魔鬼怪变形的男假人，萨满女神不仅亲自去处置，还调动有变形本领的各路神仙助阵。在这里，神话变形不只限于萨满女神和妖魔鬼怪，其他善仙良神通常也会有几套变形术，这是史前人的生存手段，也是制敌法宝。狐仙奶奶、蛇仙这些著名的仙家善神都是萨满女神可以调配的人马，她们同样能赋形美女，与假男人套近乎，运用“美人计”，使用色诱策略引发其交配欲望，在其精力集中在性器上的时候，一击毙命。

（二）女阴与口器

萨满女神口器变为利器的情节描述，让受众感到震惊。口器，在史前史神话中，也是一种有杀伤力的性器。萨满女神使用口器对付男假人，与使用宝剑刺杀女妖一样，均是性别武器的象征性叙事。《杏仙水》里，野牛精灵和蚿③的精灵相合，变形为吸血妖精，不但会吸血害人，还有一项特殊技能，吸水喷吐出冰雹，在春天便可将银杏树冻死，切断女真人的口粮。为除此妖，萨满女神

---

① 窫窳，yàyǔ，古代传说中的一种怪兽，《山海经·北山经》：“（少咸之山）有兽焉，其状如牛而赤身，人面马足，名曰窫窳，其音如婴儿，是食人。”

② 马亚川遗稿，黄任远、王益章整理，《女真萨满神话》，黑龙江人民出版社，2006年，第82页。

③ 古书上的虫名。马蚿，马陆，节肢动物，身体圆长，长寸余，有很多环节组成，各节有足一至两对，背面有黄黑色相间的环纹，用东西碰它会蜷缩成环形放出臭味。《广韵·先韵》：蚿，马蚿虫，一名百足。

设计让北狐仙奶奶和蛇仙前来助阵。兵分两路，一路是合石烈[1]会同北狐仙奶奶去安排群女事宜，另一路是萨满女神调来的蛇仙。

富育光在《萨满教与神话》中曾把蛇视为太阳神，是为人类送温暖的神。繁殖需要阳光照耀，才能生育兴旺，所以萨满教中多以蛇为守护神。在此，一物降一物。会吐冰雹的吸血妖精，遇到太阳神蛇仙必是束手就擒。萨满女神取出捆仙绳子，将蛇仙盘好背在身上，驾起祥云飞到事发地点，太阳神蛇仙一心听从萨满女神指挥。在事发地点，吸血妖精看见“群女被冻得像僵尸一般，只有口气儿，身子已不会动弹了。它见边上有个肥胖女人，一把拉起来，干咳一声，随手从口袋里掏出鱼皮扭成的绳，就将这肥胖女人手脚捆上了，接着放在一棵树根上，将女人头朝下，屁股朝天，放在那儿了”[2]。这个肥胖女人正是狐仙奶奶的变形。吸血妖精处置完肥胖女人后，刚好调动蛇仙的萨满女神从天而降。六足蛇仙跳在会吐冰雹的吸血妖精面前，吓得吸血妖精身子一颤，望着六足蛇仙直愣神。

就在吸血妖精心生胆怯时，由北狐仙奶奶变成的胖女人，把妖精细长的阳物一口咬掉，疼得吸血妖精“嗷的一声，变成十二只腿、牛头龙嘴的大怪物，翻腾乱滚。萨满神才抽出斩妖剑，将怪物一斩两截。灭了吸血妖”[3]。故事进展到此，结局似乎应该是按萨满女神以往处理妖物的方法一样，作为杀敌利器的口器，将阳物吐掉即可，除妖战斗也就结束了。但是，北狐仙奶奶好像还是不解气，更惊人的举动还在后头。“北狐仙用口将吸血妖精的阳物咬掉，头半截已进到它的嗓子眼里头，后半截在它的口腔里。狐仙奶奶这么一嚼，哎哟，又腥又臭，嚼得糊烂的，吐出去了。”[4] 对吸血妖精性器口咬齿嚼，不仅象征着北狐仙奶奶代表的正义一方对邪恶吸血妖精的敌对情绪的发泄，也是仇家敌手之间展开性搏斗的一种表征。在古代神话传说中，口器与生殖器有互换功能，也有武器的杀戮功能，萨满女神和北狐仙都是具有神格的女神，她们运用口器或者女阴来杀死妖魔，标志着女神除掉异性妖魔的性别立场。

---

① 合石烈，群女领头人的名字。

② 马亚川遗稿，黄任远、王益章整理，《女真萨满神话》，黑龙江人民出版社，2006 年，第 95 页。

③ 同上。

④ 同上。

古代女阴和口器还有另一种说法，由于其张合功能被认同为大地女神，“创造生命，又用大口吞噬生命。前者化为善神、生命女神，后者则化为恶神、刑杀或死亡女神”①。也就是说，古代女神的女阴和口器象征着她掌握了生死命脉，既能造物又能吞噬生命。某些族群的古代生殖神话中，最早的女阴曾经被认为有牙齿，交合过程中让男人感到非常不舒服，只有把牙磨掉了才能顺利进行交配。

原始生殖神话中，磨掉女阴的牙是为了男女交配成功，当然交配的目的还是繁衍。马亚川口述传承的《女真萨满神话》中，北狐仙奶奶的口器必然有牙，否则也无法咬嚼妖精的阳物。北狐仙奶奶不是为了交配，因此不必将牙磨掉，她是利用牙齿作为武器将男假人置于死地。也就是说，女神的吞噬性功能与死亡功能是一致的。北狐仙奶奶置敌于死地的方法是女神创造生命的另一对立面，即制造死亡。北狐仙奶奶有这等利用性器制造死亡的本领，原因在于她并非一般仙家，天神阿布凯恩都哩与北天上的狐狸星女私通后产下的便是北狐仙奶奶的祖先。这样说来，她亦是全神之体，女神之根脉。于是，此类原始生殖母题，在马亚川口述中延续使用女神口器，并将口器发展成一种致命武器以及死亡之穴，既是萨满教万物有灵、消灭妖魔精灵之所在的观念，也是母权制社会女神崇拜的遗型和翻版。

不难看出，马亚川口述传承的《女真萨满神话》中的诸多生殖场景，并没有大多数世界史前神话或雕塑那样到处洋溢着丰饶包容之气，具有大母神吐纳之美感。在东北出土的史前雕塑中，也呈现出生殖神话所尊崇的乳房高耸、屁股浑圆、肚子凸显的怀孕丰产特征，如辽宁省喀左东山嘴遗址出土的裸体孕妇雕像，这种非口述资源的雕塑式女神神话表述，带来的均是安详和谐与平安的审美意蕴。② 马亚川口述传承的《女真萨满神话》提供的是一幅生殖条件极为贫瘠，生存环境极其恶劣，“阴盛阳衰”的史前野人画面。这里的阴盛既是指女阴盛，群女多而留子匮乏，也是指妖魔鬼怪横行霸道吸食女真人的生命精华，更是指天寒地冻的大自然环境对女真人的薄情寡义，不给予体恤关照。恶劣的自然生存环境和蒙昧的人文环境，阻碍了女真初民的生存繁衍。马亚川口述资

① 叶舒宪，《高唐神女与维纳斯》，中国社会科学出版社，1997 年，第 66 页。
② 郭淑云，《原始活态文化——萨满教透视》，上海人民出版社，2001 年，第 504 ～ 508 页。

源所提供的是女真原始初民混乱无序的史前繁殖状态，也是必须求助于萨满女神治理的原始生存乱象。

当然，经过反复分析，可以看到，女真后世的民间口述传承者能够如此坚定地世代传递着这样一种艰难的生殖母题，不仅是对祖先繁衍不易的原始生存困厄的一种溯踪追源的回望，更多的是肯定女真初民以坚韧不拔的生存意志所建立起来的有利于种族基因无限扩张的宇宙新秩序。萨满女神秉天神之意，对女真初民恶劣的生殖环境着手进行治理，确定了原始女真部落父权制祖先崇拜，包括地名、水名以及人名崇拜的父姓命名原则，从而使群女留子从母系氏族社会性关系的混乱状态中脱离出来，结束了群女“掠夺式”的交配习俗，进入口述所礼赞和张扬的父权制社会。

第二节　女真婚制形态

马亚川口述传承的《女真萨满神话》，在生殖母题的框架下，多维度地勾画和交代了群女与留子的交媾形态，这些婚制形态提供的是一种比血缘家庭更早的处于蒙昧时期的原始人类群居生活。如此大规模集束式地表现交媾主题和婚制形态，在满通古斯语族口述资源中还是特例。在群婚制基础上，萨满女神将取消现存的男女交媾法则，重新界定女真人的婚姻形式，制定留子与群女定居繁衍的规制，以及最终所要达到的父权制目标。马亚川口述资源所呈现的四种婚制形态，为理解萨满女神在天神的委派下扭转女真初民生殖繁衍所面临的困局提供了参考。

一、群婚

（一）婆厉鲍

马亚川口述传承的《女真萨满神话》是女真族系的史前神话，讲述的是原始初民“只知其母不知其父”的母系氏族社会阶段，萨满女神对生殖乱象的治理过程。神话叙事略去了原始初民其他生存境况的细节描写，专注于春天伊始女真初民“群女寻男”的细节，旨在说明由于男女比例严重失调，交配期到来时漫山遍野奔跑着追逐男人的群女，男人如惊弓之鸟，拼命地四处逃避。生殖虽然是季节性创造生命的行为，但如此不堪的索命式的生殖方式，使男女关系处于一触即发的战争状态，与原始社会氏族求生存的部落战争相比，在重要性上并无两样。

群婚制是母系氏族社会的普遍特征，具备一定的母权特征。这一时期，有特殊素质的领头羊似的女首领的出现，是其群婚结构的主要特征。在女真初民时期，生存状态表现为女人群居，共同获取食物，包括集体与男人交配。

群女中的首领，带领群女有计划有组织地进行集体活动。女首领的产生和消亡都是自然而然的。由于她们身怀绝技，有超高的生存技能，因此赢得群女信任，获得带领群女活动的资格，也使群女的生存更容易些。《婆厉龅》讲述了一个相貌丑陋的女首领婆厉龅[①]的故事。她“长得身材高大，长脸，大耳朵，高鼻梁，大嘴巴，还从嘴里长出唇外上下一共八个大龅牙，生就的胆子大，狼虫虎豹啥也不怕”[②]。无畏勇猛是她的主要特征。她曾经拿着木棒打虎，吓得老虎落荒而逃。虽然她赢得了越来越高的威望，但婆厉龅不仅需要操心群女的吃喝，最重要的是还得解决群女的交配问题。由于她长相凶悍，男人都被她吓跑了，交配成为群女们的大问题。因此，为了解决一年一度的春季交配，婆厉龅带头寻找留子，并主动背男人上身，供吃供喝，男人只行交配即可。群婚是女真初民极为普遍的婚制形式，即以群女围绕着留子形成部落。婆厉龅从北狐仙手里得到三个留子，从而定居在有山有水的地方，山叫婆厉龅山，水叫婆厉龅水，从此流传下供奉北狐仙的习俗。

（二）合石烈

春天，群女首领合石烈遇到了群女寻留子的难题。合石烈的意思是她们这群女真人联合起来比石头还厉害，什么都不怕，有一种勇猛刚烈的味道。合石烈的特长是会唱歌。她利用自己的特长，编出寻男歌，引诱留子前来与群女交配，“什么花香也赶不上人花香，有种的留子噢，快出来尝尝咱们这花儿香啊，

---

① 婆厉龅，某女首领的名字。由于她相貌丑陋、龅牙突出而得到此称谓。

② 马亚川遗稿，黄任远、王益章整理，《女真萨满神话》，黑龙江人民出版社，2006 年，第 53 页。

留下种儿，阿布凯恩都哩好送你上天堂”①。在群女与留子的交媾过程中，她还善于察言观色，判断留子是否是妖精变形的男假人。合石烈部落最终也在萨满女神和北狐仙的帮助下，寻找到两名留子，合石烈部落的群女与留子定居，繁衍壮大了一支女真部落。

群女首领是群婚制组织形态中母系氏族社会部落的管理者，相当于原始部落的族长。母系氏族社会性别结构上的女多男少以及口述中的女性主体叙事，主要来源于男人生殖方面的价值没有得到开发，也没有觅食等生存方面的突出贡献。除交配季节需要男人以达到怀孕目的外，群女依靠集群力量可自行解决食物、生育等生存难题。由于独自生存，不具备共同应对大自然包括野兽侵袭的群体力量，独居男人遇险的可能性非常大，生存下来的概率也相对较低。随之而来的是，交配期一过，便是等待着生育。在生殖繁衍的链条上，群女从怀孕到生产将近一年时间，并不依附于“留籽”的男人。男人的社会价值除交配季节播下“种子”外，其他生命能量也未得到发掘。

二、母子婚

（一）秃瘩救娘

在群婚制基础上，派生出女真人的母子婚制，这是血缘婚的一种。群婚制实行的是群女与留子交媾。在群女中，生育男孩的女人往往选择独自带着男孩逃离群居生活，希望将留子抚养成人后单独与其交配，也避免留子尚未成熟就遭受群女摧残早早丧命。母藏留子的行为，以及通过这类方式活下来的有生育能力的青年男子，在《女真萨满神话》中被称为伏子。

在母子婚中，伏子隐藏起来不见外界，遇到亲娘被掠夺，也会出来寻找报仇。秃瘩就是一个有着伏子身份的青年男人。北山的雄性魔鬼抢夺女人交配，在抢他额娘时，由于他蓄着长发，错把他当作女人一同掳走。后又将他的头发剃光，逐出山洞。秃瘩经常练习棍棒，准备打鬼救娘。秃瘩身上有着男人的阳刚之气，所以，他一出场就是打打杀杀，有勇无谋。萨满女神利用秃瘩的棍棒

① 马亚川遗稿，黄任远、王益章整理，《女真萨满神话》，黑龙江人民出版社，2006年，第89页。

特长，带着他一起去解救被鬼怪缠身的群女和他的额娘。萨满女神让秃瘩在水边找一棵秃木，秃木下边有一个秃耳朵，把秃耳朵摘下来捻碎，与他的精液混合在一起解救了群女和他的额娘。从此，以秃瘩为留子，和解救出来的群女定居在秃瘩山下，秃耳水边，繁衍着女真后代。

（二）伏子含果

伏子的另一个经典例子是《母子山》叙事。马亚川口述传承的《母子山》，讲述了被萨满女神和北狐仙拯救的留子含果的故事。含果也从伏子的角度，倾诉了他与母亲的生存困境。伏子，在群女中既被称为留子也被称为孽子。在女多男少、性别比例失调的生存环境中，群女若生下留子，皆视其为珍宝。但同时也不认为是得到珍宝，尤其是对生留子的群女个体而言，生留子是十分痛苦的事情。十有八九她们会选择逃离群居生活，独自喂养留子，漫长的抚育过程要遭受很多苦难。含果说，他的名字是有来历的，每当他额娘也就是母亲外出寻食时，“放我口中一个山果，让我含着，吮其果汁，既可防止我哭，又能避免招来野兽，所以就给我取名叫含果”①。类似含果母子相依为命的母子婚制选择，对留子来说少了对付群女的力不可支，自然活得更为自在，寿命也更长，母子两人可以“欢欢乐乐”地度日。含果和额娘交配生下弟弟，由于含果的额娘生完弟弟后不能外出寻食，含果才第一次外出寻食养家。萨满女神从含果叙述中得知，影响女真人繁殖的因素不仅是妖魔鬼怪的盛行，而且有不良婚姻模式导致的内在消耗。在母子婚制中，只有额娘一方死后，孤身存活的留子才能走出洞穴，外出寻食，得见天日。待到这时，众群女见到的留子多半已经三十多岁，生殖繁育能力下降，而且自身活的时间也不会太长久了。因此，含果式的母子婚命运越发地降低了生殖繁衍的概率，使女真人生命传递走向了歧路。

母子婚制的弊病是留子资源严重浪费，在群女超多的现状中，无法发挥更大作用。于是，口述中的解决途径归结到父权制定居方案。萨满女神带着九个女真群女去游说含果额娘，建议她与群女和含果一同定居，且传教她们男女合欢之法。即用正确的生殖方法多生留子，繁衍后代。同时，定下规则，群女中

① 马亚川遗稿，黄任远、王益章整理，《女真萨满神话》，黑龙江人民出版社，2006年，第30页。

生孩子的女人要由不生孩子的女人精心照顾，共同抚育定居聚落中的子女。萨满女神让含果担任群女的首领，也就是说，以往群女中有特殊能力的女人担当的首领地位，在萨满女神的主持下，权力顺利交接，由男人含果来承担。定居山也叫母子山，以纪念女真群女曾经的母子婚制。以含果为首领的父系部落定居结局，结束了母子婚制的畸形存在。

三、对偶婚

（一）捂掩

马亚川口述传承的《女真萨满神话》，还提供了一种更为个人化，更利于生殖繁衍的婚制，是群婚制向一夫一妻制家庭过渡的对偶婚制。对偶婚制大约产生于原始社会蒙昧时期和野蛮时期的交替阶段。《捂掩的传说》讲述了在群婚制社会关系基础上发展起来的一对夫妻自愿结成对子隐居生活的对偶婚制生存状态。远古时代的群婚制，尚处于蒙昧野蛮的社会状态。然而，在马亚川口述传承的《女真萨满神话》里，除了“旁出一枝”逸于群女集体生活方式之外的母子婚制外，还产生了更为进步的二人婚制——对偶婚。

在群婚制普遍存在的状态下，这种对偶婚是如何形成的呢？女真人在群婚制时期，男人不仅要为了填饱肚子到山洞外去寻食，还要“躲女”。单身男人为避开群女寻求交配而对男人出其不意的集体袭击，基本上选择夜间出来“打食”而白天隐身山洞的昼伏夜出的隐蔽式生活。因此，男人伪装隐身的功能得到增强。

《捂掩的传说》中的对偶婚制，是在自愿基础上形成的。鉴于留子为避群女躲藏在山洞里常在夜间活动的情况，萨满女神经常会在黑夜里四处游荡寻找留子。她发现有人在暗夜里用箭在水边猎获狍子，而且猎获的狍子并没有被拿走，而是全家人就地开吃。“男人扒狍子皮的时候，女人还领出两个小孩来看，男人用石刀割下三小块狍子肉，递给他们，他们手把肉吃得这个香啊！一直到东边闪亮的时候，男女小孩全不见了，山前静悄悄的，好像没有人似的。”① 白天，萨满女神再到山下，寻找夜里觅食的这户人家，发现扒狍子皮的地方血迹皆无。

① 马亚川遗稿，黄任远、王益章整理，《女真萨满神话》，黑龙江人民出版社，2006 年，第 66 页。

从现场存留的人粪迹象发现，这家男人把狍子肚肠埋在土里了，可见其伪装能力很强。夜里，这家男人趴在树趟子里向水边瞭望，等待猎物喝水时巧妙地将其捕获，天亮前全家人钻进洞里隐藏起来。洞穴外的人很难发现这处居所。洞底有块石柱，支撑着枯树和石头，伪装的洞口很难被发现。洞里修了石阶，快到山顶才是房屋似的山洞，是女人和孩子的住处。更为神秘的是，男人可以役使放屁虫蝉蜷替全家望风把门。自然界的事物互为因果，这家男人曾救过蝉蜷，虫儿为报恩，自愿集聚在其居住地洞口处。每当有人接近洞口时，一群蝉蜷就会飞出来，对陌生人放臭屁，把他们熏走，以保护主人不被发现。

群婚制下的对偶制家庭形式之所以能够产生，主要是因为男人与女人有共同生活的意愿。男人与群女交媾时，把他喜欢的女人从群女中偷偷带出来，而后逃到山洞隐居起来。在此，男人的主体意识和生存能力非常强，为保证全家人不被群女发现，这个会磨石斧石刀的男人把洞修得很隐蔽，称得上能工巧匠。对于这位善于掩饰自己和家人的祖先，后人都称他为"捂掩"，意思是过夜生活又会遮盖自己的人。

（二）九天女与渔郎

对偶婚制还见于马亚川口述传承的《女真族源传说》①，以及另一部口述传承文本《女真谱评》② 中。故事讲述了九个天女常到长白山天池游玩，其他八个天女都飞回天宫，第九个天女喜欢渔郎英俊，在人间过起了日子。天神下凡打杀两人时，两人誓死不从，相互拥抱着沉入池底。一个大怪物将两人托起，把天池撞了个豁口，向西北方向跑去。逃跑的这条道被天池水灌满，形成一条大江。上游称松阿哩乌拉，即松花江，下游和西北来的一条河合流，叫黑龙江，那大怪物就是大黑龙。九天女和渔郎在江边打鱼狩猎种地，成为女真人的祖先。九天女和渔郎在粟末水定居，生下女孩和男孩。春天，渔郎被群女抢走，九天女在追踪渔郎的过程中，用石斧杀死巨蛇的地方称作断蛇崖。她杀蛇的勇敢和力量征服了群女，群女抬着奄奄一息的渔郎，向九天女跪拜，并将她视为救命

① 马亚川遗稿，黄任远、王益章整理，《女真萨满神话》，黑龙江人民出版社，2006 年，第 163 ～ 164 页。

② 马亚川讲述，王宏刚、程迅记录整理，《女真谱评》，吉林人民出版社，2009 年，第 1 ～ 5 页。

神仙。渔郎死后，九天女带着群女生活。当年年底，这些和渔郎交配过的女人大多生了孩子，繁衍成女真族源。

九天女与渔郎的对偶婚，结局很悲惨。渔郎并不像《捂掩的传说》里的男人那么聪明，会将自己和家人保护得很好，他只是春天来临时被群女追逐的对象，并没有捂掩那种鲜明的男人主体意识，因此，渔郎的死很无奈，也是留子被群女折磨至死的一个案例。不可思议的是，被女真人视为万能神仙的九天女，却无力保护自己的男人免遭群女祸害。可见，站在马亚川口述传承的《女真萨满神话》的立场，群婚制已经糟糕到不可救药的地步，是必须结束的不文明婚制。

四、人兽婚

（一）虎儿

人兽婚制，在现代社会规范下是违背伦常的，但在神话传说中却普遍地存在。这一现象与史前人类的祖先图腾崇拜有关，也与史前人类对人和自然界不分彼此、平等相处、互为变形的原始认知相关。学术界很认同自然法则对原始人观念形态的影响，“原始人把每一物体都视为有人性的，像他们一样具有激情和精神。甚至最抽象的现象，如天、地、风、火以及石头和植物都被当作人。万物，动物和非动物，都被假定为是有性别的，通过与人类生子女相类似的过程来产生它们的物种或别的物种”①。对于性和繁殖问题，原始人也同样认为：“自然中一切有生命的物体，不论是动物还是植物，都被视为互相联系的，都像人一样是男性的和女性的。而且动物和植物也开始被看作人类的祖先，至少是某些部落或民族的祖先。”② 关于宇宙万物的图腾崇拜，成为史前人类部落的一种共同的经验。

在某些民族起源中，非人类的女祖先崇拜现象也颇为普遍。“在原始时代，女人总是因人类之外的超个人力量而受孕。一切时代和所有民族的神话和童话故事都告诉我们，她通常是由与神仙动物，例如鸟和蛇、野牛和公羊等的接触

① [美] O. A. 魏勒，《性崇拜》，史频译，中国文联出版公司，1988年，第57～58页。
② 同上注，第58页。

而受孕，同时也通过吃野果，通过风、月亮、祖先的幽灵、恶魔、诸神等受孕。而图腾则是这类非个人的、受胎的精灵。”① 满通古斯语族中，也有此类型的神话传说。满族《三仙女的传说》神话，讲述了天女佛库伦在长白山天池洗澡时，脱下的衣服上有一枚金鸟衔来的红果，洗完后穿衣的佛库伦把红果噙在口中，不小心吞进肚里，于是怀孕生下男孩布库里雍顺的故事。这位布库里雍顺大英雄，被满族人视为满族祖先。

但是，在马亚川口述传承的《女真萨满神话》里，群女与非人类超人力量怀孕，传承血脉形成氏族女始祖的现象，本质上是缺席的。在《旱魃精》里，有一对和老虎一起生活的母子，周围人都以为被称作虎儿的孩子是老虎和群女所生，实际上他并非人兽婚的结晶，而是他的额娘从群女集体中逃离所带出来的伏子。也就是说，虎儿的父亲并不是老虎，而是与群女交配的留子。但这并不妨碍虎儿的额娘与老虎有交配的经历，交配的原因是动物和人彼此报恩。虎儿额娘救治过受伤的老虎，老虎颇通人性，便留下来为母子俩外出猎取食物。老虎仰仗它的威武，霸占了这块地盘，谁也不敢来这座山里与老虎争夺食源。作为对老虎提供食物的生存回报，女人也跟老虎交配。叙事终结时，伏子虎儿在萨满女神的建议下拦水成潭，消灭了旱魃精，为地方除害。为纪念虎儿，人们将此潭命名为孩拦水。

在马亚川口述传承的《旱魃精》里，原始人或女真初民并不忌讳人兽交配。人与兽在救助与感恩等普世情感上，达成了价值相通的共识。在远古荒无人烟、野兽横行之地，人兽婚制的存在，不妨将其看作原始人与野兽互为需要、彼此尊重的一种心理习惯，也是史前人类驯教野兽、役使野兽，使其成为家畜的一种社会行为的映射。

（二）鼠精

人与兽的关系，并非总是救助与感恩，成就一段动物和人类祖先图腾崇拜的佳话。更多的情况是，兽行恶事，侵害人类利益。《灭鼠精》里，也讲述了人兽交配的恶果。两千年以上的老鼠成精，变形为男假人。由于阴气盛，老鼠精

---

① ［德］埃利希·诺伊曼，《大母神——原型分析》，李以洪译，东方出版社，1998 年，第 278 ～ 279 页。

害怕阳光，总是在夜晚把群女引到洞外，和群女次递交配，吸阴补阳。萨满女神在巡视过程中，发现地上有哭泣的女人，身边摆着四个和耗子精交配生下的胎儿，“这胎儿长个小人脑袋，尖嘴巴猴的，人头兽身，还长个小尾巴。每个好像有一豁豁长”①。显然，老鼠精与人交配，遭殃的是急切解决生殖繁衍大事的女真群女。萨满女神让留子用石扎配合她，铲除了老鼠精，群女与留子乌萨扎过上了稳定的部落生活。

在身体和习性上，熊是与人类行为最相似的动物。在富育光口述传承的满族创世神话《天宫大战》里，地母神巴那姆赫赫创造男人，男人最重要的标志生殖器是她从野熊胯下拿来的，把熊的生殖器放在了男人身上，因此说熊与男人的行为最相通，也不为过。在马亚川口述传承的《女真萨满神话》里，熊修炼成妖精后与群女行人兽交，殃祸人类。这一点在《野女定居》里表现得最为充分。熊妖精变形为留子，截住女真群女，轮流与群女交配，结果是，群女“生的孩儿，人不像人，熊不像熊，我们管它叫人熊”②。显然，这熊精并不像老虎一样是为了报恩，它本身就是精怪，高大凶猛，萨满女神需要念咒语才能将它摔在地上，他的体量之大之重竟然撞折了几搂的大榆树。

满通古斯语族熊图腾崇拜的民族，如信仰萨满教的鄂伦春族、赫哲族，都将熊奉为神或祖先。女真原始初民将熊视为恶兽，很大程度上是因为氏族部落曾经与熊发生过仇杀行为，是女真原始初民对熊图腾崇拜部落作为女真部落敌人的一种贬抑。正义之神的象征萨满女神，最终消灭掉熊精，也是天神力挺女真人的结果。

（三）母鹿

原始社会，人在主体意识尚不发达的情况下，对与自身发生关系的外在世界，尤其是赋予自身益处的非人类超人力量，会产生崇拜和恐惧心理。对原始初民来说，人与自然的互为依存是合乎情理逻辑的。马亚川口述传承的《女真萨满神话》所提供的人兽婚案例，就是原始人对自身之外的世界抱有浑然一体原始思维的结果。在萨满女神的照妖镜下显露真身的动物精怪，使人兽界限混

---

① 马亚川遗稿，黄任远、王益章整理，《女真萨满神话》，黑龙江人民出版社，2006 年，第 100 页。
② 同上注，第 6 页。

杂引发的矛盾冲突变得更加突出了。人兽交配这一原始混沌行为产生的系列后果，在女真人那里相对复杂起来。总体上看，既有善也有恶，结论如何，视人兽间相互达成共识的情况不同而定。

那么，在满通古斯语族的神话传说里，是否有理想的人兽婚呢？也就是说，究竟与自然界什么物种交配，女真人才能获得圆满的生育结局呢？从科学的角度来说，上述问题是难以回答的，甚至是反科学的。但是，从神话角度来说，有些案例大有深意。男人与雌性动植物交媾，往往有利于获得更好的生息繁衍机会。许多口述故事类型如鄂伦春族的《花儿姑娘》、赫哲族的《鳌花姑娘》、锡伯族的《鲤鱼仙子》，讲的都是陷于困境的男人获得雌性动植物的帮助，从而过上幸福生活的故事。雌性动植物由于其本身所具有的独特功能，赋形于人后，或救男人于危难，或同情独身男人的孤独穷窘，主动帮助其摆脱生存困境，也从另外的角度说明，在满通古斯语族口述神话故事中，仍然保留着母系祖先图腾崇拜的神秘痕迹。

马亚川口述传承的《女真萨满神话》里，也有理想的人兽婚制，母鹿与男人交配并繁衍后代，是此类型中较有代表性的故事。群婚制时，留子与非人类动植物进行交配，并繁衍子孙成为氏族始祖，也不鲜见。《姥爷岭》[①] 里的大角梅花母鹿，参与到人类繁殖领域，是由于自身所携带的特殊资源对人类有保健功能。在阳气衰退的史前蒙昧时代，具有壮阳功能的大角梅花母鹿被纳入人兽婚制，体现了动物对人类的帮助，以及人与动物的和谐统一的状态。

《姥爷岭》中讲述的姥爷，年幼时被洪水冲到山坳，外出寻食时发现母鹿受伤，将其救活并养起来。母鹿痊愈后为报答恩主，变成女人和他过日子。男人身体虚弱不宜繁衍，母鹿变身的女人便让男人喝鹿角汁补充体力，于是诞下健康女儿。从此，一家三口和山中的群鹿一起生活。女儿长到十四岁，山洪[②]再次暴发。母鹿将父女俩驮走生还，自己却被洪水冲走，彻底失踪。山中的群鹿并没有离开父女俩，而是将其带到山脚下定居。父女交配后生下一个男孩，又生下一个女孩。兄妹婚配后，又生下两个男孩。第一代老男人被孩子们称作姥爷，

---

① 马亚川遗稿，黄任远、王益章整理，《女真萨满神话》，黑龙江人民出版社，2006 年，第 151 ～ 154 页。

② 在史前神话中，洪水的象征意义是生命的死亡和开始，或称之为再生的结点性事件。

一家人避开群女，祖孙三代在洞里过着无忧无虑的生活。三代人都会使鹿，经常是骑鹿出猎，挂着野鸡兔子满载而归，猎获狍子也是轻而易举。由于使鹿来去神速，他们的日子过得非常和美，成为最早的使鹿族。

在满通古斯语族神话传说中，大洪水意味着死亡与再生。姥爷遭遇第一次洪水，是第一次生死劫难。在有限的范围和视野中，这种洪水叙事，有一种末世象征，所以故事讲当时只存在两个物种——他和母鹿。他外出寻食，并没有将受伤的母鹿吃掉，而是将其救活。兽类为了报恩，于是一起生活，这桩人兽婚在因果逻辑上是可以成立的。从神话立场来看，大洪水过后，意味着创世的开始，男人与母鹿交配繁衍生命，可视为始祖。第二次洪灾，又是一季死亡之旅，他又活下来，母鹿却失踪了。他重复上一次生命的开端，与女儿交配，重新繁衍生命，再次成为始祖。因此，人兽婚是女真人家族祖先图腾崇拜的遗型。

综上，马亚川口述传承的《女真萨满神话》生殖母题，尽管有不同的婚制形式，但群婚制无疑是生殖神话得以成立的具有普遍意义的原始社会群居基础。群婚制可以使处于蒙昧时代的女真初民产生共同抗拒生存困难的凝聚力，最大限度地提高群女的受孕可能性，满足部落氏族繁衍生存的需要。群婚制又导致从母亲一方来确定世系。[①] 这一阴盛阳衰的婚制形式，在马亚川口述传承的《女真萨满神话》中是作为原始社会制约生命延续的不合时宜的组织构成而存在的。所以说，萨满女神是结束以群女为主体杂交的群婚制，建立固定的以男人为主体的定居式群婚部落，也即一种新型的父系社会婚制形态。

第三节　女真性别立场

马亚川口述传承的《女真萨满神话》，大量地采用了女真初民生殖繁衍行为作为叙述的对象。在讲述萨满女神神迹的过程中，很大程度上代表了他对萨满教的诠释。在数十年不间断的民间口述传承经历中，马亚川对萨满起源及其发

① 杨春风，《满族说部中的母系氏族社会婚制变革及抢婚习俗》，见邵汉明主编，《满族古老记忆的当代解读》，长春出版社，2012 年，第 163 页。

展形成了一套颇为独特的看法。他认为："萨满是由传教合欢交配繁衍子孙后代，进一步发展成为祖先和神灵歌功颂德，发扬其祖先的精神和传统，向神灵祈祷保佑本氏族部落昌盛，子孙满堂，人人长命百岁。"① 以生殖为第一要务的萨满教生存实用观念，与马亚川口述传承的《女真萨满神话》反复讲述萨满女神"寻男恋女定居"的模式互相契合，是马亚川生殖理论和实践的一体两面。他的口述资源中，包括前面讨论过的生殖母题的一再重复出现，神话叙事专门集中在单一明确的生殖概念上，而不涉及其他。其口述传承的特点，提供了与众不同的萨满教唯生殖论的观点，旗帜鲜明地表达了他的萨满教生殖立场。在他的视野中，生殖是一种非常固定的形式，特指男女交媾的场面，不重在描述群女与留子、与男人复杂多变的社会关系上。因此，马亚川口述传承的《女真萨满神话》所提供的群婚制群女与留子关系的松散性，显然是史前母系氏族社会结构的主要特点。

一、女首领达鲁噶齐

（一）闻毒部

达鲁噶齐，是女真语，意为领头的，特指群女中的首领。在母系氏族社会群居时期，女真初民的生存环境极为恶劣。由于山多林密、洞穴隐蔽、野兽众多、气候寒冷等地域性因素，居住条件变化多端，群居的分散性大，流动性大，且随着季节变化而选择不同的生存活动方式。

分析马亚川口述传承的《女真萨满神话》可知，群女都是概念化的人物，面目不清，是蒙昧的，是遇到麻烦和问题只会磕头哭泣的人，倒是带着伏子从群女中逃离出来单独居住的女人更有尊严，如虎儿妈等。因此就《女真萨满神话》而言，群女尽管处于母系氏族社会，然而她们不是具有主体人格的女人，不能承担起繁衍后代的历史责任。史前人赋予大母神旺盛繁殖力的希望，在此得不到任何伸展。女真群女生殖形式，在传承女真族系生命根脉方面并不成功，甚至可以说是极端失败的。但在女真初民母系氏族社会的蒙昧阶段，一个重要

---

① 郭淑云，《原始活态文化——萨满教透视》，上海人民出版社，2001 年，第 375 页。

的现象应引起关注，即群女时期，具有特殊能力的领导者群女头领达鲁噶齐出现了，对于这类女首领，马亚川口述传承的《女真萨满神话》给予了正面的描述，并且采用了张扬其性格能力的叙事方式。

女真原始初民由群女聚集成为部落，之所以在恶劣的环境中能够生存下来，部落中必有特殊的能人，这能人必有过人之处。正如生物界物种在演进过程中，一些物种保留下来主要源于物种对环境的适应能力和掌控能力，这些有特殊能力和智慧的群女首领在生存链条上建功立业，带领族众从黑暗中跋涉出来，便被子孙后代作为祖先神崇拜并念诵事迹训谕后人。女首领的贡献集中在氏族拯救者和萨满女神助手两种身份上。

《闻毒劈谷墩》里，讲述的是远近闻名的“闻毒部”，群女们有种特殊的生存本领，“人人鼻子都能闻出食物有没有毒。因为有这个本事，后来才管这个部落叫闻毒部”①。由于群女并非定居，而是随时变换生存环境，如果不识动植物和水源的性质，就容易被毒死，因此慢慢就有一位达鲁噶齐有了闻毒本领。作为首领，她的责任是寻找留子，辨别食物和饮用水，然后再指挥群女集体行动，包括给树神磕头仪式，求其保佑群女碰到留子，完成繁衍大事，等等。一次，群女没有找到留子，口渴想喝水，达鲁噶齐用鼻子一闻却说有毒不能喝。干渴至极的群女只好等着达鲁噶齐拿主意。“这群女人已成惯例，每逢有难处的时候，她们都要向达鲁噶齐呼叫，达鲁噶齐就会想出办法的。”② 山上安静得没有水声，达鲁噶齐却说山里有水。她先是搭救了一个拿着石槊奔山根跑来想喝毒水的留子，背着渴昏了的留子跑到峡谷。果然峡谷里有水，但水很少。达鲁噶齐命令群女忍耐，先让留子喝。命令很管用，大家耐心地等着救活留子。谁知，她拿起留子带来的石槊，对着滴水的石墩用力一撬，水从石墩下倾泻而出，顿时解决了所有群女的口渴问题。

在此，达鲁噶齐的管理才能以及拯救者的勇敢牺牲精神，都得到了充分的展示。她不仅会闻毒，保护着群女生存安全并救了留子的性命，还会使用杠杆原理，撬开石礅。可见，女首领还是智慧型的女人。被救的留子也并非一事无

---

① 马亚川遗稿，黄任远、王益章整理，《女真萨满神话》，黑龙江人民出版社，2006 年，第 136 页。
② 同上注，第 137 页。

成，他拿上武器石槊正在追赶妖怪，这也暗示他的身体阳气旺盛，有充足的男人力量供繁殖使用，毫无疑问，他与这批群女定居、繁衍子孙是合格的。

《摩该妖》讲述的是东海窝集群女的首领达鲁噶齐不顾安危救助留子阿力的故事。阿力想上山除妖，以证明他是勇敢有力气的青年。他的狂妄自大，在成熟稳重的达鲁噶齐面前显得特别可笑。达鲁噶齐告诉他，山上有摩该①，年轻气盛的阿力怎么会在乎摩该呢。"那时候女真人群居，男人得听女的，尤其是得听从达鲁噶齐的，因为达鲁噶齐达纳②他。他听到达鲁噶齐的话，不停止攀登是违犯群规的。"③ 他停止了攀登，但摩该也冲他爬过来。为救阿力，达鲁噶齐不得不跑到上风头，用木棒截住摩该，将其引向自己。谁知用力过猛，打摩该时摩该将她和木棒一同拱下山去。作为达鲁噶齐，她不顾一切地拯救部落留子。勇敢、智慧和牺牲精神，这些高贵的品质是达鲁噶齐必备的。

达鲁噶齐是女真初民中的佼佼者，群女部落的女中豪杰，她充当着萨满女神除妖降魔的助手角色，配合萨满女神实现男人恋女和群女定居的目标。《合石烈察妖》里，达鲁噶齐叫合石烈，她的名字充满男人性格刚烈的意味。但是她并不粗鲁，反而心细如发，时刻保持警惕，有一定的察妖本领。察妖本领主要是由萨满女神拥有，达鲁噶齐合石烈能有如此特长，说明她已具备某些氏族萨满的天赋。

在寻找留子的过程中，她发明了情歌，以此呼唤男人，恰好山上下来一个男人和她对歌。两人你情我愿，一拍即合。于是，春天里，群女焦急地等待着一年一季的交配。但是且慢，精明的合石烈经过研究发现，这唱歌的男人与以往春天里寻到的留子有极大反差。他个头细溜高挑，长脸尖嘴，灰发绿眼，长相可疑。"合石烈便赶忙向他胯裆看了两眼，使她倒吸口凉气，嘴没说，心里话儿，他的阳物咋这么样儿，两个卵子夹个皮儿，能交配吗？便产生了怀疑。"④ 而且留子提出苛刻要求，他需要与群女一个个地单独交配，不让围观，这也是违反群女交配常理的。合石烈的警惕极高，她利用自己"树上飞"的轻功本领，

---

① 摩该，女真语，指蛇。
② 达纳，女真语，指管控。
③ 马亚川遗稿，黄任远、王益章整理，《女真萨满神话》，黑龙江人民出版社，2006 年，第 129 页。
④ 同上注，第 89 页。

躲在树上查看留子如何交配，这一看果然发现了问题。“这男人身向后仰，仰面朝天，张着大口，嗯嗯往外冒着黄气。”① 她当即确定留子是妖怪，于是迅速踩着树枝向群女等待的方向走，告诉她们快逃。妖怪受惊后拔出阳物，并没有追赶合石烈和群女，而是匆匆撤离。合石烈和群女抱成一团奔跑着，天昏地暗，冷风四起，冰雹砸来。这些阴盛阳衰的物象急速地降临，都是妖怪施放的魔法，逃跑的妖怪属阴无疑。合石烈在挂满霜雪的树枝上行走，察看此妖原形，它细长的身子，蛇不像蛇，身下有十二只腿踩在水面，细长的阳物插在水中，牛头龙嘴，仰面朝天往外喷水，水瞬间变成冰雹，毁坏了万物生灵。这个故事特别强调了合石烈有察妖和“树上飞”的本领，从而带着群女得以逃命。

（二）星铣

《星铣水》讲述的是需要达鲁噶齐充当萨满女神助手引妖现身的故事。萨满女神为除独眼妖怪，在山里巡察，却始终找不到妖怪的影子。天神托梦指点，明示其除妖办法：“南山腰，星光亮，谁到跟前亮不灭，就能引妖上山来。妖见星，星光闪，单刺妖精一只眼，眼灭水就出，水灭飞妖命呜呼，留下星铣可要乌②，它是开特穆尔③的钥匙，快让萨满锡里④人！”⑤ 大意是，谁走到南山腰星光里，星光不灭，她就是引妖人。灭妖后，要把星铣珍藏起来，星铣是部落将来开山取铁的钥匙。经过验证，达鲁噶齐就是星光，她走到星光里，星光更亮了。达鲁噶齐被萨满女神安排坐在星光下的石窟里，引妖怪上钩。妖怪直奔达鲁噶齐，将星光闪亮的山腰撞了个大洞，妖怪的独眼被星光刺瘪，油光闪亮的柄留在独眼外，达鲁噶齐将星铣拔出来收好。于是，她被群女叫作星铣。

达鲁噶齐作为萨满女神助手，与天上的星星有一定的亲缘关系，因此才会在夜里自身发光。星星一直是满族萨满教崇拜的对象，星辰女神卧勒多赫赫是

① 马亚川遗稿，黄任远、王益章整理，《女真萨满神话》，黑龙江人民出版社，2006 年，第 90 页。
② 乌，女真语，指珍重。
③ 特穆尔，女真语，指铁。
④ 锡里，女真语，指选拔。
⑤ 马亚川遗稿，黄任远、王益章整理，《女真萨满神话》，黑龙江人民出版社，2006 年，第 140 ～ 141 页。

统御星宇的星神母，她“凭借星光变幻，晓知宇宙万物”①。萨满教星神众多，女真人满族人一直有祭星习俗。在“北方星位天文图”中，七女星是“布星女神的助手，也是女性群体。在萨满教神话中所传她们喜欢在天空中玩耍”，是很有趣的星神。“远古先民极神秘地崇仰她们，敬慕她们，甚至视为万物祖神”。②作为有特异功能，可以自身发出星光的达鲁噶齐，被称作星铣，已说明了她具有半神之体，尽管她的部落群女定居后以留子捂掩命名为捂掩部，给予父权制男性以更大的荣耀，但作为萨满女神的助手，《星铣水》神话揭示的就是部落始祖神达鲁噶齐的地位。达鲁噶齐的除妖地位是不可动摇的，也是捂掩无法取代的。造成这一结局的原因是，马亚川口述传承的《女真萨满神话》立场上要建立父权制祖先崇拜，然而在叙述过程中并没有把留子放在主体地位上，留子从事的所谓除妖伟业大都是“半路出家”，是在群女或萨满女神除妖成功过半的时候加入进来的。留子仅仅靠着“搭把手”的所谓武功行为收拾局面，从而获得高于女首领的立足之地，显得非常幼稚。这与伊玛堪英雄叙事突出男人的勇武和力量，但在智慧法术及通天本领等方面要依靠有特异禀赋的女萨满，扬女抑男的叙事策略异曲同工。口述传承最早的源头应该是母系氏族社会，因此，尽管在群女生存过程中留子也占有一定的地位，但主导大局的仍然是达鲁噶齐。

达鲁噶齐能够凭借独特的超乎寻常的生存技巧，引领部落走出困境，共同点是她们大都处事机敏，能够领悟体察世间真相。群女首领以超乎寻常的智慧禀赋协助萨满除妖，这是萨满女神助力女真原始初民最终赢得胜利的关键。

二、父系祖先命名策略

（一）父系祖先命名

马亚川口述传承的《女真萨满神话》，突出群女首领达鲁噶齐性格特征的时候，留子的存在更多的是配合建构起达鲁噶齐拯救者和萨满女神助手的形象。因此，无论留子是否被赋予名称，在形象上都缺乏生动性，都是扁平人物。作为口述中父权制开山人物但在形象建构过程中实质上是辅助性人物的留子，在

① 鲁连坤讲述、富育光整理，《乌布西奔妈妈》，吉林人民出版社，2007年，第20页。

② 富育光，《萨满教与神话》，辽宁大学出版社，1990年，第110页。

替达鲁噶齐出力时，就像达鲁噶齐辅助萨满女神一样，仅是助手而已。

不过，也有一些男人形象较为丰满，有可能是口述传承过程中时间相对较晚出现的传说。这些人物带有浓厚的英雄色彩，性格特征以及身负使命多半由他们使用的原始工具命名。作为英雄的表征，也作为对祖先的一种纪念，神话传说选择了与男人名字以及相关事物如灭妖工具、杀妖地点等外在事物的形象命名。对父系祖先的命名是女真原始社会血脉传承的需要，也是生殖母题中氏族祖先崇拜的遗型。

《温地痕和捅门水》讲述了一对父子的故事。儿子温地很勇敢，一心想去东南山除妖。父亲担心他的安全，想方设法地阻拦他。我们注意到，叙事里并没有母亲出现，故事很可能产生于“知其父不知其母”的年代，与“知其母不知其父”的母系社会有本质区别。父亲式口吻的交代，说明男人的社会地位已很高。“咱这地方，女多男少，男人是宝。我抚养你十几年，不容易呀！一旦被妖怪所害，我的罪孽就大了，怕祖宗都不能饶恕我。”① 父亲愿意替儿子去除妖，说明父亲年纪太大，在繁殖能力上远不如儿子。可是，儿子出于父子亲情，紧跟着父亲足迹也去除妖。情节内涵已包含了文明社会父慈子孝的道德伦理。温地举起石刀砍妖怪时，它一张嘴就把温地吸进去了。父子俩拿石刀除妖的事被全知全能的萨满女神知道了，她查明这妖怪是吸骨口刀子心脱骨肠的饕餮精，便动用照妖镜，令饕餮精不得不吐出温地。被饕餮精吐出的温地脸上脱了块皮，所以叫温地痕。

父子灭妖的最终成功体现出父亲的主导地位，而曾经神的授意说明父亲与神的密切关系。温地的父亲得到过一位神女授意，珍藏着神女给他的除妖秘密。父亲与神女之间的暧昧关系没有揭示也未能展开。难道温地的母亲是这个神女？故事没有答案，最终也是个谜。但是，萨满女神只需根据神女授予父亲的除妖法，教温地念门上咒语，就可除妖获胜。“石门开，石门开，单等温地来捅开，温地已来到，石刀捅门，门快开。”② 温地念完咒语后，用石刀碰门门就开了，洪水淹死了妖怪。父子二人作为除妖主体，父亲提供方法，儿子着手实施，是

① 马亚川遗稿，黄任远、王益章整理，《女真萨满神话》，黑龙江人民出版社，2006 年，第 3 页。
② 同上注，第 4 页。

除妖的决定性因素，而不是像其他留子一样“半路出家”，夺取群女除妖的胜利果实。所以，《温地痕和捅门水》应晚于《星铣水》等群女主体神话，应是父系氏族社会口述传承下来的故事。

不论群女主体神话还是父系主体神话，故事的结局都是一样的，都指向繁殖定居主题。温地作为留子，具备强有力的繁殖子孙后代的功能，他必须和群女定居。为纪念他脸上有灭妖的痕迹，人称此地为温地痕，淹死妖怪的山下水叫捅门水。祖先温地及其父亲杀妖灭怪而后定居的英雄事迹，由温地痕部落子孙世代传诵下来。

类似的命名故事还有《灭蛏怪》。身材高大紫脸膛善于举石斧除妖的男人，由于喜欢与恶兽妖魔鬼怪搏斗，身上有很多伤疤，被称为色剐。他与木兰花仙联手缠住蛏怪，色剐用石斧把蛏怪的阳物割下。色刮善于搏妖的特征十分明显。结局是色剐作为留子，与群女定居，形成父系氏族社会部落。定居之地，后世称为色剐之地。

（二）工具命名

《槊硌水》讲述了手持狩猎工具槊硌，名叫槊硌的男人如何降妖的故事。以工具为男人命名，对使用工具的人，是有象征意义的。他胳膊粗力气大，身高一丈出头，“手中这把槊硌就有千八百斤重，如果将槊硌往地上一扔，能砸出一个三四尺深的大坑。槊硌手拿这个大槊硌，像一般人手拎个棍子似的”①。因此，以工具名称给留子命名，说明他力大无穷，征服妖怪是有资本的。力量和工具是马亚川口述中给予男人英雄本色的一个主要性别特征。

男人槊硌，他的本色主要在于杀巨虚妖怪，拯救和他交配过的群女，目的性很强。他遇到的巨虚妖怪实施的妖法很特别，是大妖和小妖一大串共同作妖。形状是一座溜圆的大土包，没胳膊没腿，大妖不动，小妖通过到处跑，将人兽抢来钻进大妖肚子里，七七四十九天生出小妖，以此法类推，再去外面吸人兽进肚。大妖肚里能装百八十人。只要小妖从女真人居住的洞前经过，所到之处，横扫千军如卷席，人兽都被吸进去，这一带的生物损失惨重。

---

① 马亚川遗稿，黄任远、王益章整理，《女真萨满神话》，黑龙江人民出版社，2006 年，第 69 ～ 70 页。

椝硌日行二百里，看见大土包上有个雀样的小脑袋，就要前去消灭雀头妖精。北狐仙奶奶前来制止，说这是巨虚精，泥身鸟头，它看起来庞大但内里是空的，是泥裹万只鸟精灵变的，也是东海龙王侵吞大地留下的祸害。巨虚精要吸人兽禽鸟万个精灵和血液才能装满内脏，到那时谁也治不了它。椝硌求告北狐仙奶奶，希望能及时将他的女人救出，否则就没命了。可见，与群女交配的留子椝硌是个很仁义的，对群女负责任的勇敢男子汉。

椝硌面对的巨虚精是坐镇兴安岭的地域产物，萨满女神背起椝硌口念咒语，驾起祥云到了兴安岭准备除妖。当萨满女神问他是否敢去消灭妖怪时，他发誓说："为了救群女，我什么也不怕。"萨满女神让椝硌口含避妖丹，深入敌后。他被吸入巨虚精肚里，进去后抡椝硌破肚而出，出来后再钻入石虚洞，念咒语，"石洞石洞开，只等椝硌来。椝硌已至此，椝硌能捅开。流出无虚水，消灭巨虚怪"①。念完咒语后，再往蓝圈里一捅，无虚水流了出来。椝硌到了妖怪肚里才明白，被吸进去的人兽连骨头都会化成气。他用椝硌一划拉，就落地了。抬头一看，巨虚精变成了一堆泥。鸟头和爪聚起变成鸟飞走了。从此形成了一条新水椝硌水，椝硌和群女定居于此。水象征着生殖繁衍，椝硌使用的石矛灭妖武器，其男人的性特征也很明显，所以，以椝硌为中心定居的部落，尊英雄椝硌为父系祖先。

此外，在《碧磐仙女》里，手持石器鹅雷的少年男子鹅雷，骑在妖怪身上，正与妖怪搏斗。萨满女神称赞鹅雷英勇无畏，敢独自大战妖怪。《灭鼠精》里的留子，善用一条头前溜尖，叫石扎的四楞石棍战妖怪，被称为石扎。他与群女定居，后代叫乌萨扎部落，乌萨扎也即石扎。祖传的石扎被子孙后代保留了下来。

这些手持武器大战妖精的男人，武器的名称也就是男人的名字，是勇敢善战的象征。这些以战斗武器命名的氏族部落，也流传着祖先勇敢尚武的事迹。

（三）地点命名

《蛇龙精》和《涡准山》，讲的都是一位叫涡牛的勇士如何杀掉蛇龙精的故事。勇士涡牛手持石斧杀六丈长的蛇龙精，蛇龙精因全身长了一百四十七个心

① 马亚川遗稿，黄任远、王益章整理，《女真萨满神话》，黑龙江人民出版社，2006年，第71页。

眼，身子相当灵便，见石斧砍来，闪身逃过。涡牛水性好落入水中，蛇龙精随之入水，但石斧在水中施展不开，危急时涡牛被幽昌神鸟驮飞到空中，蛇龙精却不会飞。涡牛感谢大鸟救命，幽昌神鸟说："你是一位不怕狼虫虎豹和妖魔鬼怪的勇士，所以在暗中保护你。今天我又出来巡游，听山神告诉我，你为除掉害人的怪物蛇龙精，在霍霍磨石斧呢，磨快了要去杀蛇龙精。……当我在空中发现你卧在紫苏花草棵里的时候，便潜入水中，暗中窥看勇士的胆量和技能，见勇士单人持斧敢和蛇龙精搏斗，真乃是胆量过人，又见勇士能跳跃翻滚自如，堪称人类勇士。当勇士滚落水中，蛇龙精也飞到水中，知道蛇龙精要吃勇士时，我便赶忙将勇士驮上天空。"① 五方神鸟中的北方幽昌神鸟发出赞美，实在是爱才有加，有英雄惺惺相惜的味道。所以，涡牛与幽昌神鸟的对话也是颇有平等意味，这是以往留子中没有出现过的具有自觉自信的男人主体形象。涡牛问蛇龙精本事多大，神鸟说，在陆地会草上飞，进入水中法力更大，可翻江倒海将人吞入肚中。幽昌神鸟告辞时，萨满女神以礼相送，涡牛勇士也磕头送别。显然，神与神之间自有礼法，而人对神则要匍匐跪拜，以示天地神人的区别。

植物在此具有除妖性质，得到赞美。萨满女神仍用美人计，引诱蛇龙精变作人形，使其精灵集中在阳物上，阳物勃起时便消灭它。涡牛在紫苏花草里埋伏起来，萨满女神要蛇龙精在紫苏花里交配，蛇龙精在紫苏花里睁不开眼睛，"两只大巴掌刚往萨满神身上一伏，涡牛蹲在地上，洒脱地用石斧将蛇龙精的阳物一斧削掉"②，消灭了蛇龙精以后，涡牛和群女定居于此，为纪念涡牛勇士为当地群女除害，此地称为涡准山和苏涡水。后世女真人在此广种紫苏，喜吃苏子叶饽饽。这是对紫苏花这一植物配合涡牛斩妖的功绩所给予的赞美。

纵观命名，可以断定的是，磨制的石器和勇敢无畏的精神是女真初民纪念父系祖先业绩，并对其加以命名的必要条件。母系氏族社会还没有产生命名机制，达鲁噶齐是对群女中领头人的一种普遍称谓，群女依靠超乎寻常的技能和智慧获得群女首领地位。

在马亚川口述传承的《女真萨满神话》中，命名是从男人开始的。命名行

---

① 马亚川遗稿，黄任远、王益章整理，《女真萨满神话》，黑龙江人民出版社，2006 年，第 61 页。
② 同上注，第 64 页。

为说明了女真原始初民萌生的个体独立意识，也就是人的意识的觉醒，是从父权制新秩序开始的。因此，马亚川口述传承的《女真萨满神话》是母系氏族社会向父系氏族社会转型时的产物。在生殖母题上，既体现了萨满女神生育神的指导作用，又确立了父权制父系祖先崇拜的地位。

第四节　地域性隐喻

一、冰雪雌雄体

马亚川口述传承的《女真萨满神话》，生殖母题涵盖了众多地域性风物隐喻叙事，这些象征性的情节内容透露出“北国风光，千里冰封，万里雪飘”的神秘莫测，如同天外来客般奇幻玄妙，有种非人力所为的鬼斧神工的想象力。

（一）自然症候

中国地势西高东低，呈阶梯状，东北地区处于高寒地带，尤其是最北端的黑龙江一年约有半年时间飘着雪花，寒冷的程度甚至可以把大地冻裂。萧红在《呼兰河传》中所说的大地冻裂了口，确是真实写照。因此，这一区域冬季雪花飘舞，气候干冷，有别于南方地区的烈日炎炎，湿气凝重。马亚川自幼生长在天寒地冻的黑龙江省哈尔滨市双城区一带，他在《女真萨满神话》里用了许多地域性风物意象，并将其拟人化、通灵化、神秘化。尤其以阴阳雌雄两种状态去解读大自然冰雪物象，释放出了以往民间口述叙事中难得一见的冰雪想象，给人一种从未有过的光怪陆离、迷惘奇幻的生殖叙事视角。

冰雪是黑龙江一年四季宇宙循环往复不断生成的自然症候。季节更替对于生活在这里的人来说，不过是加减衣物，变换时令饮食，亲近冰雪，观赏冰灯，参与滑雪等室外活动，生活中的冰雪充其量是大自然的一种季节恩赐。然而，原始初民女真人对冰雪充满人性化的认知和解释，颠覆了今人对冰雪作为平淡无奇的自然症候的认知。马亚川口述传承的《女真萨满神话》认为冰雪是有灵魂的，是与人和动植物一样的生命自然体，可分为雌雄。他的冰雪雌雄观在《女真萨满神话》中的运用，是道教对萨满教影响的产物。萨满教推崇人与自然界通约的宇宙观，道教主张以修炼抵达某种人生境界和段位，提倡自然界阴阳平衡论。这一观念影响了《女真萨满神话》中生殖母题的地域性隐喻表达。

冰雪不死，意味着生命再生。生命再生是神话故事中生殖母题的主要内涵。参与生殖活动的冰雪妖修炼到一定程度，会以交配手段，吸人精气，以壮自身。《冬眠人》① 讲述的是冰天雪地里冰妖大战群女的故事。冬天来临，萨满女神和九天女走到一片冰山前，大地让冰全给占领了。山石、树木被冰包裹着，看不到雪迹。大冰帽子下面是冰墙冰室，透明冰室里站着被冰吸住的群女。一个令人震惊的景象出现了，冰地里竖起的冰柱插进群女的阴户，每个群女的鼻孔流出两根冰溜子，冰溜子又插在冰地里。冰妖充当了男假人，在冰底下和群女交配。

史前口述传承抑或岩画、雕塑中有关人兽交、人与植物交，半人半兽、半神半人等奇特的生殖景观，可以看作是史前人向自然界万物借助力量以达到某种人力不可企及的目标的图谋。这一与自然界非人类事物的性结盟并不是孤立的，女真原始初民认为，性交普遍象征着世界保持平衡、周而复始运转的力量，这一点在马亚川口述传承的《女真萨满神话》中表现得特别突出。

（二）冬眠人

《冬眠人》的奇崛之处在于马亚川讲述的冰柱作为男假人与群女交配的生殖现象的独行性，满通古斯语族神话故事中找不到类似的描述和神奇想象。马亚川口述资源的冰雪性别意识，与高寒地带长期干冷的气候影响到人的地域性思维和行为选择密切相关，也与这一口述资源受道教等中国传统文化的影响有关。

对于人类的繁衍生息，古人总结出许多经验，其中一点是要遵循自然界春天复苏、夏天生长、秋天收获、冬天隐藏的规律。说到冬藏，中国人发明了许多养生法，生存智慧在季节性症候到来时格外派得上用场。马亚川口述资源的独特性在于，通过冰雪雌雄与人的交配现象，告诉世界人与自然物的生命循环一直处于彼此相生相克的动态过程中，这种规律性动作打通了人从微观处着眼，进而联想到对世界的宏观认识。把人纳入宇宙运行规律中加以看待，使马亚川

---

① 马亚川遗稿，黄任远、王益章整理，《女真萨满神话》，黑龙江人民出版社，2006 年，第 9 ~ 12 页。

的口述传承更具理论价值。

马亚川口述认为，藏在冰下的冰妖是阴性的，群女在冰上尽管属阴，但对冰妖来说还是阳物。冰妖阴借阳力得以生存，才能兴妖作怪，形成北国大地的寒冰世界。但是，此冰妖和其他危害人类的妖怪不同，它已修炼成“冰下神”，既然是神，肯定对女真人的繁殖有所助益。马亚川所提供的“冰下神”与女真人交配的逻辑性关系是，缺乏留子的女真人是无法自行繁衍生息的，若没有留子存在，女人也不能自行繁殖。“多亏冰下神，它用阴法，阴阴相通，使女人阴得阴始生女人，使北国女真人繁衍不断啊！它除了繁衍女人外，还通过它的阴法，保护了女人的生存。”① 冰下神为女人繁殖提供了保障，也是善神之一。

冬眠群女生存状态是一种假死，我们可以称其为“冬藏”。她们的生命形式以一年春冬两度复活和死亡的状态存在着。由于“冰下神”将群女罩在它的冰室里边，用其阴物与女人阴户交配，阴中有阳，阴阳相交而产女。“冰下神”与阴中之阳相合，群女鼻孔流出两柱阴中阳气管儿，与“冰下神”的阴物融为一体，即使群女冬眠，没有食物，仍然可以保持生存状态。若失去“冰下神”的照料，整个冬季，群女将全部冻死。

因此，群女冬眠时，理性的做法是，不可除掉对群女生命循环具有保护性意义的“冰下神”。等春暖花开群女苏醒时，亦可动用天界的大火星官将“冰下神”驱赶到北天边上去。在马亚川的视界里，冬去春来的自然现象，可推衍成萨满教的一桩神迹。需要借助大火星官的力量推走冬天，迎接春天的到来，即自然界一切皆在萨满天神的掌控之中。

与“冰下神”善神相对应的破坏性力量，是雌性冰妖。引入善恶二元对立，是马亚川口述制造矛盾冲突的必需法则。雌性冰妖不是以冰柱形象出现的，它们变成女假人，与留子交配时是以雪花被的形象覆盖着留子。雌性冰妖相当厉害，要将留子阳气吸尽，等到来年春天，这些男人就会枯竭而死。雌性冰妖运用雪花被覆盖留子时，外在特征非常明显。在雪地里会出现一种蘑菇状的雪包，雪包夹杂着红绿黄褐色的雪花，就可以认定是留子被雌性冰妖吸阳气之居所。

---

① 马亚川遗稿，黄任远、王益章整理，《女真萨满神话》，黑龙江人民出版社，2006年，第10页。

萨满女神所要寻找并除掉的是雌性冰妖。蘑菇状的雪包不断闪现着的红绿黄褐色的雪花，被视作雌性冰妖与留子交配的不同时段。红色光泽的雪花，说明阴阳相克，阳能生火，火与阴相遇则变红。留子和雌性冰妖交配后，渗出红色，反射出来将雪花映红。阴阳相合达到高潮，雌性冰妖遇阳变绿。阴受阳育，反射出来将雪花映绿。等到阴阳相合达到水乳交融的境界时，变成黄色，会将雪花映黄。等到雪花出现褐色时，说明留子阳性将被吸干，这样一来，留子待“春天一到，则断气身亡”①。可见，蘑菇雪包上面反射出来的彩光，记录着留子与雌性冰妖的交配过程，也是留子步步惊心，接近死亡的过程。

因此，雌性冰妖对女真人是极为可怕的祸害，是对女真人生殖繁衍危害最大的阴物。尤其是在冬天，雌性冰妖随时随地都可以伤害留子。寒冬腊月，若留子在路上撒尿，遇上雌性冰妖，它会通过尿柱将留子吸住。表面上看是留子的一道尿柱，和冰地连接，实际上是雌性冰妖通过尿管吸收男人之阳，捏住了留子的阳具。留子不能动弹，就让冰吸着，像男女合欢一样，笑着气绝身亡。

萨满女神拯救留子，使雌性冰妖得不到留子的阳性，它就会灭于阴。如此，也可增加大地冰层厚度，保护大地不受冻害。厚厚的冰层是保护大地的被子，使大地深层不会冻住，春天到来时更容易融化。大地由冰被覆盖，形成以阴养阴的物质状，一到春天便可复苏，再次孕育万物。

冰雪作为一种地域性存在，纳入马亚川女真初民口述视野，进入女真初民生殖繁衍的历史画卷，为满通古斯语族口述资源增色不少。虽然“冰下神”和雌性冰妖对女真人的生存繁衍起到保护或者破坏作用，但最终都能在萨满女神的干预下，各归其位。

因此，从《女真萨满神话》口述传承的叙事立场来看，自然本身并无对错，用对了地方就是造福人类。能够明辨对错、看清雌雄、知晓厉害，最终拨乱反正的是萨满女神。萨满女神的智慧、道行、法术以及通天本领，都说明她比人类层级更高，而女真初民则是在大自然的野蛮挤压下，无力抗争茫然无措的一群群氓。《冬眠人》的结局，仍然凸显出萨满女神全知全能的天神身份。

---

① 马亚川遗稿，黄任远、王益章整理，《女真萨满神话》，黑龙江人民出版社，2006 年，第 11 页。

（三）雪兔[①]

在冰天雪地的北国，冬眠是季节性动物“生存与死亡”往复循环的自然症候。熊、蛇等会储备好脂肪进入冬眠。冬天，小动物极少见了，候鸟也飞向温暖的南方过冬。但是，有一种动物非常活跃，它就是雪兔。

马亚川口述传承的《女真萨满神话》中的雪兔是黑龙江地域性物种，也是通神之物，是萨满女神可以任意调遣的兵将。为拯救被雌性冰妖扣住的留子，雪兔充分利用后腿爪的挖掘功能，将冰洞挖开，为大火星官开路。[②] 老雪兔号令一下，小雪兔一窝蜂地齐集冰洞，动用后腿和后爪，连挠带蹬，咔嚓咔嚓，那些冰石变成粉末，都被蹬刨出来。雪兔挖洞比老鼠快，“兔与鼠全会挖洞，但它们挖法不同。耗子是用前爪挖，挖不动用嘴啃，而兔则全仗后爪挠，后腿挖，因为这个，兔的后腿长，前腿短”[③]。雪兔的特殊挖掘功能被萨满女神发现后，萨满女神调其前来助阵，足见女真人的生存繁衍是“得道多助”的正义之事。“雪兔也真有神通，不过几个时辰就将被堵塞的冰洞又挖开了。为啥雪兔能挖这么快，因为它们的皮毛均带着阳火，冰见着它就酥软了，所以很快将冰洞挖开了。”[④] 神奇的雪兔在冬天休眠的神话里，活力四射，风姿绰约，成为萨满女神手下除掉雌性冰妖的功臣良将。在《雪兔引路》[⑤] 里，雪兔引导萨满女神和九天女找到了雌性冰妖建造的雪蘑菇。圆形的雪包包顶上闪烁着红绿雪花的光泽，雪蘑菇有三四丈高。萨满女神取出太阳镜对着雪蘑菇照起来。雪花飞溅，雪蘑菇在太阳镜的照耀下变得越来越小，最终露出两个冻僵的男人。

在此，萨满女神不用照妖镜而是用太阳镜，直到男人的性器从冰中脱落，才将太阳精子塞入男人口中。萨满女神和九天女带着两个获救的男人，跟着雪兔来到一棵古松树下的树洞前。这是雪兔的家，树根底下有两搂多粗的树洞，树洞分上下两层，热气扑脸。几十只雪兔排立着听命，玉兔神爷把两个留子安置到洞里过冬，待春天万物复苏时，再让他们出洞与群女繁衍后代。神树里面

---

① 雪兔，是寒带、亚寒带的代表动物之一。中国分布在黑龙江、内蒙古自治区，居于洞穴。冬天毛色变白，夏天毛色变深，多呈赤褐色，是中国唯一冬毛变白的野兔。

② 马亚川遗稿，黄任远、王益章整理，《女真萨满神话》，黑龙江人民出版社，2006 年，第 17 ～ 20 页。

③ 同上注，第 20 页。

④ 同上。

⑤ 同上注，第 13 ～ 16 页。

是空心洞，内分几十个隔洞，每个隔洞可容纳一人。人在洞里咬住一棵根茎，含在嘴里免除饥渴。根茎供给身体需要的营养，且迂回排泄吸纳新鲜空气。洞内湿度、温度都适于冬眠。玉兔家族栖居避寒于树洞底，既借神树之威，也是御体发热，对留子冬眠也起到保护作用。春天来临，在洞中冬眠保命的两个留子出洞后遂与群女交配，繁衍后代。他们的后代流传下供奉雪兔神的祭礼习俗，雪兔神也称兔爷。

二、植物功能

（一）培满授粉

满山红，又名达子香、山崩子，是黑龙江山林中常见的野山花。每年冰雪尚未消融时，满山红与迎春花就已盛开。此花一开就是漫山遍野一派红妆，花呈漏斗状，香气扑鼻。《皤陀吐水》① 是关于满山红的神话叙事，为女真族系世居之地的野山花插上了想象的翅膀。

在女真原始初民眼里，人与自然是相通相合的，性繁殖不仅在人类之间是正常的，在动植物之间也存在着合理性。阴阳、雌雄相合，成为自然界颠扑不破的运行法则。与自然界万物一样，到了交配季节，雌性满山红也会出来寻觅女真人留子，作为鲜花盛开的种子，促其生长壮大。

《皤陀吐水》讲述了满山红花精急于与留子交配得到阳性滋养，却上了九尾狐变形的男假人的当的故事。与九尾狐交配的结果是，不仅没有使花变香变旺盛，反倒惹了一身臭气。

女真巴图鲁②追熊罴时，闻到皤妇即白发老太太身上传来的臭味，于是他从白发老太太那里得知，和她交配的男人身上闻起来香，可交欢后身上却臭气难闻。她带的群女是一群满山红花精变形的，上了男假人的当。巴图鲁看到，山里每个木洞里都躺着半死不活的满山红精变成的群女，洞口有个打呼噜的男人，白发老太太对巴图鲁说他就是个人形妖怪。巴图鲁拿起石斧就奔过去，男假人

① 马亚川遗稿，黄任远、王益章整理，《女真萨满神话》，黑龙江人民出版社，2006 年，第 116 ～ 119 页。

② 巴图鲁，女真语，指英雄。

见斧子砍过来，马上现形为九尾狐狸精，并且放出臭气熏倒了巴图鲁。

萨满女神亲自上阵，设美人计，引诱九尾狐，乘其不备剑割九尾狐的阳物，将其一击毙命。

在萨满女神的主持下，满山红花精和巴图鲁服下仙药，臭气皆无。巴图鲁服用了萨满女神的太阳精子后，再与这些满山红花精变形的群女交配，从此满山红花精开出灿烂夺目的漏斗形香花，后来满山红花也即达子香，成为满族后世敬奉祖先仪式的必烧之香。①

巴图鲁与群女定居后，漫山遍野都栽上满山红花，他辛勤培植，被称作培满，培满于是成为巴图鲁的名字。通过与满山红花精交配，培满赋予满山红花精更香更美的特征，突出了男人的种子力量，为当地阳气上升提供了保障。

培满和满山红花精不仅通过交配使满山红花壮大盛开，而且再度联手，设计降妖，将九影妖引到山下崩开山石，破它影法。满山红花精消灭九影妖有功，人称其为“山崩子”。从女真人到后来的满族一直对满山红有山崩子的称谓，皤陀吐水培满部落的大名也流传了下来。

在马亚川口述传承的《女真萨满神话》中，留子的壮阳功能不仅在与群女交配定居传承女真人血脉上得以发挥到位，而且在给花授粉上，得到进一步提升。培满对满山红花精需要阳物授粉的成全，既是父权制下男人力量和性能力的代表，也是父系氏族社会美好的象征。

（二）石蕊地衣

《鹿食乐》讲述的是石蕊②精与留子交配的生殖母题，表现的仍然是萨满女神不断地寻找留子，除妖驱魔的曲折过程。

萨满女神从鳖王口中得知，天神阿布凯恩都哩曾经对鳖王说过，“石蕊精灵掀巨浪，肉蛋花开王出世，帮助萨满找留子，三担水下好定居”③，这便使得寻找留子的去处有了着落。萨满女神让鳖王带路，去找“三担水往南行，曲曲弯

---

① 马亚川遗稿，黄任远、王益章整理，《女真萨满神话》，黑龙江人民出版社，2006年，第118页。

② 石蕊是地衣植物门子囊衣纲石蕊科的一个属。全草入药能祛风镇痛，凉血止血。石蕊分布在高山、苔原等岩石表面或冰雪中，耐干旱和寒冷，是寒地动物驯鹿、梅花鹿的重要饲料。

③ 马亚川遗稿，黄任远、王益章整理，《女真萨满神话》，黑龙江人民出版社，2006年，第37页。

弯河打山，河打山下瘪古洞，石蕊得洞安下家”① 的地方。

三个留子被石蕊精抢去。在水打山崖处有个瘪古洞，鳌王和萨满神一起进洞，发现几十个少女敞着阴户，露出含苞待放的嫩花蕊，等待三个留子交配。三个留子自动地挨个儿地交配，“留子刚走到跟前，还没等交配，鲜嫩的花蕊便自己破苞开放，从花蕊里流出淡绿色的阴水。再瞧交配完的女人，花蕊收缩成个扁圆形的蛋儿，往里移动，阴户逐渐封闭”②。

这与《蟠陀吐水》中的满山红花精与培满授粉的故事类似，都是雌性植物成精，从男人身上获取精子以壮自身的生殖母题。然而，事实并非如此简单，雌性石蕊精与留子的交配另有一番隐情。由于萨满女神担心三个留子被石蕊精吸死，遂取照妖镜想让石蕊精现形，却不小心从囊中摸到一个女石人。照妖镜如何变身为女石人？原来女石人是在提醒萨满女神，雌性石蕊精与留子交配能给留子的身体带来益处。“萨满神，别多疑，河打山，瘪古洞，石蕊精，洗留子，洗干净，好定居，繁女真，传后代。”③ 萨满女神对这一说法十分怀疑。若三个留子被石蕊精妖法所迷惑，不断地交配下去，最终阳气会被吸尽直至枯干而死。女石人却说：“三担水，天天担，浇我头，润我肝，变石乳，壮三男，阳气壮，石物生，精石液，得洗净，洗不好，病体生，不打种，白费工！”④ 女石人坚持说雌性石蕊精洗留子是利于留子生殖繁衍的事，而且搬出了一套理论说服萨满女神。“元气有，肾中存，石液净，元气升，精液旺，无损伤！”⑤ 因此，当三个留子说是石蕊精救了他们的命，石蕊精又说她们要萨满女神救命时，可以看出，雌性石蕊精已为拯救留子，替他们洗肾，做出了很大牺牲。雌性石蕊精由于替留子洗肾，肚子鼓得很大，眼看就要爆炸了。

祇神要求将石蕊精交给她，使雌性石蕊精变成宝贝，造福于兽类。三个留子的精液浇到石蕊精上，石蕊精变成籽，雌性石蕊精的“籽撒大地上，遍地生石蕊，石蕊名叫‘鹿食乐’，严冬再不愁吃的啦”⑥。祇神念动咒语，石蕊精的

---

① 马亚川遗稿，黄任远、王益章整理，《女真萨满神话》，黑龙江人民出版社，2006 年，第 37 页。
② 同上注，第 38 页。
③ 同上。
④ 同上。
⑤ 同上注，第 39 页。
⑥ 同上注，第 40 页。

肚子开了花。从此，女真人居住的各地都生长着石蕊。冬天，高山冰雪大地盛产灰绿色石蕊，像花球一样生机勃勃，梅花鹿特别喜欢吃，故称“鹿食乐”。据说，女真后裔肾里有石的人，都属于这三个留子的后代。《鹿食乐》所讲述的生殖故事，与雌性石蕊精相交，留子获益洗掉肾石，并使雌性石蕊精受阳精变成籽，遍地生石蕊从而造福动物，仍然突出了留子的阳精在造福事件中的主动支配性力量，也就是男人的性主体作用，故事起源于前父系社会的特征十分明显。

第五节　萨满女神特征

一、形象

《女真萨满神话》呈现的是母系社会或母系社会向父系社会过渡的生殖崇拜叙事，有特殊生存技能的群女领头人达鲁噶齐和使用石刀石斧等工具的勇敢无畏的留子都是其讲述的重点，尤其是从部落名、地名、水名、人名等命名方式上看，父系祖先崇拜的痕迹非常明显。但是在全书不同的生殖故事的叙述中，能够控制住局面，并且总是赢得胜利的，只有萨满女神。所有的群女、留子、神仙、精怪、妖魔之所以能够聚集在一起，或为妖作怪，或展示风采，都是为了烘托萨满女神的形象。

（一）三界皆通

在满通古斯语族神话叙事中，涉及的萨满往往是个体的而非集体的形象。在满族萨满教传承过程中，通常意义上的萨满是指氏族萨满。富育光认为：“萨满教作为自然宗教是靠氏族传承的，具有极严密的传袭性和封闭性。”① 傅英仁把萨满分为三种，一种是大神萨满，会灵魂附体，在家萨满产生以前就存在；第二种是家萨满，主持祭祀祖先等事项；第三种是黑萨满，是专给人放病的坏萨满，别人治不了这病就得请他给治。②

---

① 富育光，《萨满教与神话》，辽宁大学出版社，1990 年，第 3 ～ 4 页。

② 徐昌翰，《傅英仁和宁古塔满族萨满神话》，见傅英仁讲述、张爱云整理，《满族萨满神话》，黑龙江人民出版社，2005 年，序言。

上述三种萨满都是指历史发展过程中形成的现实际遇中的萨满。但是，马亚川口述传承的《女真萨满神话》讲的是神话传说中的萨满女神，是史前女真初民眼中的萨满女神，是高度概括的天地人三界皆通的萨满女神形象。在女真人定居，形成父权制氏族部落之前，萨满女神就存在了。虽然她的出现不具有创世萨满如鹰萨满的意义，更不能与大母神佛托妈妈、柳树妈妈相提并论，但应该是女真族系诞生的第一个萨满，她肩负的重任既是生殖萨满，也是治病萨满。

与其他在神话传说中威震四方的萨满女神，如乌布西奔妈妈、恩彻布库妈妈等具有名字的氏族萨满不同的是，这位女真萨满并没有真实名字。她难道不应该有名字吗？如果有的话，应该是女真萨满更为贴切。因为她的存在，女真族系才从野外奔跑的蒙昧中惊醒，走上定居之路。因此，萨满女神对女真原始初民而言，具有女天神阿布凯赫赫造物的意义。另外，生殖在史前自然界就是再生的同义词，每一次生殖，都是一次生命的再生延续。萨满女神依靠高居于人类之上的天界地位，掌管着生殖繁衍的秘密，来到女真史前居地，沟通天地人之间的关系，引导教化仍然处于蒙昧野蛮黑暗状态中的人类生灵，使其获得更为文明的定居繁衍方式，是权力天授。

（二）会飞

在马亚川的口述中，萨满女神最常见的形象是手举照妖镜摇动腰铃，或挥鞭击鼓摇动腰铃，用咒语召请天地两界的神祇仙人。她常常飞身腾空，驾起一片祥云，在天空俯瞰大地，寻找妖魔鬼怪和女真留子。会飞，是萨满女神的标志。当然，在满通古斯语族中，但凡著名的女萨满都有会飞的本事。腾空飞行，是女真萨满女神较为常见的一种法术。赫哲族、鄂伦春族、鄂温克族、满族等民族的萨满也都具备飞行的能力。比如赫哲族伊玛堪叙事中的女萨满“阔力”，就可以变身成鹰，给兄弟通报战斗信息，或者在空中与敌人的“阔力”展开战斗。

女真萨满神话中，萨满女神飞翔的场面非常多，如观察大地、查看山顶妖雾、逃离冰雪洞穴以及妖魔的袭击等。救九天女时，“九天女趴在萨满神背后，两手紧紧搂着萨满神的脖子，萨满神口念咒语，驾起祥云，迅速从冰洞里跃上地来"①。腾云驾雾、向上飞翔，也彰显了萨满女神的神性。

（三）善计谋

与女真人的蒙昧相比，萨满女神是成熟的智慧载体，是理性的代表。她善于用计，工于策略，尤其擅长利用自身性别，对敌人施以美人计，伺机进攻，从而将对手一击毙命。

在《涡准山》里，她施展美人计，与妖怪淘气调笑，引其上钩。"'蛇龙，蛇龙，你看我是谁啊?'蛇龙精正在水里兴风作浪，忽然听见娇声娇气的女人叫它，赶忙收起妖法，一瞧，看见一美丽的姑娘笑呵呵地招呼它，当时它浑身就麻酥酥的了。蛇龙精赶忙跃上岸来，将它的长脖子一伸，龇着如同刀子一般的牙齿说：'仙女，仙女，唤我干什么?'萨满神说：'唤你不为别的事儿，只想跟你说个心里话儿!'蛇龙精嗖的一声飞腾到萨满神面前，伸着脖子说：'仙女有话请说吧，我就爱听仙女的话。'萨满神扑哧一笑说：'你这样，我咋跟你说话，你快变成个俊男人，咱再说话。'"②

色诱男人，在父权制话语体系里，是基于女人是祸水的道德观念。因此，以美色示人，通过美色缚住男人并获得利益，是不见容于父权制话语体系的。假如色诱的不是妖而是男人，那么女人就有罪过了。不过，在马亚川口述传承的《女真萨满神话》里，使用色诱方法的目的不是获得个人利益，而是为了女真繁衍生殖的伟大事业去杀敌，就是正义的了。当然，父权制妖魔化女人也常常使用诬陷女人是色诱的这套方法。

萨满女神色诱男妖的正当性、正义性，是毋庸置疑的。为色诱男妖达到消灭它的目的，总是使用重口味的色情语言表述和行动，诱使妖怪进入急切渴望交配的状态，让其注意力也就是妖灵集中在阳物上，她便有机会杀死敌人。因此，她不像其他女萨满、萨满女神那么庄严正派，一副大义凛然的样子，她的身上有许多世俗的烟火气。她时不时地就要摸男妖怪的阳物，她的低级趣味和淘气娇憨的模样，带有浓厚的民间性。但调笑归调笑，打情骂俏归打情骂俏，并不妨碍她有权制定杀伐规则，这是萨满女神的地位赋予的。处于原始母系社

① 马亚川遗稿，黄任远、王益章整理，《女真萨满神话》，黑龙江人民出版社，2006年，第19页。
② 同上注，第63页。

会蒙昧混沌生存状态中的女真人，他们的未来必须由天神来决定，而这个天神阿布凯恩都哩就是萨满女神的上司。

二、神力

马亚川口述传承的《女真萨满神话》，为达到提升繁衍民族生命质量的目的，围绕着萨满女神对妖魔鬼怪的一路讨伐和征杀，牵出了一个庞大的萨满天神系统。

（一）效命天神

萨满女神的天神体系极其庞大，上至玉皇大帝、各路神仙，都被统御到萨满女神可供驱使的范畴，包括群子和留子，几乎全都参加到对付妖魔鬼怪的战斗中。这些神和人依靠各自独特的禀赋，以及所具备的能力和功用，在萨满女神需要的时候，接受调遣，前来参战。一场场与妖魔鬼怪的战斗，是天神和女真人为正义而战，这些支持萨满女神繁衍女真族群的战斗，形成了庞大的人神以及动植物阵营。玉皇大帝、阿布凯恩都哩、开阳星官等上界神，北狐仙、玉兔神爷、蟾蜍神、蛇仙等人间神，山精、冰下神等被收服的妖怪，有益于自然界和人类已修炼到一定品级的神仙，还有达鲁噶齐、涡牛等群女首领、留子勇士，一干人马都在为萨满女神效劳，也是在为天神效命。

（二）玉皇大帝谱系

在萨满女神可以调遣的神人当中，共有六个层次。级别最高的是玉皇大帝。萨满女神的出场理由是女真初民生殖女神的缺席导致繁衍出现了危机。萨满女神独自并不能担负起这份拯救人类繁衍的责任，她是由女真人濒临灭亡的时刻，在九天女的祷告申诉下，“阿布凯恩都哩才禀奏玉帝，开了阳门，派萨满神下界，用男恋女定居，繁衍女真人”①。萨满女神是替天行道的天上女神。

在这里，开了阳门的玉皇大帝被纳入女真萨满神话最高级别的天神。众所周知，在信奉原始宗教萨满教的满通古斯语族中，玉皇大帝并非位列萨满教传

---

① 马亚川遗稿，黄任远、王益章整理，《女真萨满神话》，黑龙江人民出版社，2006 年，第 112 页。

承体系的天神谱系中。在满族萨满教系列的天神中，有傅英仁传承的老三星天神谱系，富育光传承的阿布凯赫赫三百女神谱系，均不见玉皇大帝的半点踪影。

玉皇大帝并非满通古斯语族原始宗教萨满教的天神，他的出现体现的是萨满教在传承过程中受外来宗教道教的影响。玉皇大帝是中国传统道教体系中的四御之首，是民间普遍认同的掌管宇宙万事万物的天神。从萨满教原始宗教的运行体制来看，阿布凯恩都哩就是级别最高的天神了。有时他与女天神阿布凯赫赫是师兄弟，如在傅英仁口述传承的《满族萨满神话》里。由于阿布凯赫赫在和恶魔耶路哩的战斗中表现得过于仁慈，老三星命阿布凯恩都哩接替了阿布凯赫赫管理天界的职责。有时阿布凯恩都哩与阿布凯赫赫是一体两面，也就是同一个天神称谓不同而已，如在富育光的著述《萨满教与神话》里。

马亚川口述传承的《女真萨满神话》与傅英仁和富育光的萨满教传承有明显的区别，表现在天神谱系有了变化。天神谱系的重大变化，主要是玉皇大帝的出现。一方面，马亚川将玉皇大帝纳入萨满教体系，在天神阿布凯恩都哩之上，又出现了一个集道教萨满教于一体的玉皇大帝。另一方面，马亚川将传统的萨满教天神阿布凯恩都哩置于道教玉皇大帝之下，使萨满教隶属于道教体系，他口述传承的萨满叙事吸纳了很多阴阳平衡的道教观点。北狐仙、开阳星官、九天女等称谓，以及生殖母题内容过多地涉及了阴阳相合，以阴护阴，地上阴等于地下阳，以阴护阴，阴阴得阳的观念，这些阴阳平衡的观念虽然与原始萨满教相通，但更多的是取法于道教文化。

当然，萨满教在发展过程中与道教融合，是有一定道理的。作为原始自然神崇拜的萨满教，基本观点是万物有灵、多神崇拜，在这一点上，与道教并没有太大的出入。道教尊崇自然，追求人与自然的和谐统一，寻求阴阳平衡，也是一种崇尚自然的多神教。两者相融合并最终形成女真萨满神话中的阴阳理论，便是马亚川口述叙事的民间性为我们带来的惊喜。研究满通古斯语族萨满教的发展，《女真萨满神话》中萨满教与道教的融合这一变化，为人们提供了很大的探讨空间。

富育光在论及萨满教的发展时，也曾谈到萨满教受到道教、佛教等中国传统宗教的影响。他认为，中国古代文献中对满族女真族祖先肃慎族系的记载，从周起“下延到辽金时期，北方萨满教在北方诸民族中表现已由母系氏族宗教向父系氏族宗教过渡、发展，并成为原始父系社会的宗教。在萨满教神论中除保留自然崇拜、动物崇拜外，重要的变化是：至为神圣的父系祖先神的崇拜观念和崇拜仪式在整个氏族宗教神事活动中，占有突出的地位”①。在这一时期，“佛教、道教、儒教等教义与观念已在萨满教中占有一定位置。诸神杂糅的现象很常见”②。这一研究成果对于我们理解马亚川口述传承的《女真萨满神话》很有价值。

在哈尔滨市阿城区，保留了金代首都遗址。阿城区距离马亚川出生成长的双城区很近。据马名超考证，马亚川传承的口述资源至少来自三个方面：一是他生长的双城区境内居住着满族人。满族人有叙祖的古老传统，对他有很大影响。二是他的居住地，老地名叫“新营子正红旗五屯”，离金朝开国皇帝完颜阿骨打修建皇帝寨子的寥晦城，也称对面城不到十公里。周围有800年前金朝第一代王都上京白城子。今天的阿城区，还有大半拉城子、小半拉城子、花园沟、涞流水、多欢站等旧址。三是他外祖父有一手抄本《女真谱评》，记录的都是女真人的历史传闻和神话传说。

金代是由肃慎族系黑水靺鞨后裔女真族完颜部建立。③ 金代女真人普遍信奉萨满教，但是随着统治疆域的扩大，以及道教、佛教的传入，金代女真人的信仰逐渐多元化，道教、佛教的地位上升。道教的阴阳观念对女真人传统的萨满教有很大影响。金源故地阿城区的松峰山道教遗址，就是金清两代道教圣地。④

与从小就有萨满经历的传承人傅英仁不同，马亚川从未当过萨满。在口述

① 富育光，《萨满教与神话》，辽宁大学出版社，1990年，第9页。

② 同上。

③ 1115年，女真族领袖完颜阿骨打创建了大金国，建都上京会宁府，即阿城。女真人“俗本鸷劲，人多沉雄，精于骑射”，挥师灭辽，迁都燕京（今北京）定都中都大兴府。与南宋对峙，划淮而治，成为统治中国北部的一个王朝，历10世120年。金初使用契丹文和汉文，1119年创制女真文字。官学、庙学、私学盛行，“终金一代，科目得人为盛”。金统治中原时期，大批女真人迁居中原逐渐被汉化，同时迁入金上京的汉人也把中原文化带入金源腹地，使金统治中心形成了女真文化与汉文化交融的局面。金上京会宁府在海陵王迁都燕京之后，仍然有很高的地位。据专家称，以阿城为中心，阿什河流域及哈尔滨周边地区的金代古城达170余座。这些早期遗存为金初原生态文化、金代与中原文化融合提供了重要资源。

④ 松峰山道教遗址位于阿城区松峰山镇东南3公里，是张广才岭余脉中的一个独立山峰，海拔约627米，面积约80平方公里。金代承安四年（1119）的曹道士碑目前仍存世，道士弈棋参星拜斗之处亦留有遗迹。

传承上，马亚川的《女真萨满神话》对讲述的萨满人物进行了高度概括，是民间叙事性很强的萨满故事，而不是氏族性很强的传承自萨满内部的神圣故事。马亚川口述的世俗性角度，有助于了解萨满教在氏族外部的发展情况。萨满教在金源故地阿城与道教、佛教等外来宗教融合以后，发生了很大变化，其杂糅性是很重要的特征。这些变化在女真人由母系氏族社会神话叙事转向父系社会神话叙事的过程中，话语建构倾向于父权色彩而淡化母权色彩的表述，是极其明显的。

三、神器

萨满女神讨伐妖魔鬼怪，牵涉出一个庞大的天神与人联手作战的体系。萨满女神由于是天神，所使用的杀敌武器也均是神器。

（一）合欢镜

合欢镜存在于萨满女神的万宝囊中。萨满女神从天上下到人间，所肩负的神圣使命是最终“按合欢镜之法，传教男女合欢之事。怎样阳胜阴，多生留子，人类才逐渐发展起来，让群女定居，形成一夫一妻顶门立户，女真人才兴旺发达，形成部落”①。女真原始初民社会，人类之间的交合都是向自然学习，模仿野兽。所以，女真人要在生殖繁衍上进步，就要科学规范，加以引导。合欢镜是天界授予萨满女神指导女真人繁殖方式的，她下界后需要按照合欢镜指示的方法，让女真人放弃错误的兽类交合方式，包括群女混杂与留子共同交合的方式，而行正确的交合方式。

此外，合欢镜可以解决女真人留子不旺的问题。放弃群女对留子进行季节性掠夺式的使用，而是和群女定居，按规则进行交合，使阳气上升阴气下降，从而使阴阳合理搭配，最终达到一夫一妻婚制。也就是说，《女真萨满神话》作为女真生殖神话，是萨满女神引导女真族系转入定居社会形态，承接天神眷顾的一种对天神司繁殖事业的赞美叙事。天神在这里解决的只有一桩事，就是女真族系的生殖繁衍。为此，萨满女神要扫除一切障碍，力主父系为中心的婚姻

---

① 马亚川遗稿，黄任远、王益章整理，《女真萨满神话》，黑龙江人民出版社，2006年，第112页。

方式，由群女围绕留子定居，合欢镜便是神器之一。

（二）照妖镜

照妖镜是萨满女神从天界到凡间必备的第二面镜子，也是神器之二。照妖镜的重要性在于，操作简单，而且可以辨别真假女真人。只要举起镜子照一照，瞬间就可将女假人或男假人打回原形，并至其不敢乱说乱动，从而找到降妖办法。在《灭精怪》里，“萨满神耳朵听着，手举照妖镜，压低祥云，从石砬子上一扫而过，果见石棚里有只大灰狼，在吸收太阳精气。萨满神从照妖镜里才看明白，原来是只死狼，尸骨受阴气孕育而成精，修炼已有七八百年了，现在又吸吮人血滋补它的精气，已有半身之体了。这会儿它还不敢乱窜，它要到处乱窜真成神怪了！这只狼精正在晒太阳，吸取阳光。被照妖镜一照，它已匍匐在地上，闭起眼睛，一动不敢动了”①。照妖镜像是可以调阅尘封的档案一般，将妖怪的前世今生查个水落石出，可将妖魔一网打尽，也是一种查妖的神器。

（三）太阳镜

在寒冷地带用于催化冰雪的火镜，也称太阳镜，是神器之三。在处置冰妖雪妖时，太阳镜可以融化冰雪，救助被封冻住的留子。《冬眠人》说的是雌性冰妖吸留子阳气致使当地男人越来越少，萨满女神奋力救助留子的故事。按照阿布凯恩都哩的建议，“用太阳镜相照，使留子阳气回转，阴气下沉，雪花四溅。将男人救出来后，要继续用太阳镜相照，将男人口撬开，塞进太阳精子一粒，含于男人口中”②。被救活的留子要藏到树洞里过冬，春天即可出洞与群女交配定居。《雪兔引路》里，出现了雌冰妖吸留子阳精的雪蘑菇，萨满女神懂得其中机密，就把太阳镜对着雪蘑菇照起来。“雪蘑菇被太阳镜一照，霎时雪花向两边飞溅，使雪蘑菇越来越小”③，最终露出了两个正与雌冰妖交配的留子。太阳镜性质属火，火属阳性，也即代表男性。在性别功能上，太阳镜对属阴性的冰雪

① 马亚川遗稿，黄任远、王益章整理，《女真萨满神话》，黑龙江人民出版社，2006 年，第 26 页。
② 同上注，第 12 页。
③ 同上注，第 13 ～ 14 页。

有消解融化的作用。

（四）斩妖剑

斩妖剑，顾名思义，是杀死妖怪的利器，是万宝囊中的神器之四。在《牛马精》里，萨满女神调来北狐仙和蟾蜍神。蟾蜍神是保护月亮中嫦娥仙女的神，北狐仙是可幻化成美女的狐仙神。萨满女神为对付魍魉精，设下了美人计。她先让北狐仙带女假人夜宿此山，吸引魍魉精前来兴妖作怪。马亚川口述传承的《女真萨满神话》里，妖怪的长相都很有说道，均按妖怪的性质功能派生出各类古怪的形状。魍魉精的特征很明显，它的胯裆拖一条网绳，眨眼之间就把女假人网上了。当它奔向一个女假人时，萨满女神用照妖镜在它身后照。用照妖镜罩住妖怪，是照妖的习惯做法，这个神器的作用是不让妖怪逃掉。照妖镜提供的线索是魍魉精有一种奇怪的交配方法，它用"胯裆的网绳向女人身上一搭，它那瘪瘪嘴立刻出来一个比鹰嘴还尖的尖嘴儿，向女人大腿根啄去"①。这一啄就会将女人的血吸走。正当此时，萨满女神请来协助降妖的蟾蜍神发力了。只听"蟾蜍嗞的一声，一股毒气滋在妖精嘴上。也就在同时，萨满神左手举着照妖镜，右手持着斩妖剑，洒脱地往妖精胯裆一割，便将妖精网绳割断了"②。魍魉精先是被蟾蜍发出的毒气熏晕，后又被萨满女神的斩妖剑斩断网绳，失去了抵抗能力，束手就擒。

（五）收鬼神袋

收鬼神袋是萨满女神的神器之五。在《降鬼精》里，秃瘩和他额娘被鬼怪抢去，他被剃了鬼头，长个发疙瘩。他对萨满女神说，抢女人的鬼怪有十来个。萨满女神用照妖镜观察，发现是山尸鬼，正与女人交配。她从万宝囊中取出收鬼神袋，口念咒语，将山尸鬼收进袋中。与往常鬼怪被收入袋中都悄没声儿不同，这次袋子里又嚎又叫，鬼魂不灭。于是萨满女神请教天神，得知鬼魂原是与东海龙王打仗战败死亡的勇士，他们被龙王压在大山下，人死魂却没散。几千年后成了鬼精，吸女精增阴灵，当阴灵成熟后还想找龙王报仇。收鬼神袋把

① 马亚川遗稿，黄任远、王益章整理，《女真萨满神话》，黑龙江人民出版社，2006年，第99页。
② 同上。

山尸鬼收进袋中，但这些鬼魂已成半仙之体，是不灭的鬼灵，所以叫嚷。鬼星官神见状迅速下凡，拿着葫芦对着神袋念咒语，收好这些鬼灵，将葫芦嘴封好，“辞别萨满神，又一溜火球似的飞回南天，不一会儿便见鬼星旁出现一小片群星，后人管这群星叫‘鬼尸星’”①。收鬼神袋虽然法力很大，但仍然解决不了鬼灵闹腾的问题，这也为鬼星官神的下凡提供了机会。

（六）太阳精子

太阳精子是萨满女神下界后用到最多的一种救命丹药，也是神器之六。由于所遇留子经常处于昏迷状态，有些留子受到妖魔鬼怪的侵害后体弱多病，将充满阳气的太阳精子塞入留子口中后，片刻见效，既可马上救命，亦可壮阳益身，有助于女真人的生殖繁衍。

（七）火

火属阳，是一种阳气钳制阴气，克敌制胜的法宝，也是萨满女神处理妖魔鬼怪时使用最多的一种东西。这与女真人火崇拜有直接的关系。《火戮冰妖》讲述了火最终攻克了冰妖，赢得了留子的故事。萨满女神和九天女寻找留子，不小心掉到了洞底，她们走出洞口，却进入了一个全然是冰的世界。冰天冰地，冰山冰林，连野兽也是冰的。走在冰道上，天上只有月亮没有太阳。有月亮的时候是白天，没有月亮的时候是黑天。这冰道比在普通的地上行走要寒冷几十倍。

萨满女神和九天女发现，这里是雌性冰妖一统天下，她奴役着一群男人。冰宫里，龇牙咧嘴的男人，用大冰扛子推拉冰磨。两个雌性冰妖手持冰棍捶打男人，监督他们劳作。萨满女神用太阳镜一照，雌性冰妖立刻就死立原地。男人们跪地祈求萨满女神和九天女拯救他们。他们是被雌性冰妖害死的男人灵魂，磨里拉的是阳气，经过冰磨后，阳气就会变成阴气。假如冰磨推到七七四十九个年头，结果就是北国世界将全部变成冰的天下，大地冰封，春天不再。雌性冰妖隐藏在大地和地狱相隔的中间层里，兴妖作怪。冰宫是大冰妖居所，它是冰心冰胆，吹口冰气都会地冻三尺，吸阳而化冰，地上男女的阳气都得传给大冰妖。

---

① 马亚川遗稿，黄任远、王益章整理，《女真萨满神话》，黑龙江人民出版社，2006年，第52页。

阿布凯恩都哩得知此讯，速派大火星官下界，拿出火戮帮助萨满女神灭掉冰妖。“无数块的冰石，被火戮托着飞往空中，忽下子像朵朵白云，向北天边飞去。从此，这地方再也不那么寒冷了，故起名叫‘火戮’。”① 女真人建立部落名为“火戮火童”。大火星官为拯救生灵万物下凡，驱除冰害，功高盖世，故而受到萨满女神和玉兔神爷的尊敬。

此外，《麈神显灵》《除雪妖》里讲述了麈神与萨满女神配合，用火星星官准备变成太阳般热而自炼的一块火齐宝石，磨成了火齐神镜的故事。火齐神镜把雪妖的头“照得融化了，它的精灵被火齐神镜灭掉了”②。《鬼车鸟妖》说的是萨满女神驾着祥云去找九天女取火，烧死怕太阳也怕火的鬼车鸟妖精的故事。火在马亚川口述传承的《女真萨满神话》里，成为一种萨满女神惯常使用的除妖灭魔的神器，是助阳气上升、压制阴气的旺盛生命之法。

四、法术

（一）咒语

咒语是萨满女神常用的一种法术。在任何一种萨满作法的场合，咒语都是必不可少的程序。在马亚川口述传承的《女真萨满神话》里，咒语既可以请来天神阿布凯恩都哩，由萨满女神奏陈如何除妖伏魔之事，也可以整治山精这类修行高道行深的精怪。阿布凯恩都哩让萨满女神记住几句咒语：“它要不服你，我教你几句咒语，你一念此咒语，保管奏效。”③ 看到山精不高兴，萨满女神就念咒语，咒语一念，萨满女神“四周立刻金光万道，反射到大怪物的两只大眼睛里是火苗儿缠绕着萨满神的全身，因为山精最怕火”，咒语引来的火身萨满对山精十分管用，山精选择了臣服于萨满女神，从此保山护人，被阿布凯恩都哩封为山神。此外，萨满女神还通过咒语调动各方神灵，以助她一臂之力。为了借助蟾蜍神铲除魍魉精，她动用了请神咒语。“她在山峰顶上念着，就见飞来一块小黑云彩。这块小黑云彩，像箭打的一般，嗞嗞地向萨满神飞来。眼看快到

---

① 马亚川遗稿，黄任远、王益章整理，《女真萨满神话》，黑龙江人民出版社，2006 年，第 20 页。
② 同上注，第 47 页。
③ 同上注，第 35 页。

萨满神眼前了，萨满神将手一张，就听吧嗒一声，一只癞蛤蟆落在萨满神手掌上。”① 这癞蛤蟆就是她供奉的蟾蜍神，听到她的咒语急着赶过来听命。

（二）招神术

萨满女神是玉皇大帝在阿布凯恩都哩奏请下开了北门，被派往女真地界传授合欢之法繁衍女真族系的天神助手。在除妖降魔上，萨满女神的权力非常大。她不仅可以调动萨满神服上她所供奉的蟾蜍神等，还可以调遣北狐仙、麞神、蛇仙等品级高的神仙，甚至天神阿布凯恩都哩都听从她的调动。只要萨满女神摇动腰铃，击起手鼓，口念咒语，阿布凯恩都哩就会到来。天神阿布凯恩都哩亦可根据萨满女神的需要，从天界直接派大火星官等神仙下界，协助萨满女神除妖灭怪。萨满女神神通广大，最终成为降妖除魔的赢家。

马亚川口述传承的《女真萨满神话》，是一部系列讲述女真原始初民生殖崇拜，充满着原始人奇幻想象力的口述叙事。在传承过程中，马亚川主要站在父权制立场考虑人物故事和情节发展方向。神话中有两个主体形象——萨满女神、九天女，她们是上天下凡的神身，是来拯救女真人脱离生殖繁衍苦海的女神。不同寻常的生殖女神地位，让她们看上去高不可攀。

遗憾的是，在《女真萨满神话》不同的主题叙事中，马亚川还是让两位女神有过或正在怀孕的经历。这种莫名其妙地让女神孕育生命的经历，与萨满女神和九天女两位女神的形象并不统一，明显有牵强附会的嫌疑，从中也可以看出，马亚川在传承女真萨满神话过程中，其创作欲望非常强烈。他个人意图将萨满女神和九天女世俗化的倾向很明显，因此，怀孕就成为一柄点神成俗的指挥棒。麞神在解释萨满女神可以被风吹走，而他却不会被吹走的原因时说过：“雪妖相当厉害，它建的雪圩能遮日月星光，夏季雪花均不化，是几千年雪精修炼而成。因为萨满神已身怀有孕，虽是神体，但肚内有凡胎，故而抵不住妖风。”②

由此可以看出，马亚川口述传承强调天神下界之后必坠入凡尘，会减退或失去萨满女神的法力，其目的是对萨满女神作为阴性的贬低。进而说明，怀孕

---

① 马亚川遗稿，黄任远、王益章整理，《女真萨满神话》，黑龙江人民出版社，2006 年，第 98 页。
② 同上注，第 43 页。

之后萨满女神法力尽失，也是阴气盛阳气弱的缘故。然而，他在叙事中却不着一字地隐藏起萨满女神究竟何来怀孕之体，她是与哪位留子抑或男神交配而孕育生命的问题。

至此，马亚川口述传承的《女真萨满神话》，以生殖母题始，也以生殖母题终。从萨满女神拯救女真人于生殖苦海，从阴气盛而阳气不旺，不得不扶阳固本，奔波忙碌于除妖斩魔，到萨满女神由全神之体到半神之体的退化，可以看到萨满教的逐渐式微和女神地位的衰落。这也正是马亚川口述资源中的萨满女神形象去神圣化而进入世俗化、民间化的注脚。

第三章

满族口述史诗女英雄叙事

第一节　鲁连坤《乌布西奔妈妈》

满族说部《乌布西奔妈妈》由鲁连坤讲述、富育光整理，吉林人民出版社于2007年12月出版。口述文本共计26万字。

《乌布西奔妈妈》是满族先世东海女真人的英雄史诗，产生于今天俄罗斯境内远东沿海边疆地区乌苏里江上游、锡霍特阿林南段中麓，原黑龙江东海女真人世居的莽林洞穴遗址岩画。与许多满族说部传承源头很难厘清所不同的是，这部史诗传唱直接明确地披露，传播乌布西奔妈妈英雄业绩的是她麾下的女萨满。乌布西奔妈妈身边的萨满和主事人遵循她的遗训，为她举行了海葬。海葬后，将其业绩镌刻在东海锡霍特山脉临近海滨的德烟山古洞中。岩画象形符号像是虫蠕鸟啄，由上而下呈螺旋形，深浅不一。东海女真人各部落的氏族萨满，可依洞中岩画讲唱，对乌布西奔妈妈咏颂祭奠。19世纪中叶，东海难民迁回乌苏里江、瑚图里河、绥芬河西侧，在珲春、布尔哈通、穆陵河、嘎牙河等地居住，并将口述《乌布西奔妈妈》带回东北，在东海女真人后裔中用满语讲唱。

流传在黑龙江省绥芬河、东宁一带农村的“娘娘调”“妈妈坟”，述古内容是咏唱东海女真人的古老生活。其中，白姑姑、白老太太的故事就是“娘娘调”。富育光认为，从内容与流传地域来看，白姑姑很可能是《乌布西奔妈妈》在民间传播的母本，或者是简本异本，讲述的内容都是鲜为人知的东海女真人的风土人情。

1971年春节，富育光去东宁县采集白姑姑传说。他夜宿新屯子大车店，在大肚川镇闹枝沟认识了刘秉文，刘家祖上在三姓（依兰）副都统衙门当过管粮师爷。刘秉文建议他去找鲁连坤，认为鲁连坤能讲白姑姑，也会唱乌布西奔乌春。

富育光见到鲁连坤时，鲁连坤六十七岁，患有肺气肿。他说：“我唱是不能啦，那就凭着记忆尽量给你讲我家的《乌布西奔妈妈》。”① 三天三夜，鲁连坤讲得很细，他用满语讲了《头歌》《创世歌》《哑女的歌》等段落。为保证全诗的完整性，鲁连坤提议富育光除用汉字记录前几段满语内容外，又记录了鲁连坤用汉语讲述的《乌布西奔妈妈》完整本。《乌布西奔妈妈》保持着满语风格，

---

① 鲁连坤讲述、富育光整理，《乌布西奔妈妈》，吉林人民出版社，2007年，第7页。

是极其珍贵的东海女真人的口述遗存。妈妈坟传说，也就是白姑姑或《乌布西奔妈妈》，都是鲁连坤祖上从东荒片子带过来的。故土难离，他的祖先借着讲唱《乌布西奔妈妈》获得思乡慰藉。绥芬河东宁、穆陵以及延边珲春一带的满汉老户，都知道有个乌布西奔妈妈，也很敬重她。在萨满祭祀、婚寿、节庆时，偶有老人讲唱这个传说。鲁连坤父亲会唱《乌布西奔妈妈》，是跟鲁连坤的太奶奶学的。太奶奶家祖上是东海库雅喇人，孔姓东海部人，随努尔哈赤进关，调宁古塔副都统衙门听差。咸丰年间，家有族人驻海参崴做俄罗斯通事，从土著人口中采集到《乌布西奔妈妈》。鲁连坤家族讲唱乌布西奔妈妈的传统从太奶奶算起有四代。

此外，刘秉文的祖父刘西禓在清光绪年间任依兰三姓副都统衙门笔贴式，通俄语，知道乌布西奔妈妈长歌，刘秉文家族三代讲唱《乌布西奔妈妈》。关正海是长白纳殷瓜尔佳氏，东宁老户，光绪年间三姓副都统衙门阁僚，通俄语，也讲过乌布西奔妈妈。

以乌布西奔妈妈业绩和传承人居住地为分界点，形成不同版本的讲唱内容和风格。刘秉文家祖上在苏昌沟生活，靠东海南角湾，讲述乌布西奔妈妈海上东征的故事和神话最多。鲁连坤祖居乌木逊故地，大约在乌布西奔妈妈生活过的锡霍特山中麓，所以记载乌布西奔妈妈治理内陆山河统一七百噶珊的故事较多。经过若干年不同版本的融合，乌布西奔妈妈讲唱形成了目前的情节内容。

关于乌布西奔妈妈故事的可靠性，鲁连坤认为，史诗中提到明朝成化年号，说明故事产生在 1416 年至 1487 年，发生在锡霍特山南麓、近东海海滨一带原始母系氏族部落。故事流传时间应该比记载时间更早。

鲁连坤认为："这是歌颂本部族的英雄史和创业史。满族世代虔诚敬仰萨满，歌颂祖先勋业。凡是从乌苏里江以东迁居过来的满族众姓族众，都没有扔掉一个老规矩，那就是每年春秋举行萨满献牲例祭时，都要先东拜，祭奠妈妈，给妈妈叩头，祭海神，祭妈妈神，祭祖先神和所有众神。听我们太奶奶讲过，东海妈妈神群就包括乌布西奔女罕。"① 1972 年至 1975 年，富育光又四次采录鲁连坤家传的女英雄长诗《乌布西奔妈妈》，使这部史诗以丰满多彩的形式问世。

---

① 鲁连坤讲述、富育光整理，《乌布西奔妈妈》，吉林人民出版社，2007 年，第 9 页。

鲁连坤口述传承的《乌布西奔妈妈》全诗六千多行，唱叙皆有，保留了东海神话和满族先世东海女真人的古俗，计十个单元，是最具代表性的满族英雄史诗。

尤其难得的是，史诗传唱的来龙去脉交代得非常清楚。在《乌布西奔妈妈》接近尾声时，专门以《德烟阿林不息的鲸鼓声》为题，交代了史诗传唱的缘起和传播过程。史诗完整系统，呈原始状态，接近历史真实。

乌布西奔妈妈病逝前，留下三幅图画遗嘱，特尔沁、特尔滨、都尔芹是乌布西奔妈妈遗嘱中提到的三位权力继任者。海葬仪式结束后，根据夜梦乌布西奔妈妈神谕启示，议定以东海绘形字为其树碑立传，永世传唱。于是，选择德烟阿林密穴实施岩画镌刻，让子孙后人纪念乌布西奔妈妈，年年祭祀，香火不灭。镌刻乌布西奔的英雄伟业并非易事，三位继任者中两位没等到完成就已死去，只有特尔沁坚持到最后，她累得弯腰驼背，苍老到“长发披肩如稀雪”，才将乌布西奔妈妈的事迹镌刻完毕。返回家乡后，根据洞中岩画所刻图示，特尔沁向族众讲唱乌布西奔妈妈的英雄业绩，此为《乌布西奔妈妈》史诗传唱的肇始。东海女真人通过萨满祭祀的方式来纪念乌布西奔妈妈，并且依照岩画图形述其一生致力于造福东海的丰功伟绩。

此后，流散的东海女真人后裔满族，包括汉族等越来越多的人加入到传播《乌布西奔妈妈》的行列。异文《妈妈坟的传说》《娘娘洞古曲》《祭妈妈调》《白姑姑》《白老太太的故事》等，纷纷出现在黑龙江省、吉林省珲春等东北地区，虽然篇名各异，但其叙事主体都是东海女真人女英雄乌布西奔妈妈。

一、卵生神迹

乌布西奔妈妈是满族说部中神迹和业绩最多的一位女萨满，她志向高远，行事神异，有踏浪而来的浩荡之气，具横扫千军的波澜壮阔之势，女英雄色彩极为突出。研究者认为，满族说部《乌布西奔妈妈》“是一部由满族先世东海女真人创作并传承下来的古老的萨满英雄史诗”①。这部满族萨满英雄史诗，不同于其他以男性英雄为主角，展示男人阳刚之气的满通古斯语族史诗。在性别

① 郭淑云，《〈乌布西奔妈妈〉初探》，见富育光主编，《金子一样的嘴——满族传统说部文集》，学苑出版社，2009年，第107页。

立场上，《乌布西奔妈妈》相当自觉地运用了女英雄崇拜视域，以众生匍匐状貌，去仰视乌布西奔妈妈拯救苍生，治理东海七百部落，开疆拓土的传奇一生，带有浓厚的母权色彩。

史诗提供的历史情境，与原始母系氏族社会以血缘关系为纽带的氏族社会向以地缘关系为目标的部落大联盟的历史跨越中所诞生的女萨满英雄的地域条件相契合。在平定动乱、收服异族、开疆拓土的诸多伟大事迹中，凸显了乌布西奔妈妈统领的母权制时代女人族群集体释放出的超强能量，以及无与伦比的智慧才能，乌布西奔妈妈足以担当满族先世东海女真人部落大联盟时期一统天下的盖世豪杰。

史诗作为民间口述资源的重要组成部分，对正史起着补充校正作用。《乌布西奔妈妈》以完全不同于父权制社会对女人遮蔽贬抑的叙述方式，以赞美崇拜的口吻，集中讲唱乌布西奔妈妈率领东海女真人一次又一次进行开疆拓土的辉煌事业。以胸怀天下兼济众生的浩荡之气，描绘了一位女萨满终其一生，对东海女真诸部落族众的无私拯救，以及对敌人杀伐决断的能力。《乌布西奔妈妈》大跨度地延展出一幅幅乌布西奔女萨满女罕王波澜壮阔的生命画卷。

（一）女神塔其乌离下凡

对萨满英雄身世的陈述告白，是萨满神迹传谕族众的基本要件。历代氏族萨满在讲唱乌布西奔妈妈的丰功伟业时，都不是随心所欲地传唱祖先古趣，而是教育子孙后代了解家族部落传承萨满教的历史缘由。一般而言，氏族祭礼等重要场合，在对萨满神迹讲诵过程中，也会传递出萨满神对一脉族众生存发展繁荣的保佑力量，从而在氏族内部对萨满精神形成自觉传承的动力。由萨满讲述本氏族部族萨满神迹内容构成的史诗，很显然，对历史上有神异能力的萨满要加以神圣化和神秘化，传谕后代永久祭祀供奉，成为必然。

神圣萨满的形象建构，是讲述萨满神迹的先决条件。天赋异秉的乌布西奔大萨满的丰硕业绩，来源于她先天的神祇身份。在成为名扬东海的女英雄之前，她是布星女神卧勒多赫赫的侍女神塔其乌离。口述传承先从女神角度切入，确定乌布西奔妈妈是女天神谱系中的一员，而非人间凡物。在萨满女天神系列中，侍星女神塔其乌离也是东海女神德里给奥姆赫赫的侍女神。

由此可见，乌布西奔妈妈是受上天指派下凡的女神，而非主动赴人间献身。这说明萨满教的女神谱系有相当完备的等级制度，乌布西奔所处的位置类似于封建王朝的臣子，她听命于东海女神的调遣。身居天界的东海女神，忧心于人世间的纷争，为平定东海社会弱肉强食血雨腥风的人间乱象，将侍女神塔其乌离“派下人寰”，到东海女真人乌布逊部落去承担萨满重任。

史诗交代了塔其乌离女神的下界和承担治理乌布逊部落的使命。“去做救世萨玛吧，勿怕煎磨，巧理河山！”① 东海女神叮嘱塔其乌离女神，要做好受苦受难的心理准备，“初坠人尘，先为哑女，茹苦含辛，晓谙世情”②。显然，人世间的所有灾难，上天女神都尽收眼底，对于将要在人间经历的困苦，塔其乌离的回答是：“拯世救命，竭尽血汗。纵然化作蝼蚁、蜉蝣、虫茧，也喜出望外。愿与东海为伴，死又何憾！”③ 这种为东海女真人赴汤蹈火的无畏无惧的精神，使史诗英雄塔其乌离女神，也即乌布西奔妈妈成为正气凛然的萨满神化身。

生死跨界，是塔其乌离的必经之路，为此她必须付出不能发声的代价。日后，待使命完成还将回归天庭。塔其乌离从天界到人间的生死门槛，成了哑女。原因在于，她离去的这一时段，天界的迎日女神和托日女神将失去监管，东海女神必须把塔其乌离的声音留在天界，继续管理迎日女神和托日女神。等到海鸥学会在海上报时，尘世的乌布西奔妈妈才能重获喉声。塔其乌离女神初入凡尘称作乌布西奔的时候并不能开口讲话，那是她将声音留在天宇服务的缘故。

对天界女神族群的神圣化书写，是萨满神与人之间构架桥梁的重要一环，如果缺少这一环，史诗英雄将无法体现神圣萨满至高无上的地位。东海女真人将大萨满乌布西奔妈妈视为女神下界，很大程度上是萨满教女神崇拜所致。对信奉萨满教万物有灵的东海女真人而言，神与人之间相互沟通，神对人间世情了如指掌。既然天母神创造了宇宙万物，也可伸出造物主之手，纠正和铲除人类发展过程中由于创世失误而产生的罪过，匡救不正常的社会秩序。塔其乌离女神下界，干预乱世。这“乱”就是由天母神阿布凯赫赫创世时派到下界造海

① 鲁连坤讲述、富育光整理，《乌布西奔妈妈》，吉林人民出版社，2007 年，第 24 页。
② 同上注，第 25 页。
③ 同上注，第 24 页。

的火燕女神的错误铸成的。[1]

史诗讲唱者把故事的发生背景推回到天母神创世时代，为乌布西奔妈妈凭借萨满教女神神群征服乱世，提供了客观依据。把残酷的战争杀戮归结为对天母神的一次创世错误的纠正，不仅说明天神和人一样会犯错，也说明人只有听凭天神的安排，集结于象征着萨满神权的乌布西奔大萨满麾下，才能平定乱局，迎来光明。

（二）卵生

乌布西奔妈妈降临人间，并非怀胎十月所生，而是居于一枚金光闪闪的蛋内，被包裹着投向凡俗，像古代神话传说中的英雄出世一样，她是卵生。乌布西奔妈妈身肩平定东海内乱的使命，从天界降落人间。从她抵达人间开始，就因为前世的女神身份而成为原始社会身怀异能绝技的女萨满英雄。

考察世界范围内的史诗英雄，大都从诞生那一刻就体现出与天神密切相关的非人力所为的特异征兆。古希腊《荷马史诗》中，具有天神血统的英雄并不鲜见。其不凡来历体现着天神赐予的异能禀赋，因此他们能够具有凡人所不具备的能力。“希腊第一勇士”阿喀琉斯是海洋女神忒提斯和凡人的儿子，降生之初母亲捏住他的脚后跟，将其全身浸入冥河，造就了刀枪不入的金刚之身。阿喀琉斯的神勇，是母亲海洋女神先天赐予的，是与生俱来的。乌布西奔妈妈作为东海女真人的女萨满英雄，她的诞生亦未超出英雄出世的神话母题。

乌布西奔妈妈诞生的形式是卵生。卵生而后被抛弃，是一个世界性的英雄神话母题。《魏书·列传八十八》记载，高句丽的先祖朱蒙便是卵生：朱蒙母河

---

① 天母阿布凯赫赫在创造东海海洋时发生了一起重大事故。派往世间的巨鹰抱着一颗鸟卵“乌莫罕”，投入冰川雪岩上。雪水融化喷出水泡，水泡里生出一只红嘴红羽火燕，火燕变为鱼面裸体女神，以灼热的身体融化冰川，她头仰北方足踏南海，在陆地上化成了一条橄榄形的东海。火燕是侍女日神，勤勉忠诚，全身心投入造海工程，忘记阿布凯赫赫嘱咐未把头发扎紧，也忘记造海后及时返回天宫。天母罚她变成千道海沟永不睹晨曦。但是，她未能束起的光亮头发落到大地上，形成了日夜争吵的东海部落——东方红毛部落、南方白毛部落、西方黄毛部落、北方蓝毛身形部落、东北矮人部落、东南长足人部落、西南独眼人部落、西北跳鼠人部落。东海部落的人，个个凶残异常，其中跳鼠人部落嗜杀成性。为从残酷的厮杀中拯救东海人，东海女神选定塔其乌离女神下界，以平定乱局。

伯女，为夫余王闭于室中，为日所照。引身避之，日影又逐。既而有孕，生一卵，大如五升。朱蒙日后遭遇了很多磨难，皆因他的出生方式与众不同所带来的，卵生的高蒙预示着他的使命将来推翻父王统治。

郎樱对中国英雄史诗卵生主题的普遍性有过研究，她认为“我国三大英雄史诗中的三位著名英雄——格萨尔、玛纳斯、江格尔，他们诞生时都是肉囊”①，他们被裹在其中。这一系列“史诗中的英雄以‘肉蛋’状诞生于世，这既保留有原始思维的特点，也在于突出英雄诞生非同凡响”②。塔其乌离女神从蛋中走到人间，变身为乌布西奔妈妈。仅此一笔，对乌布西奔妈妈一生神迹的唱诵书写，就构成了《乌布西奔妈妈》得以在萨满中世代传唱，成为“神龛上的故事”的有力注脚。

乌布西奔妈妈的神奇诞生，证实了满族萨满说部中萨满神谕的至高无上。史诗在乌布西奔妈妈诞生为人的历史节点，极尽铺展，详述备至，预示着乌布西奔神奇生命体必将成就一番非凡业绩。乌布西奔妈妈诞生在乌布逊部落，族众在树屋外发现“两只豹眼大金雕，护卫一只长尾黄莺，翩翩飞临”，“黄莺啄来一个明亮的小皮蛋，小嘴轻张，皮蛋恰从头顶投下，不偏不离，落在古德罕的怀襟”③。乌布逊部落的古德罕王正在和众妃子嬉戏玩耍，对古德罕王纵情欢乐的场景描写，口述史诗埋下他沉溺于女色，荒废事业不思进取的伏笔。骄奢淫逸不可一世的古德罕王，不允许欢乐场面被打搅，他对皮蛋采取了一系列驱逐的行为。皮蛋的光芒刺得他热泪奔流，他让奴隶把皮蛋抛到河里，蛋重千斤纹丝不动；他让饿狗来吞掉皮蛋，狗群惊恐四处奔逃；他让奴隶焚烧皮蛋，却遇上雷雨交加火不燃；他让奴隶把皮蛋埋在黄土里并用石块压上，太阳升起时土堆炸裂，穿狸鼠皮小黄兜的女婴，酣睡在貉窝里。本能的排斥，预示着他对皮蛋神秘降生的潜在危机感。古德罕王用尽所能却无法驱逐的皮蛋女婴，带着天神意志来到人间。

---

① 郎樱，《贵德分章本〈格萨尔王传〉与突厥史诗之比较》，见《中国北方民族文学比较研究》，民族出版社，2011 年，第 220 ～ 221 页。

② 同上注，第 221 页。

③ 鲁连坤讲述、富育光整理，《乌布西奔妈妈》，吉林人民出版社，2007 年，第 26 页。

乌布逊部落的萨满夜祭海卜，得到神谕天降神女，但古德罕王由于婴孩未能发声为其祝寿，便将她抛到弃儿营。“弃儿营窟冷凄凄，蛇鼠噬肤，地窨阴湿，苦挨时日，虫草充食。”① 乌布西奔妈妈初生便遭遇曲折的人生经历，是英雄成长必经的苦难磨砺。然而，事情并未向着古德罕王的意愿发展，乌布西奔妈妈有来自上天神的护佑，“女婴自有暗光护肌，蛇鼠不欺凌，寒窨生暖席”②。因此，在人类无法抗拒的苦难中，婴儿乌布西奔却能够顺利地活下来，只能说是天神在眷顾她。

二、役使自然

《乌布西奔妈妈》是满族先世东海女真人的女英雄史诗，是以乌布西奔妈妈为主体叙事的口述资源。在辽阔无垠的东北大地上，满通古斯语族信奉萨满教，尊崇万物有灵，使得乌布西奔妈妈的萨满女神色彩带有与大自然融为一体的地域性特征。

《乌布西奔妈妈》产生和传唱的地区在黑龙江流域。这一地区生物种群繁多，深山老林密布，江海湖泊纵横，水草肥美，野兽频现，适于满族先世东海女真人“择水草而居”“射猎为务”的渔猎生活。

特定的大自然种群自由生长的生态环境，催生了人与自然互为依存的自然神崇拜。万物有灵的萨满教崇拜是原始初民从自然界汲取神秘生存力量，与自然界浑然一体，达成互为支撑的自然生态文化的一种宗教信仰。这一地区民间口述范本《乌布西奔妈妈》传承了高亢大气、激荡人心的英雄调式，同时充满着同情、理解、牺牲、融合的人与自然和谐相处的内涵，锤炼出大开大阖气势磅礴的自然生态文化精神。史诗赋予了女萨满英雄乌布西奔妈妈自然生态属性与役使自然界万物的能力。

（一）自然禀赋

乌布西奔妈妈具有自然生态属性，她是与大自然融为一体的性灵之人。作

① 鲁连坤讲述、富育光整理，《乌布西奔妈妈》，吉林人民出版社，2007 年，第 32 页。
② 同上。

为乌布逊部落的小萨满，她天赋异秉，熟谙大自然规律，辨识动植物属性，对宇宙间存在的许多自然神祇招之即来挥之即去，有役使差遣自然神祇的通天法力。

自然生态的生命体征，是萨满文化内在需要的具体外化，在乌布西奔妈妈身上表现为与自然万物的默契和对大千自然舒展自如的驾驭。儿时，乌布西奔妈妈就无师自通，亲自然万物。在弃儿营里，她三岁能够自由地下海抓蟹，上树吃鸟蛋，对自然物性质有清晰的辨识能力。七岁能够斗鲨权海参，九岁能够布阵捉海狸，展现出她熟谙自然规律的生存技巧。此外，她还能够通过观自然现象异动，预警海啸、飓风和瘟疫。她与大自然通灵的禀赋，使她获得了乌布逊部落萨满妈妈的青睐，称她为“乌布西奔”，意为最具聪明才智的人。

（二）役使动物

乌布西奔妈妈作为氏族小萨满，在乌布逊部备受冷落，她非凡的智慧名声传到黄獐子部，部落酋长法吉凌妈妈将其偷走，不仅给予同吃同住的高规格礼遇，还奉其为黄獐子部大萨满。黄獐子部部落虽小，但一呼百应。法吉凌酋长将乌布西奔妈妈奉若神明，请她出谋划策，振兴部落。乌布西奔妈妈在黄獐子部大展身手，她断卜疑难，执掌司祭，迅速使黄獐子部力量壮大，在周围大小部落中升为棕熊部落，直奔最高阶别鹰隼部落。

在部落大联盟时代，部落战争是常态，萨满承担祭祀众神的责任，地位甚高。乌布西奔妈妈担任黄獐子部女萨满，就等于在兵家必争之地充任了将军，进入了东海部落战争的主战场。黄獐子部虽小，但地处东海鹅脖子湾葫芦套，据守要道，渔产丰富，战略地位重要。许多部落为谋求海路，均向黄獐子部身献殷勤。但是，乌布逊部古德罕王自恃部落大，图谋黄獐子法吉凌妈妈及整个部落。古德罕王骑着菊花青小走马，乘夜黑人静率军偷袭黄獐子部。他幻想着“让美丽的黄獐子罕——法吉凌妈妈，今夜睡进古德罕的香獭衿；将美丽的黄獐子部女人啊——东海美女们，今夜犒赏给乌布林每个征人”①。结果，古德罕王的大军被乌布西奔妈妈指挥的数千条黄獐子狗杀得落花流水。

---

① 鲁连坤讲述、富育光整理，《乌布西奔妈妈》，吉林人民出版社，2007 年，第 40 页。

乌布西奔妈妈担任黄獐子小萨满时只有十几岁，就善于训练动物军团，用锣鼓号角指挥狗军赢得战争。她考察了黄獐子部部落特点，顺应部落风习，依动物特长指挥战争。黄獐子部是著名的使犬部，部落人善使犬，“待犬如子，懂人情，通人语，与人同席枕”。冬天狩猎时，擅长犬拉棚车，每车十只犬，“人呼犬嚣，驶若快风”。[①] 形式类似于狗拉雪橇。狗是黄獐子部日常狩猎的好帮手，因此拥有训练狗军的基础。对自然界万物性能了如指掌的乌布西奔妈妈，利用狗军战胜夜里偷袭的古德罕军队，是其役使动物的杰作。日后，她担任乌布逊部落大萨满时，也曾经大规模驯养雄鹰、黑熊和花狸等动物，以动物排兵布阵，出其不意地征服敌手。她对自然万物习性的了解，远远超出人的认知范畴，因此被认为是天神的代言人。

（三）役使海洋

少年时，乌布西奔妈妈在黄獐子部任萨满，夺得赫赫战功。到她担当乌布逊部落大萨满时，更是神来焕采，不输于神女下凡。由于古德罕王的排斥，她在黄獐子部任萨满，一直不能荣归故土乌布逊。乌布逊部落衰落之时，她领受东海女神宣谕，要她回乡“助众复兴图强”，于是她回到了乌布逊部落。

关于乌布西奔妈妈返回出生地乌布逊部落，口述中有神勇奇幻的描述。她的出场，造成了东海女真人目睹的惊人景象。海上异象陡生，“突然，东海清晨出现两个太阳，红光照彻了河边豹皮帐，东山来了赤脚哑女。招手能唤来白鹰成千，招手能唤来鲟鱼跃岸，萨玛的神鼓，乘坐能追逐飞雁，滚荡的激流，脚踩如履平川”[②]。乌布西奔妈妈的萨满神技令人折服，她手语告罕王族众，是东海太阳女选中熟皮哑女执掌乌布逊。她身领东海七百噶珊的萨满神位，将使东海众部落永世安宁。如果不听此神谕，乌布逊部落老少会遭天谴。古德罕王迫不得已，只能答应让她任氏族萨满。

乌布西奔妈妈向众人宣布东海女神的神谕后，第二天乌布逊部落就展开迎请仪式。从她通知族众，按东海女神指令自己要当乌布逊部落萨满，到正式的迎请仪式，不过一天工夫。史诗口述描写了迎请场面：乌布逊部落人山人海，

---

① 鲁连坤讲述、富育光整理，《乌布西奔妈妈》，吉林人民出版社，2007年，第35页。
② 同上注，第65页。

古德罕王和众萨满跪请乌布西奔妈妈任大萨满，其排场之大，赚足了从小被古德罕王抛弃的面子。

关于乌布西奔妈妈的萨满神技，史诗说，“只见从江心水上走来了一鸣惊人的哑女。她用海豕皮做了一面椭圆鸭蛋鼓，敲起疾点如万马奔驰”。更为神奇的是，她全身披挂百斤重的萨满服，看上去却身轻如燕，她“坐在鱼皮鸭蛋神鼓上，一声吆喝，神鼓轻轻飘起，像鹅毛飞上天际。在众人头上盘旋一周，忽悠悠落在乌布林毕拉河沿”，乌布逊部落众头领惊得目瞪口呆。古德罕王手捧金印叩拜乌布西奔，正式迎请她为乌布逊部落大萨满。①

这些描述都说明身怀绝技的大萨满至高无上的地位，乌布西奔大萨满对自然包括海洋的役使能力，使她的萨满威名传遍四野八方。

（四）拟态万物

在史诗描述中，乌布西奔妈妈可以拟态万物。随着萨满神鼓的敲击，乌布西奔妈妈的身体瞬间幻化出千姿百态的动物音容、体貌，视者无不感到震撼。然而，这些模仿大千世界的绝技，并非与生俱来，她时刻都在向自然学习。为了收服女儿国，征服魔女岛，她向大自然万物学习，将其声音动作纳入舞蹈中。“白昼，静观山峦百鸟啼啭千态，子夜，骑鹿觅仿百兽号奔动感，月下，聆听海涛鱼宫妙音婉转，潮涌，驾熊皮筏逐涛追波，品学天风瞬掠的呼啸震撼。”② 她将大千世界万事万物都与她的身体、动作、声音融为一体，成为一门独创的萨满艺术。同时，她所创作的蛮舞、祭舞、礼舞、族舞普及到乌布逊部落，并不是停留在艺术欣赏的境界，而是作为征服对手的工具。她把萨满舞蹈当作习武演兵的项目，通过舞蹈竞技去攻占他人之心。乌布西奔妈妈与善于舞蹈的魔女们展开竞赛，正当魔女们跳得正酣时，萨满的惊天鼙舞先压住了阵脚，然后在天鹅鸣叫和漫天飞舞的九彩花羽中，乌布西奔妈妈气势雄伟，以豪华壮丽的阵势出场，参加对决。

史诗毫不吝啬溢美之词，对乌布西奔妈妈天人般的萨满舞服饰极尽夸张描写，从东珠到鸟羽，几乎集东海土产之大成。身穿东珠的披肩银雕的斗篷，白

---

① 鲁连坤讲述、富育光整理，《乌布西奔妈妈》，吉林人民出版社，2007 年，第 66 ～ 67 页。
② 同上注，第 93 页。

色天鹅绒长裙，飞鼠皮的金黄彩袖，锦鸡绒纺织的围腰，鲸、鲨、虎、熊、豹、獾、狼、猞、狐、蟒、貉脊梁皮绣制成拖地的神裙彩带，带梢镶嵌着骨哨，银光闪闪的鱼鳞皮制成的彩裤，镶嵌着六百小螺铃，脚穿貂绒编织的彩靴，头戴九纹鸟羽绒编织的百条辫帽，中间三只木雕金鸟展翅昂首，鸟嘴珠粒伴随乌布西奔妈妈的神鼓和舞步嘟嘟鸣响。①乌布西奔妈妈的萨满神舞制造的真鸟叫声效果，引来了银丝雀等一众小鸟，落在舞者乌布西奔妈妈身上，她用与自然界融为一体的生命之舞，不战屈人之兵，不费一兵一卒，就征服了魔女岛民。

乌布西奔妈妈跳萨满神舞时，也是一个邀请各种自然神灵的过程，她请“风神为她吹拂神服，云神为她翩然助舞，鹰神为她振翼飞旋，日神使她金光夺目，海神伴起四海银涛飞浪，地神派来林涛在她头顶上鸣唱，银丝雀、九纹雀、黄蜜雀、小蜂雀、白袍雀，不知惊吓，不怕晃动，落满降神痴舞的乌布西奔身上”②。乌布西奔妈妈处在萨满来神的昏迷中，不是她在跳，是她请的神在跳，因此，她高声宣示自己是东海女神派来的“天穹舞神”，让人们随着她的脚步跳起来，用优美的乌春唤醒友爱与和睦。③乌布西奔对自然万物的逼真模仿，她请出舞神来助威，她的自然神力使众人拜倒在她的脚下。

在《乌布西奔妈妈》中，自然界万物的声音动作都被乌布西奔妈妈拟态，编排成丰富多彩的萨满舞。就连被称作魔女岛女儿国阿里怪女们也歌仿鱼声，俗称“尼玛哈吉勒冈乌春”，即满语鱼声歌，是模仿安昌鱼四季吐生小鱼的声音，声音婉约，经常会引人爱恋坠入海中。

在这个盛行模拟自然界的东海各部落里，乌布西奔妈妈最让人崇拜的是她跳的萨满舞。这是神赐予的舞蹈，代表着萨满神的意志。出海前，她带领众萨满跳东海谢祭古舞。其中有野猪神降舞，模拟成“獠猪态、小猪态、拱食态、瞭哨态、怒恐态”，蟒神降舞，模拟出蟒吐舌头的吱吱声，“仰栖舞、拧身舞、缠抱舞、卧地舞，仰身肩动移进舞”。④

乌布西奔妈妈拥有自然生态强有力的生命能量，通过舞蹈爆发宣泄，把乌

① 鲁连坤讲述、富育光整理，《乌布西奔妈妈》，吉林人民出版社，2007 年，第 95 页。

② 同上。

③ 同上注，第 96 页。

④ 同上注，第 132 页。

布西奔大萨满“自然生态”之子的应有之意诠释得淋漓尽致。

（五）回归自然生态

萨满文化本质上是自然的生态文化，也是母性文化。在《乌布西奔妈妈》中，当乌布西奔妈妈梦中吃掉一粒“托盘”（草莓）后，开口说的第一句话“月神啊，多美的月夜呀”，实际上是回归宇宙自然怀抱的一种象征描写。从此，哑女发声，给乌布逊部族“布道”，讲述掌管宇宙自然界的天母阿布凯赫赫等三女神以及众女神养育万物生命之根、制造生命之源的故事。女神们最大的特点是为拯救苍生而牺牲自身的母性精神。为降福于世，阿布凯赫赫的侍女日神幻化成火燕，融化冰川，掘地造海，因过于劳累而忘记天规，身体化作千道海沟，归于自然，再难返回神坛。

自然生态文化的最终指向，是为人类幸福赴汤蹈火。其道德基石是拯救和牺牲情怀，这也是萨满教母性化的内生动力。女萨满首先必须是耶稣式的救世主，为拯救世人不惜牺牲个人生命。正如史诗中所评述的：“仁慈的乌布西奔躯体并不为她本人所有，受神命而来的乌布西奔，唯有族人的安宁与康泰。”① 史诗中，乌布西奔妈妈一再地陷入昏迷，既是萨满驱病救人所必需的“来神”仪式，也是把身体交付出去，与恶魔搏斗，拯救世人，身心不断陷入生死轮回煎熬的过程。

遇到孕妇难产时，乌布西奔妈妈作为护佑氏族生育的女萨满，毫不犹豫地抢救母女。史诗对此描绘得触目惊心。把嚼烂的毒液口对口填入病妇嘴中，从大木槽取出黄翅刁鳞鱼大嚼，毒液使她双眼冒着血丝。她用毒液，舔洗着病人鼓胀的腹肤、肚脐和流淌着恶水的阴户，揉按呻吟的病人。当东天微白，母女平安，乌布西奔妈妈却昏倒在地，九天之后才苏醒。②

考察《乌布西奔妈妈》的叙事策略，以及史诗蕴含的自然生态观，可以发现满族说部对女英雄历史功绩的极端珍视。在父权制社会，《乌布西奔妈妈》能够借助氏族内部不同枝蔓的萨满，世代口述传承，直至今天能以文本的形式呈现，不能不说满族是具有宽广胸怀的伟大民族，也是不忘母系女祖先的民族。

---

① 鲁连坤讲述、富育光整理，《乌布西奔妈妈》，吉林人民出版社，2007 年，第 84 页。
② 同上注，第 85 页。

三、母权制特征

《乌布西奔妈妈》叙事策略选择了颂扬体，以女英雄为主体人物，牵涉出一个女萨满群体。乌布西奔妈妈从女神转为世俗女萨满，引导东海女真人走向光明，对她的赞美使用的是古往今来对领袖人物的颂词。

乌布西奔妈妈所创立的东海女真人的母权制，是在母系氏族社会基础上产生并发展起来的。在乌布西奔妈妈实现了部落大联盟之后，作为名震四方的大萨满，为确立萨满教在东海女真人中的地位，她在莽原上选址，建造神坛、神位、神柱、神棚。无论从形式还是从内在精神，乌布西奔妈妈都在倡导萨满教权威。乌布林共建起十一座神殿，直立云天，百余个部落前来朝拜。① 随着乌布西奔妈妈对萨满教的宣传，神迹越来越多，越来越有说服力，东海女真人进入母权制的鼎盛时期。

在满通古斯语族口述资源中，英雄叙事占据着不可或缺的位置。由于年代久远，口耳相传的故事由于传承者性别、身份、地域的差异而生出诸多异文，但有一点十分明确，即女人参与口述和架构故事的话语权始终都在。这部分口述资源，有相当多的叙事出自母系氏族社会和母系氏族社会向父系氏族社会转型的部落大联盟时期。《乌布西奔妈妈》母性主体叙事呈现的是，在人类社会演进过程中，女人的智慧曾经具有掀天之气概、盖世之功用。

《乌布西奔妈妈》作为女萨满英雄叙事，所赞颂的是乌布西奔大萨满作为部落大联盟盟主和女罕王开疆拓土的丰功伟绩、王者风范与大萨满身份的完美结合，彰显出原始氏族社会历史进程中女性的人格魅力。作为开疆拓土的氏族部落征服者，乌布西奔妈妈身上还具有原始社会女性卓然不群的包容之心。在女性成就伟业的过程中，善于杀伐决断，长于和解平衡两种并行不悖的处理方式，乌布西奔妈妈都能够运用自如，与男性征服者仅凭残酷杀戮建功立业的生存原则有着本质的不同。

（一）母权传统

乌布西奔妈妈所在的乌布逊部落是东海流域的古族后裔，传说最早由女大

① 鲁连坤讲述、富育光整理，《乌布西奔妈妈》，吉林人民出版社，2007年，第70页。

力士古德西创立，至乌布西奔妈妈时代已历五百年。部落创始人古德西与天母神阿布凯赫赫创世时的一次溲溺有关。天母神和恶魔耶路哩大战得胜，疲累难支，在东海石上偶然溲溺，东海石上聚生着黄壳海蛚古德蛚，其中一只古德蛚受到圣灵滋育而成女人形，从而繁衍人类，自号古德西，刻五鹰图喇柱划界，威名大震。

乌布逊部落一直是女罕王执政，南多锦女罕王执政时由于贪吃体胖懒于理政，外甥古德贝子乘机夺取母权，“自名大罕”。但是，在古德罕王父权制施政时代，天下大乱，东海女神不得不派女神塔其乌离下界，以乌布西奔大萨满的威名，夺回母权，重整河山。

（二）母权主宰机制

乌布西奔妈妈并非世袭的乌布逊部落女罕王，她的上位经历了从父权回归母权的过程。她之所以能够夺得最后的成功，靠的是过人的智慧和仁慈向善。乌布西奔意指“最有聪明才智的人”，既是她在少年时“睿智奇能”获得氏族人的他称，也是成年后承担萨满重任的自称。在母系氏族社会部落大联盟时期，凝聚着乌布西奔妈妈智慧的诸多战略和策略是氏族部落最终成功的保证。

部落战争是氏族社会的生存常态，为获得更好的生存资源，抵御外敌入侵，部落间的血腥战争频繁发生。每个部落都需要凭靠战争提升部落阶别，由小到大，由弱到强，获胜部落有权将败北部落的人全部变成自己部落的奴隶。这种残酷的部落战争，是以掠夺财富、女人和奴隶为目的的奴隶制战争。在部落战争中，乌布西奔妈妈以超人的智慧，采取各种策略，以保证赢得每一次战争。

和解回旋。和解是建构利益共同体的一种手段，在对敌战争中，乌布西奔妈妈或放敌手一马，或结盟共同抵御更大的敌人。乌布西奔妈妈先是在黄獐子部担任氏族大萨满，有权调动指挥军队。乌布逊部落入侵黄獐子部失败，主要是乌布西奔妈妈用兵策略技高一筹。当她利用动物军团狗军打败乌布逊部，擒获古德罕王及其兵勇时，只是留下他们当黄獐子部奴隶，没收马匹军刃，却放了古德罕王一条生路。[①] 但是，古德罕王并未感恩戴德，而是继续挑衅。

---

① 鲁连坤讲述、富育光整理，《乌布西奔妈妈》，吉林人民出版社，2007年，第41页。

在黄獐子部力量弱小的情况下，乌布西奔妈妈又采取另一种和解策略，即与黄獐子部矛盾甚深的同祖同源的珠鲁部化解仇恨，形成联手对付乌布逊部的拳头战略，使屡屡失败的乌布逊部落内部产生矛盾，众人将矛头直指古德罕，终于发生了流血暴动，以致乌布逊部落的人流离失所，其他部落争相抢掠乌布逊女婴，古德罕王为保命逃之夭夭。

情感攻心。乌布西奔妈妈采用“以情惠魔，以舞治舞”的策略，收服岛中异族。担任乌布逊部大萨满时，乌布西奔妈妈在如何解决海中魔女岛魔女的问题上，与古德罕王等乌布逊人不同。她批评了“动辄就施暴，踏平”的战争狂人心态，认为“狭隘胸襟不该算是乌布逊人”，不能总是发动战争，要“用自然众神的威力，用助弱扶微的心肠，惠及海宇”。[①] 为知己知彼，她派心腹萨满潜海登岸去魔女岛学岛舞。最终，通过比舞，将擅长歌舞的魔女岛征服。

恩威并重。乌布西奔妈妈并非总是慈悲为怀，以和为贵的她在运用战争策略时也会因对手不同而有所变化。开疆拓土中，乌布逊部落不断壮大。在对付顽敌上，乌布西奔妈妈采用狠辣手段，擒贼擒王，置敌手于死地，再以新主替代旧王，将部落纳入其统治的势力范围。譬如，辉罕部和彻沐肯部新王由于力挽铁弩八百石，常联手掠夺乌布逊部和珠鲁部的男女为奴为妻，乌布逊部落人到了闻辉罕和彻沐肯胆战心惊的地步。乌布西奔妈妈秘带众萨满驯化雄鹰、黑熊、花狸，而后再以祭神治病为由，请辉罕新王到场共祭。祭祀过程中，她指挥鹰、熊、狸斯杀两王，而后选立新王与乌布逊部交好。再如，都沐肯兄妹霸占南海，她令三千征帆入南海，生擒称王称霸的罕王兄妹，致其交出蟹岛，从此海参海蟹运进乌布逊部落。乌布西奔妈妈选立部落新主替代旧王，蟹岛被收于麾下。对于据险霸占东南入海口的安查干山寨，乌布西奔妈妈不费一兵一卒，采用火烧山寨的办法，选立新主，使安查干山寨顺利成为乌布逊部落通海的前哨。

乌布西奔妈妈威风八面，声名显赫。“外岛三百石窟，洞洞招降”，东海部落无不俯首称臣。征服了陆地海岛之后，乌布西奔妈妈继续东征大海，寻找太阳升起的地方。在东征途中，病死于海上。

乌布西奔妈妈统一东海女真人各部，形成部落大联盟，母权机制基本上依

---

① 鲁连坤讲述、富育光整理，《乌布西奔妈妈》，吉林人民出版社，2007 年，第 91 页。

赖于萨满神权。萨满神权大于女罕王权。乌布西奔妈妈之所以从熟皮子的哑女，到小萨满、大萨满，再晋升为女罕王，她走的是一条从萨满到女罕王、部落联盟大首领，先神权后王权的道路。在这条布满荆棘的路上，她依靠萨满教的精神力量支撑着走了过来。

四、神权体制

萨满教是东海女真人信奉的原始宗教，也是乌布西奔妈妈凝聚东海女真人心的主要利器。她继承乌布逊部古德罕王王位，东征西讨收服东海各部落，最终能够大获全胜，说明她所处的历史时期是萨满教隆盛期，女萨满的智慧最大限度地得到了发挥。女萨满的母权地位至高无上，萨满神权大于王权。

（一）神判神裁权

女萨满在涉及部落首领是否有资格继续承担部落罕王大权时，可通过问神的途径和获得神谕的方式，来行使凌驾于罕王之上的权力。在一个普遍信奉萨满教的原始氏族部落中，当乌布西奔妈妈还在黄獐子部任萨满时，她的名声已大到连乌布逊部落寻找逃跑的古德罕王、神鉴古德罕王真心的神判大会，都必须请她主持的地步。篡夺权力的古德罕王尽管心生不满，但由于萨满神在族众中至高无上的地位，他也必须走神判这一步，他的罕王之位是否能够继续坐下去，需要由乌布逊祖先众神和大萨满乌布西奔妈妈来判定。

史诗以详细的程序描述了这次神判大会。乌布西奔妈妈主持神判大会，她闭目坐在神坛前的花床上，敲起萨满神鼓，告诉二神，程序为火裁、水裁、鹰裁。这三裁展示出萨满教的神判性质。她显示了超人的神力，当神灵降身时，“她边敲鼓，边像飞翔一般，跳到祭坛中央的古德罕面前，轻轻把鼓顶在头顶，双手一举把古德罕举了起来，轻轻一扔，古德罕不知不觉却站到了火塘前边。乌布西奔头顶的神鼓平稳如初，气不长吁，面不改色。众人皆屏声暗叹，敬佩乌布西奔的神风”①。

乌布西奔妈妈借助萨满教的天赋神权，可以置罕王也就是世俗权力于脚下。

① 鲁连坤讲述、富育光整理，《乌布西奔妈妈》，吉林人民出版社，2007年，第60页。

随身的几个侍神萨满把乌布西奔降神神谕翻译出来，请古德罕王听神说，“古德罕小子，你恭恭敬敬听啊！我是奶奶神主佛伦丹珠其妈妈，奉塔其乌离星神赶来劝尔行”①。在此，乌布西奔妈妈以奶奶神主的名义，训斥小辈古德罕王，同时借佛伦丹珠其妈妈之口，把她在天界的星神身份明示出来，从气势上将古德罕王压倒。古德罕在冲入火塘、穿过水潭、徒手与鹰搏斗的三桩神判项目结束后，还要听乌布西奔妈妈宣布结论。侍神萨满说：“乌布西奔大萨满已问过乌布逊神灵，古德罕是信得过的乌布逊好子孙。”② 在众人劝说古德罕王挽留乌布西奔妈妈做乌布逊大萨满的时候，他却犹豫退缩了，他不容人的狭隘心胸与乌布西奔妈妈的大气包容恰好形成鲜明的对比。乌布西奔妈妈面对故乡众人的挽留，直言只要乌布逊部落虔诚敬神，天母阿布凯赫赫就会送出福讯。

（二）出征大权

部落战争时期，出征是氏族部落中的头等大事。乌布西奔女罕王在征服了东海陆地岛上部落后，将目光移向大海，“探海不止，彻夜痴迷”，认为“太阳之宫必居海中隐匿”，决定海上东征，寻找太阳升起的地方。为远征大海，她举办了谢海大祭。

军队出征祭祀仪式气势庞大。三百妈妈，敲起萨满皮鼓；三百玛发，响起骨铃、角号、螺号、石钟；乌布逊部落族众持驼鹿蹄击出“鸟啄音”。在隆重的祭礼上，她驯养的豹熊虎成为护佑祭祀神坛的大将军。乌布逊人和归服者赶着大批祭牲向祭坛行进。大海狮、大海象、大海豹，以及白鲸、香鲸、灰鲸、鳟鱼等祭品的鲜血和鱼肉汇入大海，请东海海神接受乌布西奔女罕的嘱托和献祭。她手刃巨鲨摘出白鳔投入大海，以拜谒海神。鱼鳔是鱼魂，专供海神享用。她一跃而起，提鼓旋舞，犹如自天飞来。她敦请海峡大神梅赫姑音，也是太阳光化成的蛇神降临。群情激奋，东海族众愿与女罕出征大海，人们跳起顶血盆祭舞、双手托血盆祭舞、血祭中百禽拟神舞。大祭十天后，东征水兵十五艘船才踏海远行。

在征服大海的过程中，乌布西奔妈妈在失败中不断前行。为使陆地部落族

① 鲁连坤讲述、富育光整理，《乌布西奔妈妈》，吉林人民出版社，2007年，第61页。

② 同上注，第62页。

众识得海性而苦练水军，喊出不单是陆地虎豹，也要个个成为海中蛟龙的口号。训练七年后，女罕王决定出海去寻找太阳宫。然而槽船队被飓风推上了岸礁，女罕王明示窝尔浑人协助东征计划。窝尔浑人富有航海经验，但抵不过海啸浓烟硫黄。征船卡在岛礁中九天九夜，海啸不停，导致队员皮肤生疹染病，东征失败。乌布西奔妈妈五十岁那年秋天，第五次东征。她亲征大海，率槽船队浩荡出海，北上经过苦兀、鞑靼、堪察加东海岸北溟劳坎。征途上，一路刻板记绘，图木积存如山。抵达北海，浮冰寒冷，她得了重病。为征服大海，乌布西奔妈妈“她有问天的抱负，她有宇宙的胸襟，为寻太阳神留去所终，不顾身染重疾，率众徒涉险而进，踏遍外海三千里，见过鱼群八百种，见过东海火山口数耸①，见过山野屿鬼跪裸亲。乌布逊声名远扬海域，到处盛传咏乌布西奔妈妈美名”②。

根据口述内容推测，乌布西奔妈妈沿堪察加海域多处火山口看到白熊和冰山时，她和船队已进入白令海域，是东海女真人真正的航海远征。由于海上风云变幻，气候恶劣，乌布西奔妈妈终于积劳成疾，病死在海上。时年五十岁的乌布西奔女罕留下遗言，“梦里听到师祖召我”，“要学乌鸦格格，为难而死，为难而生”。③ 乌布西奔妈妈遗言死后“时过百年，山河依样，乌布逊土地上必生新女。这是我重返人寰，萨满神鼓更加激越高亢”④。

乌布西奔女罕王主政的东海女真人民族部落大联盟，处于血缘关系向地缘关系过渡的母系氏族社会末期。她掌控的母权体制建构基础是萨满神权至上。乌布西奔妈妈集神权、王权、部落联盟大首领三权合一至高无上的地位，成为口述传承大加赞颂的女主角。作为东海女真人世代相传的神龛上的故事“窝车库乌勒本”，《乌布西奔妈妈》系统完整地保存了东海女真人女萨满的英雄风貌，这对进一步探讨满族先世女真人母系氏族社会形态，有着正史无法比拟的活化石价值。

---

① 据富育光注释，沿堪察加海域有多处火山口，乌布西奔妈妈航海船队已入白令海域，甚至发现了白熊与冰山。

② 鲁连坤讲述、富育光整理，《乌布西奔妈妈》，吉林人民出版社，2007 年，第 189 页。

③ 同上注，第 190 页。

④ 同上注，第 192 页。

满族说部《乌布西奔妈妈》与赫哲族《伊玛堪》，都是黑龙江流域的英雄史诗，二者口述传承产生的背景大致相同，均是由以血缘关系为纽带的氏族社会向以地缘关系为目标的部落大联盟的历史跨越过程中，对部落联盟大首领的英雄颂歌。然而，特别值得注意的是，英雄史诗采取的相左的性别叙事立场，直接导致了审美指向的差异。

赫哲族《伊玛堪》是多重主角的系列英雄史诗，传承路径并不像《乌布西奔妈妈》那样清晰明了。在满通古斯语族中，赫哲族与满族同属于黑龙江古族肃慎族系后裔，赫哲族的主要活动区域在黑龙江、乌苏里江、松花江三江流域，《伊玛堪》史诗带有明显的地域特征。由于《伊玛堪》系列英雄史诗产生的年代和地点都不同，史诗传唱主体又都是单个的英雄，每部史诗讲唱的主体英雄，其性格风貌均大相径庭。不过，全部的英雄史诗有一点是非常清楚的，在《伊玛堪》系列英雄里，从来都没有出现过一位叱咤风云的女英雄，都是男性英雄主体叙事。与其相反，满族说部《乌布西奔妈妈》是女英雄史诗，也是以乌布西奔妈妈为唯一主角的女英雄史诗。

《伊玛堪》口述传承过程中，一些萨满功力深厚的女性并未缺席，但是口述人习惯采用的叙事策略，是让女萨满退居辅助地位，协助在前台拼杀的男性英雄取得胜利。争斗打仗是最常见的叙事类型，主要方式是交战双方的莫日根展开摔跤搏斗。当敌我双方莫日根在地上打斗时，他们的女萨满帮手同时在空中变成阔力①相互厮杀。

作为叙事主体的男性英雄，除了摔跤，在整体实力上，他们并不如女萨满，女萨满在萨满神力法术以及排兵布阵战争谋略上都远远超越英雄莫日根。由于《伊玛堪》主要竞争方式是角力，征服者莫日根通过展示身体具有的强大力量战胜对方。角力作为两军对垒的主战场，只在对阵双方莫日根之间展开。双方女萨满变身阔力，也就是鹰，在空中对阵，只能算配合战争的第二战场。

女萨满先定的配角地位说明，不论是否身怀绝技，也不论是否能够沟通天地神人，她们只能为英雄莫日根的西征服务。然而，在英雄西征过程中，又不

① 阔力，伊玛堪叙事中经常出现助阵的鹰，是由男性英雄莫日根的妻子、姐妹等女性亲属变成的。平日她们回归社会角色，战时则变成鹰，也就是阔力，飞在空中作战。

能没有女萨满的协助。为了使西征继续下去，也为了烘托英雄莫日根逐渐扩大的队伍，直至满足部落大联盟盟主的称号，《伊玛堪》的男性英雄就必须依靠不断地迎娶女萨满，通过比武招亲、与部落和亲、掠夺被征服者的妹妹为妻等手段，增加萨满神力及其家族资源对自己作为英雄西征的支持力度。

也就是说，《伊玛堪》作为男性主体叙事的英雄史诗，在审美指向上突出男性雄强之风，而非智慧之灵性。男性的壮美被视为至美。男性能够脚踏实地，力大无比甚至能把地踩出大坑，一再成为《伊玛堪》人物形象描述的类型化特征。譬如，《安徒莫日根》讲述了英雄安徒莫日根力大无穷，见到敌方阔力向他冲来，他一生气一跺脚就可以显示他男性的力量。“安徒把两腿叉开，用力跺脚一站，双腿插进地里，一直没到膝盖。他抬起一只脚时，地皮掀开，土块儿乱溅。”① 史诗在赋予男性英雄力量的同时，也无法隐讳他的缺点——缺乏神通广大的女萨满的飞翔能力。他不能离地，离地“会飞”是决定萨满神力的重要标志，是女萨满的特权。

因此，他与萨满神的沟通能力相对女萨满来说明显不足。这说明，《伊玛堪》英雄史诗叙事在角色分配上，男性英雄要由女萨满帮助才能完成部落联盟大首领甚至大萨满的身份转换。在西征过程中，他并不具备或很少具备萨满异能，他是世俗化英雄而非神圣化英雄。由此可以看出，《伊玛堪》尽管是部落大联盟时期的产物，但其所述的社会形态显然不如《乌布西奔妈妈》更为古远，是父权制社会形态下产生的英雄叙事。

《乌布西奔妈妈》是有明确讲唱源头的东海女真人女英雄史诗，东海女真人是黑龙江古族肃慎族系后裔，史诗相当自觉地运用女性视角，以赞颂弘扬的立场讴歌乌布西奔妈妈拯救苍生、治理东海七百部落、开疆拓土的传奇经历，突出她富于同情心和牺牲精神的创世女神特征。而以贬抑的修辞手法，对古德罕王作为男性统治者蒙昧无知、好逸恶劳、花天酒地、巧取豪夺、不思进取、自私低俗等一系列不足以引领东海女真人走向光明的庸碌行为大加挞伐。

《乌布西奔妈妈》采用的性别修辞策略一扬一抑，毫无疑问，它是产生于母

① 黑龙江省民间文艺家协会选编，《伊玛堪》（下卷），黑龙江人民出版社，1998 年，第 240 页。

权制社会。史诗在高扬乌布西奔妈妈旗帜，充分肯定乌布西奔妈妈业绩的同时，对乌布逊部落男罕王窃取母权后的种种治理表现给予了批判。曾经强大的采取母权制的乌布逊部落在男罕王的统治下，穷兵黩武，江河日下。古德罕王在族众陷入危机时，竟然逃命荒岛，这种自私狭隘的男人与乌布西奔妈妈敢于承担，愿意为族众牺牲的萨满女神精神形成明显的对比。由于乌布西奔妈妈是从男罕王手中夺取权力，而男罕王是从女罕王手中夺取权力，权力性别立场的循环实际上也寓意着东海女真人的母权制并非一帆风顺。但是，在东海女真人部落大联盟时期，确实出现了一位传诵至今的伟大的女萨满女英雄乌布西奔妈妈。部落大联盟时期的母权制能够如此完整地呈现在我们面前，为考察满族先世女真人的社会生活以及东北世居民族的历史进程，提供了非常珍贵的资源。

第二节　富育光《恩切布库》

满族说部《恩切布库》由富育光讲述、王慧新整理，吉林人民出版社于2009年4月出版。口述文本共计17万字。

富育光讲述的满族说部《恩切库布》，主要流传在黑龙江省孙吴县四季屯、霍尔莫津、大桦树林子、小桦树林子等满族聚集区。口述最初发源地在萨哈连乌拉，即黑龙江以北的精奇里江一带，也即今天的俄罗斯结雅河一带，已有数百年传承史，时间相当于辽金时期。恩切布库是黑龙江流域黑水女真人心目中的女神，早期她的神迹在女真后裔满族诸姓中以满语伴着曲调高亢的古歌讲唱。

《恩切布库》在富育光家族中讲述得相当频繁。小时候，在瑷珲县大五家子村，富育光曾多次听奶奶郭霍洛・美容、母亲郭霍洛・景霞给他和弟弟妹妹们讲述《恩切布库》。参加工作后，他把听来的《恩切布库》传讲给同事。他的父亲富希陆，也曾为富育光的朋友贾殿清、王治花讲过《恩切布库》。

关于版本，富育光口述传承的《恩切布库》，主要来源于父亲富希陆在1940年前后对白蒙元的采录。白蒙元是满洲正白旗人，祖籍黑龙江以北江东六十四屯的桦树林屯。清光绪二十六年（1900），庚子俄难，他逃到黑龙江省黑河市孙吴县四季屯安家。他擅长讲述满族神话故事，常年生活在黑龙江边的兴安岭密林中。因其好酒好唱好说故事，人送外号白蒙古、疯阿古。此次整理，王慧新依据的是富希陆对白蒙元1940年前后的说唱版本，也即富希陆为她全家讲述时由她姐姐录制的版本。

一、树生神迹

满族说部《恩切布库》是女萨满英雄叙事，采用了女性主体叙事策略，主要讲述了火山女神恩切布库为东海黑水女真人走出蒙昧混沌，过上幸福生活而殚精竭虑、奉献终生的故事。

（一）火山女神转世

与东海女真人女英雄史诗《乌布西奔妈妈》一样，东海黑水女真人英雄史诗《恩切布库》也是讲述女萨满英雄故事。史诗的主角是负有使命的女神，她们为拯救人类奉献生命。恩切布库前生为东海堪扎阿林火山女神，当她转世为人时，承担了女萨满职责，引领黑水女真人氏族部落走出蒙昧。

恩切布库女神原是亿万年前的一处山巅，巅峰有束光焰四射的火柱，光照宇宙，称为火山。火山是恩切布库女神燃烧的心脏。火山的形成起源于天母神阿布凯赫赫创世，与恶魔耶路哩展开天宫大战的年代。耶路哩搅起漫天黑风黑水，致天地无光，阿布凯赫赫周身疼痛。危急时刻，堪扎阿林火山喷发，耶路哩被火焰烧得逃回地下国。火山中升腾起一位头顶蓝天、脚踏大地、金光闪耀的恩切布库女神，她是阿布凯赫赫的侍女神。从此，她被困在地心烈焰之中，永世沉睡。

亿万年过去了，由于人类欲念永无停止，弱肉强食，失去了火的指引，耶路哩乘机制造阴雨，致洪水泛滥。在人类的祈求下，天母神阿布凯赫赫想起沉睡在地心的火山女神恩切布库，只有请她出世为人，指引人类，才能保人间平安。阿布凯赫赫委派具有沟通天地能力的白鹊女神，放开喉咙呼唤恩切布库。“我奉天母之命令你重返宇内。恩切布库姐姐，你万年前的体魄虽被耶路哩魔光吞噬，但你不必担心，当春雷、春风、春雨普降之时，你的魂魄仍可随地心的水、光、气同时升腾。通过山梨树蓬松柔软的树根，渗入树中，与山梨树的嫩芽、花蕾一起复苏而新生。到那时辰，山梨树的花苞中就会绽露出你的人形。"①

恩切布库不想轻易出世。她与白鹊女神的对话，显示了她理性的思维逻辑和不盲从的个性。"白茫茫的热岩笼盖我的英魂。我已习惯地心的宁静，我已住惯禁锢的屋屏。如今天母又让我重回世宇，若不讲清命我重生的缘由，我就不出地心！"②

白鹊女神负命而来，要说服恩切布库领命，她善用情感打动恩切布库。"好姐姐，不要难为我。我只知道姐姐你将去拯救那些可怜而又无辜的黎庶，至于还有其他什么事，小妹我确实不知。"③

白鹊女神是合格的说客，她通晓人情世故。"姐姐，你当年是天母身边的得心勇将，睿智超群，多才多艺。你有万神头脑的慧智，你集万人肝胆的豪气，你汇万只猛虎之威力，你聚万道惊雷之万钧。"④ 这不仅对恩切布库的身份地位进行了交代，也把天母神要让恩切布库重返人间，去解决人类生存难题的原因陈述了出来。由于恩切布库身上具备特殊的素质，因此有能力担当出世的重任。

白鹊女神用尽心机说服恩切布库出世，然而，天母神一直没有从耶路哩手中将恩切布库救出，现在却要让她出世去解决天母神的困境，似乎不合常理。于是，白鹊女神表现得非常体谅。"姐姐，不要诉委屈了，不要耍脾气了。还是按天母的圣命速速行事吧！小妹我将羽毛撒一束给你，以备急用。……羽毛是你翱翔天庭的圣衣，它使你在威猛一世的武功上又添一大能，你将无敌于天下。……快去拯救你诚爱的人类，快去帮助，你怜悯的人类。"⑤ 然后又叮嘱恩切布库："你要小心耶路哩的魔耳，他会在暗中窥探你的行踪。你一定要借春风、春雨、春雷之势腾空而起。耶路哩最怕三春之威，断不敢贸然捣鬼。"⑥

白鹊女神对恩切布库宣布的天母神圣谕，分量十足。她不得不以善言之嘴，

① 鲁连坤讲述、富育光整理，《乌布西奔妈妈》，吉林人民出版社，2007 年，第 25 ～ 26 页。
② 同上注，第 27 页。
③ 同上。
④ 同上注，第 27 ～ 28 页。
⑤ 富育光讲述、王慧新整理，《恩切布库》，吉林人民出版社，2009 年，第 28 页。
⑥ 同上注，第 28 ～ 29 页。

极尽拉拢吹捧之能事，并以拯救人类的善心，来勾起恩切布库出世的欲望。由此可见，在以天母神为首的萨满女神神群中，天母神的圣谕至高无上。

（二）山梨树生神迹

任何史诗英雄的诞生，都会突破庸常，以一种无与伦比的奇异色彩，预示着天将降大任于斯也。恩切布库要从山梨树中诞生，她的出世千难万险，也是与耶路哩比拼智慧的过程。

恩切布库女神是天母神阿布凯赫赫创世神话的延续，与乌布西奔妈妈的降生要纠正天母神犯下的错误一样，恩切布库的出世也是在人类失去互助火种，被耶路哩乘机作乱陷入歧途的危急时刻，去人间匡扶正义，救天下苍生。乌布西奔妈妈下界所要做的是平定东海，恩切布库出世则要启蒙愚民，辛苦创业。为此，她要把握机会，从地心中顺利升起。然而，面对全知全能的恶魔耶路哩，她的诞生频频受阻，无异于一场战斗。

耶路哩用狂风骤雨，使她无法分辨方向，难以冲出地心。但是，天母神已派执掌雨水的阿嘎妈妈和执掌游风的额顿妈妈，飞到东海高天，用神技迷惑耶路哩，使他误认为恩切布库仍在地心沉睡。让春风春雷春雨响起，催请恩切布库迅即升腾。耶路哩变形为癞蛤蟆，喷出黑风污水。阿嘎妈妈变形为冰柱，撑开他的喉咙，额顿妈妈往他嘴里吹风，耶路哩不得不逃回地下国。

恩切布库女萨满的神奇诞生，注定了她将要干一番惊天动地的大事业。口述叙事的英雄诞生策略，为她传奇生命的出场奠定了神圣的基础。善于变形的恶魔耶路哩变身为一株山梨树，诱骗恩切布库选择他的山梨树升出，这样他仍然有机会将恩切布库掐死。但他的山梨树像死树一样，没有任何生机。司职百虫草木精灵的窝米纳女神，驻守在山梨树旁，只要恩切布库通过山梨树的根须进入树心，蛀虫都必须为她让路。春天万物复苏，恩切布库的魂魄化作光热气体冲出地层，她追索着细如发丝的山梨树根须向上飞升。红色花蕾迸裂开八瓣小叶，里面坐着可爱的小女孩。她生而能言，生而能笑，生而能走，生而能知大事。女萨满神迹昭告世人，一切美好事物将从恩切布库开始。

恩切布库排除耶路哩的干扰，于健康的山梨树中诞生后开口讲话。她对山林中的蒙昧野人说：“你们不要怕。我是天母阿布凯赫赫的侍女，叫恩切布库。

万年前，我为了惩治恶魔耶路哩，化成烈焰，埋在了堪扎阿林的山下。现在我受天母之命，重返人间做你们新传世的萨满。”① 她从花瓣中站立起来，跳到地上，像神话中的巨人一样，须臾间越长越高，越长越大。

（三）女萨满神迹

富育光口述传承的《恩切布库》，经常会借用恩切布库火山女神的原型，赋予恩切布库火热的性格，像一束核心光焰，吸引东海黑水女真野人追随她创建新生活。对恩切布库形象的描述，也保留了火山原型的特征。由于万年前经过火焰锤炼，恩切布库红光大脸，热力非凡，聚集在她身边的人，总会感到阳光普照，头聪目明，不再有黑暗降临。“恩切布库女神禀赋——性如烈火，恩切布库女神办事——雷厉快爽。在恩切布库的眼中，在恩切布库的身上，恐惧、惆怅，畏葸、怯懦，卑微、渺茫，全都化作虚烟飞扬。”② 追随者也会变成顶天立地、勇敢无畏的英雄。

恩切布库带领着东海黑水女真野人辟地室、造房搭树屋，野人从此懂得定居。她教授野人使用火种，野人从此成为用火存火的主人，成为大地上无敌的人。尽管恩切布库是最勇敢有智慧的人，但由于她跟野人相貌相同，召集野人到山梨树下，年轻力壮的野人并不听她调遣，追随她的多是体弱身残之人。恩切布库认为，要用萨满胸襟去感召野人的心灵。当东海黑水女真野人的日子一天天好起来后，野人开始传讲恩切布库是从山梨树中神秘复生的女萨满。

口述较为全面地描述了萨满女神恩切布库的超凡素质。正是这些超能力创造的众多神迹，让东海黑水女真野人对恩切布库心悦诚服，从而开启了萨满女神的崭新时代。在马亚川口述传承的《女真萨满神话》里，已经出现了具有闻毒、识妖等特殊能力的女首领达鲁噶齐，她们是萨满女神的助手，而恩切布库是阿布凯赫赫的侍女神，她的能量远远超过群女首领达鲁噶齐。

辨识天文地理。恩切布库善于预判风向，指挥野人搭起遮天榆柳大棚躲避暴雨。一俟风向转变，暴雨来临，就钻进榆柳大棚，避免伤及野人和一些小松鼠、山猫、小野兔、小喜鹊等小动物。野人认为她是最有见识的萨满。

---

① 富育光讲述、王慧新整理，《恩切布库》，吉林人民出版社，2009 年，第 39 页。

② 同上注，第 42 页。

辨识毒气沼气。恩切布库善于观察周围的地形地貌，敦促野人逃离毙命之地。由于野人常在火山口附近居住，火山沼气会置人于死地。她会选择指定地段，带野人搭屋盖棚，躲过火山沼气的侵害。野人认为她是最聪明的萨满。

预测灾难。恩切布库善于观天象，预测自然灾害的发生。仅靠观天上白云，就可预言山洪何时暴发。洪水来临前，她引导野人到山上躲避，告诫野人月亮出山之前逃离。那些以为她危言耸听的野人，全部葬身洪水，野人对她心生敬畏。

判断瘟疫。恩切布库善于观察动物异象，仅凭鼻孔眼睛出血的小鹿以及石锅火塘里烧烤的雁肉发紫，就能判断瘟疫已经来临，从而指挥野人马上撤离。许多野人愿意跟随她迁居。

识别植物药性。恩切布库善于识别植物药性，瘟疫来临前，她让野人采集路边的卡兰花草，做成花环戴在头上。让野人吃除邪祛病强身的卡兰花草，让野人放声高歌，保持心情坦荡，忘却忧愁，让野人以瀑布泉水净身。翻越九座山，她才允许搭锅立帐。此时野人的家乡已遭瘟疫，恩切布库再次拯救了野人。野人跪地叩头，称她为恩切布库女神，极尽崇拜。

恩切布库萨满女神声誉日隆，堪扎阿林山下聚集起庞大的东海黑水女真人野人部落，恩切布库以萨满教信仰统御东海黑水女真人野人部落。

二、母系治理体制

富育光口述传承的《恩切布库》，是东海黑水女真人女萨满英雄叙事，与东海女真人女萨满英雄史诗《乌布西奔妈妈》同属于东海广大地域的口述资源。《乌布西奔妈妈》是关于女萨满女罕王部落联盟女盟主乌布西奔妈妈的主体叙事，史诗在歌颂传唱乌布西奔妈妈丰功伟绩时，采取了突出其智慧超群、能征善战、开疆拓土的征服者的雄才大略。

《恩切布库》口述传承的关键点不在于颂赞恩切布库带领氏族部落东征西杀开疆拓土，而是颂赞她将处于蒙昧时代的东海黑水女真人野人带出黑暗地界，将其引向建立母系氏族部落的光明前景。因此，引导野人聚集定居，改变与野兽不分彼此的野蛮生存处境，就成为《恩切布库》口述的首要任务，也是史诗歌颂恩切布库功绩的着眼点。

《恩切布库》的口述立场非常明确，即主张建立母系氏族社会，聚集女萨满的智慧和力量，实现母权制治理，最终体现为族权神授的萨满教理念。在《恩切布库》形构的萨满神界，与她同样是天界女神转生的萨满，还大量地存在于人世间。这些转生为人间萨满的天界女神，统一由天母神阿布凯赫赫指派下界。为配合恩切布库对抗恶魔耶路哩，天母神将辅助恩切布库的白鹊女神等众位萨满女神安排在各母系部落，充当独当一面的女萨满。在恩切布库部落联盟大首领的统一指挥下，这些女萨满各司其职，集中展示了女萨满英雄神群的母系治理体制。为使野人归化萨满教，恩切布库采取了一系列措施。

（一）母系氏族部落

恩切布库在归化野人进入文明之初，东海黑水女真人还处于以一个妈妈为繁殖中心的“妈妈窝”社会形态。野人“妈妈窝”分布零散，互不关联，每个“妈妈窝”里凭借妈妈的能力养活子孙，各“妈妈窝”互相抢夺年轻力壮的男人，以孕育身体强壮的后代，达到不被别的“妈妈窝”欺负的生存目的。因此，相互之间的矛盾此起彼伏。恩切布库为解决“妈妈窝”的争斗，画了“两个小人并肩图案”，以示各“妈妈窝”的兄弟姐妹肩并肩、心连心的愿景，并在堪扎阿林南坡便于渔猎的地方，建起庞大的东海黑水女真人母系氏族部落，以萨满教信仰归化众野人，以达到精神训育的目的。

（二）图喇柱

恩切布库为将各部落的萨满教凝聚起来，举行了图喇柱镌刻仪式。柱子上刻上日月星辰，以及恩切布库氏族联盟大首领的容貌。各“妈妈窝”也就是大小艾曼，仍然可以保持原来的名字，以一个姓氏一个部族血缘关系建立原始部落。恩切布库被推为舒克都哩艾曼第一位总首领，总妈妈神“乌朱扎兰达妈妈”，也就是头辈达妈妈，是满族最古老的祖先神和最古老的萨满神。

恩切布库确立了部落联盟的祭祀礼仪。用萨满神祭祀，将生活在无知混沌中的野人从蒙昧中唤醒，令其远离野蛮。祭祀包括四祭：一祭神树，神树通天地。祭阿布凯赫赫、巴那吉额母，这是对创世天神的祭拜，给天母地母带去族人的崇拜。二祭堪扎阿林山神、地神，对赐予食物的圣山土地表示尊崇。三祭东海与布尔凡比拉等湖川江河神，对赐予食物的东海水神等表示尊崇。四祭火神，火神拖亚拉哈女神将火带给野人，使其在衣食住行方面迈入光明。为祭祖先、众神、天母阿布凯赫赫，设立起高高的石祭坛。恩切布库担任舒克都哩艾曼的主祭萨满，各小部落的萨满承担各自部落的祭礼。

（三）女萨满部落联盟

萨满祭礼制度的形成为恩切布库实施女萨满部落大联盟提供了条件。恩切布库领受天启，以举办萨满竞赛大会的形式，集聚众萨满神的力量，以抵抗恶魔耶路哩。恩切布库从天启获知，天母神将白鹊、阿嘎、木克、阿克珊等女神送到了她的身边。但是天神与人相貌不分彼此，分辨下凡的女神成为首要任务。恩切布库决定举办选能人盛会，通过神能百艺比赛，选出最有智慧和能力的首领与萨满，而这些拥有智慧和能力的人必然是天神。

竞技在满通古斯语族口述资源中是英雄史诗的固定情节。关于英雄主体的描述，往往是通过竞技对抗中占上风等非凡超拔的行为，赢得英雄地位。恩切布库主持的萨满竞赛大会以萨满武功神技论英雄、论排位。她所选拔的人才是天母神派下界的具有神异能力的女萨满。竞技识神是恩切布库为建立东海黑水女真人萨满女神神群，传播萨满教的一种人才资源储备方式。在竞赛名目下，各部落女萨满登台献艺，不仅扩大了萨满教的影响力，也可以展示东海黑水女真人部落大联盟的空前盛况，从而为恩切布库控制的大片萨满教版图提供注释。

夹昆部落。夹昆部落的标志是鹰。剽悍勇猛有穿云越涧能力的部落女罕夹昆妈妈，“身披鹰羽，头扎鹰冠，像一只雄鹰飞落赛场”，她虔诚地报上鹰号，讲述她的来历，“我是鹰神派来的使者，是开天辟地的鸟神。我曾帮助天母阿布凯赫赫降伏过耶路哩。耶路哩身上恶毒的毛发，都是我用嘴和爪子薅下来的”。[1] 夹昆妈妈是天母神创世时立过赫赫战功的鸟神，具有指挥群鹰的异能。她长啸一声，竟能飞来满天雄鹰，遮住日光，掀起飓风，群鹰齐说：“恩切布库姐姐，我们是你当年的小妹，是天母的左膀右臂。姐姐你有何吩咐，我们誓死不辞。”[2]

---

① 富育光讲述、王慧新整理，《恩切布库》，吉林人民出版社，2009 年，第 71 ～ 72 页。
② 同上注，第 72 页。

北山塔思哈部落。北山塔思哈部落的标志是虎。女罕塔思哈妈妈瞬间召来黄毛大虎，表演了“纵、跃、跳、卧、蹿、扑、爬、滚”的虎艺，虎虎生威，震天动地的吼声喊出了天界女神的神力。塔思哈妈妈对鹰部落女罕王说：“夹昆妹妹，我看了你的神威，为你叫绝。”实际上她意在引申出自己的来历：“当年我是天母阿布凯赫赫身边的坐骑，为了驱赶耶路哩，化成金虎吞吃洞穴中的魔怪，又受天母之命永居洞窟中生活。现在，我受天母之命重返尘世，为的是惩恶扬善，扶威祛邪。”①

东海木克部落。东海木克部落的标志是东海。女罕木克妈妈调遣海中生物搅起滔天巨浪，她踏浪而来，宣示来历：“当年我是天母阿布凯赫赫身边的东海卫士，统驭东海所有的海疆及海上的生命。我曾用海水淹灌过耶路哩，使天母胜过恶魔。”②

氏族部落萨满女神纷纷向恩切布库表决心，希望接受她的吩咐和调遣，协力抗击耶路哩。欢呼声使小神灵也坐立不安，蝴蝶、蚂蚱、蝈蝈、蛐蛐四位小神灵降临赛场，也对恩切布库示忠：“姐姐，你别看我们小，可我们有别人无法替代的用处。我们能够通风报信，能够驱除瘟疫，能够预见灾害，能够治疗病疾。我们的眼睛可以观四方，我们的触角能伸到任何地方，找到耶路哩的恶魂、恶气，探查所有秘密。”③

萨满教信奉自然神崇拜，一切具神能百技的女萨满悉数登场。恩切布库获得了一支忠诚的队伍，大感安慰。她夸奖这些神能百技的萨满神，有了她们，氏族部落会越来越强壮。恩切布库把各部落班底搭好后，以萨满神妈妈神群为主体的母权制社会翻开了新的一页。

（四）东征西讨

恩切布库母权制氏族部落大联盟的建立，仰赖于萨满女神神群。从此，恩切布库带领萨满妈妈神群，携手对付重大危机事件和艰险生存环境，从蒙昧混沌中引导人类。为提升人类万牲之王的地位，恩切布库东征西讨，节节获胜。

---

① 富育光讲述、王慧新整理，《恩切布库》，吉林人民出版社，2009年，第73～74页。

② 同上注，第75页。

③ 同上注，第76页。

与野兽争居所，占洞为王。为获得更好的生存条件，恩切布库带领萨满妈妈神群，与野兽抢夺山洞。用棍棒尖石，驱赶雄鹰；把熊罴赶出南山洞；火攻蟒蛇，将其赶出北山洞；水攻金钱豹、山狸子、猞猁，将其赶出东山洞；火烧西山洞蜈蚣、蚰蜒、地蝼蛄，让小精灵也住进洞穴。确立野人为堪扎洞主。建居室、地仓；建地屋、围木墙、盖梁木；发明地下火灶。

搬进洞窟是东海黑水女真人野人的一大进步，但久居洞穴难见阳光，致人瘘背骨痛双眼失明。于是恩切布库改建树屋，在百年古树之上筑大小不等的树屋，引人居于树上，始获充足阳光和新鲜空气，人眼不再失明。

向色尔丹比拉河要口粮。为获取更好的食物，恩切布库开始向富饶美丽的色尔丹比拉发起进攻。堪扎阿林南山平原上，色尔丹比拉河由山泉而成终入大海，盛产当地野人口粮大马哈鱼。烤鱼的香气可以引来熊狼鹰鹊乌鸦，能轻易捕获猎物。色尔丹比拉河畔，是堪扎阿林的天堂，是众人向往的地方。但色尔丹比拉的首领是双头双身怪满凯魔鬼，它智慧超常，吃人成性，更是耶路哩的心腹。

恩切布库设萨满神坛，祭祷出征，气势磅礴。祭起日旗、月旗、云旗、雷旗、风旗、鹰旗、虎旗、熊旗、蟒旗九面大旗，大旗之下九十九面熊皮、鲸鱼皮、海象皮神鼓震天动地。恩切布库轻松地收服了色尔丹比拉魔怪，名声大噪。

征讨收服掌控堪扎阿林。恩切布库统领七十二个部落联盟，图喇神柱上刻着威震八方的英雄伟业。图喇神柱不仅是徽号柱，也是英雄柱、镇妖柱。以此柱为中心，各小艾曼也仿效，立起不同的图喇柱，刻着各艾曼氏族的图腾标志和生存业绩。

为扩大地盘，使更多部落加入联盟体，恩切布库继续征讨，直至堪扎阿林百里外的艾曼都被收服于恩切布库麾下。堪扎阿林广袤的沃土都在恩切布库的掌控之中。

利用大海治疗百病。与乌布西奔妈妈一样，恩切布库对东海有着狂热的痴迷。但是，她不是去探寻太阳升起的地方，主要是为族众获取衣食和药物。海岛有各种神奇的草药，海中植物矿物和鱼类均可以治病。采集这些药物和鱼类，普遍用于族众。从此，东海黑水女真人百病不生，寿命延长。

双骥妈妈永享祭坛。恩切布库在征服堪扎阿林时，曾追杀过三耳魔。三耳魔在耶路哩的助力下乘黑夜黑风之际杀向艾曼，族众死伤无数。危急时刻，恩切布库骑双马迎战，并忍痛把眼睛抛向天空，照亮大地。“恩切布库女神的眼睛是太阳的化身，是地心火焰熬炼而成。温暖的阳光照彻大地，蒸发了耶路哩的污浊恶水。大地重见光明，大地重又温暖。恩切布库女神又把自己的头发抛向了天穹。女神的头发乃是地火、浓烟熬炼而成。头发变成了一道道顶天立地的挡风墙和收风袋，把耶路哩喷出的恶风挡在墙外，收入收风袋。大地顿时没有飞沙走石，没有雷鸣闪电。”①

口述结局是悲剧性的，一代萨满女英雄功成隐身，再次续写了为人类而牺牲个人生命和利益的萨满命运。耶路哩在恩切布库强大的攻势下，用缩身法逃回地下国，三耳魔败退。由于恩切布库双眼变成两个太阳，其能量已经烧完，天空暗淡下来，身体和心灵之火全部耗尽。最终，恩切布库双目失明，骑着双骥，魂魄重返天母神阿布凯赫赫身边。后世为纪念她，称她“双骥妈妈”，并在萨满神坛献上永久的奉祀。

三、生殖立法与神判大会

从崇拜万物有灵，模仿自然万物等方面追溯萨满教的源头，其信仰本质属于自然生态范畴。春天到来的季节性生殖繁衍症候，也是原始社会女神崇拜的动力。在自然界赋予女人生殖能力的同时，也让母权制成为原始初民社会的运转机制。借助丰富多彩的《恩切布库》口述资源，可以更为细致地了解东海黑水女真人初民社会组织形态是如何在母权制运转过程中从蒙昧走向光明的。恩切布库建立的母权制体系，是促使初民社会走向文明的唯一可靠途径，而这些制度如同活化石，让我们观察到了远古社会的生殖方法风貌。

（一）生殖立法

生育是天母神赋予万物的职责，恩切布库从人类和动植物再生中发现了种群繁衍，生命不息的根本，女人也即母亲，于是传下重视女人地位的婚规。“生人牝为首，主母位如神。群男拥女魁，众部应运生。生母推为首，壮男争其宠。

---

① 富育光讲述、王慧新整理，《恩切布库》，吉林人民出版社，2009年，第144～147页。

子嗣唯知母，孕子视为天。亘古不识父，代代成自然。”① 恩切布库主持的东海黑水女真人母系氏族社会，是知其母不知其父的原始氏族社会，因此，生命接续和种族繁盛都相当重视女人的生殖知识，恩切布库的智慧在于，她从“妈妈窝”交配规律中发现了存在着生殖质量的问题。

在以母为中心缔结的两性关系中，“妈妈窝”运转的方式是近亲繁殖。“同餐一灶饭，同饮一坛水，同宿一铺炕，同尊一个母。古称‘妈妈窝’，本系一根肠，情不如万牲。禽知躬亲，兽避生母。人情相昵，阴阳相吸。不知长幼，不晓年辈。不忌母子，不忌父女，不忌兄妹，不忌姐弟。‘妈妈窝’中一炕男女，朝朝暮暮，随之而动。畸形怪胎，瘦羸癫痴，陋态矮人。部落衰危，艾曼重负。”②

为解决“妈妈窝”生殖质量问题，恩切布库从生育根本上抓起。她确立了生殖法则，部落内部男女禁性，男女相合必是外部相送。这一决定引起轩然大波。嘲笑者称恩切布库“净抓男根女窝俗事”，生育上依然我行我素任意妄为。恩切布库收养了许多畸形男女，“有的人三只脚，有的人一只眼，有的人两个身子，有的人两个脑袋”。③ 以往这些人多被自然淘汰，或被野兽吃掉。她把这些残疾人收留在残童营子里，集中起来，专人侍候，给众人参观，强烈地震撼了妈妈们。

为扭转长期以来约定俗成的乱交习惯，扶持正确的生育观，恩切布库请萨满神灵打压近亲繁殖力量。她以天母神和众神灵的训谕昭告子孙，以坚毅的决心颁布严刑峻法。“违者神人共诛，必遭天谴。”她设立巡查营子，实行酷刑。“由神鹰三千日夜巡守，每遇私通者，必扦眼、剖腹、扯断脚筋，身残立毙，概不姑息。”④ 如此严刑峻法，使部落内部男女相见均不敢嬉戏，渐成习惯，男女相敬如宾，把女人作为生命之源来看待，敬重女人的习俗由此传播开来。

严刑峻法可以控制“妈妈窝”的千古陋习，但男女相合的终极目的还是人类自身生命的延续。为此，她制定规划，在春天来临之际，不同“妈妈窝”的

① 富育光讲述、王慧新整理，《恩切布库》，吉林人民出版社，2009 年，第 108 页。
② 同上注，第 108 ～ 109 页。
③ 同上注，第 111 页。
④ 同上注，第 112 页。

男女可互相选择配偶。在男女互唱情歌之时，将彩色翎羽插在意中人头上，倾吐爱慕，进入花屋交配。一年一度的情歌野合变得越发美好，因此留下许多野合的歌舞，形成氏族规法。“生了儿女以后，男随父，女随母，到亲人的艾曼生存。”① 从此，母子、父女、兄妹相合的陋习恶俗绝迹。

口粮短缺一直是以采集、渔猎、狩猎为生存来源的原始社会的大问题。由于生殖立法，交配和生育过程治理得当，繁衍顺利，人口增多，衣食上出现严重不足。随着社会的发展，新问题不断出现，恩切布库表现出超人的智慧。她从自然界发现了种子，因此传下了春播种子秋天收获的种植经验；又对采集狩猎、粮食肉食进行了类别划分；发明了石镐木犁、石铲木刀等生产工具，恩切布库带领东海黑水女真人不断地走向进步。

（二）萨满神判制度

恩切布库在治理部落大联盟的过程中，发现总有人“掐尖取巧害人肥己”，私欲膨胀，人性的弱点暴露无遗。有三个部落长年械斗，均是为争夺水源、河滩草坪、松林猎场，辜负了天母神互助的嘱托。恩切布库借整治三个长年互相械斗的部落之机，创立了萨满神判制度，萨满教崇拜被置于至高无上的地位。

她对三个参与械斗的头领说：“要是真心悔过，就把你们的头伸向虎口，让猛虎来验证你们的诚心。如果你们虚情假意，口是心非，欺骗天母，天母会照见你们的心田，天母会洞悉你们的诡诈，你们必遭猛虎的惩治，你们休逃天母的降罪。”② 三个头领真心悔过，都把头伸向猛虎，闭眼等待猛虎撕咬，谁知猛虎没有了，却在恩切布库女神温暖的怀抱里。恩切布库告诫三人，天母神已宽恕他们，以后若有此类事情，要“让神来判断你们是非，让神来裁决你们的曲直”③。神判大会设有火、水、猛禽、猛兽等裁定方式，要在萨满神的面前，力证其内心纯正无私。每次神判都由萨满提出和裁定，就连恩切布库自己有错都要用神判的方式来解决。

在满族说部中，《恩切布库》是“神龛上的故事”，是由历代萨满口耳相传

---

① 富育光讲述、王慧新整理，《恩切布库》，吉林人民出版社，2009 年，第 115 页。

② 同上注，第 128 页。

③ 同上注，第 129 页。

的大萨满神迹，这些神迹牵涉到天母阿布凯赫赫等天界女神的创世神话内容，远古色彩相当浓厚。口述传承人为恩切布库女神做传，主要集中在她如何引导野人脱离蒙昧黑暗走向光明。《恩切布库》采用拟人化的手法，将火山的性质和特点比附在恩切布库身上，描述她用火把一样的光明去引领处在黑暗中的人们，最终照亮了别人却牺牲了自己。

恩切布库是萨满女神下凡，也具备相当了得的萨满神力，但她的萨满神力并非一帆风顺地得以施展，也没有完全发挥出作用来，她经常会陷入困局。这些障碍对她形象的塑造产生了一些负面的影响，使她的女萨满英雄形象的丰满度大打折扣。同样是东海母系氏族部落联盟时期产生的口述故事，由于地域性差异和个人性格、神技、智慧等方面的不同，乌布西奔妈妈大萨满是高度神圣化的人物，恩切布库身上还带有许多凡人的色彩。实际上，口述传承人赋予了她更多的世俗化倾向。相对于萨满女神的神祇身份，恩切布库作为具有开拓性的满族女祖先神的色彩更重一些，产生《恩切布库》史诗的社会形态比《乌布西奔妈妈》应该更为古老。

第三节　富育光《苏木妈妈》

满族说部《苏木妈妈　创世神话与传说》（以下简称《苏木妈妈》）由富育光讲述、荆文礼整理，吉林人民出版社于2009年4月出版。口述文本共13万字。

《苏木妈妈》是“给孙乌春乌勒本”，即满族说部形式中的“说唱体”说部。《乌布西奔妈妈》《恩切布库》《天宫大战》也是说唱体，总体上是由氏族萨满世代口耳相传，珍藏在满族氏族萨满的记忆中，讲述萨满神的非凡业绩。《苏木妈妈》与上述口述资源的区别在于，女英雄苏木妈妈开创的业绩没有严格规定专门由萨满说唱，氏族内部萨满以及没有萨满身份的德高望重的老人均可以说唱。

“给孙乌春乌勒本”说唱现场的歌咏气氛，富育光描述得非常生动，“众人围坐四周，鸦雀无声，此时唯有咏唱者微闭着双眼，左手执鹿皮小抓鼓，右手执带东珠彩穗的狍尾鞭，一边轻轻地忽急忽缓地敲着，一边口里吟咏着满语民间固有的长调旋律，非常优美、悦耳、动听，令人心醉，百听不厌”。1984年，他回到故乡瑷珲县大五家子村，还有本族老人会唱乌勒本的咏叹调。①

富育光口述传承的《苏木妈妈》主要流传于黑龙江省瑷珲地区满族诸姓氏中。20世纪三四十年代，有关金代开国英雄苏木夫人的传说在该地区流传得非常广泛，传承下来两种版本：一种称《苏木夫人传》，是长篇口头说部文学，篇幅很长，完整地讲述下来大约需要月余。另一种称为《苏木妈妈》，是说唱体文学样式。20世纪60年代，瑷珲地区征集满族民间叙事，关于苏木夫人的两部满族说部引起了各方面的重视。富希陆回忆整理了传承其母亲郭霍洛·富察美荣的《苏木夫人》口述文本。遗憾的是，这个文本在“文革”中丢失了。1980年，富希陆再次复述《苏木夫人》，由富育光记录保存。该口述文本《苏木妈妈》也就是《苏木夫人》，其传承脉络是富育光传承于父亲富希陆，富希陆传承于母亲郭霍洛·富察美荣，最终由富育光讲述，荆文礼整理出版。

《苏木妈妈》是以满族先世女真人英雄苏木夫人为主要人物的民间口述传奇，是女英雄主体叙事。产生和传播的具体年代不详，大约在辽金时期。苏木夫人牺牲后，身边的族众为纪念她而开始传诵、讲述她的英雄业绩。

相传，苏木妈妈是大金朝开国领袖完颜部阿骨打的第一位夫人。她从唐阔罗哈喇部落嫁给完颜部阿骨打后，凭借文才武略，与完颜阿骨打抗击辽朝，是助其成就建国大业的巾帼英雄。在女真人口耳相传的叙事中，苏木妈妈既是神机妙算的大萨满，为完颜部对抗辽朝呕心沥血，也是完颜部日常饮食起居的发明家，她被奉为织布神、药神、烹饪神、渍菜神等福佑族人日常生活的萨满女神。后世完颜部萨满在背灯祭中，都会迎请苏木妈妈降临，并奉上丰厚祭礼。

一、武状元小苏木

满族说部“给孙乌春乌勒本”，主要是“歌颂各氏族流传已久的历史传说中的英雄人物”。这一类型的满族说部传承的年代并不久远，既不是远古时期也不是母系氏族社会末期，而是进入父权制社会以后的产物。

《苏木妈妈》中的萨满女英雄苏木，是说部中的叙事主体，也就是女主角。但其形象设计、故事内容、情节发展却都被限制在父权制框架内。在父权制社

---

① 富育光讲述、荆文礼整理，《苏木妈妈　创世神话与传说》，吉林人民出版社，2009年，第1页。

会中，传主苏木妈妈的女萨满英雄业绩也归于女性持家管理日常事务的内部生活轨道。在以战争和外部社会为主的价值评判机制中，日常生活的管理仅是次要的局部性的辅助工作。因此，女英雄苏木妈妈亦必然成为父权制下辅佐男性英雄的枝蔓人物。

（一）武状元

富育光口述传承的《苏木妈妈》，讲述的是中国历史上辽朝对女真人残酷统治致使女真部落奋起反抗的故事。在这个危机四伏的战乱年代，女真唐阔罗哈喇部落的小英雄苏木格格成长了起来。

唐阔罗哈喇部落，在正史的记载中是辽金时期重要的女真部落，定居于今天的牡丹江流域，也即史书所载的唐括氏。在黑龙江流域内，唐阔罗哈喇部落是崇尚武功的一个古老的渔猎氏族，男女老少习武练功。《苏木妈妈》口述中，苏木格格诞生于唐阔罗哈喇部落首领之家，是九十岁高龄穆昆达的重孙女。她父母早亡，由祖父抚养。五岁习练武功，射箭摔跤无不精通，十三岁参与竞争部落“武状元”猎达，拔得头筹，获奖励三头牛、五只羊、一顶东珠彩穗巴图鲁帽的奖赏。

小苏木是女真唐阔罗哈喇部落的小英雄。然而，在父权制时代，对于她的讲述仍然摆脱不了巾帼英雄的套路——女扮男装。

女扮男装是女人在父权制体制内，由于传统社会“男主外女主内”的价值观规约，无法在社会上施展才能时所采取的一种隐身模式，经常见于口述传奇、演义小说、戏曲等民间故事叙事中。民间叙事藏匿性别身份进入与男人一争高下社会领域里的性别化妆，有利于女性获得父权制社会价值的部分认同。尤其是在民族矛盾激化，需要女性施展武功的特殊年代如战乱时期，更是如此。

小苏木在猎达竞技场上女扮男装参与竞争，这一看似充满噱头的说部伏笔，实际是说明了中原父权制传统对东北渔猎民族的深刻影响。小苏木无论如何都想进入男人竞技的场所，但是，她必须遵守父权制规则。规则设定了男女老少皆可参赛，不过，这个竞技场上从未出现过女人。遭受辽朝残酷欺压，尚武风气之盛的女真部落，为小苏木展示武功、以身报国提供了机会。

小苏木出场时身材瘦小，有股不服气的劲头，摩拳擦掌，在大家都不看好的情况下，“只听他大喝一声，原地腾空跃起，在半空中打着旋子，身子横转着，直飞进赛场上”①。小苏木征服了最后一个摔跤手，在众目睽睽之下，她才“摘掉豹花小皮帽，露出了头上盘卷着的粗粗的发辫，闪着长睫毛大眼睛，红红的脸膛，美丽地笑着”②。这些英气十足且可爱顽皮的描绘，使得小苏木积累了小英雄人气，也使唐阔罗哈喇部的尚武风气得以展示，并为日后与征战沙场的完颜部联姻奠定了基础。

（二）鹰贡

在富育光口述传承的《苏木妈妈》中，小英雄苏木成长时代的情节铺展，恰好纳入了一桩正史记载的百余年鹰路之战。作为封建制国家辽朝，其统治下的女真人还处于原始氏族部落奴隶制阶段，经济相当落后。辽朝统治者为便于控制，将部分女真人迁往辽阳地区，称作熟女真，另一部分留在黑龙江的女真人称作生女真。辽朝从生女真部落，尤其是位于松花江中游到黑龙江下游的五国部掠夺名鹰海东青，以实物抵赋税。历史上，这条传递海东青贡赋的水路交通线也称鹰路。

辽朝王公贵族对五国部一带盛产的东珠，亦称北珠，需求量很大，善于搏击天鹅的名鹰海东青也供不应求。利用海东青捕天鹅以获东珠的做法，在《三朝北盟会编》卷三中有记载：“每八月望，月色如昼，则珠必大熟，乃以十月方采取珠蚌。”由于天鹅食蚌，珠藏其嗉，驯养海东青击天鹅破其嗉而获东珠成为一条捷径。关于海东青的出产地，《三朝北盟会编》卷三也有记载：“海东青者出五国，五国之东接大海，自海东而来者谓之海东青。小而俊健。爪白者尤以为异，必求之女真。”③ 海东青不仅捕天鹅，多数时候还是王公贵族围猎必须出场象征身份的猎鹰。作为辽金以来重要的捕猎工具，海东青可以抵女真人的实物赋税，大量的需求，导致海东青几乎灭绝，捕捉难度越来越大。被派去征收海东青的辽朝官员，动辄对女真人责打杀戮，由于随身佩戴银牌，被称为“银

---

① 富育光讲述、荆文礼整理，《苏木妈妈　创世神话与传说》，吉林人民出版社，2009 年，第 13 页。
② 同上注，第 17 页。
③《三朝北盟会编》卷三《政宣上帙三》，上海古籍出版社，1987 年，第 20 ～ 21 页。

牌天使”，无论平民百姓还是高门望族家的美女，一旦被“银牌天使”看中，便要“荐枕”陪睡，女真人受尽侮辱，终于奋起反抗，在辽朝官员经过的地方不断袭击，阻止其进入五国部，史称阻断鹰路。

在《苏木妈妈》的民间传唱中，海东青因为会抓野兔、山雉、鹌鹑、天鹅，而成为大辽王朝年年最繁重的鹰贡。小苏木所在的唐阔罗哈喇部落，尽管不属于五国部，但辽兵仍前来捉部落女真男子，“驱策他们近去五国城、远涉北海岛屿，攀登极陡峭的山巅，去为辽王寻找和捕捉名鹰海东青”①。在不交鹰贡必坐牢杀头的严刑峻法之下，唐阔罗哈喇部落无数捕鹰人死在了北方。为逃避沉重的徭役，女真人四处躲藏，小苏木的父亲“打鹰人”就死在黑水一带。小苏木目睹了辽兵乘女真人竞争“猎达”的聚会之机抢走唐阔罗哈喇人，像猪羊一样将他们捆绑起来，拖在马后让他们去充当打鹰人。

唐阔罗哈喇部落遭受辽兵的袭击，百余名“打鹰人”远离故乡，到松花江下游的五国城去捕海东青。为了海东青，“不知死掉多少人，不知累死多少匹骏马，不知毁掉多少勒勒车”。海东青越捕越少，最后连它的叫声都听不到了。“可怜的唐阔罗哈喇，被送进大辽的死牢、水牢、虫牢、兽牢，折磨得瘦骨嶙峋，皮包骨，骨包皮，‘发央嘎’② 除了壳，人死如灯灭，尸骨堆成山，仇恨满胸间，代代世世何怜怜？”③

小苏木智慧超群，她自愿作为人质被关押在辽兵兵营里，木架上绑着小苏木，以鹰换命。夜里，小苏木以高强的武功，办了件惊天动地的事。她飞身跳下木架，杀死库房守卫，把辽兵从唐阔罗哈喇部落抢走的皮货全部转送给女真人。辽兵赶来之前，她重回木架上，继续做她的人质。小苏木的英名迅速在女真部落中传颂。她一战成名，为她与完颜部联姻赢得了机遇。

二、完颜部氏族萨满

富育光口述传承的《苏木妈妈》，由小英雄苏木转而成为获得满族氏族祭祀

① 富育光讲述、荆文礼整理，《苏木妈妈 创世神话与传说》，吉林人民出版社，2009 年，第 20 ～ 21 页。

② 发央嘎，满语，指灵魂。

③ 富育光讲述、荆文礼整理，《苏木妈妈 创世神话与传说》，吉林人民出版社，2009 年，第 43 页。

供奉的女祖先神、女萨满神，命运转折来自于她与完颜阿骨打的婚姻结盟。婚姻是女英雄高强武功和毕生才华精力得以发挥作用的平台，苏木妈妈无法摆脱历史对女人的圈囿，她嫁给完颜阿骨打后，便全力支持丈夫的家族事业，以氏族萨满身份辅佐丈夫，治理大名鼎鼎的完颜部。

正史记载的完颜部女真人的崛起，与辽朝以女真人制衡女真人的策略有关。最初，势力强大的女真部落五国部是辽朝心腹之患。辽朝设五国部节度使也就是地方官管理，将其直接置于辽朝统治之下，以便加以控制，五国部成为辽朝的藩属。五国部盛产海东青，是辽朝皇家“春水行乐”的一种猎鹰。辽朝派遣使者到五国部征收贡品海东青，五国部不堪鹰贡的骚扰，屡屡暴动，埋伏在鹰路上打击辽朝官兵。“为了打通鹰路，得到海东青，辽朝政府便对五国部进行征讨。为了削弱女真各部的力量，辽朝政府又不断挑拨女真各部的关系，常常唆使完颜部女真去打五国部女真。”① 五国部与辽朝的鹰路之战持续了一百多年。在“‘鹰路不通’的时候，辽朝的军队以及为辽朝所指使的完颜部女真，就顺松花江、黑龙江而下，抚定叛乱，打通鹰路”②。

在辽朝和完颜部女真人的共同夹击下，“五国部势力渐衰。在乌古乃③为完颜部酋长时，‘五国之长，皆听命’，五国部降为完颜部的附庸”④。可见，完颜部女真人在辽朝和五国部女真人的战争中，成为最大的赢家。

口述《苏木妈妈》的观点，与正史的记载颇为相近，完颜部作为辽朝命官，兼并了五国部和其他女真部落后，军事力量逐渐壮大，遂摆脱了辽朝控制，转而成为一支庞大的抗辽军队。口述中小苏木成为抗辽小英雄时，完颜阿骨打也已长成英俊少年。两人相遇，成就了一桩名垂千古的女英雄叙事。

（一）部落联姻

唐阔罗哈喇部落女真人遭受辽兵袭击抢掠，小苏木被关押的事传到了完颜部克力钵⑤之子阿骨打耳中，完颜部在女真部落中英名显赫，小阿骨打英雄救

---

① 景爱，《辽代的鹰路与五国部》，《延边大学学报》（社会科学版），1983 年第 1 期。
② 同上。
③ 乌古乃，阿骨打祖父。
④ 景爱，《辽代的鹰路与五国部》，《延边大学学报》（社会科学版），1983 年第 1 期。
⑤ 克力钵，阿古打父亲，又称刻里钵。

美，从辽兵手中飞马救出小苏木。完颜部与唐阔罗哈喇部落约定，在鹰星夜里初秋时节，允许完颜阿骨打巧计抢婚，带小苏木回部落成亲。完颜阿骨打以智慧巧赢这次挑战，他的“抢婚”放弃了女真古俗双方比武的“强暴性”方式，不费一兵一卒就得到了小苏木，双方顺利达成了友善的联姻。

（二）氏族萨满

智慧超群、武艺高强的苏木的加盟，使完颜部如虎添翼，但在由苏木主持完颜部萨满一职的问题上却出现严重分歧。苏木是唐阔罗哈喇部落的小萨满，管理家族萨满神堂，参与氏族部落的萨满祭礼，具备领悟神意迅速、记忆力超强、祭祀神歌惟妙惟肖的萨满能力。族人看到的不是小苏木萨满在唱神歌，而是唐阔罗哈喇神灵回到了族众中间。

嫁给完颜阿骨打后，天赋极高的苏木被完颜部老萨满布懒特钦选为“族中萨满”，临终前向部落酋长克力钵推荐苏木接任萨满。克力钵强烈反对氏族萨满由外来媳妇兼任，他极力拒绝：“苏木是唐阔罗哈喇的人，现在又是阿骨打的媳妇，就应当规规矩矩，尽好她妇人之任，安可玷污我完颜部祖神。”① 尽管老萨满和完颜阿骨打都认为苏木天赋异秉、神质突显，可以执鼓主持完颜部全族祭祀大典，然而克力钵依然不为所动。

在克力钵这里，阻碍苏木担当完颜部萨满的原因有二：一是苏木在萨满传承上确实不是最好的人选，传统意义上的萨满均由本部族人来承担，这是不成文的惯例。二是父权制社会，萨满神职不再是母系氏族社会女人独享的一门职业，男女均可承担。在完颜部氏族部落中选萨满相对宽泛，不必非苏木莫可。

在立场上，口述强调了萨满教“神选萨满”的传统。萨满选择自古以来就有其自身的运行规律，若违背规律就会出现异常迹象。完颜部老萨满布懒特钦安葬后不到七天，克力钵突然身患重病。在萨满教信仰中，神谕是至高无上的。神谕通过梦境等方式传递出来，完颜阿骨打梦见死去的老萨满布懒特钦强调必须让苏木领萨满神职。显然，克力钵的病是对其拒绝萨满神意的一种惩罚。

当萨满神谕与外部落萨满入主本部落神职发生冲突时，布懒特钦老萨满考

① 富育光讲述、荆文礼整理，《苏木妈妈　创世神话与传说》，吉林人民出版社，2009 年，第 89 页。

虑的是神的意旨，部落酋长克力钵考虑的是部落权力不能旁落。政教冲突在苏木担当完颜部部落萨满身上的延伸，说明《苏木妈妈》唱颂的内容标举的并不是酋长权力大于萨满权力、王权高于神权，而是神权至上，尽管这种神权非常不稳定。

最终神选萨满战胜了部落酋长的世俗利益，苏木承继了完颜部祭祀神器。完颜部的萨满神帽是九雀大铜神帽，唐阔罗哈喇祖传神帽是熊神。苏木在萨满角色转换中欣然领受神谕，阿骨打亲自敲起神鼓，苏木穿上完颜部萨满神服主持部落隆重祭祀，萨满神歌神舞从此在完颜部传播开来。极力反对苏木担任部落萨满的克力钵，在苏木主祭的萨满仪式中，重病之躯得以醒来，不得不服从萨满神意，由外部落人苏木保阖族平安。

在完颜部氏族萨满人选上的矛盾冲突，说明了氏族部落中女萨满神职权力的削弱，也即母权制的衰落。在与辽朝的媾和中，通过打击五国部女真人，完颜部成为最强大的女真部落，为其进一步封建化提供了基础。封建王朝政治格局的去萨满化和性别尊卑贵贱等一系列规制，都让小小的氏族萨满之争上升到部落利益的高度。

苏木虽然承担了完颜部的萨满之职，但在各种利益的牵制中，萨满权力不可能发挥得淋漓尽致，也不可能有更大的成就。尽管作为女真部落的女人，苏木自身武功了得，地位较之汉族女人更高，在完颜部中享有话语权，但由于萨满权力只限氏家族春秋两祭，对于她而言，可施展才能的空间过于狭小，她的萨满异能也得不到发挥。因此，口述中很难看到苏木施展萨满神技的表现。实际上，口述对于苏木承担完颜部萨满导致与克力钵之争这段描述，非常牵强。看上去为苏木争得的更像是一个女萨满的空名，所以并不能为苏木的形象增加分量。

三、苏木妈妈助阵抗辽

苏木在完颜部的身份是阿骨打夫人和家萨满，这两种身份被限定在男主外女主内的父权制框架内，如何突破限制，使个人的能力得到最大的发挥，口述给予苏木超人的智慧，使其在完颜部获得了更高的地位和影响力，“不仅成为完颜部的著名萨玛，而且她在各个方面帮助了完颜部，成为重要的管家人。她更是克力钵和阿骨打非常器重的谋士和助手”①，最终成为完颜部后世景仰祭拜的苏木妈妈神。

（一）“大妻”

与神授萨满仅限于承担一年两次的祭礼活动不同，苏木善于突破父权制性别限制，在完颜部确立自己的地位。除个人才华能力外，她还有不同于汉族文化的“大妻”身份，完颜部族人对她格外尊重。辽金时代女真部落有一旧俗，即男人喜欢娶“大妻”，年长的女人在处理内务和外交上，优于男人，因此能使家庭和睦。苏木作为年龄比丈夫大的“大妻”，成功地履行了为完颜部执掌家权的责任和义务。

（二）发明家

苏木善于发明各种生活用具，她发明了纺织机，并传授织布技术，留下了“苏木布”。她也喜欢发明美食，留下了独特的烹饪技术，“苏木冻肉”“苏木大肉”“苏木烤肉”“苏木熏肉”“苏木烹肉”“苏木干肉”等都是她的杰作。她还发明了野花饮料“苏木香”，制造了香脂、香精、香料。此外，她发明的衣物染料“苏木红”“苏木黄”“苏木蓝”等，使女真衣物呈“五色之光，七色之质，九色之耀，衣着益加斑斓夺目”②。从此，女真服饰绚丽多彩，远超前朝辽代服饰。完颜部生活水平的提高，与苏木的各项发明有一定的关系。

（三）医生

苏木精通医道，治童子病、难产、老人腰腿疼、癫痫、疮癣，有独特的土药秘方，是远近闻名的土郎中。她自制薄板皮条，记载各种草药的炮制方法，用兽骨嵌成地下秘窖，秘方存三小窖之多。“在大辽咸雍末年，一直到天会年间，她研制的许多‘苏木药方’，传遍松阿里（松花江）沿岸上上下下的大小噶珊。”③ 苏木被传为天降药神，患病女真人冲门外唤三声苏木，她便会来到病人身边送医送药。在松花江流域，苏木的名字比完颜部更响亮，女真人称她为

① 富育光讲述、荆文礼整理，《苏木妈妈 创世神话与传说》，吉林人民出版社，2009 年，第 97 页。
② 同上注，第 79 页。
③ 同上注，第 82 页。

福吉西妈妈，也即佛母。

（四）军师

苏木的智慧并非只用在日常生活范畴，她还是一个不怒自威的帅才。完颜部女真人以武功立足，带兵打仗是完颜部女真人的生活常态。完颜阿骨打率领的兵将，喜欢酗酒打架，只有苏木能够化解酒醉人，就连脾气暴躁的完颜阿骨打，也“慑于”苏木的眼神。她规劝兵士“严禁烈酒，不犯妻女”，她是完颜阿骨打军中没有令牌的“无名统帅”。

作为完颜阿骨打的军师谋士，苏木跟随完颜阿骨打军队去松花江中游的通肯河一带，征服绰号为黑豹子的通肯部落酋长。与完颜阿骨打的强攻战略不同，苏木认为，通肯部落也是女真人，在与辽兵争斗中不应在女真部落中树敌。她带着礼物和米尔酒敲锣打鼓去见头领，不费吹灰之力，就得到了朋友和兵源。

（五）后勤

大辽天庆四年（1114）九月，完颜阿骨打不满辽朝对女真各部征收的沉重贡赋，以及银牌天使对女真人“荐枕”的侮辱，决定起兵攻打辽朝。

苏木主持出征祭拜仪式，她手执萨满神鼓，祭拜祖先堂子，誓师伐辽。由于与辽朝积压的仇恨太多，完颜阿骨打兴兵之时，女真兵将势如破竹。天庆五年（1115）春，阿骨打称帝，国号大金，二月攻占黄龙府。在这场规模浩大的战争中，与缺少食物的辽兵阵营相比，完颜部军队给养充足，后勤保障得力，粮草源源不断地送往前线。负责后勤保障的苏木成为辽兵必杀之而后快的心腹大患。

（六）妈妈神

辽兵埋伏在苏木经常运送给养的路上，采取火烧苏木的办法，致阿布达里山陷入火海。大火连烧三日，烧焦的尸体已难分彼此。完颜阿骨打将其全部收集到一起，埋葬起来。这堆尸骨，也即金代的骨头山，俗名“几蓝给阿林”。暴雨后，阳光灿烂，苏木留下的菜散发着酸味，人称“朱顺索给”，也即酸菜。完颜阿骨打称帝后，称苏木是渍菜神。

苏木妈妈一生辅佐完颜阿骨打建立大金帝国，为完颜部崛起立下汗马功劳。

口述中可以看到她不辞辛苦到处忙碌的身影。为纪念苏木为完颜部氏族赴汤蹈火在所不辞的丰功伟绩，后世称她为萨满神、护宅神、药神、烹饪神，跻身氏族妈妈神祇行列。苏木命丧火海，族人在火祭中，都要迎请苏木妈妈的神灵降临。祭坛篝火中，也要投入各种祭品祭祀这位功高盖世的女祖先。完颜部族众相信，苏木妈妈会乘着火云驹与氏族同欢。

富育光口述传承的《苏木妈妈》，极尽溢美之词歌颂苏木妈妈。在各类满族说部中，满族人对女神的歌颂赞美从未止歇，满族尊崇女神的价值也从未减弱。这些被称为“妈妈神”的萨满神，都是依靠个人的智慧才华和牺牲精神从社会底层上升为妈妈神的，她们自身所处位置的世俗色彩很浓重，与满族民间口述传承人能够产生一定的血肉联系，从而使苏木妈妈神的神迹得以世代传诵，得到后世的尊崇和祭礼。

第四节《尼山萨满传》

满族说部《尼山萨满传》由荆文礼、富育光汇编，吉林人民出版社于 2007 年 12 月出版。口述文本共 74.5 万字，收入的异文口述和译文文本达 28 种。

《尼山萨满传》在北方少数民族中广为流传。满通古斯语族中的满族、鄂伦春族、鄂温克族、赫哲族、锡伯族等民族中，都有口述传承。传播地域广大，版本众多。内容类似的异文很多，且是活态传承，均用本民族语言说唱。

满族口述传承有《尼姜萨满》《音姜萨满》《宁三萨满》《阴阳萨满》《阴间萨满》《女丹萨满》等。鄂伦春族中流传着《尼海萨满》《尼顺萨满》《尼灿萨满》等。鄂温克族中流传着《尼桑萨满》《尼荪萨满》《尼桑女》等。达斡尔族中流传着《尼桑萨满》等。赫哲族中流传着《一新萨满》等。《尼山萨满传》异文名字虽然不同，叙事场景亦有变化，但故事内容大同小异，情节结构基本一致。

作为口述传承的民间叙事，“几乎经常有不可避免的变动。这种变动不是个别的，而是大量的；同时也不是偶然的，而是必然的”①。以一个故事内容为主

① 钟敬文主编，《民间文学概论》，上海文艺出版社，1980 年，第 37 页。

体，产生出许多不同版本的口述变异，在《尼山萨满传》的口述传承中表现得最为充分。《尼山萨满传》作为满族说部，是窝车库乌勒本，即“神龛上的故事”，专门以弘扬萨满精神，传承萨满教崇拜，讴歌萨满拯救百姓的神奇功绩为叙事内容。以往满族人祭祖时所讲述敬诵的“萨将军、母子坟、三啸剑、救儿魂”四部说部中的“救儿魂”指的就是《尼山萨满传》。

据富育光考证，《尼山萨满传》传播路径比较多。1908 年，俄国人A. B. 戈列宾尼西科夫在黑龙江省齐齐哈尔市、黑河市瑷珲区以及海参崴[①]等地搜集到满文手抄本《尼山萨满》。1961 年，苏联学者 M. 沃尔科娃公开发表了《尼山萨满》传说，目前有六种满文手抄本《尼山萨满》被译成汉文、德文、英文、日文、韩文、意大利文等，在国内外广泛流传，形成了国际学术界的“尼山学”研究。

尼山萨满故事在满族说部传承人中，有很多异文说唱。少年时代，富育光在黑河市瑷珲区聆听过满族吴扎拉氏托呼保太爷说唱满语《尼山萨满传》。中华人民共和国成立以前，瑷珲当地人吴扎喜布、发福凌阿、伊郎阿、郭霍洛·美容、德子玉、祁世和、张石头、杨青山等都以《音姜萨满》《尼姜萨满》《阴阳萨满》等名目说唱过《尼山萨满传》。内容大同小异，是同一传说的不同称谓。黑龙江省各民族说唱尼山萨满，互相融合的特点十分明显。1931 年，黑河市瑷珲区小五家子的达斡尔人德力布和下江奇克特镇沾河屯的鄂伦春人莫水花，曾到瑷珲城和大五家子屯与满族人会歌。

荆文礼、富育光汇编的口述资源《尼山萨满传》，核心内容是人间与阴间的冲突，是萨满信仰与汉文化杂糅的产物。《尼山萨满传》关于阴曹地府的描述，与满族传统说部中“满族”民族原始传承的内容相悖，带有中原传统汉文化如佛、道、儒的强大影响[②]。就目前版本分析，如投入丰都鬼城，追魂还魂，最终尼山萨满被皇权杀死，是汉文化所推崇的父权制、夫权制占了上风，压制了满族原始宗教萨满教推崇的牺牲精神。但最终萨满教女萨满上天入地拯救他人孩

① 海参崴，即俄罗斯远东地区的符拉迪沃斯托克（俄语：Владивосток），清朝时属于中国领土，划归为吉林将军属地。1860 年 11 月 14 日，《中俄北京条约》将包括海参崴在内的乌苏里江以东大片国土割让给俄罗斯，俄罗斯将其命名为符拉迪沃斯托克，俄语意为“统治东方”。

② 荆文礼、富育光汇编，《尼山萨满传》，吉林人民出版社，2007 年，第 9 页。

儿的牺牲精神，成为永恒的民间传诵，这一点说明口述传承人倾向于萨满教立场。口述中塑造的男人形象大都是丑陋的，包括皇帝、丈夫、阎王以及代表夫权意志的婆婆。但是对尼山萨满却倾其华美辞藻，包括她所请领的萨满神都是法力无边的神，给予她充分的萨满异能的施展空间，并歌颂她不畏强权奋力战斗的萨满精神，即使皇帝把她投到井里封锁起来，最终也没有制服她。

关于《尼山萨满传》口述传承的不同版本异文的搜集，富育光曾讲述了缘起和过程。1980 年，他在贾芝的指导下，开始对尼山萨满现实遗存形态进行普查。实施过程中，他接受过赵展、宋和平的帮助，以及日本河野良平、俄国雅洪托夫 · 柯司提供的满文《尼山萨满》海参崴本和莫斯科藏本。1984 年，他与马名超、隋书金商定，在黑龙江、吉林两省分别搜集《尼山萨满》版本。1988 年，该书准备在扬州出版时，部分尼山萨满的书稿丢失。1999 年起，富育光开始遍访黑龙江省瑷珲区、孙吴县、逊克县等地的满族老人。2002 年，吉林省文化厅成立中国满族传统说部艺术集成编辑委员会，组织挖掘和征集满族说部文化遗产的工程项目，《尼山萨满》列入编选书目。在此工程的推动下，富育光与荆文礼赴黑龙江省齐齐哈尔市、黑河市瑷珲区、呼玛县、逊克县、孙吴县等地考察。在孙吴县沿江乡四季屯，有位满族老人何世环，她从小就说一口流利的满语，能用满语讲述《音姜萨满》和许多满族民间故事。逊克县车陆乡的孟秋英、何金芝，宏卫乡的富新荣三位老人，都能用满语讲唱几段《音姜萨满》，尼山萨满在黑龙江民间的活态传承一直没有间断。

1986 年，富育光赴大兴安岭地区塔河县十八站鄂伦春族民族乡和呼玛县白银纳鄂伦春族民族乡，也有人用鄂伦春族语言讲述尼山萨满故事。据孟秀春讲，鄂伦春族萨满孟古古善能用鄂伦春族古歌讲唱《尼海萨满》，能用流畅的满文写《尼山萨满》故事。富育光采访的鄂伦春族萨满孟金福所讲唱的故事名称是《尼顺萨满》。孟金福认为，鄂伦春族讲唱的《尼顺萨满》《尼海萨满》，是康熙年间参加雅克萨保卫战的鄂伦春族祖先从满洲八旗兵那儿学来的。漫长辗转的口述传承过程，使故事里增加了鄂伦春族人的生活习惯和宗教信仰，故事主人公的出身、家产、身世，天神和阴间魔怪都有了变化。他说，《尼海萨满》与《尼山萨满》故事情节不同，鄂伦春人喜欢这位女萨满，她心肠好，肯帮助人，很像我们民族的性格。她送给伊尔蒙汗的礼物不是大酱，而是狍子腿和野猪肉，完全是鄂伦春族女英雄形象。[①]

1999 年，富育光在同江市街津口采访赫哲族尤玉翠，她讲述的《尼新萨满》就是20 世纪30 年代人类学家凌纯声采录的《一新萨满》的简本。《尼山萨满传》口述传承汇编，作为满族说部“窝车库乌勒本”，以弘扬萨满精神为主题，是“神龛上的故事”。无论有多少异文，其主要内容都是传承萨满教神迹，赞美尼山萨满“起死回生”的神奇异能。尼山萨满名气之大，在满通古斯语族口述传承中的地位不可小觑。

传承满族说部，还有一个特点，即清以来，用满文记述满族说部提纲是满族氏族社会的普遍现象，大的氏族、部族为传承本族的说部古习，均保留了满文文本。1947 年，富育光的父亲富希陆在黑河市瑷珲区大五家子村富察氏家族阖族总穆昆全连二爷家里，复写了一份《尼姜萨满》满文手抄本。清末民初瑷珲名士德子玉，据说也用满文撰写过《尼山萨满》。[②] 用满文记录海参崴本的尼山萨满传的人是瑷珲人而非海参崴人。[③] 达斡尔族萨音塔娜整理的《尼桑萨满》以巴达荣嘎提供的资料为主，融入了莫力达瓦旗腾克公社的奇克热、鄂温克族巴音托海镇金贵德的口述故事，而巴达荣嘎的资料是由满文资料译成汉文的。

《尼山萨满传》作为满族口述资源，在传承过程中是版本最为丰富的萨满传记，其传承已不再局限于家族和部落，而是突破了版本的私授空间，向地域相近的不同民族进行跨民族跨文化传播。这与女传主生平的平民性、叙事主题伸张正义除暴安良的恒久价值、萨满教与汉民族民间信仰的融合、父权制下女萨满悲剧命运等丰富内涵和跌宕曲折的情节走向更容易在民间视域内激起共鸣并获得广泛认同密切相关。因而，《尼山萨满传》具有的普世价值和异文的大量存在，都为国际“尼山学”研究提供了广阔的空间。

由于版本众多，本节经过反复比较，最终决定以地域性满语传承以及内容情节的丰富性为依据，重点分析富希陆口述传承的满族说部《尼姜萨满》。

《尼姜萨满》也就是《尼山萨满》，是满族用满语传讲的说部。满族说部一

---

① 荆文礼、富育光整理，《尼山萨满传》，吉林人民出版社，2007 年，第 12 ～ 13 页。
② 同上注，第 9 页。
③ 同上注，第 11 页。

般多用汉语讲述，但在黑龙江省一些边远的地方，仍然保留着满语传讲的习惯。富希陆一家居住在黑龙江省瑷珲县大五家子村，大五家子村与俄罗斯隔黑龙江相望，是中俄边境村。民国初年，他母亲郭霍洛·美容以及郭霍洛·美容的母亲和族人均用满语讲述民间故事。《尼姜萨满》采用了富希陆转述母亲郭霍洛·美容的口述内容，由赵小凤、吴保顺等人参与讲述，富希陆用汉语整理出来，再传给儿子富育光讲述。整个故事的传承共经历了四代。

富察氏家族讲述的《尼姜萨满》故事，在黑河市瑷珲地区流传广泛。不同的口述传承人讲述时，唱词会有一些变化，对民间口述传承来说，变化是很正常的，这是最具代表性的一种民间记忆传承。满族说部《尼姜萨满》故事在采录时，讲述咏唱均具备浓厚的生活气息，亲切动人。咏唱的衬词衬音，都有满族古歌的特点，且故事短小，易于普及，比起长篇讲唱故事来说，传播速度上具有先天优势。

一、世俗萨满

在满通古斯语族史诗传唱中，女萨满的地位从女神转世、英雄诞生等方面，一直有身份上的先定优势。也就是说，乌布西奔妈妈、双骥妈妈恩切布库、苏木妈妈之所以受到后世的祭祀，是因为她们在历史上对某个氏族社会或某个氏族部落做出了卓越的贡献。这些被称作“妈妈”的女萨满，是萨满口述史中师出有名的具有全面才华和谋略，勇敢无畏，富于牺牲精神，足以担得起时代大任的人物。

（一）出身不详

对萨满神迹流传甚广的尼山萨满来说，与上述女萨满的身份地位之高、贡献之大、声名之显赫不同，在《尼山萨满传》口述中，她出身不详，来历不明，既不是女神转世，也没有女天神阿布凯赫赫的亲自护佑，甚至与萨满人家也没有亲缘关系。况且，她的神迹也仅限于众多萨满神技的一项，即“过阴追魂”。如此说来，她身上萨满神的功能在弱化，世俗性、民间性在加强。可以看到，无论是富希陆口述传承的满族《尼姜萨满》，凌纯声采录记载的赫哲族《一新萨满》，孟玉兰口述传承的鄂伦春族《泥灿萨满》，孟古古善、关玉清口述传承的鄂伦春族《尼海萨满》，萨音塔娜采录的达斡尔族和鄂温克族的《尼桑萨满》，还是1961年莫斯科搜集出版奇山译的《尼山萨满》，叙事主角都是出身平民的世俗萨满。

口述叙事的主要内容，说的是平民出身的世俗女萨满尼山，凭借着高强的萨满本领——“过阴追魂”，到阴间从阎王小鬼手中夺回孩子的灵魂，“起死回生”，受到民间的隆重礼遇。阴间返归阳间途中，偶遇死去多年的丈夫纠缠，为不影响她“起死回生”许下的萨满诺言，她放弃亲情，不得已将丈夫投到丰都鬼城。得胜归来后，在阴间对丈夫不敬的事情暴露，她被父权制统治者皇帝所杀害。这是一个女萨满受父权制社会迫害的悲剧故事。口述所展现的女萨满，世俗生活的不完满、受压抑，以及萨满宗教职场威风八面抵达的神圣高度，如此强烈的价值对冲，使口述叙事的矛盾达到不可调和的地步，从而使世俗视域中的女萨满显得那么孤单卓绝，如同“站干”的大树，饱经沧桑而特立独行。口述过程中，口述传承人着力描绘她“过阴追魂”的细节，一方面烘托她神异的萨满能力，另一方面借助她的眼睛，把阴间所遇到的场景展示给世人。呈现了父权制度封建王朝所主张的因果报应观，以及用阴间果报图景恐吓世人的道德训育的思维定式。因此，这是一曲传诵到近世，由口述传承人加入封建迷信和个人感受的萨满神迹故事。

（二）父权制下的儿媳妇

从富希陆口述传承的《尼姜萨满》讲述的故事内容以及女萨满的悲剧结局可以发现，对母系氏族社会以来的满通古斯语族的萨满教崇信来说，尼姜（山）萨满与众不同。《尼姜萨满》故事发生的时间地点清晰，情节内容明确。在清初以前，松花江下游古城依罗哈达东边柳条通不远处，有位大粮户名叫巴葛图巴彦①。他早年丧子，后祈祷天神阿布凯恩都哩，中年得子取名费扬古。费扬古长到十五岁时，成了一个文武双全的英俊少年，就想到更远的地方额林哈达去狩猎。征得父母同意后，他带着贴身家奴，骑着马，驾着芦花雀鹰，跟着群猎狗，几十名家奴，五辆大轮车上路了。这次出猎很成功，獐狍鹿兔堆积成山。正猎

① 巴彦，指富有，有钱人。

得起劲时，西南刮来一阵旋风，围着费扬古旋了几个圈，把他转迷糊了。奴仆抬着他往家跑，在路上他就气绝身亡了。悲剧突如其来，家人痛不欲生。当家人备好灵堂，痛哭祭祀的时候，门口来了个“瘸瘸颠颠、罗锅弯腰”的乞丐老头，他唱着：“德昂古，德昂古，传报额真不要哭，赏给我饽饽，送给我粥，德昂古，德昂古，人老会看百年路。”① 主人巴葛图巴彦将他迎进门，请他吃个够。老人来到费扬古灵前，痛哭一场，并建议主人去请萨满来救费扬古。

巴葛图巴彦认为屯子里的家萨满都是些白吃饱的家伙，根本没有能力救死去的儿子。老头说：“尼什哈河边，有个尼姜萨满，她为人正直、无私，本领高超，要是请她来，甭说一个费扬古，就是十个，她也管保救活。”② 老头出门后，化作白鹰朝尼什哈河方向飞走了。

故事情节到此陡起波澜，一场原本准备好的丧事被搁下，巴葛图看到老头变成白鹰，确信受到天神阿布凯恩都哩的点化，大喜过望，儿子费扬古还有起死回生的机会。

此时，故事女主人公尼姜萨满将要登场。她着手解决巴葛图的难题——儿子“起死回生”。“起死回生”并非易事，自古以来就被视为世外高人的独门秘籍。在萨满教中，通过“过阴追魂”达到“起死回生”，被视作一项神授萨满的异能绝技。

神授萨满异能绝技“过阴追魂”，是非常传统的萨满法术，却青睐一个普通村民的儿媳妇，终归有点不般配。这一点与赫哲族的英雄史诗《伊玛堪》不同，在《伊玛堪》系列史诗叙事中，英雄莫日根的妻子、姐妹等女性亲属都是身怀绝技的女萨满，她们要么出身世家，要么在深山中拜师学艺，师父的名头震天响，周遭都是名气大得惊人的英雄豪杰。

在《尼姜萨满》里，被乞丐老头吹嘘本领高超的尼姜萨满，现世中没有任何身份来历的交代。如此违背萨满传承礼仪的口述，让萨满神迹距离神圣化相当遥远，人物出场也显得有些突兀。也许在传承过程中，确实因为尼姜萨满本身并无名头响亮的身家却又为世人成功地“过阴追魂”，而成为世代传诵的萨满

① 荆文礼、富育光整理，《尼山萨满传》，吉林人民出版社，2007 年，第 8 页。
② 同上。

主角。也或许在传承过程中，为适应氏族部落、民族、地域等口述传承人自身条件的需要，故意将其最初古远的来历身份模糊隐藏起来，也未可知。总之，缺乏响亮名声的尼姜萨满接手这种“大活”，身量太过单薄。

口述中，尼姜萨满生活的年代，是父权制占主体地位的农耕社会，富甲一方的大户人家得到社会广泛尊崇，萨满不再拥有氏族社会的王权和神权。萨满去权力化，而仅仅成为谋生的手段，很显然，故事发端于萨满教式微的历史时期①。在对萨满教失去崇信的农耕年代，在穷困落后的村屯里，萨满只是为村民治治小病，解决些小麻烦小难事而已。农村不必举行氏族祭礼，世俗社会并没有太多需要萨满神职施展的地方，萨满百无一用。这一点在巴葛图与乞丐老头的对话中也可以肯定，他认为那些家萨满都是白吃饭不会干事的人。在对萨满充斥着极不信任的农村，巴葛图还要去见乞丐老头举荐的萨满，注定是要碰壁的。

巴葛图的碰壁说明萨满教在此自然保存着请神的郑重礼仪。巴葛图顺着乞丐化身的白鹰方向寻找，在尼什哈河东边的黄花松林里，看到有间围着柞木障子的土房。一个年轻媳妇正在河边洗衣服，巴葛图上前询问：“这位格格，请问尼姜萨满在哪里住?”② 年轻媳妇说：“住西头。”巴葛图走到西头，又问一个老头，老头说：“才刚你见到的那个洗衣裳的媳妇，就是尼姜萨满。你来请她，千万要诚心恭敬，她若推辞，你可要耐心恳求，她心肠热，会答应的。”③ 这就是尼姜萨满第一次“耍大牌”。

第二次，在别人的指引下，巴葛图返回屯东头小房子，进门看见南炕上端坐着一位白发老妈妈，嘴里叼着二尺长烟袋，炕沿边摆着个油黑锃亮的菱花小火盆，旁边站着一个给老太太装烟的年轻媳妇。这次巴葛图又求错了人。他明知萨满是个洗衣服的年轻媳妇，可是他肉眼凡胎只看皮相，只相信年老的老太太。于是急忙上前给老太太磕头，求她救儿一命。老太太却说：“站在地上给我装烟的儿媳妇，才是萨满呢。”④ 事到如今，巴葛图才承认这个洗衣裳的年轻媳

---

① 据已公开发表的满族说部分析，母系氏族社会是萨满教的鼎盛发达时期。
② 荆文礼、富育光整理，《尼山萨满传》，吉林人民出版社，2007 年，第 9 页。
③ 同上。
④ 同上。

妇是尼姜萨满，于是又给老太太的儿媳妇磕头。

口述至此，可以看出，在世俗社会中，尼姜萨满首先是个侍候婆婆的儿媳妇，身份低下。巴葛图瞧不起她的心思，尽管没有明确地表现出来，但从他先跪老太太后跪尼姜萨满的举动中也可见端倪。因此，巴葛图并没有真正打动她，直到她婆婆让她应下这桩“过阴追魂”的事情，尼姜萨满才不再推辞。

在父权家庭结构里，婆婆的辈分和地位对儿媳妇影响很大。封建制父权社会，由侍候人的儿媳妇“熬成”颐指气使的婆婆，会越发地对儿媳妇凶狠。婆媳等级制度的差异，有赖于婆婆仰仗儿子撑腰，而儿媳承受父权夫权双重压力，成为最底层的人。即使到了阴间，尼姜萨满遇到她的丈夫时仍然要毕恭毕敬。

由于婆婆发话，尼姜萨满略有些松动，谦虚了一番，说自己只是个小萨满，神法不高修炼不深，还是请更有名望的老萨满吧。不过，巴葛图跪磕响头哭着不起，最终以诚心感动了她。她梳头洗脸，从西炕神箱里拿出托里①，点上年期香，神案上小托里转起来。从小托里中，她看见了费扬古打围被妖风夺走了魂窍。她的萨满异能初露锋芒，巴葛图又虔诚地磕头：“尼姜色夫②，阿布卡赐给你一双慧眼，你说的完全是真的呀！请快帮帮吧，拯救我那个像狗崽子一样可怜的孩子吧！救活了我的哈哈济，我杀百口猪，宰十头牛，家祭三年，还要世代感激你的恩情！”③

对于巴葛图夸张赞美的言语，尼姜萨满仍然是低眉顺眼、不事张扬的面目。她对巴葛图说：“我是一个年轻无能的萨满，怎敢揽这个重担啊！既然你诚心实意地恳求，那么，我拾掇拾掇神箱用具，忙完家里活计，马上动身。”④ 由此可以看出，即使有萨满神职需要她履行，她也还要先忙完家里活计，显然口述至此并不是故意吊起听众的胃口，这就是尼姜萨满的生活境况。她要养活婆婆，侍候婆婆，承担起家庭责任，儿媳妇是她首要的身份。

在请尼姜萨满跳神的情节叙述中，口述所提供的是身份卑微、在婆婆控制之下小心翼翼讨生活的平民萨满。她的生活状态，对她“过阴追魂”的萨满能

---

① 托里，也叫托力，指萨满铜镜。

② 色夫，指师傅。

③ 荆文礼、富育光整理，《尼山萨满传》，吉林人民出版社，2007 年，第 10 页。

④ 同上。

力产生了严重的抑制倾向。疑虑不仅存在于巴葛图心中，也在受众心中留下了悬念。

在《尼山萨满传》中，富育光、荆文礼汇集辑录了多种口述文本。这些文本普遍存在的一点是，父权制作为萨满的对立面，其阴影始终伴随着故事的发展。婆婆对萨满儿媳妇的控制，在多篇异文中被反复提及。在傅英仁讲述、蒋蕾整理的《宁三萨玛》中①，宁三萨玛对巴尔都说："不是我推辞，无奈丈夫死了不到二年，家母不许我外出治病。"巴尔都跪倒在老太太面前请她行个方便，老太太说："寡妇门前是非多，你还是另请高明吧。"老太太不希望儿媳妇去跳神治病，借口是寡妇身份，要为丈夫守贞洁，可是当黄金十二两、白银一百两送给老太太做烟茶钱时，贪财的婆婆马上就说："哪有见死不救的道理，何必费这么大的心。"马上就支使儿媳妇接下这跳神的活。"媳妇呀！你收拾收拾去吧，要尽一切办法把小阿哥救过来。"② 可见，萨满已成为婆婆的摇钱树，不过是替婆婆赚钱养家的家奴而已。

在富希陆口述传承的《尼姜萨满》中，巴葛图最初请不动尼姜萨满，不是尼姜萨满摆谱，而是婆婆没发话。在婆婆面前，她儿媳妇的身份是无法超越的，也没办法为自己做主。巴葛图宁可认定传说中那个"本领高超"的尼姜萨满是个老头或者是个老太太，也不愿意承认是个年轻儿媳妇。在请萨满的过程中，尼姜萨满作为女人尤其是家有长辈婆婆的年轻媳妇受到的歧视，说明她所处的那个时代，父权制的势力很强大。

二、阴间战神

在富希陆口述传承的《尼姜萨满》中，尼姜萨满在行使萨满职责时，光彩照人，不似身为儿媳妇时的卑微样貌。尼姜萨满作为女萨满，在现世生活中不能够施展才华，过着平庸无味侍候人的生活，却在阴间领得众神威风八面，打得阎王服输讨饶。这种强烈的对比，使口述产生了无与伦比的戏剧效果。

在普遍信奉萨满教的满通古斯语族口述资源中，萨满是神授是被选，即使

---

① 荆文礼、富育光整理，《尼山萨满传》，吉林人民出版社，2007 年，第 22 页。
② 同上注，第 28 页。

跟随师父学习萨满而功成名就，神的眷顾也是必需的，一般不会因为出身高贵而获得萨满位置。富希陆口述传承的《尼姜萨满》对尼姜萨满如何成为萨满做出了解释，说是尼姜萨满“为人心肠热，心地善良，平日不贪吃，不求穿。噶珊[①]的人挑选她当萨满，天大难事都敢应承，尽心出力”[②]。这里出现了另一种以道德为评价指标产生的萨满，她更像氏族社会公众推举的族长，负责利益分配等事宜。噶珊出现这种选举萨满的情况，有可能是相对于其他萨满而言，她更具备公而无私的道德品质，同时在故事传承过程中，社会上普遍存在着以骗吃骗喝为职业的萨满，尼姜萨满反其道而行之，具备了传统萨满的品质，才获得大家普遍赞赏。这也是萨满教衰落的象征。

因此，具备传统萨满无私无畏品格的尼姜萨满，她的神迹格外珍贵。无私是指萨满在关键时刻可以为拯救他人而牺牲自己的生命，无畏是指萨满与邪恶势力拼杀时所具有的战斗精神和盖世能力。尼姜萨满既是道德化身，也是古往今来满族萨满神力的集中体现，是凝聚萨满教信众的一面旗帜。萨满之所以能够进入口述传承领域，主要是她们身上存在着世俗社会视域难以成就的神迹。萨满神迹，对于部落传承、家族传承、民族传承诸领域，都是极为神圣的，需要加以尊崇祭祀的。

以下简单地分析富希陆口述传承的《尼姜萨满》，通过尼姜萨满请神、来神、率众神夺儿魂的精彩过程，可以看到萨满教多神崇拜具有的精神威力。

（一）请神

按程序，应先请来众神。她“洗手焚香，戴上神帽，系上八条扇的神裙，绑好镶着四十对晃啷的腰铃带，尼马琴鼓敲得山摇地动，头上神帽九只铜雀叫着转起来，长长的彩带飘啊飘起来。阖族老少围得里三层来外三层，激扬的鼓声传十里。尼姜萨满苗条的身子像风摆柳，双眼紧闭，口唱神歌，越唱全身越抖劲”[③]。

当她司萨满神职时，完全从世俗社会的卑微身份中挣脱出来。对婆婆低眉

---

① 噶珊，村屯。

② 荆文礼、富育光整理，《尼山萨满传》，吉林人民出版社，2007 年，第 9 页。

③ 同上注，第 10 页。

顺眼言听计从的儿媳妇，变成了一个上天入地、勇敢无畏，与恶势力争夺儿魂的战士。脱离了父权制世俗礼教束缚的尼姜萨满，真正进入了通往自由的空间。

（二）来神

请众神降临，众神附体后，尼姜萨满进入神授境界，她的语言和身体都呈“来神”状态。知道神灵已降临，她向二神①霍根克派发命令，所唱神歌显示出战神向妖魔挑战、下战书的特征。“手鼓敲啊天地动，鼓鞭啊晃动神鬼惊，最得心的帮手，霍根克贴近身边站吧，最敬佩的帮手，霍根克竖竖耳朵听吧，拯救被魔鬼拐走的魂灵，你我同心协力驱逐万难。鹰神开道，我上九层天，蛇神引路，我下三层地。紫花云彩里我要走三遭，檀香木山里我要绕三天，四海龙宫里我要搜三月，妖洞鬼府里我要找三年。好好守护我躯身，猫儿不叫过，狗儿别靠前，烟袋锅火炭别烧了我的肉和衫，二十桶井拔凉水勤洗面，四十桶井拔凉水常浇身。”②

烧过年期香，她接着边跳翁滚舞，边继续嘱咐二神霍根克，同时表示决一死战的坚定信念。“最得心的帮手，霍根克贴近身边站吧，最敬佩的帮手，霍根克竖竖耳朵听吧，搭救让黑暗夺走的生命，你替我备上降魔的祭品。快快拴好公鸡的膀，快快捆紧花狗的腿，快快备好百碗酱呀，快快捆好毛头纸呀，纵使火海刀山，我要赴汤蹈火，纵使灾祸重重，我要百折不回。”③ 神歌的音乐节拍把人带入一种高度紧张的临战气氛中。

（三）过阴追魂

尼姜萨满请来的众神成群结队地护佑着她，上天入地，寻找费扬古灵魂，最终确定了费扬古的灵魂在阎王伊尔蒙的地府里。地府就是尼姜萨满的战场。在地府里，她施展了萨满的超常智慧和才能，过关斩将，与阎王小鬼一路周旋。

第一关是生死河。白浪滔天，横挡了去路。为迅速达到终极目的“夺儿

① 二神，也叫栽力，是为大神尼姜萨满服务的。
② 荆文礼、富育光整理，《尼山萨满传》，吉林人民出版社，2007 年，第 10 ～ 11 页。
③ 同上注，第 11 页。

魂”，扫除征战途中的障碍，尼姜萨满恩威并重，唱起神歌，打起手鼓，以惊天动地的鼓声威慑，以怀柔之心倾情相诉：“神歌唱啊天地动，手鼓响啊鬼神惊。管船的玛发听我说：我是神威无敌的尼姜萨满，寻找一位阿玛丢失的爱子，寻找一位额莫失散的男婴……要到遥远的伊尔蒙罕城。救回可怜的幼小魂灵，阖家欢聚，世代安宁。好心的管船的玛发啊，快送我过河赶路程。”① 她的神歌博得了管船小鬼的同情。管船的小鬼玛发独眼、单耳、歪鼻、缺唇、秃头、瘸腿，样子恐怖，手中却握有摆渡权，他说：“多少人经过我这儿，都没有送他们过生死河，你威名远扬，心肠慈善，快，快请上船吧！”船到对岸后，尼姜萨满很讲究地付他费用，“赏给他香喷喷油汪汪的三碗豆酱，三捆毛头纸”，不战而胜。

第二关是毒水河。蛇妖把守毒水河，红色血水翻恶浪。尼姜萨满解开腰铃放河上，河水顿时风平浪静。把手鼓扔在腰铃上，她坐在鼓面上，像清风一样停在对岸。尼姜萨满按规矩祭奠了河神，赠送了豆酱和毛头纸。

第三关是闯冥府。面对凶神恶煞要“掏出你的肝肠，喝干你的血”的两个守城鬼，尼姜萨满先是以神器震慑小鬼，“把百斤重的腰铃一抖，十三斤神帽的铜雀一晃，九只神雀鸣，腰铃排山吼，震得土城乱颤悠”，又神态自若地自报家门，表明来路：“我有天上的三百颗星辰照路，我有地上的三百位野神护身，惩恶扬善，救济无辜。尼什哈河边有个尼姜萨满，你们可知我的名字？”② 小鬼早闻尼姜萨满大名，俯身施礼，开门放行。尼姜萨满付了过门费豆酱和美酒，谢过两鬼，探知阎王舅舅鲁呼台奉阎王之命把费扬古抢来。在鲁呼台守卫的禁城，尼姜萨满大声喝问鲁呼台：“你为什么把一朵小花摘掉？你为什么把刚学过日子的小孩偷来？你为什么把长命百岁的人带进地府？”面对质问，鲁呼台说是奉阎王伊尔蒙罕之命将费扬古带来。阎王禁城高耸入云，尼姜萨满高唱请神歌，调动众神前来助阵。“阿布卡哩，阿布卡哩，弯嘎山九层金楼子里住着的白鹰，章京峰八层银楼子里睡着的神鹏，山尖洞里，七条大蛇呀，山腰洞里，六条大蟒呀，长白山的五只猛虎，兴安岭的四只花熊，榆树通的三只青狼，笸箩沟的两只白獾……依兰乌西哈照明，那丹乌西哈指路，像流星降落伊尔蒙罕的城吧，

① 荆文礼、富育光整理，《尼山萨满传》，吉林人民出版社，2007 年，第 12 页。
② 同上注，第 13 页。

像闪电追照费扬古的踪迹吧，用巨爪扣紧他，用肩膀背上他，快把灵魂送到我的金鼓上。”①

调动她领的动物神，用动物神的自然禀赋帮助她。铺天盖地的大鹰飞来助阵，从阎王禁城把孩子灵魂救出，送给尼姜萨满。阎王大怒，命鲁呼台追赶尼姜萨满。尼姜萨满义正词严地责骂鲁呼台：“我领回费扬古，秉公无私。伊尔蒙罕依仗权势抢掠可怜的费扬古，天理能宽恕吗？尼姜萨满的禀性你会耳闻，阿布凯恩都哩下界，我也据理三分。伊尔蒙罕能吓住我吗？我可不怕哟！你不当谏臣良将，反助恶凌弱，难道让我用神鼓惩治你吗？”② 她一番义正词严，据理力争，令鲁呼台不知所措。

（四）谈判

双方进入僵持阶段，谈判成为解决问题的唯一途径。尼姜萨满是个顶天立地、降妖斗魔的女英雄，也是一个善于谈判，为孩子费扬古争取利益的高手。

阎王的代表鲁呼台与尼姜萨满开始谈判，他的世俗嘴脸也暴露了出来。口述在此将人间损失赔偿规则纳入地府，鲁呼台直言把费扬古从阳世带到阴间耗费了不少人力物力，尼姜萨满如果要把孩子带走的话，希望把他在阎王面前失职的损失都补给他。尼姜萨满给了他两捆烧纸，鲁呼台大叫起来：“哎哟，哎哟，就给这丁点东西？”这点薄礼不能打动阎王的心，“我要遭毒刑的”。他恳求尼姜萨满把鸡狗留下，让阎王心里获得些平衡。

尼姜萨满深谙世俗功利门道，熟悉阎王小鬼的需要。口述对她的这种江湖能力特别地加以描绘。譬如，当敌对一方要求她给予让步时，她马上就转变为谈判高手。“看你面子我就留下吧，不过，你得给费扬古增加寿限。”③ 从二十岁，步步紧逼，一直增加到九十岁才罢手。尼姜萨满的世俗性也表现在她是个有趣的人，她性格中调皮淘气的一面，像一朵烂漫的山花突然绽放开来，让人措手不及。尼姜萨满把费扬古的灵魂带回来，又给增加了寿数，无论如何都是得意之事。在她大获成功之际，口述马上让尼姜萨满变得很轻松，与刚下地府

---

① 荆文礼、富育光整理，《尼山萨满传》，吉林人民出版社，2007 年，第 14 页。

② 同上注，第 15 页。

③ 同上。

时那紧张焦虑所制造的打杀气氛完全不同。叙述到此，在鲁呼台准备把鸡狗带给阎王做补偿时，她却开起了玩笑。鲁呼台一唤鸡狗随他回冥府，鸡狗反倒跑回到她身边。直到鲁呼台央求她再教一遍，二唤鸡狗，鸡狗才随他回去。可见，她仍是个世俗的人。

（五）恶夫

取得儿魂必须马上返回阳间，口述又起波澜。尼姜萨满“过阴追魂”，萨满身份得以神圣化后，立刻遭遇了威风扫地的尴尬。返程受阻与她在阳间的寡妇身份相关。

富育光口述传承的《尼姜萨满》，始终围绕着萨满身份和世俗身份的尖锐冲突铺展故事情节。在父权制下，尼姜萨满纵然身在阴曹地府，也要证明她并不自由，而是归丈夫所有。她死去丈夫的黑色骷髅骨，在路上架着油锅拦住她，媳妇的身份再次束缚了她。在阳间，婆婆压制她，调遣她，由她供养。在阴间，丈夫控制她，欺负她。黑色骷髅骨对她说：“你能舍命救外人，难道不想救活你拜堂的畏根[①]？”[②] “想念的男人啊，夫妻离别，怎不苦思苦想？可惜你人死多年，身上关节已断，血肉已干，骨架已碎，咋能还阳呢？可怜咱家有老母，宽恕我吧，放我过去，我要回家给咱妈煮饭，给猪烀食，喂鸡、喂鸭，磨面到月牙儿偏西。”[③] 她低声下气地好言相劝，安抚丈夫。堂堂降妖伏魔的大萨满，阎王小鬼都要礼让三分的人，却被夫权限制了自由。尼姜萨满世俗身份的低下和神职身份的崇高，两相对照，凸显出父权制对女人的极度不公平。“过阴追魂”是尼姜萨满在他人遭受不公平待遇时为其打抱不平，其英雄气概感天动地，但当她个人遭受不公平待遇时却束手无策无可奈何。尤其是她的自述用词谦卑，几乎到了讨好丈夫的地步。一旦她回到尘世，作为儿媳妇和寡妇，还要侍候婆婆，干家务活，为丈夫守贞洁。口述传承人在陈述理由时，压抑着愤怒，表现出了极大的克制。

口述者给予她低到尘埃的姿态，却换不来丈夫的理解。“想逃出我的手，除

---

① 畏根，满语，指丈夫。

② 荆文礼、富育光整理，《尼山萨满传》，吉林人民出版社，2007 年，第 16 页。

③ 同上。

非你长九对翅膀……如今你还不念夫妻情面救活我，我对你也该报仇怨。翻开的大油锅滚冒着蓝烟金花，这是替你张罗的油棺材。”① 丈夫心狠手辣，视尼姜萨满如粪土，越发凸显尼姜萨满可怜的生存处境。他即便人在阴间，还对尼姜萨满不留情面，可以想见活着时尼姜萨满的处境。口述在权力位置上抑妻扬夫的叙事方法，使父权制压榨女性的核心价值暴露无遗。尼姜萨满掉入世俗社会体制圈囿，承受毫不留情的贬损和践踏，使得萨满教赋予女萨满个体尊严，给予女人充分施展才能的特权变得正义十足。正是萨满教在除妖降魔方面的无私奉献，映衬出父权制夫权的自私卑鄙。

身兼世俗媳妇、儿媳妇身份和宗教神职的尼姜萨满，在冲突中选择了神职至上。她重任在身，“过阴追魂”征战过程实属不易，现在快要达到目标，最担心节外生枝，所以不敢在阴间久留。终于，她忍无可忍，开始义正词严地痛斥丈夫，简直是对过往悲惨生活的控诉。“狠心的丈夫细听真，你活着时留下什么？一领炕席三指土，粮囤没粮跑癞蛛。我心肠善良不求功禄，不贪银财，帮助乡邻除邪祛病，尊老爱幼，才挣来咱家好名声。你活着时贪杯无赖不养妻娘，至今不改前非。恨你敬酒不吃吃罚酒。”② 尼姜萨满无心恋战，即刻召唤所领神祇大白鹰，将丈夫扔进丰都鬼城，让他化成臭水，永世不得托生。

在其他异文中，对尼山萨满无赖丈夫的形象，也都有刻画。在凌纯声整理的赫哲族《一新萨满》③ 里，一新萨满在阴间碰到丈夫，他抓住她骂道：“你这个贱妇，能与人家过阴追魂，起死回生，何不将我的魂追回阳世呢？”对萨满没有半点尊重。萨音塔娜在满文基础上整理的《尼桑萨满》中，丈夫得知没有法术可以回阳世时，痛骂尼桑萨满：“轻浮的萨满，你看我死了，不好好守家业，到处游逛……哪里有放过你的道理呢？”④

上述关于阴间遇恶夫的描绘，都把丈夫说得极其不堪，认为他们是以夫权为旗号行欺诈之实的地痞无赖。口述传承人给出阴间遇夫产生的强烈矛盾冲突，实质上是在为女萨满遭受世间不公平待遇喊冤叫屈。

---

① 荆文礼、富育光整理，《尼山萨满传》，吉林人民出版社，2007 年，第 16 页。
② 同上。
③ 同上注，第 45 页。
④ 同上注，第 66 页。

（六）子孙娘娘

满族极其重视生育，满族氏族萨满对氏族生命繁衍和精神传承负有责任。尼姜萨满此番救助的是负有传宗接代义务的男孩，在传统萨满教领域，生殖繁衍是一项伟大的事业。

口述叙事为提醒世人繁衍子孙的重要性，也即尼姜萨满“过阴追魂”的价值所在，安排她去了一次子孙娘娘宫。在子孙娘娘宫，她通过给门神送礼物获得了入门券。在阳世，通过祭祀仪式供奉神祇。在阴间，则直接奉上厚礼，以求“通过”各类关口，看上去更像是贿赂小鬼。然而，此番进入，尼姜萨满不是求取功名，而是接受训育教化，并通过她带回阳间教化众人。

口述至此，又将内容拉回到父权制体系中。萨满教富于自由战斗精神的哲学在此派不上用场，相反，腐败的善恶相袭因果报应论得以弘扬。与以厌恶的口吻叙述女萨满遇到恶夫不同，这一次在传宗接代的子孙娘娘佛里朵渥莫西妈妈那里，女萨满被教化了，她被因果报应的地狱图景洗脑了。朵渥莫西妈妈希望她回到阳间，将惩恶扬善的理念传播出去。在此，尼姜萨满变成了父权制社会教化的传声筒，她承受着夫权的压迫，还要将果报循环的地狱与人间互为依存的运行规则转述给被统治者，从而达到控制人心的目的。这些强硬加入口述中的成分，显然不是崇尚战斗精神的萨满教原生口述带来的，而是在传承过程中由口述传承人根据父权制时代所推崇的男权中心观念附加的。当“过阴追魂”的萨满盛事结束时，父权制权力顶层人物皇帝对作为挑战王权（阎王权）、夫权的尼姜萨满的处理，下手是极重的。

三、父权制下女萨满悲剧

在满通古斯语族萨满口述传承的诸多萨满神迹中，“过阴追魂”是相当高级的萨满异能。这项异能足以验证一位萨满是否拥有通天入地，跨越天上、人间、地狱三界的能力，是能否担纲法力无边的大萨满的标志。

富希陆口述传承的《尼姜萨满》，发生在幅员辽阔的黑龙江地域，故事讲述的时间大约是清朝前期，父权制社会最高执政者清朝皇帝，居九五之尊，统天下大事，臣民百姓不可逾矩，君王之命不可违。在以往的满族神话史诗中，萨满教地位神圣，女神崇拜至高无上。在父权制体制相当完备的社会里，萨满却只是皇帝的子民。尼姜萨满“过阴追魂”的威名传到皇宫，皇帝召其进京觐见，她须将此视为至高荣誉。

（一）地域性宗教萨满教

尼姜萨满所觐见的皇帝，是满族皇帝而非汉族皇帝。清初，皇太极作为少数民族皇帝，出于一统天下的战略目标，采取了“满汉一家”、与蒙古族联姻等一系列政治措施，大张旗鼓地展示开放包容姿态。满族八旗制是兵民合一的社会制度，由努尔哈赤在女真人牛录制基础上改造而成。八旗制要求满族兵民频繁出入沙场，由此尚武成为社会风气。获得政权的过程中，满族传统的原始宗教萨满教，对八旗兵士“进则不回顾，立则不动摇”的勇猛顽强精神和危难之处公而忘我的集体精神，起到激励作用。但是，满族信奉的萨满教是地域性宗教，源于满族人的原始自然神崇拜。萨满教分布区域集中在中国东北部，对在中原以及中国广大地域生活着的以汉族为主的其他民族，明显缺乏凝聚人心的作用，无法满足其一统天下的政治需要。满族执政前后所面临的民族宗教心理、农耕社会运转方式、多民族融合的社会稳定因素等诸多问题，都导致萨满教无法“包打天下”。因此，分析《尼姜萨满》口述传承过程中女萨满主体叙事所产生的与父权制的矛盾交织和激烈冲突时，有必要引进正史，在清初政治背景下进行解读。

（二）妇德

由于政治体制的封建化大一统化，萨满教式微的历史转折不可避免。《尼姜萨满》口述叙事相当清晰地表明了皇帝公开放弃萨满教的态度，实施了放弃独尊萨满的纳才举措。坐稳清王朝帝位的皇帝，可以随便地召唤各类宗教人士出入宫中。导致尼姜萨满最终悲剧结局的不是汉族官员，而是具有佛教神职的大喇嘛。在《尼姜萨满》里，口述传承人对大喇嘛入宫是持反对意见的，因而在描述大喇嘛形象时，说大喇嘛使用权术诡计陷害神通广大的尼姜萨满，这主要源于宗教竞争目的。他们充分地利用父权制对女人道德上的约束，寻找尼姜萨满“为人妇”的道德瑕疵以除掉她，从而达到依附皇权获取宗教利益的目的。在“过阴追魂”与魔鬼战斗的过程中，由于求胜心切，尼姜萨满遭遇鬼丈夫拦截时，将其扔进丰都鬼城。在封建制君权父权至上的世俗社会，这一不敬丈夫的行为必然会受到谴责。于是，在大喇嘛的怂恿下，尼姜萨满的婆婆进京告状，说萨满在阴间杀夫。大喇嘛将其罪状上升到“崇信邪恶，对夫不敬不仁”的政治高度，劝告清朝皇帝若不能杀一儆百，必被中原大国耻笑。这里所说的“崇信邪恶”，指的就是信奉萨满教。对夫不敬不仁，实际是移植了中原汉文化对女人“三从四德”妇道的标准要求，也是封建社会父权制规约。

尼姜萨满为保存巴葛图家族的子孙传承，冒险走了一趟阴间地府，与魔鬼战斗，将魂魄追回，是萨满教异能法术巨大成就的标志性事件。她拯救世人的英雄行为，无法抵挡父权制加诸她的罪名。清朝皇帝已今非昔比，从崇拜原始宗教的氏族部落社会走出来，坐在金銮殿上，他要的是父权制的君临天下，而非视子孙传承为头等大事的母系氏族社会遗风。于是，按中原大国君权父权制的运作方式，由于阴间对死鬼丈夫的不敬，皇帝毫不怜惜地将尼姜萨满秋后问斩。

尼姜萨满的悲剧性结局，预示着满族出身的清朝皇帝在政治体制上放弃了对萨满教的尊崇。萨满教在皇权夫权至上的父权制社会，不仅没有达到政教合一，且失去了主体地位。这一事件说明，萨满教在清王朝已退出历史舞台。皇帝不仅将尼姜萨满的肉体杀死，还将代表其神职的神器，包括神帽、腰铃、神鼓、托里等全部扔到枯井里，使其难见天日，不得翻身。这一系列口述书写都暗含着信奉萨满教的口述人以及传承人，对皇帝的大不满。

清朝皇帝为达到封建大一统的政治目的而放弃起源于萨满教的祖宗传统所引发的民间不满通过口述传唱得以表达，通过尼姜萨满的“过阴追魂”顽强地冲出地表。满族民间并不接受皇帝对尼姜萨满不公正的处置。因此，口述传承中，尼姜萨满显灵事件频繁发生。她被封在枯井后，萨满异象不断地影响着当朝皇上和天子脚下的地界。“京师父老们夜夜都听到枯井里腰铃和手鼓的震耳响声。托里像流星打井里飞上飞下，闹得皇宫院内天天不消停。皇上坐不稳、立不安。众臣跪求皇上开恩。尼姜萨满确系含冤而死，勤苦敬老，性好助人，应追功树碑。皇上准奏。”① 这些对皇帝大不敬的描述，既是控诉尼姜萨满的冤屈，也是民间反抗皇帝对萨满教的打击。尼姜萨满的口述传承，很可能来自于不被史实记载的一次对萨满的镇压。

---

① 荆文礼、富育光整理，《尼山萨满传》，吉林人民出版社，2007 年，第 18 页。

这里，尤其令人悲哀的是，大臣恳求皇帝为尼姜萨满追功树碑的理由，并不是她“过阴追魂”的萨满神迹，而是父权制所推崇的“勤苦敬老，性好助人”。实际上，这个申请翻案的条件完全符合父权制对封建社会“好女人”妇德的要求。由于这一要求与父权制体制推崇的价值相一致，“敬老”抵消了尼姜萨满的“杀夫”罪行，事情最终才得以摆平。

萨满神器在井里闹腾的事件，意味着尼姜萨满死不瞑目，专门等待皇帝为尼姜萨满案平反。因此，追功树碑，这又是中原汉族王权愿意搞的事情，清朝皇帝也照搬过来。待“敬老助人”的功德碑一经准许，“一夜间枯井隆起，天上飞来百鸟叼走了井里的神帽、腰铃和手鼓。大井转瞬间变成蜿蜒百里的千顶山。千顶山里还隐隐听到尼姜萨满的腰铃和鼓声”①。口述至此，可以看到，顶层皇权只是对尼姜萨满安抚了一次，满族民间就山呼万岁了，认为“打那以后，满族敬萨满的风俗才代代留下来”。尼姜萨满运用萨满神术“过阴追魂”拯救满族子孙的战斗精神，并没有得到平反。《尼姜萨满》的口述叙事，宁愿模糊事实本质，宁愿相信清朝皇帝偏听偏信了大喇嘛的挑拨，犯了个错误，也不相信是萨满教式微了。《尼姜萨满》在传承过程中，叙事立场前后的差别，很容易给人造成萨满教回光返照的错觉。

（三）萨满教式微

在满通古斯语族口述资源中，女萨满崇拜的历史最为悠久，最具原始痕迹。一些民间传颂的大萨满，如乌布西奔妈妈、恩切布库等，肩负着繁荣母系氏族社会民众生存大计的重任，民生与宗教信仰是一致的。彼时赞颂的女萨满神迹，多是与社会进步相适应的。她们是统治者也是大萨满，管理着氏族部落联盟，能征善战，扩充地盘，成为远近闻名的大萨满兼女罕王。到了苏木妈妈承担氏族萨满职责时，母权地位开始衰落，女萨满的职责也只限于完颜阿骨打家族，苏木妈妈这个家族萨满的位置还是经过反复斗争才得来的。但是，作为完颜部的氏族萨满，她也需要管理军队，插手政务。因而，她的萨满地位是与治国平天下相关联的，她被完颜家族尊为苏木妈妈时，完颜家族的父权制已经很完备

① 荆文礼、富育光整理，《尼山萨满传》，吉林人民出版社，2007 年，第 18 页。

了。相较于各种世俗权力，萨满仍然具有一定的地位。这也就是苏木妈妈能够出入军中，对其纲纪有很大影响的原因。

回过头来再审视尼姜萨满生活的时代，毫无疑问，萨满教的衰落已十分明显。不仅皇帝宫里、大喇嘛陷害尼姜萨满一举成功，就连大臣也没有谁肯站出来替尼姜萨满说句公道话，以挽救她的性命。联系到巴葛图请尼姜萨满为儿子追魂一事，他对村里萨满不屑一顾的做法，就很能说明萨满教在满族民间已失去了尊崇地位。巴葛图是有钱富户，他并不相信村里那些没有真本事的萨满，进而对所有萨满都不信任。他不相信尼姜萨满可以帮助他，为儿子“过阴追魂”。打着萨满教旗号的萨满在世人眼里沦落到混吃混喝的地步。

（四）自由精神

在父权制体制下，萨满教实质体现的上天入地、自由无拘、富于拯救和牺牲的女性精神，无法得到肯定和弘扬。为否定女萨满“过阴追魂”的巨大功绩并解释最终悲剧的收场，有的版本异文还增加了她和二神有不轨行为，生性放荡等道德问题，并对此大加宣扬。

萨音塔娜在巴达荣提供的由满文译成汉文，加上莫力达瓦旗腾克公社的奇克热和鄂温克族马音托海镇金贵德口述整理成的《尼桑萨满》中，有这样一个情节。尼桑萨满的丈夫得知自己无法回阳世时，痛骂尼桑萨满是“轻浮的萨满”，并发誓绝不放过她。尼桑萨满情绪失控，一怒之下将丈夫关到丰都城里。尼桑萨满压抑许久的情感在那一刻终于释放了出来。她怒而“杀夫”，没有任何自责，而且感到获得自由身的快乐，她竟然唱了起来：“没有丈夫快乐着过吧！海鲁、海鲁，没有丈夫放肆地过吧！海鲁、海鲁。到处游逛，海鲁海鲁，欣赏好景色吧，海鲁海鲁。”① 这一段描述，相当于一篇解放了的女奴宣言。

当然，口述传承人很清楚，尼桑萨满放肆地游逛，不会被看成是正当行为。因此，口述传承人煞费苦心地为尼桑萨满安排“变好了”的情节。在“过阴追魂”返回阳世后，尼桑萨满成了举世闻名的大萨满，过上了富贵生活，还相当规矩起来。按照父权制的礼法，她“孝顺婆母，断然改正了放荡的行为”。尽管

---

① 荆文礼、富育光整理，《尼山萨满传》，吉林人民出版社，2007 年，第 67 页。

如此，尼桑萨满还是不能满足父权制对她的要求，丈夫总是到阎王那儿去告状。阎王和皇帝商量，只要尼桑萨满活着，人刚死她就来救，那么世上的人就会多到放不下。言外之意是，尼桑萨满妨碍了最高统治者皇帝的利益。皇帝心领神会，于是传她去皇宫给国母治病，借机把她抓起来并用铁绳捆起来扔进九泉之下。

在此，是否对夫权造成危害并不重要，反倒是对皇权造成威胁成为她被杀的理由。这恰好说明，尼桑萨满以传统的萨满教形式侵犯了皇帝的世俗王权。在世俗领地，绝不允许萨满教凌驾于皇权，甚至阎王权之上。

《尼海萨满》是由鄂伦春族孟古古善关玉清讲述，孟秀春、关金芳整理的另一部尼山萨满异文。鄂伦春族异文里，也讲到阴间的丈夫想用油烧死她。为尽快甩掉丈夫，尼海萨满让神德日不阿送他魂到十八层地狱。后来，尼海萨满被皇帝杀死也有类似的原因。返回阳间后，方圆千里的人生病都请她跳神。她经常过阴到阴木堪那里替死人请回真魂还阳于世，名气越来越大，兴安岭的人都崇拜她。人死的越来越少，人口激增。皇帝正为人口多解决不了吃穿问题犯愁，听说是尼海萨满造成了这种状况，决定杀死她。在深山里挖了个坑，将她扔进坑里，用土埋上。埋到平胸时，神铃和铜镜飞出来流落到人间，从此鄂伦春族有了小萨满。尼海萨满死后，“过阴追魂”法术从此消失，但神铃和铜镜的法术还在鄂伦春人中流传。在鄂伦春孟玉兰讲述、叶磊采录、孟玉花翻译的《泥灿萨满》中，泥灿萨满被杀结局与《尼海萨满》大致相同，只不过把皇帝换成了额真①，认为死人都让她给救活了，人多到搁不下，于是让手下人挖坑，让泥灿萨满跳神，当她跳到神灵附体时，让人把她推到坑里用石头压上。泥灿萨满神衣上的彩布条飞上了天，布条飞到谁家，谁就可以当萨满。尼灿萨满“过阴追魂”拯救的萨尔固旦片挂的父亲，在得知泥灿萨满被杀后，也将额真杀死，为萨满报仇。这些异文，不论死因如何，结局都是萨满必死无疑，而萨满之死必须由象征着父权制的权力执掌者实施。

由奇加山根据1961年莫斯科出版的影印本翻译的《尼山萨满》是这样讲述的：尼山萨满在阴间遇到丈夫，他正烧开一口大油锅，等着她。若不救他返阳，就让她进油锅。在不能通融的情况下，尼山萨满叫来大雁，抓起丈夫将其扔到

① 额真，满语，指头人、主、长官等。

丰都城里，不让他转世投胎。为此，她也高兴地唱起了神歌，为自由身而欢呼。“德叶库德叶库，没有了丈夫德叶库德叶库，好好地过日子吧德叶库德叶库，没有了男人德叶库德叶库，高傲地过日子吧德叶库德叶库。在妈妈的抚育下德叶库德叶库，嬉戏着无忧地过日子吧德叶库德叶库。趁还没有儿女德叶库德叶库，向前看着过日子吧德叶库德叶库。没有姓氏宗族的德叶库德叶库，亲密无间地过日子吧德叶库德叶库。趁着年轻德叶库德叶库，像客人一样地过日子吧德叶库德叶库。”① 尼山萨满回到阳世后，儿子复活的富人巴尔都巴颜信守诺言，将一半财产赠予她，尼山萨满变得富有起来，主动断绝了和二神的暧昧关系。她的婆婆去京城告状，说她杀死阴间的丈夫。于是，太宗皇帝下令将其连同神器扔到村井里，“无朕旨谕，万勿取用”②。

经过上述对富希陆口述传承的《尼姜萨满》，以及其他版本的《尼桑萨满》《泥海萨满》《尼山萨满》等文本进行分析，可以肯定的是，建立“过阴追魂”伟业的女萨满，结局必然是被杀。因为她触动了父权制社会的根基。就目前版本来说，口述传承的核心冲突并不是人间与阴间的冲突，而是萨满教与世俗权力父权制的冲突。因为女萨满过阴追魂是成功的，她与阴间很容易达成协议，唯一没有达成交易的是与死去的丈夫。这也是父权制社会压迫女萨满的表现。女萨满在世俗社会受夫权压迫，也连带着延伸到阴间，接受丈夫的指令。当她杀死丈夫后，一瞬间爆发出来的是挣脱束缚的快乐。这一点对于理解不同文本的萨满忍受父权制压榨，最终怒而“杀夫”的反抗指向，有决定性的意义。

因此，无所不在的父权制对身为妻子、儿媳妇等性别身份规定的强制性圈囿，使女人没有任何自由生长的空间，即使是名声大得惊人的女萨满，她的强大力量也仅限于“过阴追魂”的萨满教职业范畴。女萨满之死是不可逆转的，是为没落的原始宗教萨满教推崇母权制时代的浪漫追忆和神圣殉道。但在满通古斯语族的民间口述资源中，本质立场却是正面歌颂萨满教精神的永生不灭。萨满教“过阴追魂”的异能法术，通过尼山萨满众多异文的经典叙事，在传承过程中越发彰显出原始宗教自然神崇拜上天入地、光彩照人的自由精神，这正是口述传承得以永恒存在的价值所在。

① 荆文礼、富育光整理，《尼山萨满传》，吉林人民出版社，2007 年，第 195 ～ 196 页。
② 同上注，第 203 页。

第四章

满通古斯语族口述史诗英雄叙事

第一节　赫哲族《伊玛堪》

赫哲族英雄史诗《伊玛堪》，由黑龙江省民间文艺家协会于 20 世纪 80 年代起集体选编，黑龙江人民出版社于 1997 年 3 月出版。口述文本分上下册，计 110 万字。

《伊玛堪》收入了《满都莫日根》《香叟莫日根》《阿格弟莫日根》等 14 部赫哲族系列英雄史诗，并收录了伊玛堪口述人“伊玛卡乞玛发”葛德胜的自传、赫哲族伊玛堪调查报告等相关资料。

伊玛堪主要流传在松花江、黑龙江、乌苏里江三江流域，是赫哲族的史诗传唱。赫哲族是从古至今一直生活在三江流域的黑龙江世居少数民族，据 2010 年第六次全国人口普查，有 5354 人，为中国目前人口较少的民族之一。

赫哲族是黑龙江古老的渔猎民族，只有语言没有文字。赫哲族语言属于通古斯满语族南支语言，与满语相当接近。伊玛堪口述传承对研究该民族历史具有民族志镜像作用。

赫哲族被世人广泛知晓，来自于人类学家凌纯声的一次抢救式的田野考察，也是国内外第一次对伊玛堪的大规模采录。20 世纪 30 年代初，留学法国的凌纯声归国后，深入三江流域的赫哲族居地开始调研，并提出赫哲族是满通古斯语族系而非东胡族系，满通古斯语族是古代东夷的观点。在族属上，确定了赫哲族为肃慎族系后裔。“从赫哲现在所居的地域上考察，隋唐时的黑水靺鞨，当为赫哲的远祖。”① 凌纯声经过现场采录，发表了研究报告《松花江下游的赫哲族》，记述了从松花江下游，依兰到抚远一带，赫哲族的生存环境和传统文化，采录了像“北方的大鼓，南方的苏滩”一样的口述故事伊玛堪，多达 19 部。在 19 部中，类似于“木竹林”等英雄叙事的有 14 部。由此可见，伊玛堪英雄叙事在凌纯声采录的口述资源中所占比重还是相当大的。

凌纯声在考察伊玛堪时，发现并不是每个赫哲族人都能讲唱伊玛堪，只有伊玛堪歌手可以熟练地讲唱伊玛堪故事。有的歌手可以讲唱五六个故事，“故事

---

① 凌纯声，《松花江下游的赫哲族》，根据 1934 年国立“中央研究院”历史语言研究所（刊印本影印），上海文艺出版社，1990 年，第 52 页。

很长，一个故事常分作好几天讲。讲的时候，讲了一段唱一段，但是都空口唱的，无乐器伴奏”[①]。这种传承形式与伊玛堪歌手葛德胜的回忆也吻合。

据葛德胜讲述，他所生活的时代，伊玛堪讲唱还是很频繁的事情。无论在炕头上、渔猎间歇，还是在节日里，谁家有了红白喜事，都聚在一起讲唱伊玛堪。“不管老的、少的，成宿喝喝咧咧地唱呀，讲呀。”[②] 这些讲唱者，被尊称为“伊玛卡乞玛发”，每讲唱一次都可以现场发挥创造，“一人一个样”。不过也有固定的叙述框架：“每一段开头都拉长声说个‘啊郎——’，这是惯用套语。伊玛堪在什么时候讲，什么时候唱，都有一定的规律。一般情节叙述主要是说，人物的主要对话要唱，讲到主人公遇难、作战求救、哭诉衷肠、欢庆胜利等场景，也都要唱。唱的时候曲调各异，老头、妇女、小伙、孩子唱的调都不一样，各有各的调，而且随时即兴变化。”[③] 也就是说，葛德胜等“伊玛卡乞玛发”在固定的叙事结构中，说唱结合，扮演故事提供的各种角色，并将一篇口述叙事讲唱完毕。

20 世纪 80 年代，录音机的出现使伊玛堪口述采录条件大为好转。黑龙江省民间文艺家协会组成抢救中心，赴三江流域现场展开采录，这是伊玛堪抢救保护的第二次大规模采录。此次采录，使一批著名的伊玛堪歌手“伊玛卡乞玛发”葛德胜、吴连贵、吴进才、尤金良等，以及赫哲语翻译家尤志贤、傅万金等脱颖而出，成为学界瞩目的伊玛堪口述传承人。比之前辈伊玛堪歌手，这些人是幸运的，他们的名字在抢救伊玛堪的过程中，被历史镌刻下来。葛德胜口述传承的伊玛堪有《香叟莫日根》《希尔达鲁莫日根》《满都莫日根》《阿格弟莫日根》《沙伦莫日根》等，吴连贵口述传承的伊玛堪有《木竹林莫日根》《木都力莫日根》等，吴进才口述传承的伊玛堪有《安徒莫日根》等，尤金良口述传承的伊玛堪有《希特莫日根》等。

遗憾的是，随着赫哲族老歌手的相继逝世，赫哲族口述传承的英雄叙事，

---

① 凌纯声，《松花江下游的赫哲族》，根据 1934 年国立“中央研究院”语言研究所（刊印本影印），上海文艺出版社，1990 年，第 82 页。

② 黑龙江省民间文艺家协会选编，《伊玛堪》（下卷），黑龙江人民出版社，1998 年，第 580 页。

③ 黄任远主编，《黑龙江流域少数民族英雄叙事诗·赫哲族卷·总序》，黑龙江人民出版社，2012 年，第 2 页。

在今天的传承人中，只能片断式地讲唱。融入了现代社会节奏中的赫哲族，依循自然地理环境赋予的山水资源，以一种与自然融为一体的生态理念开发赫哲族民俗旅游风景区，不必再像老辈人那样，单靠渔猎吃苦谋生，生活来得更便捷容易了。因此，再也见不到葛德胜那种“大唱大讲”的壮观景象了。可以说，20 世纪 80 年代采录的《伊玛堪》已成为赫哲人的绝唱。

伊玛堪口述传承的地域，与赫哲族族属以及三江流域居住范畴的地域性特点相吻合。赫哲族是满通古斯语族，族源可上溯至肃慎族系，隋唐时的黑水靺鞨。“赫哲”一词，文献记载最早见于《清太祖实录》。1663 年，“命四姓库里哈等进贡貂皮，照赫哲等国例，在宁古塔收纳”。“赫哲”是他称，由方位名称演变而来，满语支的民族称东方的人为“赫哲斯勒”。“赫哲”又称“赫金”“赫真”“黑斤”等。赫哲人自称为“那乃”“那贝”“那尼奥”，意为“当地人”。嘎尔当屯至黑龙江沿岸勤得利村之间的赫哲族人称“那乃”，富锦大屯以上沿松花江上游居住的赫哲族人称“那贝”，八岔沿黑龙江下游至乌苏里江沿岸的赫哲族人称“那尼奥”。

20 世纪前半叶，赫哲族尚处于氏族部落的社会组织结构中，保留着原始社会末期的痕迹。由同姓具有血缘关系的家族组成氏族制，称为“哈拉莫昆”，担负着管理本氏族内部事务的职责，主要执行氏族内禁婚、氏族审判、氏族崇拜、血亲复仇等法规。19 世纪中叶，“哈拉”是氏族组织形式，又是清政府在赫哲族地区设立的地方行政单位。“哈拉达”“莫昆达”是氏族长、家族长，“噶珊达”是乡长。“哈拉达”“莫昆达”由氏族议事会选举产生，由有能力威望、办事公道的人担任。“哈拉莫昆”内部成员平等，“哈拉达”“莫昆达”没有任何凌驾于氏族族群之上的特权，执行议事会的决定。中华人民共和国成立后，赫哲族融入新体制，成为中国少数民族大家庭中的一员。

在漫长的历史演进中，“夏捕鱼作粮，冬捕貂易货”的赫哲族，在松花江、黑龙江、乌苏里江三江流域，创造了灿烂的渔猎文明。以口述传承方式留传下来的伊玛堪，是赫哲族基于从血缘关系向地域关系跨越的部落大联盟时期征战杀伐历史演进所产生的英雄史诗，地域性特征尤其明显。

一、莫日根复仇主题

流传在三江流域的赫哲族英雄史诗伊玛堪，是赫哲族口述资源的经典文本，是父权制崛起的产物。史诗颂扬纵横天下，以力量胜出的英雄莫日根的盖世豪情，以壮赫哲族民族威仪，育子孙万世。

（一）血亲复仇

口述主体英雄莫日根，为血亲复仇踏上征战之途，最终成功打败敌人荣归故里，是伊玛堪系列英雄史诗的固定模式。从采录整理翻译成汉语的伊玛堪文本中，可以清楚地看到，由血缘关系组成的原始氏族部落，皆由部落中最坚强有力的莫日根，也就是英雄掌控，称为额真。由于赴西方复仇的莫日根，也就是力量更加强大的英雄征服者的到来，一个个由血缘关系组成的由额真掌管的原始氏族部落都将不复存在。在英雄西征的路上，沿途的氏族部落的额真，或者主动归顺，或者败称奴隶。无论战争成败与否，结局并无二致，即远方征战杀伐过来的莫日根经过的部落，都将集结于他这位远征英雄的战旗下，重新组成跨血缘跨地域的新政治联合体部落大联盟。

血亲复仇是莫日根远征张挂的旗号，也就是发动战争的名目。血亲复仇表面上是赫哲族部落英雄扩张势力范围的堂皇理由，实则是部落英雄为冲破血亲关系的居住圈囿，以掠夺奴隶和财物为目的，着手建立庞大的部落联盟，号令天下的政治事件。

因此，在英雄复仇西征过程中，其他氏族部落为阻止其进犯或者冒犯本霍通，也为莫日根自身的英雄声誉，很少有部落首领能够主动地归顺让路，大都不惜战死，接受挑战。因此，每到一处，西征战争都不可避免地发生了。

在复仇征战途中，莫日根的尚武力量和勇敢精神，借此得到夸大和赞颂，也成为令对手臣服的关键所在。每征服一处部落，征服者的势力范围扩大一次，都要打散旧部落，重新组织安排归顺部落的人员财物，装上几十只上百只大船，把这些战利品很风光地运回自己故乡，或归并于拥有可控权的其他部落名下。

战利品在为英雄莫日根赢得至高无上的荣誉和声望的同时，也累积着英雄莫日根作为新晋奴隶主掠夺来的巨大财富。随着西征的推进，一个又一个霍通被英雄莫日根拿下，他所控制的队伍越来越壮大，可以指挥调配的人财物也越来越多。于是，英雄莫日根壮大为集萨满、联盟首领、部落额真于一身的父权制代表。

正如许多流行于世的英雄史诗一样，成就伟大事业的英雄，从他出生起就注定了传奇的命运。大多数情况下，他们因世事变故，父母被杀或被掳，被遗弃或被藏匿而遭遇坎坷和不幸。史诗英雄一生所做的努力就是复仇和回归。

伊玛堪也不例外，史诗英雄苦难悲凉的处境，都集中在儿童时代。终其一生，他们目标简单，追求执着。带着使命出生的人，他们生而知之，生而复仇。全部的叙事过程，都指向血亲复仇这个终极目的，这也是原始部落时期人类争斗所要遵循的一种规则。因此，作为例行公事，血亲复仇成为英雄叙事的格式化行为，贯穿了伊玛堪系列讲唱的始终。徐昌翰、黄任远将伊玛堪莫日根主体叙事归纳为主人公身世、获取萨满神通经过、结拜兄弟、婚姻、遇难、搏斗、凯旋庆贺七大板块①，以突出征服者英雄莫日根生来就不平凡的身世命运。

孟慧英对《希尔达鲁莫日根》所做的诠释，进一步细化了伊玛堪英雄叙事的情节作用，指出“情节类型不仅是形式的，而且也是内容的，因此在故事的结构中，它必定是功能性的”②，这种功能指向西征目的。英雄西征的含义在于“西”是“父亲灵魂或生魂的拘所”，“代表着恶的一方”，“是使命的目的，是人生循环的一个转折点，是灵魂（父母）和道德解脱（英雄血亲复仇）的转机，同时也是英雄成功（得神）的标识”。③

因此，征服者英雄莫日根由于父母被掠夺杀戮，从小遭遇坎坷成为孤儿，最终走上血亲复仇之路，这一因果关系的成立，是有道德指向的，即惩恶扬善。在向代表恶势力的西方征服的过程中，途中所有的阻碍都将被具有道德优势的一方征服者英雄莫日根荡平。父亲是一种权力的象征，在为代表正义一方的父亲复仇，平定恶势力从而回归父亲家乡的血缘之路上，隐含着一个更大的政治目的，即英雄莫日根通过走出血缘之地家乡向外部世界扩张，建立起以血缘为纽带、以地缘为半径的新型政治大联盟。待史诗英雄返回父亲曾经建立命名的地方重整河山时，一种以史诗英雄为主体的新型统治关系业已形成。

---

① 徐昌翰、黄任远，《赫哲族文学》，北方文艺出版社，1991 年，第 177 页。

② 孟慧英，《萨满英雄之歌：伊玛堪研究》，社会科学文献出版社，1998 年，第 160 页。

③ 同上注，第 274 页。

（二）地理空间

地域性是伊玛堪口述资源最主要的特征之一。口述中的地址与考古界对赫哲族遗址遗迹的考察，互相对应，相当明晰。在凌纯声采录的《阿尔奇五》中，"富廷霍通"被考古学家确定为明代海西东水陆城站的"弗提美城"，即今天的富锦市西十里的古城遗址。

此外，考古发现的"对面城""五国头城"均是英雄史诗传唱中的地理坐标。在黑龙江省民间文艺家协会选编的《伊玛堪》中，每一部讲唱的开篇，都先指出英雄征战起始的地点，也就是英雄诞生的地方。如"在松花江下游东边拉""在松花江的中游""在黑龙江的北面""在乌苏里江边上""在松花江下游，乌苏里江、黑龙江、松花江三江汇合的地方""在松花江部落的塔其拉霍通①""在三江口的下游、混同江的南岸，有一条小河叫街津河。河边有个赫哲族人的屯子，叫盖金屯""在松花江、黑龙江两江汇合的地方，南岸有一个村子叫莫勒洪""乌苏里江源头处有个叫伊曼的小村子""在黑龙江下游，有一个霍通""在乌苏里江的上游，有一条伊满河"，等等，这些发生过惊天动地故事地点的规定性描述，都集中在有案可循的赫哲族人生息繁衍的三江流域，进一步说明伊玛堪口述资源是地域性民族历史文化传承的"活化石"。

作为松花江、黑龙江、乌苏里江三江流域父权制社会的一种产物，在伊玛堪叙事中，男性"以力量胜出"的性别立场相当鲜明，男性地位至上的特点非常突出。征服者英雄莫日根必须承担父亲传下的一家之主的责任，并且具有包括身体强壮、摔跤勇士、射箭冠军、叉鱼能手、役使神灵的超能力等诸多英雄必备的条件。

（三）神奇身世

在伊玛堪中，英雄的传奇命运主要来自于童年时期的特殊经历。从小就播下复仇种子，待长大成人便要承担家族的复仇使命。由葛德胜口述传承的《木都力莫日根》，主角木都力莫日根的父亲是松江部落的额真，爱洪村三兄弟为扩大地盘，掠夺人口和牲畜，将其父亲木哈森莫日根杀死。为防止神灵将父亲的

① 霍通，指有围栅或护墙的城。

碎尸聚拢在一起复活，又将他父亲装入柜子投入松花江。母亲查敦德都[①]自知大势已去，对护身铜镜哭诉着，安排后事，祈求神灵保佑儿子："我的护身铜镜你仔细听着，我有一个三岁的娃娃——木都力，还在摇车里躺着。请诸位神灵把木都力收下，让他得到你们的保护，把他养大。这次我们就要被赶走了，日后你们教木都力学本事练武艺，让他把乡亲们救回来。"[②] 在母亲救助孩子时，先考虑的是三岁的儿子，并没有安排神灵对女儿实施保护。这说明，在英雄史诗产生的年代，家族重心倾向于儿子，已具备子承父业、子为家庭支柱的父权制特征。在危机来临时，女儿并不在母亲的保护范围内。因此，战争打响后，女儿木克勤德都也不指望来自母亲的帮助。她"一看不好，悄悄走到外屋，藏到灶坑里了"[③]。等她从灶坑里爬出来时，以往幸福温馨的家园已成一片废墟。

从三岁起，木都力就藏在母亲的护心铜镜里生活。姐姐木克勤德都自己找活干，抓鱼、射些野兔野鸡生活。十二年后，一个叫克大恨的莫日根听说木克勤德都长得漂亮，就带着奴隶开船过来欲抢她为妻。木克勤德都并没有选择屈服，她一边骂一边和他打斗："你看我是一个软弱无力的女人，想用力气制服我，把我抢走做你的妻子，你别做梦了！"[④]

史诗从木克勤德都的角度说明了女儿不受重视的另一个原因，在战争频繁的英雄时代，力量上处于弱势的女性，很难与莫日根对抗。对此，木克勤德都另有一番价值判断，对用力气取胜的莫日根，她并不服气，所以要打斗。危急时，还是被母亲精心保护的弟弟救了她。木都力莫日根的出场非常精彩。他是以从护心铜镜飞出来，把克大恨打倒的方式，瞬间解决了敌人。"从铜镜里跳出来一个十来岁的小男孩儿。他流着泪，叫着姐姐。"[⑤] 他在铜镜里生活了十二年，家神告诉他要救姐姐，他才跳出来。少年木都力把克大恨莫日根打死后，又口出狂言，告诉克大恨莫日根船上的玛发克大恨莫日根如何的不堪一击。"我用拇指比，用筷子量，叫他到阴间地下去成了鬼魂。"[⑥] 受到惊吓的克大恨莫日

---

① 德都，指姑娘、年轻媳妇。
② 黑龙江省民间文艺家协会选编，《伊玛堪》（上卷），黑龙江人民出版社，1998 年，第 226 页。
③ 同上注，第 227 页。
④ 同上注，第 229 页。
⑤ 同上。
⑥ 同上注，第 321 页。

根船上的玛发，建议船上的所有奴隶都要归顺少年木都力。莫日根木都力年纪轻轻就得到了第一批奴隶，就此打出血亲复仇大旗，踏上西征之途。

此外，还可以从卢明口述传承的《夏留秋莫日根》里，看到生下来就绝顶聪明，却总也不长个的夏留秋莫日根，他“一直睡在摇车里，却什么事都懂”。危急时，母亲用铁锅把他扣在地窖里，他才得以活命。这些生死时刻，受到母亲保护的儿子无一例外地承担起复仇使命。

（四）角力

史诗英雄是身体最棒，有众多神灵帮助，有超能力的人。在伊玛堪口述中，衡量莫日根是否担得起大角色的基本价值判断，在于他是否能够从面对面与敌手的巅峰对决中，譬如摔跤等角力中胜出。不言而喻，大角色尽管经历磨难，但身强体壮，力大无穷，肯定会获胜。

角力，是伊玛堪口述中经常出现的场面。赫哲族从氏族部落向部落大联盟时期转型时，诞生了以大力士为崇拜对象的尚武英雄，这种尚武现象与历史演进的赫哲族族群的内在生活需要有相当大的关系。当赫哲族有机会通过集体渔猎的生产方式而非原始采集方式获取更多的食物达到更好的生活水平时，能够带领赫哲族族群完成这一伟大转型的“力大无穷”的男性地位迅速得到提升。

为显示西征英雄莫日根的神勇力气，口述传承人在史诗中对英雄形象进行了非常夸张的描述，像“头顶上冒着冲天的白气”“走路带着风声”“走过的地方留下一趟趟深坑似的脚印”等夸张的修辞手法经常会使用，在外形上给出的完全是一批武力超群的巨人形象。同时，部落大联盟时期，等级的出现刺激了男性竞争，角力是征服者获取众多城池和奴隶，开疆拓土的最有效途径，以掠夺为旨归的战争，是原始社会普遍认同的价值观念。

（五）地缘政治

政治头脑也是史诗英雄必备的条件，英雄莫日根并非仅以力量示人。尚武是征战过程中氏族部落联盟时期的社会价值体现，与其紧密相关的是建立新型政治版图。意图扩大统治地盘的征服者，还具备相当精明的政治头脑。安抚、分化、联姻、结拜等中国封建统治集团惯于使用的扩张策略，在伊玛堪口述英雄莫日根身上都有体现。

每打下一个霍通，都要将人物财产分半，使其丧失凝聚力。每征服一个部落，都要与部落首领结拜兄弟，与其血缘家族讲和，娶失败方首领的妹妹为妻，利用妻兄的血缘纽带，壮大地缘势力。与部落首领结拜为兄弟，许以共同管理部落大联盟的诺言，无疑是赫哲族部落联盟早期政治结盟的有效手段。在葛德胜口述传承的《希尔达鲁莫日根》中，部落大联盟大首领，也即西征领袖，在运用跨地域管理策略上颇具代表性。西征胜利后，希尔达鲁莫日根冲破血缘家族关系，成立了著名的“四方部落”联盟，从而在地缘政治上获得先机，坐上盟主宝座。因此，伊玛堪口述英雄莫日根胜利的标志性成果就是，复仇结束的同时，一个以大首领为主的部落大联盟也会形构成功。

二、莫日根女萨满政治联姻

伊玛堪叙事充分肯定了赫哲族社会由血缘向“血缘 + 地缘”为纽带的新型政治关系部落大联盟转型过程中英雄莫日根的主体作用，同时也披露了社会体制的转型，围绕着“英雄莫日根”称谓展开的各种势力的制衡关系。其中，最重要的制衡关系是来自于现存的母系氏族社会的血缘关系。

（一）社会扩张需要

伊玛堪口述传承中，英雄莫日根崇拜缘于赫哲族社会自身扩张的需要，交织着走出血缘但又脱离不了血缘的利益纠葛，也交织着赫哲族普遍信奉萨满教，难以走出萨满教多神崇拜的制约而直接进入世俗权力范畴的困境。伊玛堪叙事为支撑白手起家的英雄莫日根有足够的能力冲破险阻，最终走向世俗成功，在漫长的西征途中，总会安排一些具有超能力和萨满法术的女萨满频繁地现身，充当肩负神圣西征复仇使命的英雄莫日根的助手角色。

毫无疑问，当伊玛堪以莫日根英雄为主角展开叙事时，赫哲族母系氏族社会的女萨满崇拜，必然会被英雄莫日根崇拜所代替。但是，由于萨满教在制度转型过程中仍然处于很高的信仰地位，因此女萨满相应地也会得到礼遇。譬如，战争中女萨满仍然在场，其战场是在空中，是配合英雄莫日根战斗的第二战场。女萨满不可小觑的神异能力和氏族势力，直接为英雄莫日根带来两块巨大利益：

一是在神圣萨满领域，女萨满有堂皇理由随夫出征助战，女萨满所领的萨满神灵将全部用于支持丈夫西征。二是在军队储备上，达到西征途中招兵买马的目的。身怀绝技的女萨满被联姻手段招募到西征队伍中，她的家族都将成为莫日根的坚强后盾，为其征战沙场，效力卖命。因此，英雄莫日根的妻子也就是女萨满越多，越有利于西征战争获胜。

（二）新型伙伴关系

英雄莫日根为建立与女萨满的这种新型伙伴关系，必须证明自己拥有天下无敌的能力。因此，伊玛堪叙事“难题婚”的设置，成为考验英雄莫日根是否具备能力的第一步。拿下远近闻名的“锦标”女萨满，并博得她的青睐，才能获得威慑其他莫日根的筹码。

这桩政治联姻是非常划算的，英雄莫日根可以规避掉自身的弱点。除力大无比擅长摔跤外，在智慧上他是欠缺的。他笨到经常上当受骗，如被对手关进笼子里等，当然这是对莫日根的考验。他并没有西征的本钱，只不过由于命定，冥冥中上天的安排，他才坐在英雄莫日根的位置上。西征途中，英雄莫日根借妻子做本钱堆积起胜利筹码，妻子连同家族掌管的土地、奴隶、物品等财产，一并“带嫁”给他。在世俗权力领域，他将取得女萨满兄弟曾经掌管的氏族部落大权。由此可见，女萨满在英雄莫日根建功立业的伟大实践中，既是战友和同事般的伙伴关系，又是亲人家属的血缘关系。女萨满在神圣萨满领域和世俗领域，具有的全部能量都奉献给了英雄莫日根。

（三）“难题婚”障碍

双方联姻并非英雄莫日根一方受益，女萨满也不是一味地被动付出。伊玛堪叙事在设置西征障碍时，“难题婚”作为母题总会出现在西征途中。这既是莫日根之间的一种力量和法术的较量，也是女萨满一方所代表的族群势力，在对父权制认同基础上，主动谋求部族权益时一种能力的公开展示。“难题婚”在设置上完全由女萨满一方控制，被选一方无条件配合。英雄莫日根不仅与一同参与婚姻竞标的其他莫日根比武，还与女萨满一方角逐。“难题求婚的通行原则是英雄要战胜被求者的家族，父亲，或保护神（如动物中的飞禽，走兽，游鱼），还有的是女方自己”[①]，“被求婚的女方家族参战者一般以兄弟为主要代表，有时还出现了舅父，他们和莫日根比赛的主要表现是武力较量”[②]。英雄莫日根要闯过女萨满家族提前设置的各种难关障碍，以便证明其能够与女萨满的能力和法术匹配才行。

以葛德胜口述传承的《阿格弟莫日根》为例，可以看出母系氏族族群的势力之大。西边部落的阿格弟莫日根看上了东边部落黑斤大萨满的女儿黑斤德都，黑斤德都不仅貌美心地善良，且萨满法术神通广大，名满天下。阿格弟莫日根的姐姐阿兰德都萨满神通小，充其量只能变成阔力。姐弟俩形单势孤，若能得到黑斤德都做妻子，令姐弟俩苦恼的血亲复仇问题就能够顺利解决。在这种强烈的复仇欲望的驱使下，阿格弟莫日根勇敢地向黑斤大萨满女儿提出求婚。在历经死亡，由黑斤德都“过阴追魂”，起死回生的曲折后，黑斤大萨满作为父亲，终于替女儿向阿格弟莫日根提出两个苛刻条件，也就是给了阿格弟莫日根求婚的机会。

“向你说的第一个条件，就是要你一箭射下三只天上过往飞行的大雁。再一个条件是，在那松花江、黑龙江、乌苏里江，三条汇合的三江口深水里，有一条千年的鳇鱼。你要能将它从水中抓来，把它抓到我这里，我就认你做女婿，把女儿嫁给你。这两个条件三天之内有一件办不到，你就死心塌地赶快给我回去。”[③]

得到竞争机会的阿格弟莫日根，在黑斤德都、姐姐以及萨日卡神、恩都力玛发等一众人的帮助下，拿到三只雕翎羽箭、倒须金链神叉和可打通关节浑身长劲的乌古苏神药，最终得偿所愿，抓到了鳇鱼精，送到黑斤大萨满祭神的托落杆下。黑斤大萨满在接纳勇敢的女婿时，道出了女儿黑斤德都的身价：“三年来有多少英俊少年，都来向我求亲，为了得到我的女儿。可谁也没做到这两件事情，一个个有去无回，全都葬身在深山和江底。”[④] 虽然黑斤大萨满条件很高，但莫日根仍然前仆后继，可见黑斤家族的势力和影响。

---

① 孟慧英，《萨满英雄之歌：伊玛堪研究》，社会科学文献出版社，1998 年，第 281 页。
② 同上。
③ 黑龙江省民间文艺家协会选编，《伊玛堪》（上卷），黑龙江人民出版社，1998 年，第 393 页。
④ 同上注，第 410 页。

同时，以父权制允许的形式，由父亲决定了女儿命运。“我的女儿黑斤德都哇，你仔细听清。我为你选中了称心如意的丈夫，他是个勇猛无敌的莫日根。”① 非常耐人寻味的是，阿格弟莫日根是在黑斤德都出谋划策提供帮助下才拿下三只大雁和千年鳇鱼的。但是，父权制的尊严在于必须经过父亲同意，女儿才能够得到心爱的丈夫。为得到父亲的允许，黑斤德都私下帮助了阿格弟莫日根。史诗对这种私订终身的安排是默许的。这样一来，父亲形式上的权威，通过设置“难题婚”也得到了释放。

黑斤大萨满郑重地告诉阿格弟莫日根，女儿的社会地位就是他的社会地位。他要以父亲的身份把女儿转交给另一个与他尚武荣誉价值认同一致的英雄莫日根。“你要好好跟着他去征伐，征讨他们家的世代仇敌。你要尽心尽力帮助他们征伐，重树西边部落的荣誉。你要做好出征的准备，前去帮助阿格弟莫日根，为他的阿爸阿妈报仇雪恨。”② 黑斤大萨满在父权制等级社会中，作为名震一方的大萨满，有权选择女婿，扩张自己的势力。这种选择不仅使他获得荣誉，也使家族利益的最大化得以在女儿身上实现。

因此，伊玛堪叙事中，从被求婚家族设置“难题婚”障碍到求婚者破解难题，这个对抗性情节结束后，并没有一对新人入洞房的仪式。这进一步说明，对莫日根和女萨满的政治联姻而言，婚姻本身不重要，生育繁衍也并不重要，相反，举行盛大的萨满神灵祭祀，对西征途中神灵的保护致以敬意，迎请众神降临，完成传统的出征祭礼，才是大萨满家族极为看重的仪式。于是，阿格弟莫日根射下的三只大雁和杀死的千年鳇鱼就派上了用场，叙事到此，也归结到西征主题，阿格弟莫日根前此遇到的“难题婚”，所要求拿到的不过是他用于西征的祭品，他为血亲复仇亲自出场拿下的祭品更能显示他的诚意。有了诚意的祭品，也才能够成为黑斤大萨满献给部落保护神，让神护佑女婿西征成功的最隆重祭品。

祭祀过程中，黑斤大萨满以部落首领身份，为阿格弟莫日根征讨仇敌，拉起一支增援队伍。女萨满这支族群势力，自然而然地从父亲手中转投到新晋女

---

① 黑龙江省民间文艺家协会选编，《伊玛堪》（上卷），黑龙江人民出版社，1998 年，第 411 页。

② 同上注，第 411 ～ 412 页。

婿名下。至此，这桩政治联姻，向着有利于西征英雄阿格弟莫日根的方向转变，他的老丈人黑斤大萨满号召部落成员支持女婿。“为了讨伐万恶的仇敌，恢复西边部落的荣誉，继承祖先的血脉，为阿爸阿妈讨还血债。各位德都和夫人们，你们能变幻成阔力的，就变成阔力展翅飞腾吧！各位莫日根和勇猛的壮士们，你们也都要做好出征的准备。一路上要同心协力，去帮助阿格弟莫日根。与世代仇敌厮杀，替他的阿爸阿妈报仇雪恨重整家园。”①

父权制下女萨满族群的强大势力，为英雄莫日根的西征复仇提供了保障。女萨满利用氏族部落所请神灵，去佑护西征勇士，获得战争的成功。这股强大的萨满家族势力，便与英雄莫日根的西征事业产生了血肉联系，也进一步稳定了父权制下萨满教的神圣地位。

三、父权制女萨满辅佐身份

在伊玛堪叙事中，主体框架是父权制下英雄莫日根远征。女萨满通过“难题婚”等方式，加入到远征的队伍中，与英雄莫日根一道打天下，建立部落联盟新秩序。由于女萨满并非叙事主体人物，因此，在西征过程中，女萨满纵然有超常的智慧和特异的萨满神力，在征战中做出巨大贡献，最终也只能走下萨满神坛，将萨满身份转让给丈夫英雄莫日根。

（一）女萨满双重角色

在远征中，女萨满扮演双重角色：一种是英雄莫日根的妻子，负责家务事；另一种是阔力，担当空中战士。伊玛堪叙事中的阔力，是一种可以飞翔战斗的神鹰。一般而言，德都习练萨满后，均能够随意变幻成神鹰。在英雄莫日根西征开疆拓土的主体叙事中，角力是一种界定英雄胜败的标志。从生理上讲，女萨满并不具备足够的“身体力量”资源跻身于地面战场竞技。在崇尚“力量”的性别政治中，女萨满擅长从“精神层面”呼唤神灵助战莫日根，尤其是具备空中飞翔和攻击的特异能力，使西征战场上出现了令人炫目的空中战场，也是

① 黑龙江省民间文艺家协会选编，《伊玛堪》（上卷），黑龙江人民出版社，1998 年，第 414 ～ 415 页。

除莫日根集中厮杀的地面战场之外的第二战场。

女萨满与神鹰阔力互变，是伊玛堪母权制遗型的关键支撑，是英雄史诗情节高潮迭起的经典桥段。女萨满变身阔力独来独往，宛若鹰神附体战神降临，于天空地面掀起鹰战狂飙。通过分析这一空中战场鹰战奇观，可以发现，父权制下女萨满被赋予的战斗责任，以及母权制女萨满遗型仍然散发着的迷人魅力。

众所周知，伊玛堪叙述主体是西征复仇的英雄莫日根，他是个大征服者，大角色，其他所有人都要屈居于英雄莫日根之下，配合他远征杀敌。但是，在战场上，女萨满是一群身怀绝技，神性彰显，风头盖过英雄莫日根的女人。尽管她们平时称谓德都，是一群姑娘媳妇，为人处事低调不事张扬，然而一旦战争打响，她们瞬间就可以变形为拥有箭一般速度和冲击力的神鹰阔力，或小神鹰小乌赫莎力。

女萨满与神鹰阔力互变的禀赋异能，只有在固定场阈才能实现，即战场的限定性非常明确。日常生活中德都的身份是莫日根妻子、妹妹、嫂子等女性亲戚，战争中是拥有巨嘴、铁嘴和巨大翅膀的神鹰。在西征途中，她们为莫日根当先锋，刺探军情，通风报信。

守城一方的莫日根，他的妻子妹妹等女性亲戚，都变成阔力，在氏族托落杆上站岗放哨，当观察到西征莫日根到来后，将这一敌情迅速报告给城主哥哥。敌我双方的德都会变身为神鹰阔力，显雷霆万钧之势，万夫难挡其勇，加入征战。女萨满在战争中至少扮演战场信使、莫日根助手、莫日根拯救者、空中战士四种角色，不可谓不重要，不可谓不风光。

西征的终极目标是血亲复仇，征服者莫日根每路过一个守城，都意味着会展开一场“借路”征战。直到最终到达仇人领地，寻找到掳走或杀害父母的西方部落首领，并将其诛杀，以告祭父母冤魂。漫漫长征路，具有飞翔能力的莫日根妻子、妹妹等女性亲戚承担起刺探军情的职责，对于战争的胜利，就显得尤为关键。

在葛德胜口述传承的《满都莫日根》中，满都莫日根的妹妹小乌赫莎力先于哥哥飞落在树顶上，回来把观察到的信息告诉哥哥满都莫日根。“英雄的哥哥哟你可好好听着，这个村子的能人真是不少。伯丘仁莫日根和伯库仁莫日根，他们哥儿俩都非常厉害，全是神法高超说得出的萨满。方圆百里的村屯全被他俩征服了，谁都怕他们，把他们拜作额真。……你到这来要同那兄妹交友和好，遇事总要好好商量。”① 还兼具劝说哥哥，放弃武力，和平借路等。

与此同时，发现满都莫日根进犯的城主伯丘仁莫日根和伯库仁莫日根的妹妹时，她也尽快变身阔力，向哥哥汇报即将到来的敌人实力。“英雄的大哥二哥啊，你俩可要听我的劝告。妹妹刚从村里飞出，往南一看只见白气冲天。我四下里巡查瞭望，这回可全都知道了。原来是顺江下游居住的满都莫日根，单人独自来到城前面。你俩赶紧出门迎接吧，要跟他和好摆酒设宴。”② 也是劝说哥哥不要开战。

因此，女萨满变身阔力，在承担信使义务通报敌情的同时，还捎带劝说双方莫日根避免开战结交和好，兼具调停义务。若劝说达不到目的，战争打响后，双方阔力马上会在天空开辟第二战场，助战各自部落的莫日根。征服者阔力在与霍通阔力展开大战时，也不忘观察莫日根之间的决杀。若征服者莫日根不敌对手，阔力就会从空中或地下速起速落，用巨嘴劈死敌人。希尔达鲁莫日根被木秋昆莫日根的斯翁神大蛇把双腿缠住动弹不得时，妻子苏完德都变身阔力从脚下飞出，“用锋利的两爪一抓，就把大蛇断成三截，然后向高空飞去”③，动作干净利落，速战速决。

因此，拯救莫日根是女萨满助战莫日根的另一个主要责任。通常的情节是，在他落难的关键时刻，女萨满去拯救他。女萨满变身阔力，锋利的巨嘴在拯救时起到关键作用。在葛德胜口述传承的《香叟莫日根》里，阔力的嘴可以劈倒神树，三只阔力把嘴靠在一起，向神树劈去。“一阵巨响，震得地动山摇，神树被劈倒在地上了”，挂在树上的香叟莫日根方得救。④ 嘴还可以劈碎困押满格木莫日根的石屋，蒿夯德都“从空中照准了往下一扎，只听风声‘呼呼’地山响，‘轰隆’一声，石房子被炸开了一面”⑤。阔力的巨嘴神奇到还能够劈开铁闸门。战争中，希尔达鲁的岳母和其他德都展开翅膀直上高空，八只阔力一

---

① 黑龙江省民间文艺家协会选编，《伊玛堪》（上卷），黑龙江人民出版社，1998 年，第 10 页。
② 同上注，第 12 页。
③ 黑龙江省民间文艺家协会选编，《伊玛堪》（下卷），黑龙江人民出版社，1998 年，第 70 页。
④ 黑龙江省民间文艺家协会选编，《伊玛堪》（上卷），黑龙江人民出版社，1998 年，第 157 ～ 158 页。
⑤ 黑龙江省民间文艺家协会选编，《伊玛堪》（下卷），黑龙江人民出版社，1998 年，第 401 页。

齐劈下，“只听霹雳闪电般一声巨响，地动山摇，铁闸门被一劈两开，围墙被震得东倒西歪”①。希尔达鲁虽然被震得昏了过去，可总算拣了条活命。如果没有神鹰阔力奋力搭救，这些英雄莫日根会死无葬身之地，远征复仇也将成为泡影。

伊玛堪叙事中，空中战争奇观源于双方女萨满变身阔力后的互殴。当劝和无用时，女萨满就不会继续浪费时间说服莫日根停战，或消极怠工不支持他。相反，她们会迅速地变成阔力，飞到空中与敌方阔力开战。《香叟莫日根》中，阔力在空中作战的景象堪称壮观，只见“霍通上空飞起一大朵黑云，原来是几百只阔力飞到空中，向赫金德都她们扑来。赫金从怀里掏出一块手绢，往空中一扔，变成一百多只阔力，迎上前去，开始了一场混战”②。当然，事情总会向这样一个方向发展，战场上象征正义复仇方的征服者阔力杀死敌方全部阔力，最终用铁笼等物件囚禁敌方城主妻子或妹妹变身的阔力，作为战利品交由莫日根处置。英雄莫日根为充分利用战俘阔力的能力，一般情况下都会将其处置成妻子，令其随队伍继续西征。

（二）女萨满鹰神

女萨满上述变身阔力的角色，正是她生命时光里鹰神上身，助战英雄莫日根，最光彩夺目的瞬间。女萨满英勇善战，天下无敌，源于母系氏族社会是萨满教隆盛期，尽管部落大联盟呈现出父权制特征，西征英雄莫日根最终必然接任萨满一职，但“最初的萨满都是女性。被公认具有神力的女萨满，往往还担任氏族、部落首领之职，氏族、部落之间发生战争，女萨满作为氏族、部落的首领，她们责无旁贷地要担负起军事指挥的重任”③。伊玛堪口述中，这些母系氏族社会遗风的迁延绵长的影响，对女萨满形象塑造还是起到主导作用的。

在伊玛堪口述传承中，女萨满鹰战奇观的呈现，不仅与母系氏族社会女

---

① 黑龙江省民间文艺家协会选编，《伊玛堪》（下卷），黑龙江人民出版社，1998 年，第 129 页。
② 黑龙江省民间文艺家协会选编，《伊玛堪》（上卷），黑龙江人民出版社，1998 年，第 193 页。
③ 郎樱，《〈江格尔〉与〈玛纳斯〉中的神女、仙女形象》，见《中国北方民族文学比较研究》，民族出版社，2011 年，第 191 页。

萨满遗型相关，也与满通古斯语族普遍信仰萨满教相关。在满通古斯语族中，对神鹰等灵禽的崇拜现象十分普遍，且这种崇拜均与女萨满相关。孟慧英曾经指出："鸟，特别是鹰，早已被学术界通释为萨满职业的标志。"① 鹰，在此成为满通古斯语族约定俗成的一种女萨满的符号性指称，也是由多方面研究证实的。

满族创世神话也讲过萨满起源于鹰，"鹰神最早从石头里叼出一个石蛋，生出一个女萨满"②。富育光对此总结道："正因为鹰神有通贯天地的神力和与萨满有血缘关系，鹰与雕神成为萨满的佑护神与化身，成为灵禽崇拜的至尊无上的佼佼者。"③

伊玛堪叙事揭示出的，正是赫哲族女萨满与神鹰的一体关系。也就是说，伊玛堪口述中，会飞翔的女萨满比之男性英雄莫日根，当然这个莫日根后来也想成为萨满而且事实上也成了萨满，更具有沟通天地、人神的能力。

女萨满变身为阔力征战沙场，在完成辅佐男性莫日根成就复仇大业目标后，在战争中沟通天地人神的能力和充满速度力量的神勇性格等一系列光彩照人的瞬间，就此失去存在价值。女萨满阔力角色预设的单纯性，使她失去了与男性一道分享战争胜利果实的权利。

以《阿格弟莫日根》为例，阿格弟莫日根统一三江平原后，三个部落合为一体，三个部落首领推举阿格弟莫日根为部落联盟盟主，也就是"王"。辅佐阿格弟西征的男性，也即女萨满的兄弟，均拿到利益份额，去管理各自部落，每隔一个月向"王"汇报一次情况。

西征胜利后，阿格弟身边曾经声名远播的女萨满集体失语。女萨满脱下鹰袍"卸妆"后，只能作为氏族联姻的筹码，留在拥有多名妻子的丈夫身边。

伊玛堪叙事中，利益分配失衡的终极指向，预示了母系氏族社会式微，父权制社会崛起的政治重构。战争作为洗牌方式，终于推出了集部落联盟大首领、氏族王者、大萨满于一身的大英雄莫日根，至此，伊玛堪英雄主体叙事才圆满落下帷幕。

---

① 孟慧英，《萨满英雄之歌：伊玛堪研究》，社会科学文献出版社，1998 年，第 330 页。
② 汪丽珍，《关于满族的鸟文化》，《中央民族学院学报》，1993 年第 2 期。
③ 富育光，《萨满教与神话》，辽宁大学出版社，1990 年，第 62 页。

第二节 鄂伦春族《英雄格帕欠》

鄂伦春族摩苏昆《英雄格帕欠》，由鄂伦春族李水花、莫宝凤、孟德林、初特温、孟兴全等口述，孟淑珍整理，中国民间文艺研究会黑龙江分会于1986年印刷出版。

摩苏昆采录于黑龙江省逊克县新鄂民族乡，主要流传在小兴安岭一带。马名超在《古老语言艺术的"活化石"——论鄂伦春史诗"摩苏昆"》里，对摩苏昆的采录评价很高，认为"鄂伦春族先民在采集经济发展期所缔造的精神文化的部分原始面貌……对于我们沿着历史足迹去探寻最典型的北方渔猎民族中迄今为止仍然活在人民口头上的民族史诗的源流、特征乃至艺术构成规律等，均当不无小补"①。甚至在进一步谈到摩苏昆的独特价值时说："由于这一最新发现，将使我们有可能在北方广阔地段上，连接起一条东起江河水域，中经兴安岭层层峰峦，一直延伸到呼伦贝尔草原牧区包括满洲族、赫哲族、鄂伦春族、鄂温克族、达斡尔族以及巴尔虎蒙古族等通古斯语系诸民族古老史诗遗存的修长纽带。"因此，摩苏昆被认为是20世纪80年代继伊玛堪史诗搜集整理之后口述资源领域又一次填补空白之作。

摩苏昆主要讲述古代鄂伦春人"征战复仇，降魔除害等英雄业绩"。目前采录的摩苏昆英雄叙事有《英雄格帕欠》《波尔卡内莫日根》《布提哈莫日根》，其中《英雄格帕欠》最能代表鄂伦春族英雄史诗摩苏昆的叙事成就。

鄂伦春族是黑龙江世居少数民族，现居于大小兴安岭、塔河县十八站、呼玛白银纳、伊春嘉荫县、黑河地的瑷珲区新生乡、逊克县新鄂乡和新兴乡、内蒙古自治区境内的鄂伦春族自治旗、布特哈旗等地。据2010年第六次全国人口普查，鄂伦春族有8659人，为目前中国人口较少的民族之一。

历史上，鄂伦春族以狩猎、采集、捕鱼为生，被称为"使鹿部"。鄂伦春是民族自称，指住在山岭上的人、使用驯鹿的人。鄂伦春族人逐水草而居，以射猎为业，"饶獐鹿、射猎为务，食肉衣皮，凿冰没水中而网取鱼鳖"。作为满通

---

① 马名超，《古老语言艺术的"活化石"——论鄂伦春史诗"摩苏昆"》，见《黑龙江民间文学》第17集，第1～2页。

古斯语族，鄂伦春族是黑龙江世居少数民族，族属可上溯至古东胡族系后裔，南北朝时活动在黑龙江广大地区的钵室韦人是其主要族源。鄂伦春族与鄂温克族拥有共同的祖先，信奉原始宗教萨满教，语言是通古斯满语族北语支，没有文字。

鄂伦春族摩苏昆是民间口述传承的英雄叙事，是“说着唱”“唱着说”的鄂伦春族史诗。由于摩苏昆历史悠久，摩苏昆民间口述传承人日渐稀少，因此孟淑珍采录整理的《英雄格帕欠》等史诗就格外珍贵，是现存为数不多的可以探究鄂伦春族原始记忆的“活化石”。

据采录人孟淑珍披露，《英雄格帕欠》的异文非常多，“不下十几种，情节各异。但是，整个故事主线基本一致，尽管各异文中主人公在途中所遇到的困难和障碍数不胜数，一关甚于一关，但最后都以‘一夜间草坪上奇迹般地坐落起了一排排崭新漂亮的住房，人们设宴庆贺了许多天，人们纷纷赞颂格帕欠莫日根，歌唱英雄胜利而同欢歌共起舞……’的场面来结束”①。

搜集整理摩苏昆《英雄格帕欠》的过程极其艰难。孟淑珍披露，到1984年年初为止，“由于说唱能手大都去世，只有几位歌手也因故不能完整地说唱下来，因此我们采取了深入调查、广泛了解、勤问细抠、重点采访、笔记录音相结合，与主要说唱者共同拟订计划等方法”②，对于身体不好经常患病的人，“可以不要求他唱，口述即可，以免影响身体。有时只请他们补充故事情节”③。最终，《英雄格帕欠》“以莫宝凤、李水花、孟德林等人的采记录音为主，以初特温、勒赫彦、莫玉生、莫海亭、莫彩花、孟兴全等人的口述为辅”④，基本上保持了摩苏昆原有的风格特点。

一、繁衍主题

摩苏昆口述资源《英雄格帕欠》虽然采录于小兴安岭，但在大兴安岭亦广

---

① 李水花、莫宝凤、孟德林、初特温、孟兴泉口述，孟淑珍搜集整理，《英雄格帕欠》，载《黑龙江民间文学》第17集，中国民间文艺家研究会黑龙江分会编辑出版，1986年，第100页。

② 同上。

③ 同上。

④ 同上。

泛流传。作为鄂伦春族英雄史诗,《英雄格帕欠》以鄂伦春族先民在群山怀抱中享受着大自然恩赐的丰衣足食,精神却苦闷孤独为叙述基调,开篇讲述了鱼神下凡,与鄂伦春族小伙子缔结婚姻,繁衍生息,幸福生活的原始画面。

(一) 鱼神下凡

从故事开头,就将鄂伦春族繁衍生息作为一条主线,这条线索的铺设,意在引发出"生存还是死亡"的人类恒久主题。在鄂伦春族,英雄祖先崇拜叙事,叙述古代先民与恶魔的战争,就成为一种惯例。在《英雄格帕欠》中,敌我矛盾冲突的设置,集中在人的生殖繁衍与魔鬼的生殖繁衍、善与恶两种不可调和的矛盾引起的二元对立战争上。

故事发生时间是英雄史诗口述常用的开头,在"很早很早以前",地点是鄂伦春族猎人世代打猎的崇山峻岭中,乌勒么得色赫山下哲林佐河边。猎人库尔托靠打猎抓鱼为生,由于孤独寂寞,他唱歌弹琴打发时光。一天,他吹着口弦琴,对着河水倾诉无伴的苦闷:"库雅尔①,库雅尔,库雅库雅库雅若,小伙子库尔托我哟,又在这里唱起歌儿了。可是我的歌儿哟,有谁能来听一听?我满腹的苦闷哟,有谁能来同情呢?"

河里大小鱼儿听着他的歌声,在岸上水里起舞蹦跳,与他一起欢乐。每次唱完歌,他都叉几条大鱼拿回家当饭吃。当然,猎人的孤独不只是求取同情,更渴望女人陪伴。"库雅尔,库雅尔,库雅库雅库雅若,我又开始唱歌了哟,清凌凌的河水呀,有众多的鱼儿相随,可是小伙子我呢,却没有个会说的与我答对。"②

库尔托带着大鱼准备回家吃饭时,水里却蹦出一条卡达拉汗,"翅膀一扇乎一扇乎的,鳞片一亮一亮的,正睁着圆溜溜、水灵灵的眼睛瞅着他呢"③。最后那条卡达拉汗,是一位鱼神。库尔托把她带回家,正想对卡达拉汗开刀,见她眼里掉下串串泪珠,就将她放在桦皮盆里养起来。闲着没事,对着盆里的鱼神说呀唱呀,从此再也不去河边了。《英雄格帕欠》以猎人库尔托对鱼刀下留情的

---

① 库雅尔,摩苏昆英雄史诗习惯性衬词。

② 李水花、莫宝凤、孟德林、初特温、孟兴泉口述,孟淑珍搜集整理,《英雄格帕欠》,载《黑龙江民间文学》第17集,中国民间文艺家研究会黑龙江分会编辑出版,1986年,第130页。

③ 同上。

举动，确立了鄂伦春小伙比之卡达拉汗鱼神更高一等的地位。按照满通古斯语族民间口述惯例，鱼神对他的不杀之恩，是会有所报答的。

（二）父权制悲剧

《英雄格帕欠》以鱼神和猎人的婚配，将两人之子英雄格帕欠神话化。鱼神卡达拉汗以女人形象下凡，满足了鄂伦春族人丁稀少，渔猎民族渴望繁衍生殖的愿望。在摩苏昆口述中，猎人渴望繁衍生殖的愿望，被猎人库尔托与鱼神的美好爱情故事掩蔽了。口述中的鱼神，并没有高高在上的样子，而是以平凡的居家女人形象，迎合人间世俗夫妻的规范，照顾鄂伦春族小伙子的饮食起居。

可以看出的是，猎人库尔托的行为方式，带有明显的父权制社会的痕迹。库尔托身上有些父权制的大男子毛病。从他打猎归来，对家中突然出现的摆好的饭菜、新缝制的衣物，完全没有惊讶疑问，而是乐得享受这些飞来之物，并且对不知是哪位女人的手艺大加评论，很大程度上来自于他自身的男主外女主内的父权制话语体系。摩苏昆口述传承立场，明显站在父权制一边，这种乐得享受女人家务服务的观念，是口述传承人对猎人美好生活的幻想。口述中讲到对突然而至的家居变化时，描述了库尔托志得意满的样子："一连三天，老远就看见歇让座[①]，顶上冒烟，等进了院卸下鞍，进门一看，嗬！饭早摆好，正冒热气哩，可就是没个人影！他也不管是谁做的，盘腿坐在熊皮上，美美地吃了个饱。肉炖得又嫩又香，鱼炖得又鲜又美，肉粥也煮得可口，柳蒿芽汤更是鲜亮，嘿！好一双灵巧的手艺。库尔托吃完一抹嘴巴，往皮铺上一溜眼，哎呀，新做的绣花苏温（猎袍）、巴丽阿文（猎帽）、沙尔巴赫依（五指皮手套）、敖老气（狍爪皮靴）等衣物，整整齐齐地摆在上面。"[②] 这种"可口""鲜亮""灵巧"等对女人家务能力的评价性词语，都是以男人作为一家之主的地位，对女人俯视性的评头品足。

《英雄格帕欠》里，有个库尔托向鱼神求婚的细节，很能说明父权制下男人主体意识强烈，考虑个人利益时霸气十足，以及为实现个人目的不择手段的性

---

① 鄂伦春族在山林间搭的住房，也称撮罗子。

② 李水花、莫宝凤、孟德林、初特温、孟兴泉口述，孟淑珍搜集整理，《英雄格帕欠》，载《黑龙江民间文学》第17集，中国民间文艺家研究会黑龙江分会编辑出版，1986年，第131页。

格特点。

猎人库尔托用计谋对付善良的鱼神。如何找到做家务做得这么好的女人？一般情况下，显然是找不到的。为不错失良机，库尔托装模作样，装聋作哑，以不引起鱼神怀疑为宗旨。他每天照常出门打猎，但是，在驮上狍子晌午到家时，他没有按往常习惯从正门进屋，而是悄悄地绕行，从马架子摸过去，看到门洞里有个漂亮的乌那季①。“桦皮盆里的鱼不见了，皮铺上放着满是闪闪鳞片的丝花袍。”他终于知道卡达拉汗变成了给他做饭的乌那季。于是，他乘乌那季不备，就把鳞袍藏起来，不让她再变回鱼神，并拉住乌那季的手唱起求婚歌：“库雅库雅尔，库雅尔若库雅若，美丽的乌那季哟，你来自何方？莫非是卡达拉汗哟，变成你这般乌那季模样？你这样灵巧，你这么漂亮，愿意嫁给我吗？我一身打扮多像新郎！卡达拉汗呀库雅若，回答我吧库雅若。”②

卡达拉汗本想帮助库尔托解燃眉之急，答应求婚后，鳞袍就被猎人烧了，断了她变回鱼神的后路。可见，在与鱼神的交往中，猎人完全占据了主动权，武断地替鱼神做了选择，也为卡达拉汗此后害怕丈夫、不愿与丈夫交流，导致被抓埋下了伏笔。

库尔托在鱼神面前说一不二、唯我独尊的性格，终于使悲剧不可避免地发生了。他经常骑着卡达拉汗的小走马去打猎。每次卡达拉汗都嘱咐丈夫，不要给马设马绊子戴嚼子，不要把马拴在粗树上。小走马是鱼神卡达拉汗的护身马，由于魔鬼犸猊经常抓人，卡达拉汗的母亲不放心她，就托山神赐她宝马，暗中保护女儿。由于库尔托妄自尊大，在妻子面前硬要树男人威风，就是不听卡达拉汗的话，一定要将小走马拴在粗树上，导致小走马无法挣脱束缚，未能及时前来救她，采柳蒿芽回家的卡达拉汗，终于被犸猊派来的妖鹰得恳得义抓走。

在这块山林地带，魔鬼犸猊危害四方，长期称霸山林，妻妾成群，产出大量的小魔鬼小犸猊。犸猊垂涎卡达拉汗的美貌，想娶鱼神为妻，派得恳得义将鱼神掠来。

犸猊向猎人库尔托公开挑战：“我是这里的大王，也是山里的主人，我的力

① 乌那季，指姑娘。

② 李水花、莫宝凤、孟德林、初特温、孟兴泉口述，孟淑珍搜集整理，《英雄格帕欠》，载《黑龙江民间文学》第17集，中国民间文艺家研究会黑龙江分会编辑出版，1986年，第132页。

气大得出奇，我的武功练到份儿上。美丽的卡达拉汗应该归我，你趁明白快回家去吧，免得我一气之下要了你的小命”。①

小走马和库尔托与犸猊、得悬得义打了三天三夜，宝马战死，库尔托也被钉在大门上。誓死不从犸猊的鱼神，唱着忧伤的歌，犸猊烦得把她钉在二门上。夫妻两人被钉在大门和二门上，给魔鬼开关门。“俩人一见面那个哭哇，真是没法说，可就是到不了一块儿，只好眼巴巴地对望着，成天成宿地说呀、唱呀、哭哇，就这么打发日子。”② 猎人与鱼神，虽然没有天各一方，却相见不能相拥，咫尺天涯。

摩苏昆口述与伊玛堪口述同为英雄史诗，鄂伦春族与赫哲族也同为黑龙江流域的满通古斯语族少数民族，但是传承下来的英雄史诗却是截然不同的两种风格。伊玛堪将全部精力放在如何塑造英雄形象，甚至如何塑造与英雄形象配伍的女萨满形象上，很少对英雄的父母详细描述。即使有，也是寥寥数语，仅是交代个来龙去脉。

摩苏昆口述在成就大英雄格帕欠之前，用大量篇幅讲述他父母的婚姻爱情故事，并将家族史放在非常显著的地位，除了说明鄂伦春族摩苏昆对爱情主题的热衷，还映照出口述史诗起源于更早的社会形态的印记。格帕欠的父母是人神结合，体现了摩苏昆口述传承的时间跨度比较大，既有父权制的性别立场，也保留了远古神话遗型女祖先崇拜的痕迹。

摩苏昆口述中，当库尔托与鱼神生死不渝的爱情遭遇坎坷身陷苦难时，依据英雄史诗原则，其子必当行拯救父母的责任。征战的目的地，既是父母的受难处，也是敌人所在地。口述至此，已将英雄父母的故事交代清楚，再次开头，已完全属于英雄格帕欠的篇章了。

二、英雄出世

与大多数英雄史诗一样，鄂伦春族摩苏昆《英雄格帕欠》讲述了英雄格帕

---

① 李水花、莫宝凤、孟德林、初特温、孟兴泉口述，孟淑珍搜集整理，《英雄格帕欠》，载《黑龙江民间文学》第17集，中国民间文艺家研究会黑龙江分会编辑出版，1986年，第148页。

② 同上注，第151页。

欠父母被掳，他在摇车里被母亲隐藏起来，独自长大，在获知父母仇敌之后，踏上血亲复仇之路，从而锤炼成盖世英雄的故事。

（一）鱼神祈祷

口述传承在推出鱼神之子格帕欠时，也先天地赋予他英雄素质。格帕欠在鄂伦春语中，即射箭手之意。与伊玛堪口述系列英雄莫日根招摇一生、风光无限的情形相比，英雄格帕欠的出场略显单打独斗的风格。伊玛堪口述英雄被众多女萨满和被征服者簇拥着，最终成为集部落联盟大首领、氏族王者、大萨满于一身的大英雄。血亲复仇往往成为伊玛堪英雄莫日根举旗西征号令天下的借口，最终得天下成为部落联盟盟主，才是伊玛堪口述英雄的终极目标。但在摩苏昆口述中，英雄格帕欠征战的目的非常单纯，就是要挑战危害一方的魔鬼犸猊，拯救亲生父母于危难。

父母受难，在摩苏昆口述中是英雄成长的唯一内生动力。作为鱼神与猎人的后裔，英雄格帕欠半人半神的来历，承载了鄂伦春族对原始社会氏族英雄天赋神性的顶礼膜拜，或者说是对半人半神英雄的无限想象和幻想。血亲复仇作为英雄史诗人物征战沙场的终极目的，是英雄至高荣誉之所在，也是鄂伦春族祖先崇拜的具体呈现。

史诗口述中的英雄，其神性大都来自于母亲，这是母系氏族社会遗型传递出来的一种信息。相对于父亲，母亲具有的孕育特征，总是更容易成为接纳外在神力的对象，也更容易以女神身份下凡，传递神的旨意。郎樱认为："史诗英雄大都具有非凡的来历：一束光从毡房的天窗照射到妇女身上，妇女感光而孕，生下英雄；有的妇女在林木中独居，在树的神力传感下受孕，生出盖世英雄；有的妇女喝了一滴鹰血、吃了一个果子或是一个鸟卵而怀孕，她们生下的也都是了不起的英雄。上述这些英雄虽然有一个人格上的父亲，但是英雄与这个父亲没有血缘关系，英雄是神的后裔。"① 因此，父亲在某些史诗英雄身上并不体现传承的痕迹。

在摩苏昆口述中，英雄格帕欠有位鱼神母亲，当然，这动物类女神明显是

① 郎樱，《史诗的母题研究》，见《中国北方民族文学比较研究》，民族出版社，2011 年，第 62 ～ 63 页。

母系社会遗型。英雄史诗中，英雄少儿时代，在父母受难时，往往会被母亲保护起来，以便日后报仇申冤。摩苏昆口述中，鱼神卡达拉汗预感凶多吉少，她提前为孩子洗了澡，准备了桦皮棚桦皮篓，肉干和水，皮衣皮裤，又把摇车放在旁边。当被妖鹰叼走的命运来临时，她为孩子日后生存的设施和空间已准备停当。

但是，格帕欠的父亲又的确与他有血缘关系，并非单纯的父亲摆设。这一点说明，鄂伦春族英雄史诗的父权制色彩更为浓厚，他的父亲在听从鱼神卡达拉汗劝告，回家安顿好孩子，返回犸猊处拯救卡达拉汗的系列动作中，都相当出色地表现出丈夫和父亲作为一家之主的责任和担当。在此，父亲并没有缺席，在危机来临时，他能挺身而出，救助家人，符合父权制世俗社会对男人的大丈夫想象，只不过他的力量不敌犸猊而已。

对于小格帕欠，鱼神寄予厚望，她将所有能够想到的神，都呼唤了一遍。请祖神白那恰、太阳神地尔恰布坎、月亮神别雅布坎、北斗星神鄂欧勒恩布坎、火神托窝布坎、山神波窝布坎赐予她儿子智慧与武功，甚至美貌。“如若嫌太远哟，不能来此相救，那么就请赐给我的儿子，格帕欠神的智谋；如若这儿是魔鬼的住地，各自平分春秋，那就赐给我的儿子，格帕欠神的威力。让他像二岁子小鹿，快快长高成人；让他像花豹斑虎，超凡地顽强勇猛；让他像七叉雄鹿，非常地矫健机警；让他像大白天鹅，高高地翱翔在云中；让他像阿拉尔宝马哟，神速地驰骋有如疾风。让他的身材哟，像茁壮参天的青松；让他的容貌哟，像水洗的山里红；让他的力气哟，山般巨石也能高举过顶。”①

鱼神日夜为儿子祈祷，希望世间所有的美好品质和高超能力都能够集中在她儿子身上。“给我的儿子这一切吧，让他像神灵般万能，让他有降伏妖魔的本领。再赐给他神马哟，不光能翻山越岭，还要能腾空驾雾，穿透浓雾和云层；让他来解救父母亲人，让他来解救姐妹弟兄；为我们报仇哇，让我们的儿子格帕欠，成为除妖灭灾的英雄！”②

鱼神甚至希望她儿子，这个带有凡人血统的孩子，具备神的万能。

---

① 李水花、莫宝凤、孟德林、初特温、孟兴泉口述，孟淑珍搜集整理，《英雄格帕欠》，载《黑龙江民间文学》第17集，中国民间文艺家研究会黑龙江分会编辑出版，1986年，第149～150页。

② 同上注，第150页。

在鱼神的日夜祈祷下，格帕欠成长速度惊人。小鸟嘲笑他：“太阳升起老高了，照着你的屁股蛋儿，还躺在摇车不起来，你说懒不懒，你说羞惭不羞惭？”① 小鸟使他觉醒，他回骂：“叽叽小东西，叽叽小东西，看我走出去，一把掐死你。”② 他找到肉干吃，就像许多神话故事、史诗传说中的英雄人物，格帕欠一会儿工夫个子就长高了，心眼也长了不少。小鸟成为他射杀的第一个对象。母亲留给他的衣服小了，他就射杀鸟儿拿羽毛当衣服，他的射杀技艺在玩乐中日臻成熟。当有一天听到对岸有呼唤声，才知道父母正在受难。

（二）异类相助

口述至此，可以看到神的助力。在满通古斯语族中，史诗常会出现会运动带有灵魂意志的脑壳之类，这些异类的参与，使叙事闪现着鬼斧神工的灵魂力量，也使满通古斯语族信奉萨满教的万物有灵论、灵魂不死论等原始自然神崇拜的观念，在赫哲族、鄂伦春族、满族等族系中得到相对一致的呼应。

因此，异类形象的出现不仅意味着事件发展出现了转折，也证实着口述产生的地域性特征。格帕欠听到的声音来自于狍子胸腔，它的身份是个信使。它从水中漂过来，从遥远的魔鬼住地赶来，告诉格帕欠的悲惨身世。犸猊是大王，得恳得义是二王，专抓山里人祸害。格帕欠父母被抓三年。狍子全身被犸猊吃掉，只剩胸腔逃出来，受格帕欠父母嘱托报信，让他精练武艺杀死魔鬼。

在以山林为居地的鄂伦春族口述资源中，狍子原本是猎人口中的食物，口述选择狍子作为猎人的信使，说明魔鬼犸猊所残害的不仅仅是山林之人，还有包括狍子在内的自然界万物。也说明，英雄格帕欠所要代表的是正义之师、拯救之师。

（三）英雄出世

与多数史诗“英雄出世”环节必须交代父母去向，或自身前世特殊身份一

① 李水花、莫宝凤、孟德林、初特温、孟兴泉口述，孟淑珍搜集整理，《英雄格帕欠》，载《黑龙江民间文学》第17集，中国民间文艺家研究会黑龙江分会编辑出版，1986年，第152页。

② 同上注，第152～153页。

样，当身世之谜解开后，随之而来的是英雄的“快速成人”。譬如，在满族说部《恩切库布》里，女萨满英雄恩切布库坐在山梨树花瓣里出生，她“生而能言，生而能笑，生而能走，生而能知大事”①。格帕欠父母被抓三年，还是孩童的格帕欠急切地想长大。他踮起脚往高抻，“抻一下长一指”，把大桦皮棚腾空架起。他射杀了红杠子狍子，穿上狍皮制作的服饰，英气逼人。在九道岭，他接生下一匹宝马，把四色丝笼头和镶金边的马鞍给小马备上，后蹄着地，“轰”的一声，腾空飞起。格帕欠和百岁老人比试武功，经历过难题考验，巨斧砍七棵柏树、抬九块巨石，闯关得到宝弓、宝刀、宝剑。在花喜鹊沙吉雅的指点下，作为血亲复仇的大英雄，格帕欠装备齐全，开始向离海不远的地方，也是犸猊的老巢、父母的拘禁地进发。

三、血亲复仇

摩苏昆口述与伊玛堪口述在英雄出世、英雄征战途中遇到障碍和挑战方面，情节设置都是一致的。其中要解决的问题是，如何在人物外形和心智上都变为成人。英雄儿时尽管身世奇异，经历非凡，但是距离他长大成人还有一段时间。若总是处于儿童状态，也很难与英雄二字匹配。因此，摩苏昆口述中，格帕欠要经历两种江湖情形，也就是迅速社会化，洗掉儿童的天真烂漫，与女人结婚，与男人结拜兄弟。

（一）兄弟结拜

鱼神之子格帕欠，在神的眷顾下，骑着那匹会飞翔的宝马，少年得志，要风得风，要雨得雨，既不想结婚也不想结拜兄弟。对三岁起突然长大，领有复仇使命的格帕欠来说，心中除了复仇，并无其他概念。因此，当他进入鄂伦春族猎人房间，遇到一群熟谙父权制社会运转规律，意图以联姻壮大自己力量的猎人时，他的无知换来的是一场挑战。

只知血亲复仇，并不知犸猊在猎人心中地位的格帕欠，途中落脚只是为了打听复仇要去的方位。一旦他申明要找犸猊报仇，便引起自认为是英雄的各路

① 富育光讲述、王慧新整理，《恩切布库》，吉林人民出版社，2009 年，第 37 页。

豪杰的不屑。猎人们一直想要除掉犸貌而无能为力，一个少年竟然夸下海口。况且，他进入的是一户正在招亲的额真家门，一个美丽的乌那季正等着父亲为她招亲。来来往往求亲的年轻猎人聚集在额真家里，格帕欠的到来被误认为是求婚者之一，他的张狂，必然引起求婚者的不满。他们认为格帕欠是在吹牛，竟敢去捅犸貌的老窝，于是决定与格帕欠比武，打压他的威风。

于是，格帕欠被动地进入了“比武招亲”“比武结拜”的成人仪式里。在英雄杀死犸貌之前，他必须跨过这两个“成人礼”障碍。

挑战者说：“远方来的小伙哟，还不曾领教过，你到底有多大本领？到底有多少把握，敢走无数山山水水。去捅犸貌的老窝？”[①] 格帕欠义愤之间便口出狂言：“看我一个指头就弹你轱辘几个个儿。”[②] 果然，两个小伙子经他一扒拉，纷纷倒地。人们见他弹指间便致两人败溃，无不赞誉他的本事。

苏赫欠莫日根作为这一带著名的猎手，并不服气，他要单独挑战格帕欠。苏赫欠本意是斧头，他善使斧头。等他招数用完了，“格帕欠也学得差不多了，便由退而进地攻打对手”，苏赫欠莫日根再次成为格帕欠的手下败将，主动要与他结拜兄弟，愿意同赴沙场，听从调遣。但是，格帕欠婉言相拒，相约“假如再过一个月，凶恶的犸貌没被杀死，我结拜的弟兄们，立刻驾马征服魔鬼去”[③]。临别时，格帕欠获赠苏赫莫日根的利斧，为他征服犸貌添柄利器。

摩苏昆口述中，以攻打犸貌为旗号的格帕欠，路途上必然会遇到一批深受犸貌之害的猎人兄弟。英雄结拜并且同赴战场，是一种惯例，也是英雄史诗中常见的仪式。为了烘托格帕欠英雄主体形象，摩苏昆口述中在为他配备精密武器的同时，也配备了一些追随者。途中又与善用铁锤的阿尔克欠莫日根，善用铁镰的勒赫欠莫日根，善用猎刀的考陶汉莫日根相遇，英雄见面分外眼红，双方比武，每每都是格帕欠获胜。每一次与英雄好汉比武，他都会得赠一门新式武器，他征战沙场的经验和能力与日俱增。

---

① 李水花、莫宝凤、孟德林、初特温、孟兴泉口述，孟淑珍搜集整理，《英雄格帕欠》，载《黑龙江民间文学》第 17 集，中国民间文艺家研究会黑龙江分会编辑出版，1986 年，第 173 页。

② 同上注，第 174 页。

③ 同上注，第 176 页。

（二）比武招亲

对格帕欠来说，兄弟结拜是一种被动的成人仪式，但是，一个不经过求婚的猎人，即使最终获得杀敌立功的“成丁仪式”，也难以达到称霸一方的英雄境界。

英雄史诗是不允许这种婚姻缺失存在的。因此，在摩苏昆口述中，作为一种补充，并不参与“比武招亲”游戏的格帕欠，被招亲的额真追赶着，让他订下这门亲事。而这一点，正是《英雄格帕欠》口述的主旨。格帕欠作为鄂伦春族大英雄，在成功平定魔鬼之乱后，与猎人们过上幸福生活繁衍族群的主题相吻合。

父权制下，父亲替女儿找丈夫是很正常的。老猎人身为部落额真，也是一方首领。他在招婿过程中，虽然没有设置“比武招亲”的障碍，但格帕欠与求婚者被迫比武，表现出他作为男人的英雄气概和神奇武功，也与鄂伦春族崇尚英雄的价值契合。于是，他不顾颜面，追赶着格帕欠，替女儿订下这门亲事。“一千个小伙子里哟，顶数你长得英俊，一千个小伙子里哟，顶数你武艺超群。你像猛虎般英勇，你像雄鹿般精明，只有真正的英雄，才有佩戴宝器的荣幸。……听我说呀格帕欠，假如你不嫌弃，小乌那季就许给你吧，我是这里的额真，我已经主意打定，就将花一样的乌那季，作为英雄的妻子。……我那小乌那季，你只看一眼，就会记上三年。假如你答应啊，她就像影子一样不离身边。”[①] 格帕欠默认了这门亲事：“假如我胜利归回，由阿聂阿迈定夺。”在日后的征战中，格帕欠确实感受到了乌那季“像影子一样不离身边”。睡梦中，乌那季陪着他，给他“赶蚊蠓”，充满着爱慕和担心。[②]

摩苏昆口述，直到这时才将英雄格帕欠成长的两个门槛迈过。鱼神之子，有望成为大英雄的格帕欠，已有了未婚妻和结拜兄弟，他不再是孤单一人，在拯救父母，实现血亲复仇的大业中，他已是堂堂的成年人了。

四、父权制部落联盟

拥有了未婚妻和结拜兄弟的英雄格帕欠，在一路狂奔为自己赢得与魔鬼犸

① 李水花、莫宝凤、孟德林、初特温、孟兴泉口述，孟淑珍搜集整理，《英雄格帕欠》，载《黑龙江民间文学》第 17 集，中国民间文艺家研究会黑龙江分会编辑出版，1986 年，第 177 页。

② 同上注，第 197 页。

貎的战争中，积攒了丰厚的资本。长征路上，他与伊玛堪的西征英雄莫日根一样，不断地与人家比武，也不断地为自己准备着后援部队。

（一）正式出征

骑着宝马飞翔是格帕欠的标志性形象。当他落到地上，打听犸貎的住处时，猎人们无不夸张地讲述犸貎不可战胜的神话。他们说，多少去杀犸貎的英雄都有去无回，尸骨难寻。猎人们瞧不起乳毛未干的格帕欠，笑话他竟敢独自挑战魔鬼犸貎。每逢这时，不服气的格帕欠都会起身与猎人们比武。一路上，打打停停，停停打打，格帕欠不断地收服各路英雄豪杰，结拜兄弟。

等到打掉无数英雄好汉的威风，到了与英雄考陶汉比武获胜，考陶汉送他神器匕首时，格帕欠已是身经百战、天下无敌的英雄了。口述对他形象的塑造格外地不吝惜语言，也尽情地铺张情节。

这时候，真正的裁判出场了。德高望重的白彦老头，为格帕欠正式出征举起酒碗壮行。他认为，格帕欠具备了打败魔鬼犸貎的条件。“武艺高强的格帕欠，像一颗耀眼的明星，在自由的天边闪现；为了拯救遭殃的猎民，为了消除人间的苦难，将要与那凶残的恶魔，挥动刀箭决一死战。我以长辈的身份，老塔坦达的尊严，向年轻有为的勇士，敬酒给你格帕欠，祝你远征讨伐成功，祝你早日胜利回还。”①

至此，以甩刀手考陶汉为首领，已聚集起百名出色猎手和百种精良装备，全归格帕欠调遣，并相约若格帕欠一个月不回来，这批人马就前去助阵。英雄格帕欠经过与各路英雄豪杰的比武历练，在后援力量充足的情况下，可与犸貎一争高下了。

（二）征战犸貎

英雄格帕欠与犸貎的战争并不容易。犸貎预感到仇敌将要来临，便事先布下各种阵势，以阻挡仇敌。犸貎安排山怪、林怪、雪王、冰雹王、旋风王、雨王、狼王、熊王、虎王、蟒蛇王等妖怪去把守各道关卡。格帕欠听宝马的话，

---

① 李水花、莫宝凤、孟德林、初特温、孟兴泉口述，孟淑珍搜集整理，《英雄格帕欠》，载《黑龙江民间文学》第 17 集，中国民间文艺家研究会黑龙江分会编辑出版，1986 年，第 192 页。

用结拜兄弟赠他的各种利器，闯过十道关卡，直逼犸猊老窝。看到被钉在大门二门上的父母后，他不禁痛哭失声。格帕欠对着犸猊老窝叫阵："库尔托莫尔根的卡达拉汗，生下的儿子格帕欠哟，我就是神箭手！如今我向魔鬼们挑战，消除人间不幸和灾难。快交出我的亲人们，快把我阿聂阿迈送下沙滩！"① 对于犸猊的暴行，他失声痛骂："残暴的犸猊赫，吃人的犸猊赫，我是你的'老祖爷'！不但要杀死你这恶魔，还要把你儿孙斩尽杀绝。你吃的人肉比山还多，你喝的人血流成大河今天是你的末日，快快投降听我发落！如若不肯依从，别怪'老祖爷'我发火！"②

犸猊身躯巨大，嘴脸丑陋，有灰黄色长毛的巨掌。他手下不仅有巨怪，还有九个老婆和无数的小犸猊，经营着一个巨大的犸猊王国。无数猎人、猎人的妻子儿女，都葬身于犸猊肚腹。犸猊王一向瞧不起向他挑战的猎人，对格帕欠说："小小格帕欠，像个掉在石子上的毛毛虫！个头没有我一根汗毛高跑到这儿来瞎嗡嗡。你是兔子钻虎洞，只够我塞牙缝的！"③

格帕欠并不相让，双方激战数个回合，格帕欠在宝马和神器的帮助下，用神箭多次杀伤犸猊，但是犸猊的身体有再生能力，尽管格帕欠杀得它浑身是伤，它总会平复治疗，获得重生机会。格帕欠打得非常辛苦。宝马说："我的莫日根主人。这样打下去可不是办法，这样杀下去到哪个时辰？魔王犸猊哟，有九个脑袋在胸腔和头顶，而今，只砍掉一个，还有八个脑袋晃动。"④ 在听到宝马说后援的结拜兄弟们已在路上时，筋疲力尽的格帕欠力气倍增。他与大小犸猊打了三天三夜，血流遍地，削掉了犸猊王六个脑袋，他也被犸猊王巨掌拍到沙石地上昏了过去。宝马救起主人，送到老猎人和乌那季身边，让他们精心照顾英雄格帕欠三天三夜，这期间"不要对主人大声喧闹，不要被阳光晒着，不要让他看见群星闪耀。三天后他自然会醒转过来"⑤。这期间，宝马另有任务，它要去探听犸猊不死的真相。

宝马在格帕欠征战途中，起着助手神的决定性作用，既是战士，直接参战，

① 李水花、莫宝凤、孟德林、初特温、孟兴泉口述，孟淑珍搜集整理，《英雄格帕欠》，载《黑龙江民间文学》第17集，中国民间文艺家研究会黑龙江分会编辑出版，1986年，第207页。

② 同上注，第210～211页。

③ 同上注，第211页。

④ 同上。

⑤ 同上注，第224页。

又是守护神，在关键时刻拯救主人。宝马不仅带着他一路飞翔，还会替他打探消息。宝马的沟通能力、征战能力、救助能力，都与伊玛堪口述中英雄的妻子阔力非常相似。

（三）体外灵魂

在满通古斯语族英雄诗史中，经常会有灵魂寄于体外的事情发生。在伊玛堪口述中，寄魂被作为萨满保持生命之根的奥秘，“对寄魂物的藏和寻是众多故事中常见的英雄和对手之间的法术较量话题”①，在敌我双方激战中，“能够识破寄魂物秘密的都是有法力，有见识，与主人公有亲缘关系的人或他的助神，像阔力，马等动物”②。

格帕欠在征战犸猊中遇到的最大障碍是犸猊的体外灵魂，犸猊只伤不死，永远复活，使战争无限期地延长。纵然格帕欠武功再高强，亦难迅速决杀。格帕欠所遇到的难题，是英雄求取成功途中的一道难以跨越的障碍。宝马具备与天地人神的沟通能力，它对神秘事件的洞悉和准确判断，只有守护神才能做到。格帕欠作为半人半神，并不具备识别体外灵魂的能力。因此，在寻找犸猊王体外灵魂上，宝马的神通广大和全知全能，无疑就是神的象征。

当格帕欠从昏睡中醒来时，宝马也探得犸猊王的体外灵魂位于三棵大树顶尖。若单靠格帕欠的武功，是难以根除祸害的。犸猊的灵魂不散，只要修炼百天，还会重新危害人间。“九只巨卵，那大蛋由得恳得义监守，由吐毒汁的三角巨蛇把关；飞禽无法近前，走兽无法登攀。就更不必说世间常人，连地方都难以寻见。”③ 得知消息的格帕欠，对宝马的亲昵态度，又透出宝马作为助手神的特点。格帕欠与守将得恳得义和三个毒蛇拼杀，拿到九个蛋后，返回战场叫阵，此时一百零六个勇士前来助阵，犸猊以为格帕欠死了，不得已前来应战。格帕欠刚要拿蛋摔，宝马告诉他：“犸猊王的脑袋不掉光，喉咙不射断，黑心不露在外，摔碎大蛋太早，它还能立刻就吐出大蛋来的。”④

---

① 孟慧英，《萨满英雄之歌：伊玛堪研究》，社会科学文献出版社，1998 年，第 336 页。

② 同上注，第 337 页。

③ 李水花、莫宝凤、孟德林、初特温、孟兴泉口述，孟淑珍搜集整理，《英雄格帕欠》，载《黑龙江民间文学》第 17 集，中国民间文艺家研究会黑龙江分会编辑出版，1986 年，第 226 页。

④ 同上注，第 231 页。

格帕欠单独与犸猊王对战，摔蛋之后犸猊掉下河去彻底死亡。宝马提醒格帕欠，犸猊还有九个老婆，它们会假意祝贺英雄格帕欠并敬献毒酒，接过毒酒后要顺势倒在马的蹄子和鬃毛上，否则全身会起火。遇到最小的老婆要对准腰部劈断，她肚里怀着小犸猊，否则生下来是大祸。格帕欠杀掉犸猊的老婆，又与一边打一边长大的犸猊崽子交手。打着打着犸猊崽就长成犸猊王那么高。宝马强行带走恋战的格帕欠，犸猊崽也有体外灵魂。在落叶松上大窝里有七根铁锉，由巨大的苍鹰守窝。铁锉是犸猊崽的命根子，格帕欠将铁锉折断后杀死了犸猊王崽。

（四）荣归故里

一场血腥的战争结束了，与父母相认的格帕欠功名赫赫亦将归家。但是，犸猊妖法将河水掀起大浪，若不治理，百天后犸猊将卷土重来。宝马甘愿下水与其搏斗，嘱其死后要把它的皮整个地剥下，把马肉做成干放在口袋里带回住所，把肉干撒在草甸子上，马皮盖在歇让座上，它会和主人一起生活。于是，当风平浪静后，遍体鳞伤的宝马浮出水面。

回到家乡后，格帕欠按宝马嘱托一一处置。肉干撒落处出现了一座座漂亮的房子，盖着马皮的歇让座是格帕欠的住所，比其他房子都漂亮。格帕欠领受宝马恩惠，举行了盛大的婚礼。从此，猎人们过上了幸福的生活，世世代代繁衍生息。

猎人歌唱英雄格帕欠，不再歌颂鱼神，也不再歌颂宝马。格帕欠也被拥戴为部落联盟的盟主，而在战争中充当他保护神的鱼神、宝马等神祇，就成为造就父权制大英雄的铺垫。对父权制英雄的塑造，摩苏昆无疑是成功的。从口述结构安排上，格帕欠的父母鱼神卡达拉汗与丈夫库尔托彼此分量相当，说明对母系氏族社会母权等于神权的认同，也是母系社会祖先崇拜的遗型。而在格帕欠和他的妻子关系的描述上，妻子的形象是模糊的，连具体名字都没有，只是用女孩的通称“乌那季”来称呼她。她的父亲恳请格帕欠认下这门亲事，由父亲之手转交给格帕欠的女孩只能“像影子一样不离身边”。格帕欠妻子的地位明显降低了，被边缘化了，母权在此显然是缺位的。

因此，摩苏昆《英雄格帕欠》是一场关于争夺鄂伦春族生存繁衍权的英雄战争，英雄盛大的结婚仪式，象征着鄂伦春族新生活的开始，也是父权制部落大联盟王者权力地位的确立。

第三节　满族《东海窝集传》

满族说部《东海窝集传》由傅英仁讲述，宋和平、王松林采录整理，以章回体问世，吉林人民出版社于2007年12月出版。口述文本共计19万字。

傅英仁口述传承的《东海窝集传》主要流传在黑龙江省宁安地区的满族诸姓中间，以满族祖先“野人女真”的神圣历史为叙事内容，以母系氏族社会向父系氏族社会转型这一重大的历史变迁为线索，展开波澜壮阔的战争画卷。在黑龙江省宁安地区的满族宁姓、吴姓、许姓等家族中，都有人会讲述这个故事。傅英仁口述传承的《东海窝集传》，出自于他的三爷傅永利。在此版本基础上，他又吸收了关墨卿等人的口述内容，并进行了文字的修改和补充。

这部满族东海窝集人的英雄口述，最早由宁安地区的“巴拉人”传讲。所谓“巴拉人”，也就是史书所称的窝集人、林中人、野人女真。在满族共同体①尚未形成之前，大约明朝时，该口述就已在野人女真中间流传开了。此外，由于宁安地区四面环山，呈盆地状貌，交通不便，消息闭锁，因此，“巴拉人”与外界很少联系。进入父权制社会后，“巴拉人”虽与清廷有所来往，但属于“朝贡不常”的那类野人女真。因此，东海窝集部的英雄口述传承，多在野人女真内部进行。由于“满族的特殊社会背景和宁安地区的特殊地理环境，才保留至今”②，也因此，地域性局限使这部口述资源在传承过程中保持了原始样貌，甚至没有异文。

《东海窝集传》作为满族先世野人女真从母系氏族社会向父系社会过渡的一场旷日持久的权力争夺叙事，其鲜活的历史人物、征战场景、奇异的社会习俗，以及母权父权两种相异制度观念的激烈碰撞，成为解读满族社会父权制挑战母权制的“活化石”。

一、女王娶婿

傅英仁口述传承的《东海窝集传》，内容共分三十回目。从第一回《长白

① 满族共同体主要由建州女真、海西女真、东海女真三部分组成，其中东海女真部落属于窝集部，也就是野人女真。

② 傅英仁讲述，宋和平、王松林记录整理，《东海窝集传》，吉林人民出版社，2007年，第6页。

二祖争上下 东海双王联姻缘》，到第三十回《东海大业成一统 父系王位定乾坤》，将满族先世野人女真从母权制向父权制过渡的历史进程，以及充满残酷血腥权力厮杀的部落战争，描述得跌宕起伏，大开大阖。全书附总序、宋和平版本考和傅英仁自传。

（一）祖先神的性别战争

与将女萨满归之于附属地位，又借助其势力积累财富和地位，最终将女萨满父兄利益纳入考虑范畴，使母系社会权力顺利移交的主张父权制权力的英雄手中的伊玛堪系列叙事相比，《东海窝集传》中的氏族部落战争，对母权制向父权制这一转型没有采取缓和的过渡性手段，更没有考虑到母系社会掌权者也就是女王因利益失掉而产生的顽强抵抗。这场由性别权力即政治权力转移而树立起父权制地位的部落混战，在形式上表现得更为惨烈悲壮。

傅英仁口述传承的《东海窝集传》，是与母权体制相关的萨满教由盛而衰，母权统治贫乏无力，而引起的政治战争，也即性别战争。这场政治即性别的战争，如同《荷马史诗》传说来源于神之间的争论不和一样，根源要追溯到太白山上两位满族祖先神乌克伸玛法和佛多妈妈之间的一次争论。天神阿布凯恩都哩创造了佛多妈妈和乌克伸玛法两位祖先神，并派两人到下界繁衍人类。佛多妈妈和乌克伸玛法拥有了大量子孙后代，便隐居在太白山上修身养性，一俟子孙有事相求，便会出手相助。

口述开篇，由乌克伸玛法将母权制阻碍部落发展的问题提出来，与佛多妈妈展开论争。这是关涉各部落生存发展的大事，也是事关满族后代薪火相传，能走多远的历史传承问题。按以往习惯，处于母系氏族社会统治时期，当然会以佛多妈妈的意见为重，各部落首领均是由佛多妈妈安排的，部落首领一律为女人。但是，乌克伸玛法认为，女人掌权管理氏族部落，最大的弊病是各氏族部落发展缓慢。中原一带在生产生活中已广泛使用了铁器，东海窝集部却还处于石器时代。

乌克伸玛法周游了七十二个部落和中原一带后，建议佛多妈妈采用男人治理部落的模式。佛多妈妈据理力争，满族传统自古以来都是女人当家，若男人管理天下，会产生大乱。从氏族部落的治理方面讲，女人感性的可以通融的心性更适合管理部落。她说："男人不懂人情，没有人味，非闹事打仗不可；还是女的当家稳妥，可以联合，可以商量。"① 两位祖先各不相让，当然各氏族部落女首领也都不同意放权。

两位满族祖先神在权力性别归属上的意见分歧，是不可调和的。这一性别权力的转换动议，导致并上演了东海窝集部部落战争频发、英雄辈出的史诗大戏。其时，东海窝集部势力壮大，战斗力强，名声在外，版图辽阔，南到豆满江，东到东海，北到外兴安岭直至北海海峡。女王爱坤沙德是东海窝集部的阿木巴波吉烈额真，是部落大联盟盟主，年近五十岁，统辖着九川十八寨。每年九月初九召开祭神树大会，各部落女王都要前来议政，共同商讨军政大事。祭神树大会不仅是政治军事大会，也是缔结婚姻的最好时机。

（二）祭神树大会

作为父权母权之争的导火索，以东海女王招婿的祭神树大会，引发了父权向母权制的挑战。女王选中佛涅部落塔斯丹德女王的两个儿子先楚和丹楚为女婿。先楚和丹楚自幼与周边穆伦部的四个格格习文弄武，感情很深。当母亲塔斯丹德女王告诉两人与东海女王结亲一事时，遭到先楚和丹楚的强烈反对。两人相约，到祭神树那天，他们要找穆伦部四个格格一起私奔。

东海女王打探到穆伦部四个格格私下与先楚丹楚私奔的消息，便将她们掳到东海窝集部做了奴隶。祭神树仪式开始后，二十七位女萨满跳神唱祭神歌，八十一只鹿现场被宰杀，鹿头摆放在祭坛上，祭拜者跪下向神树祈祷，以求全年安康。祭神树完毕后，进入跳舞和择偶环节，女王的两个格格华丽登场。两人身材瘦弱，不能永寿的样子，让先楚丹楚大失所望，自是对逼婚表示不从。两人被东海女王两位格格相逼，不得不透露了曾与穆伦部四个格格青梅竹马的真相，结果是被打得遍体鳞伤。

东海女王为稳定这两桩没有感情的婚姻，安排萨满跳神乞请专门解决婚姻大事的撒林色夫神降临，并与两位女婿约法三章，要侍候好格格，若图谋不轨，定将斩首。令其利用自身武功，为东海女王带兵打仗，建功立业。东海女王对

---

① 傅英仁讲述，宋和平、王松林记录整理，《东海窝集传》，吉林人民出版社，2007 年，第 1 页。

两位女婿设置苛刻条件，要过四关，每关三个月，十二个月过关后方可成为正式女婿。一年后，先楚丹楚都顺利晋升为额驸，赐官名骑都额真，配白色宝马，允回家乡探望父母。官位并没有打动先楚和丹楚，两人都没有屈服，渴望有朝一日能够与穆伦部的四个格格团聚。

因此，《东海窝集传》口述起于权力无法打压的男女爱情萌芽，在母系氏族社会部落大联盟的奴隶制时期，这一女王纳婿事件成为战争的导火索，也即女王女婿先楚和丹楚，最先向这种非人的制度发难。

二、托力宝之战

战争作为母权制社会的家常便饭，不仅是掠夺奴隶的最佳途径，也是母权制部落大联盟时期对不纳贡赋的部落严加惩治的一种手段。先楚和丹楚作为东海女王的女婿，领兵征讨女王的表妹卧楞部，迫使她归还偷盗东海女王的宝物托力宝，并答应履行附属部落每年向东海女王纳贡之事。

（一）母系战争法则

母系氏族社会的部落战争，有一定的规则和礼数。对先楚和丹楚来说，这一套规则并不适合他们。先楚和丹楚自幼跟随父亲习练武功，会使九九八十一路东海刀法，还善射。卧楞部虽不会使刀但善用有毒石雷，人碰上石雷身体会溃烂至死，实力也不可小觑。两人率大军进卧楞部要地，对方则分两路大军，先后迎战。一路先锋军由女头领带队，先行抵达与先楚和丹楚叫阵，另一路由卧楞女王率领后续赶到。

按传统交战规则，两军对垒需要一个开战仪式。在二十里地中间，放一张桌子和三碗酒，各出九人，牛录头请安，宣读战表。主战方东海女王先行叫战，卧楞部一方亦宣读战表叫战。然后双方擂鼓，三阵木鼓，号角四起，才正式开战。并规定了不抄后路，不杀掉下马之人，不追杀战败之人的“三不”交战原则。

东海窝集部先楚和丹楚研判战势认为，以兵力而言，敌我力量悬殊。若等卧楞部女王增援一到，就很难取胜。丹楚借鉴了汉人的“偷袭”战略。“我常听阿玛讲汉人作战不是这样，他们是什么方法有利，就用什么方法打。其中有一种叫‘偷袭’法，就是乘敌人睡觉时，我们出其不意，攻其不备，冲上去杀他个片甲不留，这样才能以少胜多。”①

“偷袭”战略在东海窝集部历次战争中从未使用过。若选择此法，必将打破祖传战术规则，在道德上被看作“无能之辈”所干苟且之事。“偷袭”取胜是可耻的，即便获胜也不算赢家。丹楚掌管领兵权，他力排众议，主张趁夜色出其不意攻击敌方营地。“偷袭”大获成功，东海窝集部拘于部落战争礼仪的战争法则至此得到改写。

（二）兵战之策

从严格意义上讲，托力宝之战是东海窝集部混战中具有决定性意义的一场战役。这场战役充满着父权制的观念和行为方式，挑战母权制。一群男性英雄形象，在口述中得以光彩照人。

丹楚借用父亲的教诲，将父权制中原战场讲究的“兵法”“偷袭”等谋略，作为兵战之策，纳入母权制社会的军事范畴。这种出其不意的偷袭战术，直接摧毁了传统的作战规则，获得初战胜利。父权制权力的想象和梦想，在此不仅使男人在战场上主动出击，而且在规范上彻底颠覆了传统母权制部落战争保持礼节和风度的不切实际的做法。

纵观母权制征战法则，无一不是与萨满教仪式化密切相关，与萨满教在军队指挥上的决定性作用有关。托力宝之战对传统战争仪式规范的无情嘲弄，说明在东海窝集部口述传承的历史时期，萨满教已处于式微状态，不再能够调动战争胜败了。

当战争以一种不再遵守原有战术规则的方式打响时，丹楚承继父亲的新式作战观念就占了上风，胜利局面朝他主张的方向开始扭转。丹楚与卧楞部女王开战，采用了一套令她措手不及的猪阵战术。丹楚手下有个兽奴，主动要求参战。兽奴因以前受到丹楚父亲的恩惠，特意率猪前来助阵以报恩。他指挥着百余头身上涂满松油保护层，且训练有素的野猪上阵杀敌。

在此，父亲不仅教给丹楚克敌制胜的战略战术，且能够非常实际地解决英雄征战过程中所遇到的障碍。父亲的力量尽管是隐形的，却是丹楚成功的关键。

① 傅英仁讲述，宋和平、王松林记录整理，《东海窝集传》，吉林人民出版社，2007年，第12页。

因此，他可以堂而皇之地对卧楞部女王说，祖宗传下来的作战方法今天不适用了，你也可以偷袭。战争的目的不是礼让而是看谁最后能赢。所以，野猪上阵攻击卧楞部，打破“人与人打”的规则，丹楚以出其不意的“人兽交战”方式克敌取胜。

（三）萨满倒戈

傅英仁口述传承的《东海窝集传》，叙事主体是丹楚等大英雄。但是，部落战争的胶着以及反复，都使丹楚在面对强大的母权势力时显得力不从心和缺乏经验。他们虽然两次成功攻打了卧楞部，但并没有使卧楞部投降。他们还要赴万岁楼偷取托力宝，以最终降伏卧楞部。

口述至此，先前推动他们在战场上采取非常手段的父亲的教诲和帮助已不再出现，那种教诲可用于看得见摸得着的战场。在暗藏重重杀机的万岁楼，仅靠一身武功并不能闯关成功，只有获得具有更深道行的萨满神助力，才能在隐蔽的战场上获胜。

满通古斯语族口述资源中，每逢部落战争打响时，女萨满出场是必不可少的一道程序，而且女萨满的立场是成败的关键因素。譬如，伊玛堪叙事中，敌我双方都有女萨满助阵，她们代表了各自部落的利益，在需要女萨满出场时，她们都坚定不移地站在本部落一方。《东海窝集传》中的萨满原本是站在母权制立场的，但大萨满万路妈妈助阵丹楚，可不是为了保留母权制度。她的立场的转变，是对丹楚作为父权制未来王者所进行的一种投资。万路妈妈的另一个身份是丹楚的祖母，代表了丹楚一脉的父系家族。此时由祖母替代父亲出场，行萨满神助，更合乎父权制逻辑。在父系一侧的势力相继登场后，先楚和丹楚的万岁楼之行不再有悬念。他们先是在白胡子老头的指点下，领受赐给的五粒山里红大小的羊骨头和两套松子油浸泡过的防护衣，然后闯入机关重重的万岁楼。接下来，先楚和丹楚获得了大萨满万路妈妈也就是祖母的帮助。

万路妈妈由母权制向父权制的立场转向，源于她的一次失败的萨满经历。她曾是佛涅部的大萨满，在拯救受瘟疫袭击的部落后，陷入昏迷，闭关修炼内功，也叫过阴。部落人认为她累死了，按风俗，已死之人不能停放在屋内。在众人的起哄中，塔斯丹德女王无奈地将她放到开口石棺里并抬到坟墓上。醒来后，万路妈妈认为儿媳妇都不能保护自己，肯定是女王坐不稳了，便离开家乡周游四方。多年后，万路妈妈作为大萨满，成为推翻母权制的坚定支持者。她把中原钢刀交给孙子，“今后你们打江山时，作为开山宝刀”，等到“把万岁楼破了，把托力宝夺过来。之后你们两人招兵买马，推翻女王统治，建立新的大贝勒王朝”。[①] 作为一种先进武器，中原钢刀显然比部落石刀、宝石刀和木头棍更实用，也更先进。

至此，先楚和丹楚的父系家族，包括大萨满万路妈妈都主张破除陈旧的母权制，建立新型的父权制，也就是大贝勒王朝。

口述传承中披露了一个施展萨满神术的细节，说明英雄有神力助阵，也代表着正义一方获得了萨满神的眷顾。在英雄出征前，英雄的身体也会针对出征而发生重大变化。伊玛堪系列英雄口述中，一些具有大名头的大萨满会给英雄吞吃神药丹药助力，从而使英雄并不健壮的身体迅速强壮起来。

在《东海窝集传》口述中，类似由“吃”而后“长身体”的仪式和情节同样也出现了。在万路妈妈的安排下，瘦老头给他们做了十个黑瞎子形饽饽四个野猪形饽饽[②]，用草煮水，他们将食物和水吃光后，身体发生了变化。“躺在炕上，他们全身骨头节噼啪地响，浑身向外胀，很难受。可是到了后半夜全身都是劲，而且觉得炕也短了，头长出炕好多，心里奇怪，怎么炕会缩小了呢？等到了第二天早上互相一看，都长高了一头，身上肌肉、骨头节都不一样了。”[③] 这种对英雄身体施以萨满神术，以达到符合英雄征战的体力要求，都意味着英雄必胜的前景。因此，大萨满万路妈妈让呼尔海玛法给两个孙子长力气，也说明她的两个孙子是有萨满背景的大人物。

身为东海女王女婿的两位英雄终于拿到了托力宝，胜利归来，得到封赏。先楚和丹楚升为骑督将军，获赐三个部落作为领地，部落内的奴隶和财富归他们兄弟所有。

（四）人头祭祀

穆伦部的四个格格由于在托力宝之战中立下战功，免除奴隶身份，变身成

---

① 傅英仁讲述，宋和平、王松林记录整理，《东海窝集传》，吉林人民出版社，2007 年，第 19 页。
② 黑瞎子，指熊。这里引申为将熊和野猪的力量转移到人的身上，吃意味着长力气。
③ 傅英仁讲述，宋和平、王松林记录整理，《东海窝集传》，吉林人民出版社，2007 年，第 21 页。

女兵教练。但不久又被怀疑与两位额驸先楚和丹楚关系暧昧，再次沦为奴隶。对朝不保夕的奴隶命运，四个格格说服了五十个奴隶一起破牢，由于有人叛变，只有四个格格靠着轻功逃了性命。

奴隶起义直接挑战了东海女王部落联盟盟主的统治地位，她采取了史上最嗜血的萨满教祭礼人头祭，来祭祀本部落大玛法，以巩固女权统治。东海女王在惩治起义的奴隶方面，以萨满教祭祀为名，手段之狠，也是北方英雄史诗口述中较为罕见的。

对奴隶起义未成功者，东海女王是这样说的："今天正好用你们的人头，为第六辈玛法进行大祭。"① 祭祀时，木盆摆在起义奴隶面前，打开头发蒙住脸，又从跪着的男女奴隶中选了五个凑足五十人。砍头挖心，和猪头摆在一起，祭祀第六代大玛法。在奴隶制社会，东海窝集部用人头祭旗、祭天的习俗就此开了先河。

萨满教人头祭祀，通过惩治觉醒起义的奴隶，以达到稳固母权制统治的目的，预示着母权制奴隶制时代的衰落。惩治起义奴隶是为母权制的统治，但也是信奉萨满教的东海女王出征前的祭旗仪式，也是萨满教祭礼框架内的操作。

东海女王以发动战争的形式，来巩固部落联盟盟主的地位。她派大格格挂帅亲征。这一次，要攻打四个格格的家乡穆伦部。穆伦部学习丹楚的打法，想智取获胜，把敌人引入虎渊洞，投掷石头木头，东海窝集部死伤惨重。

东海女王的大格格，还是拘着传统作战规则，也就是以往交战的老礼数，谴责四个格格："穆伦部的人不该用埋伏。"回答是："我们是打仗，不能讲究那些了。"② 可见，尽管穆伦部是女权体制，但在"以少胜多、以弱胜强"的策略上，可以耍要无赖，不必守着老礼了，赢得战争胜利才是关键。穆伦部格格们与丹楚一样，破坏了传统的征战法则，破坏传统也就是再立新规的开端。

傅英仁口述传承的《东海窝集传》，揭示了母权制部落大联盟时期残酷黑暗的奴隶制统治。战争之所以频繁出现，还在于战争是奴隶们生存的唯一选择，也是弱小部落生存的唯一选择。部落战争中，究竟是成为英雄还是奴隶，仅系

---

① 傅英仁讲述，宋和平、王松林记录整理，《东海窝集传》，吉林人民出版社，2007 年，第 30 页。
② 同上注，第 33 页。

胜败一线间。在部落战争中，最想修改规则的是弱势一方，因此，反抗强势黑暗的母权制，也是弱小部落的生存需要。

三、父权制崛起

母权制征战法则不断地被破坏，源自于父权制崛起契机的到来。一心想自立为王建立父权制东海窝集部的先楚和丹楚两位大英雄，在东海窝集部与穆伦部的交战中，被旋风卷走。

（一）智慧法门

所谓旋风，意味着一股看不见的幕后支持势力，对两位大英雄而言，无论是兽奴的出手相助，还是大萨满万路妈妈的调教，都是身不由己不能自知的命定因素，这突如其来的旋风亦然。被卷到江岸，先楚和丹楚见到了完全不同于东海石船的大船。自称开铺玛法的老人，告诉他们："师父说，先让你们喝这里的智慧水，让你们开智慧，见什么就会什么。"①

口述至此，可以看到口述者在为英雄累积称王的砝码，即身价。借助外力以图建立父权制王朝的立场，在此表露无遗。口述中所讲的师父和开智慧，无非是引领英雄进入另外一个先进地界。那是东海窝集部的其他人所无法见到的秘密之所，是先楚和丹楚要抵达的崭新领域，即代表先进力量的父权制社会缩影。

在满通古斯语族中，智慧和法门在部落战争中原本只是萨满教天神所独有，属于萨满教宗教范畴。在傅英仁口述传承的《东海窝集传》中，萨满教的法门可以增长英雄的力气，却不能提升英雄的智慧。走出东海窝集部，寻找一种新的方法和途径，以达到智慧的获得，是口述中一直宣扬并推崇的。口述英雄屡次征战沙场并打败对方，还不能抵达建立父权制王朝的目标，那么，"走出去"向中原学习取经，就成为增长实力、赢得战争的唯一途径。

"走出去"并不符合丹楚等人的思维逻辑。由于身处母权制奴隶制社会中，丹楚等人的观念很难超越历史框囿。因此，《东海窝集传》在塑造英雄时，口述传承人一直是很纠结的，英雄形象不突出，性格也不稳定，总是打打停停，没

---

① 傅英仁讲述，宋和平、王松林记录整理，《东海窝集传》，吉林人民出版社，2007年，第33页。

个章法。似乎口述传承人把英雄放在案板上反复地揉搓，令其不得喘气一样。

在叙事结构上，“反反复复”是一个重要的口述特征。尽管英雄征战的目标是清晰的，要父权制，要称王，但缺乏成功的动力。由于长期处于母权制统治背景，丹楚等人生来并没有英雄血亲复仇的责任义务，相反，他们一直处于母亲执掌部落大权的优越的王子生活中。他们之所以反叛，无非是被东海女王蛮横地招为女婿，拆散了两小无猜的姻缘。因此，征战起因并不是为了复仇，仅是为了摆脱奴隶似的不幸婚姻。从这一点看来，失去了婚姻选择权，被迫与不喜欢的东海格格成婚，变身为东海女王家族的奴隶，是两位英雄反叛的初始动力。当然，这种反叛是有先进性的，即从奴隶制非人的待遇中突围，获得人的尊严。

从口述所提供的历史框架中看到的丹楚等人的英雄使命，一直是模糊的，若有若无，似乎一直被某种不可预知的力量覆盖着。他们被旋风吹到某地，要干什么，也是一无所知。

这与口述要导出更大的历史背景，也就是在母权制向父权制转型过程中，更具有决定性作用的因素有关。在此，作为事件顶层设计的长白山祖先神乌克伸玛法需要因势利导，使具有一般常识性认识的先楚和丹楚确信，要建立父权制大业，必须学习父权制成功的典范——中原王朝的一系列做法，以备将来移植之用。

东海窝集部两位英雄先楚和丹楚懵懵懂懂的，在两匹神马的带领下，开了中原知识的法门。从佛勒玛法那儿，学会了织布、做衣服；从阿尔法玛法那儿，学会了做酒、做饽饽，以及如何识别荞麦谷子；从色勒玛法那儿，学会了打铁；从色其布玛法那儿，学会了木匠。这些来自于中原王朝的先进技术，开阔了两人的视野，使长期身处东海窝集部的先楚和丹楚意识到，改变东海窝集部母权制社会的蒙昧和落后，已到了势在必行的地步。

（二）天神下凡

傅英仁口述传承的《东海窝集传》所展开的政治即性别制度的战争以及英雄叙事，是新型制度推翻另一种旧制度的战争，是在一种更为开阔的制度建设层面而非私人化的“血亲复仇”基调上，为部落大联盟的进步而展开的改天换地、旧貌换新颜的战争。于是，当两位英雄有了坚定的父权意识之后，被象征萨满的满族灵禽鹰神叼起，带去拜见了长白山始祖神乌克伸玛法。口述中前此“反反复复”不得要领的敌我双方交战，先楚和丹楚对建立王朝目标清晰，但具体实施过程又没有章法的混乱行为，到此一切都有了着落，也揭开了底牌。

这桩父权制取代母权制的战争，是由于满族祖先神乌克伸玛法和佛赫妈妈两种观念冲突导致的顶层动荡而来的。进一步说，是由于男女天神执政的更迭交替而延伸下来的人间战争。满族东海窝集部的这一场声势浩大的部落战争，都在天神的掌控之中。

乌克伸玛法告诉先楚和丹楚：“‘天上也是阿布卡当家了。’二位阿哥听了后，非常惊喜，赞叹说：‘噢！天上也换了男人当家了。’”① 乌克伸玛法向先楚和丹楚介绍了他的徒弟，都是铁工、矿工、铁木工、农业神等业界的祖师爷级的人物。

事情到此并未完结，口述人为表明“君权神授”，使推翻旧制度的战争得到合理的解释，或者堂皇的名目，乌克伸玛法告诉先楚和丹楚两人之所以要承担使命的关键因素。他们并非凡夫俗子，本是天神先楚贝子和丹楚贝子，是被天神指派下凡，帮助满族人成就王朝大业的。

口述至此，转折陡急，赋予先楚和丹楚二位英雄神格，从此两人披上了天神下凡的光环，也使战争朝着更利于父权制建立的方向发展。乌克伸玛法说，你们“今下来转生为人，是我的最小弟子。你们应经得住灾难的折磨，承受大业，应让男人掌管天下了”②。

在萨满教口述传承中，每逢天神降落人间，一般都会成为大萨满、氏族大首领，从而引导人类从蒙昧走向光明。在傅英仁口述传承的《东海窝集传》中，天神先楚贝子和丹楚贝子下凡，显然不是承担大萨满氏族部落大首领的职责，而是要推翻传统的母权制，建立父权制也就是男人执掌权柄的大贝勒王朝，这是遵循了天上统治集团变更，由上而下的母权向男权转变的一次性别即政治制度的变更。

---

① 傅英仁讲述，宋和平、王松林记录整理，《东海窝集传》，吉林人民出版社，2007 年，第 34 页。
② 同上注，第 35 页。

（三）父权制革新

以父权制为终极目标的先楚和丹楚，希望从内部制度的改革开始，着手解决去除母权制的问题。返回东海窝集部，两人希望能够不费一兵一卒，便可兴建父权制大业。

母权制向父亲制过渡，权力交接制度变革，必然会损害一些人的利益。当他们提出兴农业种五谷、种麻织布做衣服、兴木工铁匠、开矿炼铁制造器具、部落和睦相处、整顿兵马、兴邦安国、多养家禽牛羊猪、不分男女论功行赏罚、人畜分流、废除女王制、废除兽奴等兴旺东海窝集部的策略时，得到了四个萨满和八个老臣的坚决反对。他们以母权制利益为重，借闹瘟疫设计谋害两人。先楚和丹楚又被东海女王打入水牢，去除母权制弊病的政治改革再次受阻。

（四）殉葬

东海女王的两个格格身染重病，萨满跳神也未能挽救他们的性命。作为女王女婿的先楚和丹楚被作为人殉，为两人陪葬。在两人坟墓旁边，又修了两座活人墓地，那是先楚和丹楚的殉葬地。

母权制氏族部落传统规定，为东海女王格格殉葬，是一种可以炫耀的荣誉之事。殉葬者需先向父母辞行。"父母向先楚、丹楚道喜，高高兴兴让二位阿哥殉葬，又准备吃的、喝的等等。当二位阿哥辞别时，其母已泣不成声。"① 可见，高兴是假的，做东海女王的女婿，殉葬代价纵令小部落女王也难以真心接受。

然而，殉葬毕竟是母权制社会的法律习俗。葬前，萨满念诵佛勒密神歌，为陪葬之人送行。殉葬坟内备有油灯照明，吃穿用度俱全。挖有小洞通风，并接受外边递送食物。穆伦部四个格格得知先楚和丹楚要活人殉葬，便将丹楚救出墓地。

（五）二次殉葬

丹楚从墓地逃命，与格浑结为夫妻，以母女河部落为基地，拉入男人部落

---

① 傅英仁讲述，宋和平、王松林记录整理，《东海窝集传》，吉林人民出版社，2007 年，第 39 页。

人马，训练武艺，准备再战。万路妈妈行监督责任，提醒丹楚，不能忘记到外面招兵买马，访英雄，集俊杰，建王者大业。万路妈妈给丹楚分析天下大势，让他周游万里，并告诉他，在大雁落地生息的地方，可寻访到高人。

遍访英雄豪杰。有些男奴和兽奴受不了东海女王的折磨，大都逃往深山修行绝技，是丹楚队伍收服的绝好目标。如，熊人色楞和胡楞，善使斧子的浑楚，驯虎兽奴石鲁等。于是，以格浑、丹楚、石鲁等为核心再次组成队伍。由丹楚为牛录额真。在万路妈妈的帮助下，又收服了驯虎人他斯哈。

攻打东海女王。英雄豪杰越聚越多，丹楚决定马上攻打东海女王，救出在坟里殉葬的先楚。他动员起事："咱们这帮人从前都是奴隶，有的是兽奴，从不见天地的人，过着惨不忍睹的生活，今天我们聚集到这里，就是要向东海部兴师问罪，推翻老女王，我们来坐天下。"①

这是典型的奴隶造反。丹楚公布了队伍编制和战场兴兵规则。进攻时间，扔两只牛蹄，蹄尖对蹄尖就是大军出兵吉日。大军顺利攻下第一道关呼尔哈城。

东海女王率兵和乌苏城女王抵挡丹楚进攻。由两女王和众萨满调动军事，东海女王由十八位老太太和十八位萨满保护着，死军和火军齐上阵。所谓死军就是只许胜利不许失败，活着归队也会遭到东海女王斩杀。东海女王对丹楚说："好你个叛逆！你应该老老实实随你妻子殉葬，不承想，你私自逃出来，又造反了！看，你才有几个人，我有多少人，今天非抓活的，拿你回去殉葬！"② 丹楚的回答也是理直气壮："今天我和你进行一次你死我活的决战！你把我们哥儿俩压制地无法生活，叫我们殉葬，你手下的哪一个男人有好下场呢？我带的这帮人除了兽奴就是阿哈，你欠他们的血债，今天向你讨还。"③

丹楚兵败如山倒，突围之前让格浑逃跑。"因为殉葬的人，被认为是死人了，任何时候谁也不准杀害，仍然是活着把他装在殉葬笼中。"④ 丹楚被捕，东海部举行第二次大丧。东海女王对死去的二格格说："我又替你报仇了，抓回了你的丈夫，叫他与你共同生活在一起，希望你好加管教，不许他再胡作非为。"

① 傅英仁讲述，宋和平、王松林记录整理，《东海窝集传》，吉林人民出版社，2007 年，第 80 页。
② 同上注，第 82 页。
③ 同上。
④ 同上注，第 83 页。

葬礼结束后，已成为奴隶起义领袖的丹楚和先楚，又被从墓中救出，继续招兵买马，为建立父权制做准备。

口述至此，可以看出，在东海母权制奴隶制社会里，女王勒令女婿为女儿殉葬的法律，以及王宫大量畜奴导致的反抗情绪，造成了巨大的社会隐患。战争反复爆发，说明母权制已无法控制统治局面，也说明母权制在退出历史舞台，交出权力改变制度之前，东海窝集部需要流更多的血才能结束战争。

四、移植中原父权制

傅英仁口述传承的《东海窝集传》，作为满通古斯语族的口述英雄叙事，遵循了英雄必经无数磨难，方可成功的叙事原则。为英雄丹楚设置了初战失败被抓，挫败其建功立业信心的第二次殉葬。殉葬这个前进中的障碍，也成为推动故事向纵深发展的动力。

（一）引路人

丹楚被二次殉葬，获救后开始反思，是确立成熟形象的重要一环。他认为，由于个人没有按照万路妈妈的吩咐走万里路，没有到中原寻访到军师，就急于发兵攻打东海女王，是失败的主要原因。因此，他将军权交给先楚，自己踏上了寻找军师的路。

大萨满万路妈妈作为丹楚的引路人，每当他遇到难题时，总会出现在他面前，为他分析研判局势。这一点，在满通古斯语族英雄叙事中，是一个固定的情节结构。这些引路人，往往都是天赋异秉的大萨满师傅，也是祖先神。譬如，在伊玛堪系列英雄叙事中，涉及萨满神降临助战时，也是因为有难题需要解决，萨满师傅或祖先神才会出现。这种固定的求解模式，说明在满族氏族部落战争中，萨满祖先具有护佑子孙的责任和义务。万路妈妈大萨满引导子孙进入正途是正常的事情，说明大萨满经验和阅历的重要性。不过，万路妈妈大萨满在原则上或者在世俗眼里，也是已死之人，亦可归于氏族的祖先神。作为母系氏族社会的一种崇拜遗型，每逢灾难她便现身，实质上是带有母系氏族社会女萨满崇拜遗风的。

（二）道仙孙真人

在万路妈妈的引导下，丹楚到中原所要寻访的孙真人，显然是汉人的称谓，道家的隐义就在孙真人的名字里。

传统的满族萨满教，在进入父权制社会里，逐渐地接受了许多外来宗教的影响。按照万路妈妈的说法，“再走一个多月，有一个地方叫隐仙山，到了隐仙山就会遇到这位仙人了。仙人姓孙，人称孙真人，他是孙膑的后代”①。这仙人和隐仙山，明显是道教称谓。所谓仙家真人等，并不是满族萨满教原始宗教所有的人物，但时代不同了，道教与萨满教成功地结盟了。

在隐仙山，道童称前来求见孙真人的丹楚为“依车王”。孙真人，真人不露相，日常均由小道童招待他们。正如口述英雄遇到神人帮助时，必然要长力气长本事一样，在等待孙真人的时间里，丹楚等人被安排拿斧子砍树，每砍一株铁树，就得一粒药丸吃，这就都长了劲。

丹楚等人拜孙真人为师，又由大萨满万路妈妈推荐，这一宗教的勾连，使萨满教在向道教的转向中获得了合理的身份。萨满教作为原始宗教，与道教重修行重法门的做法有相通之处。因此，口述中道教仙人和兵法家身份的孙真人，就成为中原进步力量的象征。

在向丹楚介绍收徒经历时，孙真人明确了父权制立场：“我也是受你的祖母万路妈妈再三邀请，才肯出山的。我也看出来你们女王当政的时期已经过去了，现在应该是男人为王当政的时候了。只是你们在用兵方面，还是不对头。”②

丹楚等人在此习练，掌握了孙子兵法，便和孙真人一起回到东海窝集部，去推翻母权制。

（三）孙子兵法

丹楚带着队伍回到基地兴安部，宣布兴兵布阵均由孙真人谋划。按孙真人计划，还要制造枪、战车和云梯，准备衣服、旗帜和好马。女王兴兵进攻兴安部，孙真人用计谋将其兵俘获。女王的兵都以为是天兵天将，降丹楚后，这些

① 傅英仁讲述，宋和平、王松林记录整理，《东海窝集传》，吉林人民出版社，2007年，第92页。
② 同上注，第94页。

俘虏负责开荒种地，保证后勤供给。

丹楚率大军直杀东海女王。第一关乌朱关，按过去的规矩，对方打不赢关门，就不能进攻了，但现在是新式战术，架云梯攻城，杀光了城池内所有人。女王接报，丹楚到中原学习中原人的武艺和战术以对付东海窝集部。女王决定用火龙术，“就是在每个死奴身上绑上用兽油浸泡过带刺的松油条，点上火逼着死奴往前冲入敌方”①。这些死囚被剥个精光，即使不点火，人也活不了了。

孙真人说：“我在兵书上看到过东夷人用过这样的战术，在当时管用，现在已经落后了。”② 他的策略是把交战日期拖延七至九天，这样就能打败女王。丹楚看到前来送死的火龙兵都是奴隶兵，是穷苦兄弟，下令不必追赶。孙真人想长驱直入东海部。丹楚说，按照东海窝集部祖训，部落之间征战，若对方败了，必须投降起誓，胜方才敢进城，否则东海百姓不服。

（四）萨满之战

东海窝集部的战争，虽然萨满大势已去，但作战双方都带着萨满参战。女王的萨满按传统的母权制体系，必须直接参战。丹楚的萨满则不必参战，只负责为战争祈祷。

这次胜仗，丹楚在智囊、装备、士气等方面均在女王之上，赢是毋庸置疑的。作为把奴隶拼凑起来的征战队伍，丹楚虽然在军事上赢了东海女王，但在萨满队伍方面，明显缺少储备。于是，东海女王将部落战争的传统方式——萨满跳神比武作为最后一招，以定胜负。

东海母权制供养了十八个会武功懂法术的萨满，丹楚部落里的萨满只会打鼓祈祷。于是，丹楚采取了东拼西凑的应对方式。跑火池由双石妈妈请老萨满妈妈去完成，上刀山由刀枪不入的他斯哈完成，走木桩由会轻功的四个格格完成，手指穿石板由丹楚来完成。跑火池，丹楚请来的老萨满是女王萨满的师父，师徒二人彼此明白，便走了个平局。上刀山，他斯哈脚底抹上孙真人的药，石刀钢刀都能走，二局女王输。走木桩，格浑飞到九尺杆，女王萨满走九尺杆却一头栽倒，三局女王输。穿石板，女王萨满黑石夹指盖，两次捅了十七个洞，

① 傅英仁讲述，宋和平、王松林记录整理，《东海窝集传》，吉林人民出版社，2007 年，第 114 页。
② 同上。

丹楚三次捅了二十七个洞，四局丹楚赢。

因此，这场由东海女王挑起的萨满比武，暴露出萨满供养制的衰落。不具备萨满资格的他斯哈、四位格格、丹楚依靠各自的长项，充当萨满上阵并获胜，使女王遵守传统规则，依靠萨满比武的挑战失败，传统母权制法则再次沦为笑柄。

（五）东海窝集国

在军师孙真人的中原战术指导下，女王藏身的东山城十八道机关被破除，女王被捕，父权制终于彻底扫清障碍，赢得了最后的胜利。

丹楚组建东海窝集国，设大王先楚，二王丹楚，三王浑楚，行一国三王体制。由孙真人按中原王朝廷宫礼节进行训练，规定了君臣礼节抱腰礼、抱见礼和三跪九叩礼。设立东海窝集国规则，国家体制分为两级，上有王，下有臣，其下再有奴隶等。以东海窝集部服装和汉服混合，制定了官服。大王穿黄袍，小于王的大将军披红袍，部落额真配蓝袍，其他都着绿袍等。东海窝集国的女人，则按东海窝集部的风俗，以花边花点和披肩来确定级别。东海窝集国仿效中原政体的父权制统治终于宣告成立。

（六）最后的母权

傅英仁口述传承的《东海窝集传》，以母权制的失败而告终。但是，任何一种制度的失败，都难以铲除观念上的残存。

丹楚坐上王位，派兵征服各部，统一了东海各部版图，只有家乡佛涅部还是他的女王母亲掌权。女王认为："从古至今，东海窝集部祖祖辈辈是女权社会，这是永远不可改变的，从来没有男人掌权这一说。"① 尽管先楚、丹楚带着厚礼来到佛涅部拜见母亲，希望她能放弃俗见，交出权力，然而母亲却要将儿子重新抓入坟里殉葬。

口述至此，口述传承人借丹楚姨母之口控诉了女权的不人道："祖祖辈辈有多少能人，毫无价值地殉了葬……能人都殉葬了，这落后的江山，谁能够改变

---

① 傅英仁讲述，宋和平、王松林记录整理，《东海窝集传》，吉林人民出版社，2007 年，第 133 页。

呢?”[1] 丹楚与女王母亲的矛盾发展到你死我活无法调和的地步，结局是母亲绝不效忠儿子建立的父权制国体，选择了自杀。丹楚统一后带兵马远征，横扫西北，成为漠北一带威名震天的东海窝集国。

傅英仁口述传承的《东海窝集传》，以复杂多变的大规模战争叙事，将母权制代表的奴隶社会与新兴父权制的混乱冲突，大跨度大面积地推拉出来。这种母权制和父权制代表的大规模持久战，是以往满通古斯语族的英雄口述中从未出现过的混乱场景。

口述传承人以无可比拟的叙事才华，提供了一场推翻母权制奴隶制的伟大战争。战争中处于弱势的一方，以向中原文明看齐，邀请中原孙真人为军师掀开了波澜壮阔的史诗篇章。中原父权制在此成为一种先进精神的召唤，使丹楚等人的奴隶起义披上进步色彩。这是《东海窝集传》所弘扬的价值所在。

---

① 傅英仁讲述，宋和平、王松林记录整理，《东海窝集传》，吉林人民出版社，2007 年，第 137 页。

第五章

满族口述家族史叙事

第一节　富育光《萨大人传》

满族说部《萨大人传》由富育光讲述、于敏记录整理，吉林人民出版社于 2007 年 12 月出版。口述文本分上下册，共计 76 万字。

《萨大人传》主要流传在黑龙江省黑河市瑷珲地区满族中间。在富察氏家族，以及关姓、吴姓、杨姓、张姓等氏族中公开传承讲述。这部来自于富察氏祖先世代口耳相传的家族史，其特点是传承有序、脉络清晰、年代久远。距口述文本出版，已有二百七十余年传承史。顺序依次为，富察氏家族第十世祖，清道光年间武将发福凌阿为第一顺序人。咸丰年间，发福凌阿返回故乡祭祖后，开始为族人讲唱《萨大人传》。同治初年，发福凌阿把说部传给长子、瑷珲副都统衙门委哨官伊郎阿将军。伊郎阿将军殉国后，说部卷匣儿交由其妻子琪任太奶奶掌管①，再由琪任太奶奶转交长子富察德连，富察德连传给儿子富希陆，侄子富安禄、富荣禄，由富希陆收藏。“文革”期间，说部卷匣儿被没收，残稿被焚。1980 年秋，富希陆自觉身体渐衰，将不久人世，于是带病口述《萨大人传》，由其子富育光记录下来。2002 年，富育光将记录本口述录音，由于敏整理出版。

《萨大人传》是以首任黑龙江将军萨布素为传主的民间口述传奇。内容是追溯萨布素将军家族尚武世家根脉，讲述武将家族子弟如何成为国家栋梁的不朽事迹。

萨布素，富察氏，满洲镶黄旗，是清朝有正史记载的真实人物。1629 年，萨布素生于宁古塔南马场，即今黑龙江省宁安市卧龙乡英山村。1664 年，任宁古塔骁骑校，带兵抗击沙俄。1683 年，康熙帝为了“永戍黑龙江”，增设黑龙江将军，也称瑷珲将军。宁古塔副都统萨布素为首任黑龙江将军，驻守黑龙江东岸的黑龙江城。至此，东北由盛京、宁古塔、黑龙江三将军镇守，黑龙江将

---

① 据富育光回忆，富察氏家族族规沿袭旧制。文武渔猎等涉外事务均由男穆昆达主持，掌家姑奶奶全权负责后代教育、衣食住行杂艺以及家祭。在家族族权上，掌家姑奶奶的地位高于男穆昆达。因此，满族说部属于家族内部子弟们接受训教以其激励尚武情怀的育儿范畴，皆由掌家姑奶奶吩咐办理。每次说部讲唱，均由萨满奶奶从神龛上请下神匣儿，祭拜后由族中长老焚香漱口，再开始讲唱“乌勒本”。

军是黑龙江省设立的源头。萨布素在当地少数民族的配合下，消灭了黑龙江中下游的沙俄侵略者。1685年，奉命围攻俄军占领的雅克萨城，俄军战败回国。1686年，俄军再次占据雅克萨城，萨布素再胜俄军。雅克萨之战，是清王朝对沙俄的一次胜仗。1689年，作为谈判使团成员，奉命率水师溯水到尼布楚，保护清廷使团，双方在尼布楚签订条约，确定了中俄东段边界。雅克萨之战挫败了沙俄侵占黑龙江的企图，为中俄平等条约《尼布楚条约》的签订奠定了基础，确保了中国对黑龙江流域的主权。萨布素在清廷任职数十年，“忠直无隐”“家无余财”，降职后仍率卜魁①民众治理水患，积劳成疾，卒于黑龙江将军衙门。

富育光口述传承的《萨大人传》，作为满族武将世家的家族口述史，在国家正史书写之外，提供了细致入微的家视角，使家族史与国家发展史互为牵涉，成为清朝满族武将世家兴衰起伏的家族记忆。《萨大人传》在传承过程中，先是口耳相传，无固定讲本，用满语讲述。至清末，氏族内部口述传承的说部由“族中会写满文的人，将内容简要地记在毛头纸上，大体上是一个故事一个纲”②，装订成册。《萨大人传》内容提纲和族谱、萨满神器一起供奉在神龛上，讲述时再敬请出来。随着满语逐渐消失，汉语成为口述传承人的唯一传讲语言。

一、寻根问祖

《萨大人传》是满族说部中的“包衣乌勒本”，即家族口述史。从第一章《有名望的家族》到第四章《鹰击万里》，洋洋洒洒，蔚为大观，是长篇大部头的满族家族口述史。

作为满族的家族口述史“子弟书”，《萨大人传》主要是教育氏族儿孙对祖宗业绩产生敬仰，传承祖先尚武精神的一项氏族内部的训育之事。“是一种讲家风，述族史，唱英雄，扬国威的传承教育的虔诚、肃穆之举”③，也是一种寻根问祖不忘源头的追溯家族伟人传递精神火炬的善举。《萨大人传》讲述之前，行敬请之礼。无论是满语敬酒歌还是汉语定场歌，目的都是引出纪念英雄祖先郑

① 卜魁，黑龙江省齐齐哈尔市的旧称。

② 富育光讲述、于敏记录整理，《萨大人传》，吉林人民出版社，2007年，第2页。

③ 同上注，第3页。

重庄严的训教题旨。

《萨大人传》由于口述传承于瑷珲地区，可称为萨布素将军的“瑷珲叙事”。开篇《有名望的家族》即入正题，解释《萨大人传》讲唱是如何在家族内部产生的。溯至雍正五年（1727），萨布素将军二十周年忌日，富察氏家族掌权人第五辈姑太奶奶临终时遗训，今后阖族要宣讲萨布素将军的业绩：“凡我儿孙，务习羌语，务效国恩，以扬家风，世代传递，不可中辍也。”① 满族社会历来由姑奶奶掌握家族内部的运行体制，富察氏家族依照第五辈姑太奶奶的遗言开始年年讲唱《萨大人传》。

（一）金代女真黑号姓

萨布素家族富察氏祖居之地宁古塔，是历朝兵家必争之地、屯兵之所，不仅是军事战略要地，也是政治中心。沙俄进犯时，居于宁古塔的萨布素临危受命，以宁古塔副都统衔领康熙圣旨，带领富察氏家族以及八旗兵丁北上抵抗俄军。获胜后准备返回宁古塔时，又接康熙圣旨，令其不必回乡，驻守瑷珲，永戍边疆。至此，富察氏家族一分为二，萨布素抗俄一支永远留在瑷珲生活，还在家乡宁古塔的萨布素族人则与瑷珲这支族人相隔数千里的距离。时间久了，族内子孙便不知祖宗源头了，也不知族人分支了。这也是宣讲家族史的原因，不至于“数典忘祖，亲族相遇，如同路人”②。

富察氏是一个古老的姓氏，可追溯到金代黑号姓中，是女真人中大姓。口述中的萨布素出生根脉清晰，始祖尔德依居于长白山，是一支体态魁伟、长于射猎、文武兼备的游猎族群，“随军从事”。雍正年间，建立了传世谱书的总谱。萨布素就是这支显赫家族的后裔。归顺努尔哈赤后，战功卓著。努尔哈赤赐第四代传人哈木都银牌和黄马褂，赐巴图鲁称号。第五代传人萨布素的祖父哈勒苏就任珲春总游击，哈勒苏是对萨布素影响巨大的人。

（二）女掌族权男御外侮

女掌族权男御外侮，是这部家族史根脉的主要特征。追本求源，富察氏家

① 富育光讲述、于敏记录整理，《萨大人传》，吉林人民出版社，2007 年，第 7 页。

② 同上注，第 8 页。

族中，女人掌握族权亦是满族旧俗。萨布素的祖母是萨布素任珲春总游击之职的祖父哈勒苏在征战杀伐过程中获得的奖赏，她本身是名奴隶。努尔哈赤东征西讨，建起统一女真部落的伟业，他把战败部落的女人掠夺过来，赏赐给能征善战的将士，使其成家立业繁衍后代。作为奖励，赏赐已成仪式化。一次，从东海窝集部掠夺来的女人蒙上头背对有战功的男人站成一排，按立功大小顺序点名领人。哈勒苏随便拉了个女俘虏。这是个才貌双全，曾给尼玛察部落的部落长当奴隶，没有名字的女人。日后，她为哈勒苏生了五男二女。他们的儿女并没有因为母亲奴隶的血统而影响前途，都收获了门第不低的婚姻。可见，努尔哈赤时期，频繁的东征西杀的部落战争使战功卓著的人获得女奴当妻子，是一件极为普遍的事情。女人连同其他物质财产一样，是战争掠夺的标的物。

满族八旗女人的地位不受奴隶身份影响，还在于清初八旗兵的体制。接到皇帝命令，全家出动，家眷亦跟随左右。按规定，在旗的人挣俸饷，家眷亦有俸禄。战争打响，女人便洗衣做饭，作为前线将士的后勤保障。哈勒苏的夫人东海额莫持家有方，使家风淳厚。对家里奴隶的处理，除看家护院的，长大成人便放出去“让他们成为正身旗人”①，不再做奴隶。东海额莫对于奴隶命运感同身受，因为努尔哈赤赏赐给哈勒苏，才从部落长的奴隶变身为正身旗人。若还是奴隶身份，主人死了也要去殉葬，命运太不堪。②

作为东海窝集部的女人，这位被大军掳到赫图阿拉的女奴，尽管位尊哈勒苏的夫人，但在去世前，仍然思念故乡东海窝集部，并嘱咐死后埋在龙头山，可远望东海故乡。可见，她对被掳命运仍不屈服。

二、传宗接代

在满通古斯语族的英雄史诗里，口述英雄的降生，往往是奇异的、与众不同的，预示着未来命运的奇崛。萨布素的祖父哈勒苏将军接到皇太极旨意后，

① 正身旗人是清初具有平民以上资格的人。独立户籍，享有当旗兵食其饷的义务待遇。富育光讲述、于敏记录整理，《萨大人传》，吉林人民出版社，2007年，第79页。

② 富育光讲述、于敏记录整理，《萨大人传》，吉林人民出版社，2007年，第142页。

带着全家包括小儿子虽哈纳动身去宁古塔安家，以配合驻守宁古塔的戴珠瑚将军。萨布素的父亲虽哈纳成为宁古塔城守尉，三品官阶，协助戴珠瑚治理宁古塔，其地位在宁古塔各部落佐领之上，协调安排军事政务。对萨布素家族赴宁古塔的交代，体现出这个家族随皇命而动的在官之身。

叙事到此，口述人却断开，插叙了一段萨布素将军在世时对“讲颂祖先根子”的嘱托：“讲富察氏家族，不要光讲一个人。要讲一个家族，讲透、讲全、讲具体了，不能忘了咱们的族史。水有源，树有根，不管什么人，都不要忘了自己的根。”① 家族英雄生前的嘱托，也会作为家族传承的规矩，在口述传承过程中经常被提起。家族中最大的事情莫过于祖先荣誉代有后人承继，传宗接代则是延续祖先业绩的唯一途径。

因此，除寻根探祖外，传宗接代也是《萨大人传》中极尽铺排的事情，也是口述在寻根描述之后英雄正式登场的开端。

（一）生育礼俗

富育光口述传承的《萨大人传》，对于英雄出世的描述一丝不苟。对萨布素家族子孙降生高度重视，对满族先世女真人的生育风俗大加渲染，从而达到传承满族生殖繁衍文化的目的，这是富育光口述中相当鲜明的特色。英雄萨布素的降生，体现了瑷珲富察氏家族对满族先世女真人生育习俗的熟稔，以及对子孙后人天之骄子式的爱护。

《萨大人传》贯穿于英雄萨布素降生事件始终的，是瑷珲叙事中突显的民族自豪感和自信心。在历史情境中，带有世俗英雄印记的“以人为本”的观念得到了最大限度的阐释。

在母系氏族社会传承下来的东海女真人的英雄史诗中，英雄降生人间，以及女真先人的风俗描述极为匮乏，主要集中在英雄降生的神奇主题上，象征着萨满天神的旨意，如《乌布西奔妈妈》中的乌布西奔被包裹在小金蛋中降生，《恩切布库》中的恩切布库在山梨树中诞生，这些都是天神的安排，是前世为天上萨满神而转生为女英雄的一种神转英雄的诞生方式。

---

① 富育光讲述、于敏记录整理，《萨大人传》，吉林人民出版社，2007 年，第 131 页。

英雄萨布素的降生是在女真天马年间，作为富察氏家族尚武精神的一种延续，在皇权至上的父权制体制下，对夺取世俗武功功名的男孩的期待变得更为热切。

关于满族生育民俗，在口述中极尽铺排渲染。宁古塔部落的女穆昆达波尔辰妈妈，也是部落萨满，她预言将要来临的是个男孩子，接生的事将由她来主持。预言一出，全家为萨布素的降生和哺育做了大量准备。挂彩皮条小弓箭，刻一匹飞马。按女真习俗，天马年出生的孩子，须刻飞马放在产妇厅堂，以象征孩子天马精神奔腾万里。

女真人向来重视子孙繁衍和接续香火。在冰天雪地里，婴儿的平安降生并不容易。生孩子是极神圣的，是天神恩赐的事情。“接生前需敬神，诸事不能得罪神明，包括孩子吃的、用的、穿的、戴的及产妇屋里的摆设和用品，都不能悖逆天道。如果有想得不周到的地方，得罪了奥都妈妈和乌莫锡妈妈，神就不愿意了，你的孩子便不能长寿。”① 因此，还要准备新房，特别要用山里的白辛草、马兰草、雁来红、星星草、红根草等五种草编织成垫子，也称长寿袋。用百兽皮做“马那干”，即用灰鼠、花鼠、松鼠等各种鼠皮制成，薄而柔软且吸水，适宜包裹婴儿的外衣或包袱皮等等。

口述传承人对满族生育民俗的描述，以及象征意义的解释，都说明男孩的珍贵。在女真天马年，大明崇祯三年（1630）五月端午节后第三天清晨，白鹭报喜，三棵杨富察氏家大院上房，诞生了一个健康的男婴。前来祝贺的戴珠瑚将军送来一张大弓和一匹宝马喀拉莫林，实为贵重之物。萨布素诞生时，其家族在宁古塔已显示出尚武世家的相当实力，预示着他日后的尚武之途和成就大业的必然。

富育光口述传承的《萨大人传》，表现了相当重视满族先世女真人生育礼俗的立场。他口述传承的不单是一种世代流传至今的满族风俗，而且是渗透了包括他本人对富察氏家族遵循生育礼俗，从而使子孙后代能够在生存竞争中脱颖而出的一种武将世家的典范心态。他所讲述的生育礼俗，全部重心都在于为大清朝、为满族富察氏家族以何种令人赞叹的方式立足于世展开的完美诠释。

---

① 富育光讲述、于敏记录整理，《萨大人传》，吉林人民出版社，2007 年，第 133 页。

《萨大人传》口述的核心价值在于满族武将世家保家卫国的尚武精神的传承。口述从富察氏家族的女真先世说起，讲到满族统一民族后的康熙盛世。富察氏家族香火不断，荣誉永续，是这部家族口述史重点要表述的内容。

这就可以理解富察氏家族隆重的迎接新生儿仪式，为什么一而再再而三地出现在口述中，加以铺张地华丽地描述。孩子出生第九天，要行大礼祭祀，称为常祭祀。据传统的萨满教习俗，家中生儿带血必有血灾降临，要行萨满祭祀。大萨满的职责以跳神为主，可使神灵附身，除掉邪魔病患，也称跳神萨满。二萨满称家萨满，主要责任是分担全族祭祀，多由族中族长担任。富察氏家族的家萨满是哈勒苏，他主祭的祭祀先要杀三头鹿谢祖先，谢众神灵，叫神鹿祭，连祭三天。同时，将生产所染血污的东西一并烧掉，不能乱扔以防神怪罪，还要给孩子洗神水澡。在净室，敬祖先神灵，请女神、子孙神、智慧神降临，永住家中保护本族子孙兴旺发达的一整套仪式后，迎接婴儿降生的程序才算完成。

（二）训育礼俗

口述极尽铺陈育儿的风俗，将女真尚武民族从小对儿孙武功的培养和习练作为人生第一步来抓，养育婴儿亦以女真习武练功的标准为要。先是捆手脚，为以后习练马上功夫做准备。初生婴儿捆臂肘膝盖脚踝，两条胳膊紧挨在腿胯上，两脚大腿小腿紧贴在一起，双腿双脚绷直，使走路不会出现八字脚。其次是睡头，婴儿要睡小米枕头。仰卧久了让后脑变得平直不凸，睡成扁头，将来戴凉帽和皮帽子才不会撅起来，才不容易掉下来。这两件育儿大事，是女真传统人家必须训练的项目，睡头成为沿袭至今的风俗。接下来，是训练骑射。萨布素的母亲舒穆禄夫人出身于武将世家，善于骑射，武艺超群。孩子生下后便将孩子用皮子包好，放在小摇车里，背在身后一同骑马飞跑。从三岁到五岁，萨布素是跟着父母在马背上长大的。武将世家的家教，使他很小就过了身魄关、弓关、马关，可以在马上睡觉、吃饭、喝水及观察环境。

富育光口述传承的《萨大人传》，讲究还原人物自述，是一种口述中套着口述的叙事方式。口述中经常会夹杂着萨布素对童年的回忆。这种回忆一方面起到真实可感的效果，另一方面也起到英雄人物亲临现场、教化指导的作用。萨布素对长辈的尊重，以对他影响最大的三个人——父亲、母亲、祖父为代表。父亲，家教严格，是位严父。母亲，善骑射，武艺超群，是位慈母。祖父，是位对孙辈寄予厚望的武将，对他关爱有加。哈勒苏认为虎崽生在虎窝里，马上民族必须从小就带虎劲。要弓箭娴熟，练出尚武精神。萨布素这个名字，原是光脚跑时爷爷对他的叫唤，“萨布”是鞋，“素儿”是旋风，“萨布，素儿”是跑得快的意思。

萨布素回忆，童年时他对喜鹊吵人很烦，于是掏了喜鹊窝，受了父亲鞭打后，他把小喜鹊放回窝里，从此懂得了爱惜自然万物。“童年时，我对鸟的爱，包括对任何生物及小动物的爱，皆是由于挨了阿玛的四鞭子。打那以后，知道了应怎样与这些鸟相处，做它们的好朋友。可以说，一生都难忘长辈们对我的谆谆教诲。”①

作为家族史，《萨大人传》中的口述英雄萨布素家教之严，是他日后能够成长为忠诚于国家利益，感受到百姓疾苦，公而忘私的一代名将的重要条件。在严厉的管教下，从错误中汲取教训，是他向晚辈讲述的重点。八岁时，他看哇嘎家里穷，和流浪的老人住在一起，就从母亲掌管的炕琴木匣子里拿出三个银锞子送给哇嘎，给老人治病。银子是朝廷接济流散移民的安家费，父亲认为动用公款救济穷人是对的，但小孩子“不仅不能拿公家的东西，就是自己家的东西，不经大人允许，同样不能随便往外拿”②。必经大人允许才能做事是教训，因此以后“萨布素所做的任何事情，没有不禀明额莫③的。到了四五十岁了，家里需做些啥或添置什么物品，仍要先向额莫禀报，然后再去办”④。足见父母之威仪和家教对他终生的影响。

引入汉人家教，习圣人孔夫子，是萨布素教育中的一桩大事。萨布素出身武将世家，在他成长为少年的十多年中，正是大清开国之时，父母无一不希望孩子能够效命朝廷，光宗耀祖。哈勒苏眼光独到，将明朝败将周子正引入家中教习萨布素汉文，花费千两白银。周子正为明朝兵部右侍郎，是辽东经略袁应

① 富育光讲述、于敏记录整理，《萨大人传》，吉林人民出版社，2007 年，第 172 页。
② 同上注，第 182 页。
③ 额莫，满语，指母亲。
④ 富育光讲述、于敏记录整理，《萨大人传》，吉林人民出版社，2007 年，第 184 页。

泰的谋士。正式拜师前，萨布素给孔子行三拜九叩大礼，再向周子正行三拜九叩大礼。

萨布素回忆道："在满族家里，在宁古塔，我是第一个向至圣先师孔夫子磕头的人。"[①] 萨布素学习《三字经》《百家姓》《千字文》，打下了汉学底子。名士周子正不仅善讲汉学，也曾为萨布素算过生辰八字。"兵戈壮婴啼，抚民步青云，不惑天阙宠，古稀嗟何怜。"[②] 将其出生战乱年代，以及中年仕途顺畅，晚年处境凄凉的全景勾画了出来。在周子正的影响下，萨布素熟读诸葛亮的《前出师表》《后出师表》，王勃的《滕王阁序》，范仲淹的《岳阳楼记》，刘禹锡的《陋室铭》，程允升的《幼学琼林》等，汉学功底日渐深厚。

此值顺治元年（1644），清兵挥师入关，实行"南进北抚"策略。对北方以宁古塔为基地，辐射北国，招安北方少数民族部落。身上寄托了家族希望的宁古塔少年萨布素，就要派上用场了。

三、黑龙江锁匙

口述传承人以一种相当深厚的历史功底，将这部家族史与正史结合起来传讲，叙事背景宏大开阔，内容丰富，成为一部观察清朝边疆经略的历史教科书。

（一）山重水复多边患

解决边患无疑是武将之家不可推卸的责任。宁古塔作为黑龙江的锁匙，对清朝经略东北少数民族，稳定边疆大局具有重要的战略意义。事实上，明朝管辖的黑龙江边疆已进入大清版图，但地域辽阔，山重水复，边疆各少数民族部落太多，居住又分散，沙俄总是伺机进犯，乘虚而入。

黑龙江、乌苏里江、鄂霍茨克海、锡霍特阿林以东大片沃土，东海[③]沿岸大片土地，由于清廷数十年挥师征战，一些部落逐渐归附。但人口最多的北边呼尔哈部，即索伦部住着赫哲、鄂伦春、鄂温克、达斡尔等民族，这些民族对清廷坚持不归附，不称臣，不纳税，不进贡，不服朝廷管理，由此带给沙俄罗刹

---

① 富育光讲述、于敏记录整理，《萨大人传》，吉林人民出版社，2007 年，第 226 页。

② 同上注，第 238 页。

③ 东海，指日本海。

可乘之机，蚕食了许多清朝承继的北方大片国土。若击退沙俄侵略者，则必须先征服索伦部的各少数民族部落。索伦部并非单一氏族部落，而是一个地域概念，特指生活在西起石勒喀河，包括外兴安岭山麓，东至黑龙江北岸的支流精奇里江一带的人。

索伦部包括鄂温克、鄂伦春和达斡尔等族，其中，达斡尔族是势力最大力量最强也是与《萨大人传》口述关系最密切的部族。在抵御沙俄侵略者的过程中，有不少御外侮保边疆的慷慨悲歌都与达斡尔族有关，萨布素将军的一生也与达斡尔族这个英雄的民族血肉相连。

讨伐地域辽阔的索伦部相当困难。由于索伦部居地森林遍布，索伦部各部落流动性大，随时移居他地，寻觅踪迹相当艰难。皇太极一生四次讨伐索伦部，尤其是第三次讨伐，下手狠辣。索伦部首领博穆博果尔曾接受皇太极的羁縻安抚策略，愿意称臣纳贡，但由于居住在精奇里江的一个索伦部小部落首领巴尔扎奇成为清廷额驸，不断向清廷传递索伦部的情况，获得更多信任，使实力最强的索伦部博穆博果尔一怒之下停止了对清廷的进贡。崇德四年（1639）冬，皇太极派亲信萨穆什喀率军征战博穆博果尔，进攻索伦部的各个城堡，清兵久攻不下，伤亡惨重，便以火烧城，逼出博穆博果尔，拿下近千人。此一战彻底消灭了索伦部的最大一支博穆博果尔。博穆博果尔在沈阳被砍了头，在达斡尔族中引起震动，从此与清朝结下冤仇。

黑龙江一带的达斡尔人经历这次讨伐后多已成为流浪人，没有被杀的男人分给王公贵族为奴隶，女人拨给一些人为妻仆，境遇极其悲惨。苦难境遇中的达斡尔人越闹越凶，边关急报频频。皇太极第四次讨伐索伦部并没有成功，“兵到则宁，兵去则反”。呼尔哈部在精奇里江、黑龙江沿岸，在达斡尔部落中抗清势头越来越猛。皇太极不得不派老将沙尔虎达率军征服呼尔哈部，并命其此次出兵要重德，以安抚为主。

索伦部有位达斡尔族瞎老太太通过唱歌、跳舞、讲故事的方式，聚集了许多达斡尔人意欲抗清。她唱的乌春[①]悲惨至极，让人热泪横流。她曾当过多金那地方的神授萨满。她一路唱，一路讲述达斡尔族英雄史诗，一路给人看病，尤

① 乌春，达斡尔族说唱，也称乌钦，是达斡尔族民间口耳相传的说唱艺术。

擅长讲唱英雄博穆博果尔和他弟弟噶凌阿顽强抵抗清兵的故事。沙尔虎达担心清廷会伤害她，就私下里偷着给她银两，让其不要再唱了。事情本欲安抚住，但皇太极又接到达斡尔人唱歌跳舞意欲谋反的密报，于是又派出大将烧杀掠夺，再次激起清廷与达斡尔人的冲突。部落首领联合上疏清廷，要求清廷赔偿达斡尔人的损失，为英雄博穆博果尔立碑。绝望之极的达斡尔人，邀请明将秦楷做谋士，重新举起反清大旗。

（二）成丁仪式

萨布素生于战事频繁的年代，作为武将世家，从小培养的雄才武略，又加之满汉皆通的私家教育，使他胆识过人，智慧超常。吴巴海将军在宁古塔组兵抚边时，萨布素已是英俊少年，当年吴巴海赏给他的小母牛也繁殖了十多头。萨布素获选八旗兵丁时，父亲向吴巴海将军请求办成丁仪式。“我家神龛上供奉着太祖努尔哈赤、太宗皇太极两代先王所御赐的墨宝、诏书、黄马褂儿等数件珍宝，其中有大行皇帝、太宗皇太极御赐的玉匣儿，内装短剑一柄。先父哈勒苏公在世时讲过，等萨布素长大以后，要操办一次隆重的传宝礼仪，把这柄宝剑传给他。以敬皇恩，勉励后人，敬谨忠职，奋志韬进。当年太宗在赐先父宝剑时也曾叮嘱过，要早生孙儿，育成国家的栋梁。今天萨布素已经成丁，而且在你们旗下做马甲。先父已逝，一直以来，我们把吴老将军视为叔父一样。所以，敬请老将军代向小儿萨布素转授先王的宝剑，让他终生永记不怠。”① 这次成丁仪式，对萨布素极其重要，也是他以武将世家子弟承继先祖事业的一次公开亮相。

《萨大人传》作为满族家族口述史，非常讲究生命的仪式感。与萨布素诞生一样，成丁仪式也是极为隆重的。武将世家的男孩成丁的壮观景象，意味着满族对为朝廷效力的尚武民族的自豪感，充满着古俗古礼的庄严郑重。

口述传承人富育光以满族成丁、结婚、喜寿延年三大礼仪来界定这次仪礼的隆重。主角穿“青绸缎的上边绣着各种花儿、内镶黄色银狐皮的百叶和袍儿，外罩蓝缎黄绦子花边儿的巴图鲁大褂儿，脚登鹿皮靰鞡脸儿、软牛皮鞡、绣着

---

① 富育光讲述、于敏记录整理，《萨大人传》，吉林人民出版社，2007 年，第 364 页。

花儿的高筒靴”①，四方大脸浓眉大眼黑红脸膛的小伙，人人称羡。道贺的“男人们来了，用女真人的礼节，互相打千儿请安、碰肩，以抱腰礼祝贺；女人们来了，以抹鬓、蹲礼道喜”②。这些满族老礼的呈现，都是口述传承人对满族先世女真人心存尊崇的追忆。

成丁仪式的关键一幕，是将宁古塔驻防将勇应召和萨布素家族的授剑大典一道举办。尚武民族在这里得以尽情地挥洒世家子弟拥有的与众不同的丰厚家资和皇上对武将世家的恩典。家中大厅八仙桌上放着熟过的鹿皮，上绣盘凤一对，供奉着一个玉匣儿，里面是皇上赐的御宝。下面香案上燃起年期香，煮好的羊头等供品洒着五彩缤纷的碎纸花。正厅的贵宾席上吴巴海等将领分坐左边，右席是萨布素父母大人以及各姓氏穆昆达等人。主持人宣布萨布素被录为马甲，递上玉盘，盘里是甲服兵刃，令其对皇上赐予的甲服兵刃叩头。授马甲胄一套、枪一杆、腰刀一把，并举石钟以显示国家赋予的重任，象征有能力承担。

家族授剑典礼也有富察氏家族的礼俗，须打扫内室，参加者“盥洗更衣”，以示敬重，方请下皇上御赐宝剑。由父母走至神案前，对皇上赐物叩首致奏词，父曰：“为践行大行皇帝命奴才早生孙儿、为国家之玉柱的旨意，今犬子已列马甲。奴才先父早亡，先帝臣吴巴海巴图鲁视若吾叔，代大行皇帝将玉匣儿短剑赐交小儿萨布素。”③ 而吴巴海将军对神案磕了三个响头：“奴才吴巴海，叩拜圣躬。臣想圣上啊，泣血感恩，泪若泉涌，永祝圣躬永寿祺昌!”④ 吴巴海将玉匣儿交给跪伏的萨布素前，还要其再三跪九叩。萨布素接御宝，按照清朝满族传统礼仪，等于继往开来，江山永驻。皇上御赐宝物，每个部落不同姓氏都放在神龛上供奉，成为民族的希望与寄托。由此可见，父权制下的清王朝，成丁之后的满族男子均以入旗兵为傲为荣。叩谢皇恩，也是承诺报效国家。

四、征战戍边

成丁仪式后，萨布素随军北上，发挥聪明才智，设计救出周子正。清廷此

① 富育光讲述、于敏记录整理，《萨大人传》，吉林人民出版社，2007 年，第 365 页。

② 同上。

③ 同上注，第 369 页。

④ 同上。

次彻底打掉一些据点和部落，将俘虏和散居的索伦人全部迁往内地，满足了其他达斡尔人的要求，消除了积怨，安抚之策成功。边境地区的索伦部终于归附大清王朝，为后方稳定奠定了基础。

（一）征战黑龙江

此时沙俄侵略者也进入黑龙江，萨布素跟随部队打击来犯的沙俄侵略者。黑龙江有两个源头，南源额尔古纳河，起自内蒙古北部大兴安岭西坡，北源石勒喀河，从内蒙古北部肯特山东麓流出。两河在恩和哈达附近汇合成黑龙江。黑龙江在奔流向鞑靼海的过程中，先在北岸接纳了两条大河：一条是精奇里江，源自大兴安岭而后由北向南注入黑龙江，后为沙俄霸占改名结雅河；另一条是与精奇里江并行流淌的大河牛满江，也是源自大兴安岭，位于精奇里江东面，由北向南流过。这里土地肥沃，毛皮和矿产资源丰富，世代生活着以渔猎、农耕为业的达斡尔族、鄂伦春族、满族等世居少数民族，他们依山傍水，渔猎农耕，自给自足，生活稳定。波雅科夫率远征军与当地居民达斡尔人展开激战，但达斡尔人愈发地团结抵抗，把粮畜物品隐藏起来。久无粮食的波雅科夫匪徒开着大船驶往三江口途中，得知清兵已至，迅速向黑龙江下游逃跑。

口述至此，烘托出少年萨布素的迅速成长。在经历残酷战争和吴巴海、周子正、喀尔喀穆等人为国殉难后，萨布素变得更加沉稳刚毅。他不仅马术箭术弓法高超，且满汉皆通，在满语达斡尔语赫哲语之外，又掌握了费雅喀语。为了有效地抵抗沙俄侵略者，他决定学习俄语，了解俄罗斯民情。顺治七年（1650），萨布素请缨赴俄探听消息。萨布素得知哈巴罗夫得到沙皇支持，将带兵马与顺治皇帝开战，争夺黑龙江大片土地时，遂决定返回宁古塔报信。他从勒拿河向外兴安岭骑马走去，发现这是一条自从哈巴罗夫第一次从勒拿河进入黑龙江，一些俄国商人通往大清的近道，俄人称阿穆尔小道。许多中国财富从这条小道流走，他要上报朝廷堵塞漏洞。

战争一般是由武器装备定输赢，拥有先进武器的一方往往会战胜弱势一方。萨布素所处时代，沙俄制造了新式武器大炮和火枪，清军却是弓箭和长矛。哈巴罗夫为占领黑龙江流域的新土地，经常洗劫雅克萨城和呼玛尔河之间的达斡尔屯寨，清军和达斡尔人的弓箭长矛，根本无法抵挡大炮的袭击。萨布素作为抗俄英雄，兵器并非他所能控制，但他却凭借着“智取”策略和运筹帷幄的能力大获成功。

宁古塔的战略地位迅速上升，萨布素得以施展盖世才华，为其日后文治武功，承担黑龙江将军大任做了铺垫。前线告急，沙俄侵略者连连犯边。沙尔虎达赴宁古塔，任宁古塔首位昂邦章京，与盛京将军一样享受高品级待遇。沙尔虎达的到来，改变了宁古塔驻防官员品级不高的设置，使宁古塔一跃成为与沙俄对阵的战略要地。顺治十年（1653），宁古塔正式建立都统衙门，沙尔虎达将军为都统。

宁古塔建制的重大变化，使沙俄侵略黑龙江的野心得到控制。沙尔虎达声名显赫，宁古塔整日操练兵马，制备武器。宁古塔采取迁民办法，由萨布素等带兵勇，将居住在黑龙江中上游和松花江口两岸的达斡尔族、满洲、赫哲族人迁往宁古塔和嫩江中下游安家落户，使黑龙江两岸村落无人居住，这一空城计使沙俄侵略者拿不到粮食补给，便躲到呼玛尔河口江心岛的城堡中，对边民侵害力度大不如前。

在与斯捷潘诺夫匪帮的战斗中，萨布素的军事才能得以凸显。得知明安达礼已将兵马驻扎在霍龙门哈达，献计调兵马去松花江口，把流窜匪徒驱逐到呼玛尔河口，呈包围之势。萨布素得到明安达礼的重用，去歼灭流窜罗刹捣毁营地，斯捷潘诺夫不得已，在呼玛尔河口以南修筑城堡以备过冬。与沙俄的枪炮相比，清军尽管人多势众，但武器落后终究是个硬伤。顺治皇帝敦请朝鲜国王派鸟枪营从会宁出发，到达宁古塔与清军会师。两军在松花江口阻击沙俄侵略者，斯捷潘诺夫当场毙命，沙俄侵略者大败。

富育光口述传承的《萨大人传》，是一部弘扬家国情怀，充满正能量的家族史。整个口述文本贯穿着一种舍生忘死的爱国主义精神，萨布素家族是满族社会武将世家的精华所在。对于这样一个唯尚武精神为大，视荣誉为生命的家族，作为萨布素后裔，富育光显然有一种家族自豪感，乐于传递祖先功绩，以示尊崇和纪念。

家族口述史，由于涉及祖先崇拜，与神话故事、萨满史诗、英雄叙事相比而言，更重视传主高大形象的塑造。由于富育光本身兼具非物质文化遗产传承人和学者双重身份，因此口述内容加入了关于历史背景资料诸如与哈巴罗夫、斯捷潘诺夫等战事作为支撑，以及清王朝中皇帝大臣升迁事宜等。过于中规中矩的学术性叙事，多少影响了口述传承的民间性立场，反而使口述在叙事风格上显得过于文人化学术化了。在一些细节上的考据式的描述，显得过于笨重，缺乏民间口述传承的非严谨性。

萨布素武将崛起的声望，是他驻守边疆，在血雨腥风中，凭借忠诚报国之心和智勇双全的性格不断赢得胜利而获得的。譬如，口述将他深得上级赏识，官阶频频晋升说得非常详细，都是些经过再三考证之后的书面语言。康熙元年（1662），宁古塔昂邦章京改汉称宁古塔将军，战略地位再次提升。经首任将军巴海举荐，萨布素升任骁骑校六品衔。康熙三年（1664），萨布素以少胜多，追剿罗刹有功，晋升为五品、水晶顶戴的防御之职，掌管一旗缉查军实辎重城堡等事务。康熙六年（1667），安珠瑚任宁古塔副都统，位列各副都统之前，总管军政辅佐巴海安抚治理边疆。萨布素奉命带兵修建宁古塔新城，新城址选在旧城六十余里的呼尔哈河畔，等等。

（二）城市治理

关于城市治理和满汉皆通，富育光也讲述得颇有考据色彩。譬如，萨布素是清初满汉皆通的将军。他对流人悉心关照，助其发挥文化训育作用，使兵家必争之地宁古塔呈现出勃勃生机的文化繁荣景象。宁古塔将军移至新城，治理出现繁荣景象，不仅八方人士来投，还接纳朝廷流放的大批流人。流人分为奴、当差、免差三类。免差者，原为官宦文士，虽罪谪于此地，但仍属统治阶级中人。宁古塔对此类人宽大安抚，如吴兆骞等人，力图把汉文化典籍留下，以丰富宁古塔的人文积累。对此，吴兆骞格外感激，曾多次作诗赞颂萨布素。在《秋笳集》里，有四首诗题赠予萨布素。《送萨参领》《送萨参领入都》《九月十二日晚观回猎赋赠萨君》《奉赠副帅萨公》，对驰骋疆场的萨布素极尽敬佩。萨布素身为满族将军，一生与汉族汉人交集颇多，他的许多文治武功观念都来自于汉文化。作为满汉皆通的朝廷命官，当他离开宁古塔赴京时，流人吴兆骞写诗《送萨参领入都》表示致意。在赴京路过开原时，搭救了老师周子正的老友孙之阳。病愈后，孙之阳将家传《孙子兵法十三篇》送给萨布素。他不断利用汉家兵书谋略，将其战略战术纳入边疆平叛除逆、抗击沙俄的战争中。

（三）永戍黑龙江

关于戍边方面，也是多有考据痕迹，甚至是在罗列史实。

譬如，康熙十年（1671），萨布素再次立下军功。他力主将白山黑水之地未划入八旗以内的部落全部纳入八旗，编组新满洲，统一军令，统一调配，以抵御沙俄罗刹。萨布素攻打不愿内迁宁古塔的王钦部，动用了毒掌铁石追魂弓射杀了头人，将部落其余人迁入宁古塔定居，编入八旗。萨布素在黑龙江、松花江、乌苏里江三江流域内迁了两千多户，协助巴海建立新满洲，晋升为三品参领衔。八旗迅速发展壮大，萨布素受诏命赴京领皇上召见，晋升为协领。此官是八旗中官衔，只有盛京将军、宁古塔将军属下设此官职，可谓对他偏爱有加。

再如，萨布素面见康熙，回答如何戍边时，侃侃而谈，胸怀边疆，事无巨细，逻辑清晰。"罗刹远来欧洲，首尾难顾，只要吾等众志成城，必然以逸待劳。若取固北安宁之策，奴才御罗刹之法有三：勘地理，丈量途程，由京师直抵北疆，至少盛京、吉林、宁古塔应设驿站。一旦有情况，书信与辎重畅通无阻，捭阖自如，此一策也。北疆有黑水、松花江、精奇里江、牛满江，江河纵横，盛夏水涨，关山难渡。罗刹犯边，自造强艇，横行无忌。我朝应建水师于黑龙江，驰骋上下，有铜墙铁壁之势，罗刹安惧哉？此二策也。经年御北，宁古塔为前驱。然离我朝檄北之域远遥数千里，鞭长莫及，兵马征程如蜗行，资敌坐大，而成遗痈。我朝应设北镇，常年永戍，若锁匙，北地高枕无忧矣，此三策也。"① 这次面见康熙，侃侃而谈的三策是萨布素敦促朝廷建瑷珲新城，设黑龙江将军，永戍黑龙江的雏形。

以上例证说明，在口述资源的传承过程中，口述传承人的文化水平、知识储备、立场观念、学术视野等条件，都会影响口述资源的民间性。即使家族史《萨大人传》是以家族英雄为主角展开叙事的，但与赫哲族伊玛堪英雄叙事相比，后者更能体现口耳相传而非文人笔墨塑造的英雄色彩。当然，满族受教育水平之高，也是有目共睹的。所以，口述传承资源的文人创作成分，在口述中所占比重到底有多少，也就是说，从口述传承到文本定稿，究竟多少是家族史口耳传承的内容，也是需要考虑的。

---

① 富育光讲述、于敏记录整理，《萨大人传》，吉林人民出版社，2007 年，第 617 ～ 618 页。

五、经略黑龙江

富育光口述传承的《萨大人传》，归结到最后，核心问题是如何永戍黑龙江。这是萨布素将军一生功绩的点睛之笔。

（一）从奔袭到永戍

口述传承人以文人口吻，讲述了这一段惊心动魄的故事。康熙二十二年（1683），为达到永戍黑龙江的战略目标，康熙命萨布素副都统等领兵前往瑷珲，建木城驿站，预备炮具船舰屯田戍边，并下旨，将原归宁古塔将军管辖的恒滚河上源支流哈达乌达河，黑龙江北岸比占河以西和东流松花江地区分出，设黑龙江将军管理，以固守国门。

康熙认为，长途奔袭被动出击不可能打败沙俄。从奔袭到永戍是清王朝北部边疆军事战略的决定性转变。但要远离安乐窝，永远到荒凉的边疆前线常驻，是朝廷中很多人不愿意考虑的。按八旗规定，实行永戍，宁古塔每家都要抽一人去边防，毕竟是去受苦，所以这一政策牵动了家家户户。萨布素在这场重大变革中，身先士卒，不计利益得失，终于推动了这场军民大迁徙的顺利进行。

永戍黑龙江是清朝经略黑龙江的伟大举措，也是中国边疆史上的一个壮举。萨布素从瑷珲回宁古塔对母亲说："凡是调往瑷珲永戍的八旗兵，不管是哪个姓的，一姓兄弟每家得摊一个。皇上下旨，必须带家眷去，才可使去的人在那儿安心永驻。从此，他们将生生世世是瑷珲人了，这是永戍瑷珲的长久之策。"①临行之时，恰逢母亲去世，萨布素不声张不操办，按令大军开拔，一千丁勇和家眷蓄势待发。从宁古塔到瑷珲，八旗兵属搬迁仪式隆重，人山人海。将鹿血、雁血虔诚地滴到事先备好的大酒缸里，跪祭天地。按满族古俗，跪地刀刺额头，滴血于地，以示永不忘故乡。

富育光口述传承中，所表达的萨布素等八旗兵勇离家之痛，场面极为壮观。这里饱含着一代又一代家族口述者对宁古塔的深深眷恋，也传递着富察氏家族曾为这片土地浴血奋战，倍感荣光的精神支撑。

---

① 富育光讲述、于敏记录整理，《萨大人传》，吉林人民出版社，2007 年，第 663 页。

作为富察氏家族从宁古塔迁往瑷珲戍边的后裔，富育光及其父亲和祖上，以一种慷慨悲歌的壮士情怀，叙述这场大迁徙以及永戍黑龙江亘古永存的壮士行迹，念念不忘这是满族这个统一民族忠诚于国家利益的最好表现，也是满族先世“立则不动摇，进则不回顾”的尚武精神的真实体现。

然而，迁徙毕竟有离乡之苦，思乡之痛。“即将北行的队伍，是一支亘古未有的特殊军旅。说他是军队，就是军队；说他是一个部落的迁徙，就是部落的迁徙。”① 为解思乡之愁，萨布素专请宁古塔满洲传统玛虎戏师傅，在军中说唱娱乐，讲唱乌勒本。新建的瑷珲城，一时风光无限，成为黑龙江沿岸最大的城镇。诗曰：“瑷珲霍通像一颗明珠，镶嵌在萨哈连乌拉旁，三面环山一面枕江，排木围成雄伟的城墙。”② 萨布素据瑷珲基地，兵马粮草齐备，免去长途奔波，全力围剿黑龙江中下游罗刹据点，皇上龙颜大悦，传旨黑龙江“晋升副都统萨布素为黑龙江将军”③。

萨布素升任黑龙江将军，源于康熙的战略考虑。若黑龙江永戍，需扩大东北行政编制，增设黑龙江将军署衙于黑龙江畔。为适应军事需要，军政大事统于将军一身，官级正一品。黑龙江将军成为最高军事长官，在辖境内承担安抚军民、维持地方秩序、保护山川、促进边境和睦安宁的重大职责。瑷珲城设立黑龙江将军衙门，使黑龙江开天辟地以来第一次有了统管衙门。黑龙江将军与盛京将军、宁古塔将军，即后来的吉林将军奠定了东北三省建制的基础，形成了满族祖先发祥地白山黑水三足鼎立的军政管理格局。

（二）雅克萨之战

萨布素任黑龙江将军以来，一方面准备攻打雅克萨城，另一方面“从牛满江地区的奇勒尔人，到精奇里地区的鄂伦春人；从恒滚河一带的费雅喀人，到黑龙江上游的达斡尔人，到处布下了擒捉罗刹的天罗地网”④，黑龙江各地民间到处都是萨布素抗击沙俄的故事。

---

① 富育光讲述、于敏记录整理，《萨大人传》，吉林人民出版社，2007 年，第 674 页。

② 同上注，第 675 页。

③ 同上注，第 676 页。

④ 同上注，第 678 页。

雅克萨之战，奠定了萨布素将军抗俄名将的历史地位。在富育光口述传承的《萨大人传》中，雅克萨之战于康熙二十四年（1685）大获全胜，直接促成《尼布楚条约》的签订。以大兴安岭额尔必齐河为中俄国界，两国严守章约永敦睦谊。康熙二十九年（1690），皇上派郎坦等查看新定边界，树界碑，碑上刻有满、汉、俄罗斯、蒙古、拉丁文碑文。建立严格的巡边制度，在指定地点刻名字埋桩，形成定例。康熙认为萨布素“统率雄师，功劳堪嘉”，特诏入京觐见。

晚年萨布素将精力投放到将军衙门辖境治理上。康熙三十六年（1697），由于嫩江发大洪水，沿江十八个庄子全部被淹没，灾情严重，灾民无数。无奈之下，萨布素向国库借粮，为民请命。但是，年年有灾，年年借国粮，年年还不上，日积月累，欠国库官粮巨大。此行被举报到朝廷，康熙将萨布素“免死罪，削世职，于佐领任上行走。后又觉不忍，提为宫中侍卫处散秩大臣，驻京师。所谓散秩大臣，无定职，无任所，是个虚职。从二品级，享三品俸”①。由于萨布素牵挂嫩江水患治理，再返卜魁与民同在，康熙四十八年（1709）逝世于卜魁。他一生清贫，家无积财，葬于嫩江堤的古榆林中。雍正年间，其子常德准备将父亲遗椁迁回宁古塔老家。扶灵返乡时，遇黑龙江松花江水患，船行至牡丹江口遇盗贼。棺椁落入牡丹江中，尸体不见踪影。

《萨大人传》以一种慷慨悲歌的气势，口述传承了满族富察氏家族英雄萨布素辉煌的一生。这种出自家族内部的英雄叙事，经过具有文人气质和学人底蕴的口述传承人富育光的讲述，传递出深深的民族自豪感和强烈的民族自信心。这也是口述英雄极具感染力的关键所在。

尤其是，口述最后点出了族人对萨大人的祭祀传统。富察氏家族，将萨布素将军归入祖先神祇行列。正如《苏木妈妈》中氏族部落的祖先神，在成神之前许多超人的英雄壮举所显示的惊人神迹，使完颜部后世的“背灯祭”都要请出这位祖先神，请她享受祭礼一样，在富察氏等满族戍边的众姓氏中，每到春秋，萨满主持“背灯祭”时，都会在神案上多放一杯水，一双筷子，还有一匹

① 富育光讲述、于敏记录整理，《萨大人传》，吉林人民出版社，2007年，第708页。

木刻黑马神偶，骑着一名武士。“背灯祭”是为纪念萨大人和抗俄牺牲的将士，与众神同享祭礼的庄重仪式，也是满族社会以家族为单位生生不息流传至今的民间祭祀习俗。

第二节 傅英仁《萨布素将军传》

满族说部《萨布素将军传》由傅英仁讲述，程迅、王宏刚记录整理，吉林人民出版社于 2007 年 12 月出版。共计 64 万字。

据王宏刚讲，该口述采录时间是 1981 年春，地点是傅英仁家中，手段是录音和记录。傅英仁时任宁安县（今为宁安市）县志办编辑，年近六十岁。“在不到两个月的时间内，傅老一鼓作气讲了八十余盘录音带，笔者抄录的文字已在五十万字以上。”① 这部满族家族口述史，讲述萨布素将军的英雄事迹，原名叫《老将军八十一件事》，主要流传在黑龙江省宁安市东屯缸窑沟一带，由口述传承人傅英仁的三爷傅永利完整地讲唱出来。汉族人刘大个子，跟傅永利在一起干活十多年，受其熏染，也会讲述萨布素故事。此外，“缸窑沟有个火炮，是打围的，瓜尔佳氏，姓关。当时能够完整地讲出来恐怕也就这几个”②。

据傅英仁回忆，满族有个传统习惯，经常举行祭祀或抄谱，每年冬天差不多有十份二十份祭祀或抄谱。祭祀过后，总归要讲些故事，傅英仁家就讲萨布素老将军的故事。平常过年过节，或者闲着没事的时候也是讲故事。傅氏家族中讲述萨布素将军传说已成定规。

开讲时，要捻上达子香，讲述人要漱口净面，十分庄重。因为萨布素是富察氏家族的祖先，一般不提萨布素的名字，只说老将军。到了民国初年，傅英仁的三爷傅永利开始在族内讲老将军故事。他一辈子没结婚，过房到傅英仁的太爷家，长时间住在傅英仁家里，直到 1942 年去世。傅永利外号傅三云，三云的意思是指他讲话“云山雾罩”，能“白话”③。他多才多艺，讲故事生动活泼。

---

① 傅英仁讲述，程迅、王宏刚整理，《萨布素将军传》，吉林人民出版社，2007 年，第 595 页。
② 同上注，第 5 页。
③ 白话，指能讲瞎话，胡说八道。

时常喜欢拿一把宝剑，说是老将军的宝剑，还背着一个黄绫挎包，说是装着皇帝给老将军的圣旨，主讲老将军的故事。人称傅永利为“三将军”。

在漫长的冬季里，傅三爷“三将军”待在缸窑沟，一冬一冬地讲故事。“满族的炕是圈炕，南炕北炕都坐满了人，有十几个，他就开始讲了，讲就像讲笑话似的，高兴的时候他也唱……但基本上是讲述，唱的并不多。”① 他也有个文字稿，伪满时傅英仁看见一个红布包，傅三爷不让动，“光看可以”。是用呈文纸写的老将军故事提纲，同治初年整理的，有五六张，简单的几个字，有满文，也有几个汉字。

从传承脉络上看，故事流传很久远。据傅英仁回忆，富察氏家族中老人曾谈起此事，那时萨布素儿子常德当了吉林将军。雍正年间，家族里第十世祖先乌勒喜奔，在常德将军衙门里做笔贴式，也即秘书。他对萨布素将军的一生非常熟悉，会讲很多老将军的故事。乌勒喜奔有时候回宁古塔住上段日子，就给族人口述萨布素将军传奇。他最早在家族中把萨布素的故事成套地讲出来。家族中从此慢慢形成习惯，用萨布素的事迹教育子孙后代要求取上进，因此也就成为富察氏家族的家训，一直传到傅永利那儿，就有了讲述提纲《老将军八十一件事》，便于保存记忆。傅永利的讲述提纲是同治年间抄的，若往前推，形成《老将军八十一件事》的时间应比同治年更早。

作为满族将军家族史，傅英仁口述传承的《老将军八十一件事》是在伪满时期。满族有个口头遗嘱传统，这辈子的人老了的时候，便将家族口述当作临终嘱托告诉下辈人：“你们得注意啊，把我们老将军的故事流传下去，不要到咱们这一代就停止了。”② 伪满时，日伪宪兵队不让傅永利再讲老将军故事。过了三四年，傅永利就对当教员的傅英仁说：“你得把这个故事弄完整了，把它记下来吧。要不然的话，在我这一代人传不下去，对不起祖宗，也对不起后代子孙。你把它记下来，将来也能给讲一讲，就这样自然而然地传下来了。”③

1957 年前，傅英仁又整理了第二遍，迫于当时的政治压力，整理好的材料也只好烧掉。对此，他很痛苦。他说：“烧这些材料之前，五六天在琢磨这个问

① 傅英仁讲述，程迅、王宏刚整理，《萨布素将军传》，吉林人民出版社，2007 年，第 7 页。
② 同上注，第 10 页。
③ 同上。

题，我是烧还是不烧，心里特别难受。这是多少年的结晶啊，五七年往前那是二三十年啊，烧的时候我感到对不起三爷。我想详细的不好保存，我就把它变成简单的，白天不敢写，就用了几晚上写了一些提纲，提纲就不多了，就几十篇。我现在还有五七年的提纲。把提纲弄出来以后，我就藏起来，这样就保存下来了。这次我给你们讲的，是我这二三年中又一次整理的。这二三年形势好了……就敢公开拿出来整理了。”① 从傅英仁的回忆中可以看出，满族说部《萨布素将军传》也就是《老将军八十一件事》能够传承下来，经历过多次大的劫难，其艰辛曲折的过程，难以一言以蔽之。

《萨布素将军传》是满族富察氏的一部家族口述史，在傅英仁家族传承了两百多年。从萨布素为宁古塔老章京沙尔虎达当放牛娃讲起，到经历坎坷成长为一代抗俄名将，又因为民请命而遭诬陷贬职，丢掉将军之位，最终平反昭雪等事件为主线，将其波澜壮阔的一生讲述得跌宕起伏，使人看到萨布素将军不仅武功了得，智慧超群，而且品德高尚，是深得民心的抗俄名将。

傅英仁口述传承的《萨布素将军传》，来源于萨布素将军的故乡宁古塔，是萨布素将军的宁古塔叙事，与富育光所传承的瑷珲版本《萨大人传》有明显的不同。

富育光口述传承的版本，是讲述萨布素将军整个家族史，从萨布素祖父母、父母，枝枝蔓蔓都讲述得十分清楚。是将萨布素将军抗击沙俄的英雄故事与东北边疆的历史演进、朝廷官员的提升罢免、黑龙江边境少数民族的内迁等历史进程互相交织在一起讲述的，涉及清朝皇帝降旨、兵战策略、朝廷大臣、宁古塔人事任用等，把萨布素将军的个人能力以及命运与整个历史时代融合在一起，是非常宏大的历史叙事。是以萨布素为引子，牵出了一个满族家族从努尔哈赤时代就投身武行，征战沙场，从而养育出一批尚武崇文为国献身的英雄子弟的武将世家故事。讲述中，以富育光所具备的高超的汉语能力和文人水平，揉进了个人对女真先民生活的认识。因此，对满族先世女真人的民俗民风极尽铺排，有一种学术探源的色彩。因为叙事宏大以及过多的生活习惯的描述，将萨布素将军融于庞大的家族和国家政治体系中，涉及人物众多，若单独将萨布素将军的故事提炼出来，应该说力度会欠缺一些，宏大叙事对萨布素将军个人形象也有遮蔽。

---

① 傅英仁讲述，程迅、王宏刚整理，《萨布素将军传》，吉林人民出版社，2007 年，第 3 页。

傅英仁口述传承的版本，恰好从另一个以“事件”为主线的角度，摒弃了宏大叙事对萨布素将军个人形象的遮蔽，针对萨布素将军一生征战边疆，保家卫国的事迹，全力烘托他个人的英雄行为。口述省略了萨布素将军祖先的功绩以及家族对萨布素将军的精心培养，直接切入他的少年生命历程，讲述英雄少年的与众不同。大小事件众多，从不同侧面串联起来，反映了清初顺治、康熙年间，东北边疆满族、达斡尔族、赫哲族、鄂伦春族等少数民族屡遭沙俄的烧杀抢掠，军民联手抗击沙俄侵略者的故事。

其中涉及收服东海部、康熙东巡、松花江战役、兴建瑷珲城、雅克萨自卫反击战、签订《尼布楚条约》、征讨噶尔丹、修嫩江大堤等重大历史事件。这部富察氏家族口述史，对生活在宁古塔的富察氏家族子弟来说，不单是聆听祖先光辉业绩，从氏族内部的英雄崇拜获取激励自身奋发向上的动力，也传承了满族人珍视家教，以英雄祖先聚集人心、聚集人气的独特传统。

一、智者

傅英仁口述传承的《萨布素将军传》，语言概括凝练，文人色彩也很浓厚。很显然，从文字水平上看，这是一部出自著名民间故事家之手的杰作。这一点，是傅英仁与其他没有文化的口述传承人不同的地方，而且特别珍贵的是，傅英仁口述传承过程中，仍然大部分保留了民间叙事风格，使叙事看上去传奇色彩更浓，主观色彩相对淡薄。在整理祖先传承到傅永利手中的《老将军八十一件事》时，傅英仁借用了小说人物形象塑造的手法，去建构他心目中的萨布素，从《老将军八十一件事》扩展到九十回目的《萨布素将军传》，完整地塑造了满族一代名将萨布素。他从少年萨布素的形象入手，开篇就给出了一个与众不同的满族少年英雄。在同龄人中，少年萨布素就已具备了一些出类拔萃的特征。萨布素超人的智慧、驰骋疆场的高超武功、勇于担当的大气胸襟，吸引着读者和听众。他的高尚品质和勇敢智慧的性格特征，成为口述重点歌颂的对象。

（一）智慧超群

萨布素出身于满族英雄世家，是著名的八旗子弟。他的先祖充舜居长白山约克通鄂城，是位远近闻名的巴图鲁[①]。他力大无穷，能一手提只大熊飞身上山，面不改色。因此被尊为神，成为一城之主。萨布素崇拜充舜，立志成为充舜那样的大英雄。朝廷拨给宁古塔衙门百头屯田的蒙古大牛，沙尔虎达章京招募，无人领养。萨布素和小伙伴瓦礼祜主动要求接下这桩公差。面对藏奸耍滑的瓦礼祜，萨布素情愿吃亏上当。他分得瘦牛，但并不发愁，他认为想把牛喂好，必须训练头牛，于是，他与头牛结下了深厚的感情。秋天，萨布素的牛膘肥体壮，瓦礼祜的牛秃毛缺角。下一年瓦礼祜把牛换过来养，还是萨布素赢。这不仅是因为瓦礼祜偷懒，而且还是因为萨布素是以训练军队的方式训练牛。他的牛群中，有头牛二牛三牛四牛，领头把边压阵的，像一群八旗士兵，一吹哨他驯的牛就跑出来。"走在最头前的那头牛，像个佐领[②]似的在前头带队，后面跟着四头大牛是伊里布[③]，又跟着十二条是昆布丹[④]，最后四条是压阵的领催[⑤]。萨布素吹一个调，它们齐刷刷往前走，萨布素变一个调，那牛群规规整整向左转，嘿！就像一拨训练有素的披甲兵[⑥]，萨布素就像演习阵法的将军！"[⑦]尽管瓦礼祜两次陷害他，萨布素还是替他挡了鞭子，并将责任承担了下来。这种胸怀出自少年，十分了不起。这是口述为英雄定下的调子，萨布素聪明善良大度，为他日后效忠朝廷，不顾个人安危为民请命奠定了性格基础。

（二）审时度势

萨布素少年老成，迅速地成为宁古塔八旗镶黄旗披甲，为国效力。一天，他和叔父被派到马市为各旗用皮张换铁锅。宁古塔旗人最缺铁锅，所以市场上价格高居不下，萨布素认为此时换锅的人多，要再等等，先压压行。几天后，铁锅果然降价。为侍候住店的病老头，他让叔父先回宁古塔，自己把马卖了换钱，替老人治病。老人病愈后，把祖传武功全部教授于他，还把祖传兵书《三

---

① 巴图鲁，满族人眼中的英雄。

② 佐领，指四品八旗官。

③ 伊布里，指前哨。

④ 昆布丹，指卫兵。

⑤ 领催，指低级军官。

⑥ 披甲兵，指清代八旗的正式甲兵。

⑦ 傅英仁讲述，程迅、王宏刚整理，《萨布素将军传》，吉林人民出版社，2007 年，第 8 页。

国演义》和《孙子兵法》赠给他，并叮嘱他："学通了能帮助你出兵打仗，行军布阵。"[①] 可见，赤诚之心换来回报，每一次帮助他人，都会提升他的武功档次，这一点也是英雄口述中惯用的叙事手段。

（三）计谋深算

在阿勒楚克城协领处，面对协领宝刀丢失大案，他了解了来龙去脉后，便心中有数。为不伤和气，他献计安上假刀柄，结果小偷在天黑前就把宝刀归还。巧破宝刀案让协领对他刮目相看，也为他带来结亲的好运气。协领相中萨布素，问及尚无婚约，便意欲"比武招亲"。

"比武招亲"是满通古斯语族口述中英雄为成就复仇大业积累势力和财富而进行的一种目的性很明确的武力较量，其结局是英雄胜出，获得女方提供的包括萨满功力以及富甲一方的家世背景。萨布素口述中，显然与伊玛堪等英雄史诗叙事方法相近。"比武招亲"一方面证明萨布素的武功，另一方面也使有名望的女方家族和有武功的格格有了面子。这种隐形的"比武招亲"，把萨布素推向了借助女方家族势力积累能量的地步。尽管一切都是被动的，但结局是一样的。他的箭法高超，苏木格格的箭法更是技高一筹，令萨布素心生敬意。

这桩武将世家相互匹配的姻缘，使故事朝正确的方向发展，也就是说，在一个封建父权制时代，在八旗制中，满族在旗女人的地位非常重要。女人将控制家族内部的事务，包括训练孩子的武功，讲述家族故事。英雄相见恨晚，萨布素和苏木成亲，年轻的萨布素身份已是领催。在众人的祝福声中，萨布素将祖先充舜在长白山力搏巨熊留下的熊皮拿出来。熊皮曾把部落的人从洪水中救了出来，熊皮被分成五块给了富察哈拉的五支人，萨布素把他珍藏的熊皮送给苏木格格，"虽说不是金银财宝，却是富察哈拉的骄傲"[②]。苏木也说："阿玛订下了这金银般的亲事，额娘选好了这玉石般的良缘，我喜欢的是你的勇武刚健。姑娘我骑马来到亲人身边，整箱整匹的嫁妆我没要，只带一张宝弓来。"[③] 嫁妆就是她的射箭武功。这一对新人互赠礼物，表现出武将世家生生不息的尚武风

---

① 傅英仁讲述，程迅、王宏刚整理，《萨布素将军传》，吉林人民出版社，2007 年，第 17 页。
② 同上注，第 30 页。
③ 同上。

范，也契合彼此献身国家的志向。

在富育光口述传承的瑷珲叙事《萨大人传》里，少年英雄萨布素成长的标志，是在隆重的成丁仪式上接过先辈的宝剑和征战沙场赫赫战功的荣耀。傅英仁口述传承的宁古塔叙事《萨布素将军传》里，则省略了富察氏家族势力背景对少年萨布素的影响，直接让他通过结婚这种简单的形式，迅速由少年转向成人。盖缘于，傅英仁口述传承的故事中，萨布素所有在成人世界做出的选择，都与他少年训牛有关。他从未有过淘气的样貌，一出场就是包容他人，成就他人，为他人利益考虑的“小大人”。他身上更多地拥有封建王朝忠臣良将的家国胸怀和英雄气概，这一特点也为他日后成为有清以来声名显赫的抗俄英雄奠定了基础。

二、家国视域

傅英仁口述传承的《萨布素将军传》，以英雄萨布素为主角，讲述了传主跌宕起伏的人生命运，无疑是一部慷慨悲歌的英雄口述史。联想到傅英仁的三爷，游走于乡间的“行吟诗人”傅永利，是他以独特的行走风格以及堂吉诃德式的大战风车的浪漫主义情怀，带给富察氏家族一种永恒的精神食粮。在傅永利讲述萨布素将军故事的清末民初，故事主人公所尽忠的大清王朝已经趋于灭亡。在对昔日英雄回望的历史记忆中，满族民间社会仍然沉浸在八旗军人的族群意识中，被唤醒的潜意识里的英雄崇拜，就在老将军故事的口述传承中，成就了一段又一段尚武佳话。

在以英雄为主要歌颂对象的史诗中，如满族说部《乌布西奔妈妈》、赫哲族伊玛堪系列英雄叙事，都可以看到英雄在为某件事、某种目的矢志不渝的追求，不达目的誓不罢休。英雄所生活的年代，多半是氏族部落向部落大联盟转型的特定历史空间，征战沙场的英雄人物身上不可避免地带有天地之间舍我其谁的大人物特征。因此，涉及部落大联盟场阈的英雄口述，往往呈现出一种沟通天地的萨满神与拥有征服者心态的大英雄互为统一的风格。

萨布素并不是征服者大英雄，他生活在清朝初年，历史在这里已经进入了一个皇权至上的制度拐点。满族形成统一民族之后，凭借尚武精神攻城略地，壮大势力，直到建立起庞大的封建王朝。为皇权的一统天下，移植中原体制的清王朝，任用汉人，复制“君君臣臣父父子子”的权力架构，位于金字塔之巅的清朝皇帝，握有“君叫臣死，臣不得不死”的生杀予夺大权。这时候，口述英雄也是某个氏族的英雄、家族的英雄，但首先必须是国家的英雄。他的一生都要全部地奉献给君王而不是一个关乎父母的血亲复仇计划。

因此，国家和君王在萨布素英雄口述中，占有极为重要的主体资格。这种主体性以满族八旗体制对君王之令的唯命是从，表现得最为充分。任何一个在旗之家，都将崇尚武功，为皇帝赴命战场视为至高无上的荣誉。视国家利益为己任的国家至上观念，已深入八旗子弟之心。同时，满族先世女真人的部落大联盟时期，萨满参战和萨满神助战的事情已一去不复返了。口述英雄与萨满神的关系表现得相当疏离，尽管满族萨满教在萨布素英雄征战途中还有一定的体现，也有不同程度的描述。萨布素与萨满教疏离的另一个重要特征，是他身上具有非常明显的清初封建帝王臣子的特征。

（一）兵民合一

满族八旗制度，使得八旗战争不是单纯发挥某个将士的个人力量，多数情况下还要发挥家族包括女人的力量。当精奇里江战报传来，达斡尔总管凯扎昆儿子巴尔图前来求救，俄国商队翻越了乌拉尔山，经过勒拿河载，穿过外兴安岭，以出售猎枪和铁锅给达斡尔人做幌子，要达斡尔人归顺沙皇帝国进贡貂皮和粮食，不肯屈服的达斡尔人被血洗。接到边境战报，萨布素准备出征迎战罗刹，苏木夫人也竭尽全力筹备兵马粮草。出征前，朝鲜边城崔永浩大人奉李朝国王之命，到宁古塔借粮五百石。五百石粮食并非小数目，一边是前方军情紧急，一边是友邻出现燃眉之急。万般无奈之下，苏木夫人冒死尝试剧毒的倒鳞鱼，终于发现苣荬菜可解倒鳞鱼之毒。宁古塔旗兵各家均以此鱼顶粮，不仅解决了朝鲜借粮问题，也筹齐了前线大军粮草。作为回报，朝鲜派了鸟枪队加入清军行列，共同抵御拥有洋枪洋炮的沙俄侵略者。

（二）萨满公祭

以往的口述英雄，如乌布西奔妈妈或伊玛堪系列英雄，无一例外地与助手神萨满有密切的关系。作为战争中的英雄，不仅祭祀是战争的规定动作，萨满的参战和萨满神的助力也是贯穿战争始终的。口述英雄萨布素，是淹没在封建体制中的英雄，萨满在此行使的职责仅仅是祭祀萨满，萨布素与萨满的关系也更为疏远。

在松花江战役中，匪首斯捷潘诺夫血洗达斡尔族部落，由于无粮，冬天甚至到了吃人的地步。为筹粮过冬，他带着几艘大平底船驶向松花江口。宁古塔章京沙尔虎达率47艘船舰逆流开向松花江口迎战。清兵持弓箭长矛，难以对付沙俄侵略者的火枪大炮，萨布素建议将罗刹引下船，乘上岸之机将其歼灭。激战过后，双方损失惨重。

这时，萨满才在现实中出现，为死难的二百将士主持国家公祭，其中包括失踪的萨布素。“按萨满教最隆重的礼仪”，萨满头戴神帽，身系腰铃，猛敲抓鼓。一时间，松花江畔萨满的铃声鼓声和祈祷声，惊天地泣鬼神。不过，大多数时间，萨满和萨满神与英雄征战并无太大关系。偶尔萨满神会出现在英雄萨布素的梦里。如，萨布素追赶着百人长三天三夜，敌人摔下悬崖。迷路的他遇到白发老人的指点，给他讲述乌苏里哈拉老部落长乌苏里汗为救部落，变成一股青烟化成北斗星的故事。萨布素对着老人隐去的方向磕头，“萨布素猛然地醒悟到，这是战神超合占爷搭救了自己，并给自己指明了方向”①。因此，梦中与萨满战神相遇，可以说明他是被萨满战神保佑着，但这种保护却显得很无力。英雄一遇到困难，就会被萨满神托梦，不是萨满神直接参与的战场助力。在萨布素时代，皇权力量至上，萨满神便隐身了。

（三）师徒关系

口述英雄在不断积累武功的过程中，妻子的能力和助力贡献相当大。作为英雄史诗的传统，妻子经常可以把功力转移给英雄丈夫。但是，口述英雄萨布素的叙事角度，更体现了一种有家才有国的关系。妻子固然不能披挂上阵，但可以在背后协助丈夫夺魁。宁古塔有个镶黄旗佐领空缺，要经过比武夺魁，主要是比三箭。萨布素的夫人苏木箭术了得，关键时刻她将神箭师傅玉泉老人介绍给萨布素，从而使他的箭术独占鳌头。也就是说，每到竞争局面来临时，家族独门秘籍独门绝技才能发挥作用，派得上用场。

---

① 傅英仁讲述，程迅、王宏刚整理，《萨布素将军传》，吉林人民出版社，2007年，第46页。

同时，口述在塑造英雄萨布素时，总会在个人利益与他人利益之间做一取舍，以此来突出他的道德修为和人格魅力。玉泉老人十分欣赏他的善良正派，实际上这也是考验萨布素接近最高箭术的一个障碍。也就是说，在他求取成功的路上，遇到必须放弃这种成功而成全他人的时候，重要的是看他的选择，如何立人，是考验武功境界的核心。

玉泉老人坚持收徒规矩："一不射背面人，二不射女人，三不射猎人。这'三不射'本是我的老祖先额立垦立下的族规。遵守这个规矩，方能把高超的箭术用于正道；反之，百发百中的射手，只能给族胞带来灾祸。"① 学成归来的萨布素箭法神奇，任镶黄旗新佐领是大势所趋。

三、人文关怀

在傅英仁口述传承的《萨布素将军传》里，英雄萨布素与其说是一个道德英雄，不如说是一个珍惜生命，对生命充满着悲悯和尊重，具有人文情怀的抗俄名将。一个经常出入沙场的武将，口述中在讲述他杀伐决断的盖世豪情时，不断地反复地突出萨布素的慈悲心怀，并将此作为区别于其他武将的独特表征，这是口述传承人被萨布素人格魅力所感召，突出人物形象的关键之处。

（一）奴隶制恶俗

满族在形成统一民族前，处于奴隶制的部落战争时期。攻打敌对部落获胜后，将掠夺到的男人当奴隶，将女人赏赐给将士，助其成家立业。遇到主人开恩，奴隶可以获得平民身份，去当自由人。女人也可以在生儿育女后过正常日子。许多在旗家庭中，父亲是将士，母亲却是被掠夺来的其他部落女人，身兼妻子和女奴的双重身份。家族中父权至上，使奴隶制恶俗延续着。

萨布素在收复赫拉苏密城以后，安抚边民，组成牛录，配发武器，训练民兵，令其平时自守城堡，遇战事则要通知宁古塔衙门。一切准备停当班师回宁古塔后，却遇上了女人殉葬。

彼时，宁古塔男人不仅是一家之主，可以娶多个妻子，还留有女人殉葬的

---

① 傅英仁讲述，程迅、王宏刚整理，《萨布素将军传》，吉林人民出版社，2007年，第64页。

遗风。临终时，男人要求把心爱的女人带到坟墓中去，享受死后该女人侍候他的特权。

殉葬仪式开始时，“家人先是把这个女人装扮得漂漂亮亮的，就跟新娘似的。然后让她坐在西炕上，给她摆上供品，全家人都得给她行大礼，三拜九叩。最后就传一个箭法高超的小阿哥，朝她脑袋、胸前，‘嗖嗖嗖’连射三箭，活活把人射死，再把她和自己的男人埋在一起”①。这种残酷的殉葬旧俗，使很多年轻力壮的女人白白送死，扔下无人照料的孩子凄惨度日。

在父权制社会里，对一家之主言听计从，尤其满族重视传统，祖上流传下的规矩，极尽恪守。尽管到了清朝封建制时期，但奴隶制的残余是以传统风俗方式存在着的。所以，众人敢怒不敢言，听凭那个临死之人的吩咐射杀年轻女人。萨布素曾经亲眼见过活活射死女人的场面，他发誓有能力时一定要破除殉葬恶俗。

（二）破除殉葬

殉葬人家是佐领依尔根觉罗，报丧到宁古塔衙门。佐领功名卓著，巴海章京和萨布素率一班人马前去吊唁。西炕上坐着个年轻女人，浑身上下穿着新鲜，像新媳妇一样端坐着。她的面前是供品，流着眼泪却不敢哭出声来。这是死去佐领的小女人，年龄不到三十岁，儿子才七八岁。萨布素终于找到机会，救出这个女人，借此事破除宁古塔殉葬的恶俗。萨布素在得到巴海章京的支持后，便设计破坏这次殉葬。

他找到射手并许诺加钱，令其往天棚上射三箭，射完后赶紧往家跑，边跑边嚷嚷。跑到家里蒙上被子就睡觉，一个时辰内谁招呼都不吱声。萨布素利用射手装聋作哑这段时间，让佐领家人先把供品撤掉，让小女人下炕。此举遭到老穆昆达和老萨满的反对：“萨布素大人！这女人可不能让她走，老佐领死前有话，让她一起升天，这可是我们祖宗留下来的老规矩。”② 面对阻挡，萨布素一边解释，祖上也并没有立下一个女人射两次的规矩，一边烧香问询天神，并以萨满神名义，威胁这些坚持旧俗的人。他恭恭敬敬地在神牌前点上达子香，对

---

① 傅英仁讲述，程迅、王宏刚整理，《萨布素将军传》，吉林人民出版社，2007年，第104页。

② 同上注，第107页。

着神牌跪下磕头祷告。他拿出毛头纸写几个字，点火烧了，又趴在地上不吱声。半晌，像是遵命地与谁对话。他说：“老佛爷告诉我了，老佐领说他有病糊涂了，才说让他小女人一起去，现在要让她把儿子抚养好，谁要是再拿箭来射她，不是一个时辰不会说话，而是让他一辈子不会说话。”① 萨布素假借天神之口破除旧俗，衙门发布号令，勒令停止殉葬：“陪葬是我们宁古塔的旧风俗，从现在起，谁家也不许这么干！谁要是不听，老佛爷要发怒的。”② 萨布素将军的这种行为已超越了氏族家族处事范畴，代表了满汉皆通的一批朝廷命臣对父权制下旧奴隶制遗存反人类反生命的一种理性反抗。

口述英雄在此变身为一个从恶势力手中解救弱女子的大侠。天神成为实施拯救计划的道具，拯救是目的，为了生命不再白白牺牲这一最终目的，萨布素不惜冒犯天神。

这是以往满通古斯语族史诗英雄中，尤其是萨满英雄中绝对不会出现的事情。萨满可以请神降临，当神灵附体时，可以借神灵之口传谕神的旨意。人不可能操纵天神，但萨布素假借天神之口，将天神操纵了，而且还以口述方式流传下来。可见口述传承人所站的历史高度，以及对民间智慧的大加弘扬。口述传承人这种对萨布素人文情怀和高贵品质的歌颂，也体现出满族社会拥有一批超凡脱俗的推动历史进步的伟大人物，这些人的英雄事迹，得以在民间世代传诵。这也是民间口述资源的传承价值和魅力所在。

四、八旗女甲兵

傅英仁口述传承的《萨布素将军传》，也就是宁古塔叙事，还有一个突出特点，赋予女甲兵同等的政治地位。在父权制下，成立女甲兵营，几乎是一种禁忌。但是，正如萨布素将军从奴隶制旧俗中拯救殉葬的女人一样，招募女甲兵抗俄也是萨布素广阔视野和宽大胸襟的表现。

（一）女难民

与富育光口述传承的瑷珲叙事将萨布素置于正统的国家价值层面不同的是，

① 傅英仁讲述，程迅、王宏刚整理，《萨布素将军传》，吉林人民出版社，2007 年，第 108 页。
② 同上。

傅英仁的口述英雄着重描述的是萨布素与民间的鱼水关系。他生于乱世，身手不凡，武功高强，又深明大义，具悲悯之心，通晓民情民意。即使他的一些拯救女人的侠义之举，也不显得突兀和难以理解，相反，更增添了他抗俄英雄的风采。

萨布素镇守宁古塔时，亲自去北疆摸清雅克萨和尼布楚俄匪的兵力部署。得到了达呼尔人的帮助，制成详细地图。回宁古塔途中，遇到一队女响马①。由三姐妹带头，自发反俄匪。俄匪到处杀人，“女人都圈起来，准备等他们大官来了好分配给他们当媳妇，小孩子一般来说是扔掉”②。三姐妹赫哲里、依尔根、扎拉礼分属三个部落，原本在两山夹一沟的地方生活得很好。俄匪来了，不仅占领土地，杀人抓人，还把不屈服的女人送到修道院，动用各种刑罚，治得服帖后再分给俄匪当老婆。从修道院押送途中，女人们成功出逃后以收缴的俄匪枪支占山为寇，专门抢劫俄匪。萨布素接受了她们的投奔，将其带回宁古塔当了女甲兵。

萨布素设立八旗女甲兵，引得满族女孩都想去参军。但在如何对待女甲兵的问题上，反映出萨布素超越父权制束缚的进步立场。萨布素对女甲兵很是高看，并给她们身份地位。他对人说起女甲兵，言语里充满着欣赏和自豪：“我们那里有个叫奥兰特的，这个人已经二十四五了，是女队里的骁骑校。咱们八旗兵本来没有女的，在我的营里，因为三姐妹带人来投奔，组成四五十人的女兵，别看她们是女兵，在沙场上是很勇敢的。”③

萨布素声名日渐显赫，遭人嫉妒。有人上奏康熙，说萨布素自从领兵之后违抗圣旨按兵不动，召集了四五十个姑娘陪他，八旗从未有过女兵，他却组织女甲兵营。皇上怒而颁旨，免去其主帅之职。萨布素顾全大局，对皇上写了认罪奏折。对于女兵一事，他有自己的解释：“关于军队的女兵问题，确实是些难民，但都决心精忠报国。”④

口述传承人善于抓住体现英雄萨布素个人修养的事件展开描述。萨布素在

① 响马，东北也称为胡子，即土匪。

② 傅英仁讲述，程迅、王宏刚整理，《萨布素将军传》，吉林人民出版社，2007年，第193页。

③ 同上注，第295页。

④ 同上注，第305页。

备受委屈的情况下，承认罪在自己，是希望让后人记住，要做勇于承担责任的人。被免帅职的萨布素，带百人去扫清外围。对萨布素严于律己，宽以待人的高尚风格给予淡化处理，更显示出一代将军的道德风范。

（二）女甲兵营

在女甲兵营的设置上，口述传承人不仅对萨布素超越父权制立场的行为大加赞扬，而且对女甲兵的形象描绘也给予正面提升，将女甲兵塑造成一群为国效力勇敢杀敌的巾帼英雄。萨布素设置女甲兵营，原本只是考虑让女甲兵做些后勤供给的事情，譬如缝缝补补，洗衣做饭等，并非一定要上战场。但是，奥兰特希望女甲兵能够争气，让萨布素与男兵一样对待她们，就决定先表现一下。于是她对摩拳擦掌的女兵说："看一看哪里有零星的罗刹兵，咱们也出去抓他们几个，交给大人，大人一看咱们有这个能耐，慢慢就分配咱们任务了。"① 奥兰特得到萨布素信任，奉命在战场布局中，从西北方攻打，但出师不利，被抓走四十多人，只剩十多个。奥兰特又设计进入敌人城堡，与女兵会合，这一仗转败为胜。一连打了十几天，仗仗都赢。"罗刹那里就传开了，这些女兵真厉害，多深多宽的壕沟都能跳过去，手一指能把人指死，尤其是那个头子奥兰特更厉害！这样，奥兰特的名在罗刹中传开了。他们想把她抓住。"②

抗俄女英雄奥兰特，在萨布素口述传承中占有一定的比重。其壮烈的英雄行为比之萨布素将军所遭受的命运更为慷慨悲歌，令人扼腕叹息。口述传承人明显有一种对奥兰特的偏爱。在满通古斯语族中，女英雄往往产生于母系氏族社会以及部落大联盟父权崛起时期，她们的身份是女萨满、女罕王。在《萨布素将军传》中，女英雄奥兰特既是为国争光，也是为爱情杀敌。她身上的凡人素质也就是小女人情怀，也得到深入地挖掘，使之更为生动异常，贴近生活原貌。

俄匪终于把奥兰特包围，用木笼囚车关押她，准备第二天送往雅克萨。绝路逢生，她的未婚夫昌顺带清兵消灭了俄匪，把奥兰特救出来医治。奥兰特与昌顺结婚后，仍在营里。她与昌顺的战友情谊也表现得淋漓尽致。当她得知昌顺攻城失败，掩护清军撤退，坚持到生命最后一刻时，不禁火起。她骑马追赶

---

① 傅英仁讲述，程迅、王宏刚整理，《萨布素将军传》，吉林人民出版社，2007 年，第 349 页。
② 同上注，第 355 页。

敌军，手起刀落，把俄匪头目的脑袋削了，拎着人头就跑回来。回到营地，“祭奠昌顺，引出来奥兰特勇踏敌营的壮烈场面”①。为了替丈夫报仇，奥兰特骑马杀向敌城，尽管有清军包围着她，避免奥兰特单枪匹马去报仇，但还是看守不住，她再次冲向敌营，杀来杀去，定要杀俄匪头目。为昌顺送葬时，她飞马而来，拎着俄匪百人长的头，浑身是血，她的左胳膊没了，她一心要用这个脑袋来祭灵。她为昌顺报了仇，自己也因伤重而死。

口述传承人在讲述抗俄名将萨布素将军英雄故事的同时，还用激动人心的语言，大跨度起伏动荡的情节结构，给女兵营女英雄奥兰特留下浓墨重彩的一段叙事，不能不说是宁古塔叙事《萨布素将军传》在性别立场上具有的先进性，才有了如此撼动人心的女兵形象的诞生。奥兰特本身就是历史人物，但纳入萨布素将军抗俄战场的大叙事框架中，不仅没有贬抑压制萨布素将军的形象，反而烘托了他性格中不拘一格降人才的胸怀和依靠当地少数民族包括女人戍守边疆的务实特征。

五、雅克萨与卜魁

萨布素晋身为黑龙江首任将军，原因是康熙得知巴海诬陷萨布素后，心中不忍，感其忠心耿耿作战有功，重新启用他为雅克萨之战主帅，并任命他为黑龙江将军，在瑷珲建城设黑龙江衙门，令其尽快收复雅克萨城。

（一）雅克萨之战

雅克萨城位于大兴安岭漠河县兴安乡斜对面，黑龙江北岸，明初是达斡尔人阿尔巴西酋长驻地。1650 年被沙俄侵占。1685 年 6 月 24 日，康熙经过充分的准备，派清军包围雅克萨城，俄军大败。1686 年，俄军再占雅克萨城。经过 5 个多月围城，俄军束手待毙。雅克萨之战挫败了沙俄侵占黑龙江的企图，为中俄平等条约《尼布楚条约》的签订奠定了基础，确保了中国对黑龙江流域的主权。②

口述传承人在描述雅克萨之战上，披露了许多对俄战争的细节，由于地域

---

① 傅英仁讲述，程迅、王宏刚整理，《萨布素将军传》，吉林人民出版社，2007 年，第 445 页。
② 郭淑梅主编，《黑龙江历史文化资源战略研究》，黑龙江大学出版社，2012 年，第 118 ～ 119 页。

性特点，长途奔袭、火炮鸟枪、水兵藤牌兵陆军齐上阵，正面包围战，“两山夹一沟”的游击战术，使随机应变求真务实的萨布素将军的形象跃然纸上。攻打雅克萨城前，根据皇上旨意，萨布素与雅克萨城托尔金总督谈判未成功。双方交战不可避免。福建藤牌兵先遣部队，在水中与俄匪周旋。他们在水下把匪船钻眼，船一进水就下沉，俄匪掉进江中被杀。萨布素在战场上游刃有余，进退有度，都使得他不同于一介武夫武将，而是充满战略智慧的抗俄将军。

雅克萨攻下后，意味着清兵多次征剿俄匪，此为最彻底的一次胜利。康熙颁圣旨，封萨布素为轻车骑都校，世袭加三级。萨布素在热河受皇帝召见，并获准以后不必通知理藩院，可直接见皇上。

雅克萨之战，俄匪投降，大功告成。萨布素一方面坚持戍守边疆大政方针不变，从莫尔根到两国交界处设卡伦、站兵，左右协领、满汉八旗十二个佐领要恪尽职守。另一方面转换战场，投身于地方治理。先是追忆长白山祖先神，用萨满教凝聚人心，举行祭祀大典。接着宣布安家屯田。萨布素看到各旗各立山头有悖公平，在分粮、分地等公共事物上，一律采取射箭比赛的方式，按名次分配。把将军府迁到卜魁，便于瑷珲往返京城送递文书。公开办官学，开科取士。每到正月初一，朝廷六部将这些新秀才名字上将军府前的文华榜，卜魁学文成风。搜罗了许多满汉皆通的管理人才，使萨布素执掌的黑龙江将军衙门的治理，显示出与众不同的满汉一家风格。

（二）卜魁放粮

萨布素将军晚年执政时，自然灾害横行，卜魁江水猛涨。他拖着老迈之躯，在大堤上察看。修好大堤，又遇春旱夏雨秋有虫雹之灾，缺粮少衣。卜魁建有军粮基地，以备战事发生时紧急调用。若无圣旨，私动军粮便是重罪，要革职。萨布素写紧急公文奏请皇上放军粮，并担着杀头罪名提前开仓放粮。等圣旨到，已是问罪。“萨布素私自开仓，发放军粮，本应斩首示众，念其屡立战功，革职为民。”① 他和夫人搬出将军府。被革职后，八旗父老乡亲为其抱打不平。皇上觉得处分重了，又二次传圣旨，封他为散秩大臣，召去北京闲住。萨布素由于

① 傅英仁讲述，程迅、王宏刚整理，《萨布素将军传》，吉林人民出版社，2007 年，第 587 页。

怀念家乡，请求告老还乡，以散秩大臣原俸休职，回卜魁或宁古塔。

萨布素将军去世前留下“保大清，治理黑龙江”的奏折。去世后被封为光禄大夫，以二品官衔行葬礼。移棺宁古塔途中，遇河水暴涨，将棺冲走，成为千古疑事。家乡宁古塔为他做了衣冠冢。雍正年间，朝廷对萨布素放粮之事做了调查，认为此事是萨布素为一方百姓计，并无枉法之心，于是官复原职，隆重祭奠。萨布素之子常德后任吉林将军，常对身边人追溯父亲的非凡一生。傅英仁的祖先乌勒喜奔在常德将军手下当笔贴式，感佩萨布素将军的辉煌业绩，将其故事口述传承给家人，于是傅英仁家族世代相传老将军八十一件事。

傅英仁口述传承的《萨布素将军传》，以清晰的民间家族视角和开放性的叙事立场，将萨布素一生的传奇经历讲述得跌宕起伏，风云变幻。尤其是善于从细节处着眼，着淡墨轻彩，点染英雄。使其荣辱不惊，从未蝇营狗苟，心系社稷安危和民之安身立命，无私忘我的大家风范得以呈现得生动逼真。

世事变迁，萨布素将军作为满族富察氏家族内部世代传讲的抗俄英雄，事迹可以用文本形式公布于众时，这种家族史私授“子弟书”的口述传承，给族外人最大的震撼是萨布素将军与黑龙江共存亡的高贵气节。由此看来，满族口述资源中的家族史，在颂赞祖先业绩时，给予族人的是满满的正能量。尽管萨布素将军一生以悲剧性的结局收场，看上去更像一个父权制下皇权至上的牺牲品，但口述所激荡起的爱国情怀，超越了对某个家族英雄、民族英雄的崇拜。可以肯定的是，萨布素将军身上承载的是民族精神，他是国之重器的代表。

第六章

满族口述传奇“花木兰”叙事

第一节　傅英仁《红罗女三打契丹》

满族说部《红罗女三打契丹》由傅英仁讲述，王宏刚、程迅记录整理，吉林人民出版社于2009年4月出版。计28万字。

傅英仁口述传承的《红罗女三打契丹》，是满族“巴图鲁乌勒本”，即满族英雄传记，主要讲述渤海国王大钦茂时代，人称红罗女的敖东将军女儿奥都格格抗击契丹侵略者的英雄事迹，以及与乌巴图将军悲欢离合的爱情悲剧。

口述流传地在今黑龙江省牡丹江市宁安一带，红罗女叙事与位于牡丹江市宁安西南50公里处的高山火山堰塞湖镜泊湖[①]有关。牡丹江市宁安一带，历史上曾经非常繁华，唐朝号称“小长安”，是唐朝地方民权政权渤海国上京龙泉府的遗址。傅英仁口述传承的《红罗女三打契丹》就发生在宁安一带，古代亦称宁古塔。

据采录人王宏刚披露，口述的采录时间是2003年，获得线索的时间是1981年至1982年。当时，王宏刚在傅英仁家记录整理《萨布素将军传》时，听傅英仁提起他的三爷傅永利，曾传给他关于《红罗女三打契丹》的长篇传奇故事。而后，又从牡丹江市以及宁安一带从事民间文学研究的专家宋德胤、马文业、栾文海等人那里得知，作为牡丹江镜泊湖一带的地域性传说，红罗女早已成为当地满汉人民耳熟能详的民间故事。红罗女民间口述有许多版本，大多数都与忠贞的爱情和镜泊湖有关。

1983年，宁安杏山乡小学的满族学校关校长，为采录者讲述了从他祖父那里传承的红罗女传说“白马捎书”，红罗女这一上战场情节的生发，为红罗女作为名垂千古的渤海国大英雄提供了线索。同年，在珲春考察时，郎姓、关姓、何姓等满族老人披露，以前满族氏族萨满祭祀时，是要在神树下祭祀红罗女、绿罗女的。这一传统祭祀现象说明，红罗女已进入满族氏族守护神的行列。“只有对满族先民产生过重大历史影响的人物才能进入萨满教神系。而红罗女是一

① 镜泊湖是目前中国最大、世界第二大的高山堰塞湖。百万年前火山群喷发形成长达百里的玄武岩台地，4800年前最后一次火山喷发，在吊水楼形成堰塞堤，堵塞牡丹江河道，即形成了火山熔岩堰塞湖镜泊湖。该湖海拔351米，湖水深40米，满族先世靺鞨人也称之为忽尔汗海。

千多年前粟末靺鞨的女英雄”①。

所有关于满族萨满神系女英雄故事的讲述，都连带着对女萨满英雄的崇拜。在满族先世女真人那里，对女萨满英雄的祭礼是非常隆盛的。因此，产生于渤海国时代的红罗女叙事，很大程度上是满族先世母系氏族社会的遗型。

2003年，王宏刚到傅英仁家采录《红罗女三打契丹》。这部满族英雄传奇的采录，是采录和整理两种方式交叉进行的，“间隔半个月或二十余天，再来集中录音，约半年光景，《红罗女三打契丹》全部录音完毕”②。

傅英仁口述传承的满族说部《红罗女三打契丹》，并不是傅氏家族的家族传说。据傅英仁回忆，关于红罗女说部的流传，主要与渤海国都城上京龙泉府有关。上京龙泉府在宁安市郊区，许多满族老人都知道渤海国上京龙泉府的传说。年轻时，傅英仁听满族老人讲过红罗女的故事，认为红罗女的棺椁就在镜泊湖吊水楼瀑布后面。他从三爷傅永利那里听到的红罗女传说，并不是流行于世的篇幅短小的爱情故事，而是一个抗击契丹入侵的长篇英雄说部。

王宏刚采录时，傅英仁提到能够讲《红罗女三打契丹》的人还有关墨卿。关墨卿也是一位满族口述传承人，在傅英仁家中，他向采录人讲述了红罗女故事梗概。关墨卿认为，红罗女是满族的女英雄，“有的家族将她作为神供起来，因为她保家卫国，三打契丹”③。他口述传承的红罗女故事情节与傅英仁掌握的基本一致，关于红罗女的相关资料和手稿后来他也送给了傅英仁。因此，《红罗女三打契丹》传承脉络主要来自于傅姓、关姓、梅姓这三姓氏族中，其中以傅永利口述传承的版本最为完整。

一、奥都格格

傅英仁口述传承的版本《红罗女三打契丹》来自于三爷傅永利，主要内容是红罗女为报家仇国恨习得武功，为国出征沙场，攻打契丹侵略者的故事。口述分两条线索：一条是替父复仇，继承父亲敖东将军遗志率军出征，三打契丹

---

① 傅英仁讲述，王宏刚、程迅记录整理，《红罗女三打契丹》，吉林人民出版社，2009年，第4页。
② 同上。
③ 同上注，第3页。

入侵者，突出红罗女巾帼英雄保家卫国的特点。另一条线索是阴谋与爱情，她与英雄乌巴图天作良缘，却遭到右相大英士横刀夺爱，设下陷阱。这条线索强而有力地左右着情节的发展变化，交织着里通外国的叛变，不顾亲情谋私弄权的宫廷险恶，忠臣良将一腔报国情怀反遭诬陷身世飘零的命运，以及至死不渝的凄美忠贞的爱情。一系列故事情节，均成为推动口述跌宕起伏的重要因素。但人物命运多舛，邪恶占据上风，正义到来得太晚，艰难挫折扼腕之痛，最终使悲剧不可避免地发生。口述激扬着荡人心魂的豪迈悲怆之气。

（一）国仇家恨

故事发生在渤海国上京龙泉府，渤海国王大钦茂执政时期。黑龙江流域的粟末靺鞨人部落首领大祚荣，在敖东城建立震国，遣使朝唐称臣纳贡，被册封为渤海郡王。大钦茂开疆拓土，国势强盛，“据东海，拥三江，地广千里，威震海东”①。大钦茂年老时，渤海国西南的游牧民族契丹国经常到渤海国边境地区烧杀掠夺，战火燃起，处于两国交界的边关重镇由乌山将军驻守，山城虽然易守难攻，但已被契丹可汗率万余狼兵偷袭攻陷。敖东将军率铁骑增援，契丹大败撤兵。乌山将军殉难，家眷不知下落。敖东将军战功卓著，获赠渤海王祖传宝雕弓，回府得知夫人生女，取名奥都。

在满通古斯语族英雄叙事中，塑造英雄惯常使用的情节模式是，英雄从小经历磨难，成人之后屡建奇功。《红罗女三打契丹》也不例外。其叙事主体为红罗女，口述对她命途多舛的身世做了详细交代。奥都降生之前，父母给她和乌山将军之子乌巴图定下指腹姻缘，战乱中乌巴图却流散外地，不知去向。奥都格格一家也因飞来横祸陡生巨变，家破人亡。渤海王在忽尔汗海边依山修建拱城石头城，由敖东将军驻守。奥都八岁时，敖东将军在石头城内被杀，母女被国王召至京城居住。奥都为父亲上坟时，被大鹰抓走，母亲看见梅花鹿口中吐出黄绸，上书：“奥都格格我收去，隐身长白学武艺，报仇雪恨解国难，八载还你亲生女。”② 小鹿化作白光，向东南飞去。长白山是满族祖先神居所，母亲明白女儿被鹰抓上山习练武功，是萨满天神的旨意，女儿已不再

---

① 傅英仁讲述，王宏刚、程迅记录整理，《红罗女三打契丹》，吉林人民出版社，2009 年，第 2 页。
② 同上注，第 9 页。

属于自己。

（二）长白山圣母

口述英雄红罗女，与伊玛堪英雄一样，是为特定的使命降临于世的，她生来就有契丹仇人。“血亲复仇”在此延伸为“报仇雪恨解国难”，她的命运与父亲有直接关系，亦与渤海国和契丹的战争有直接关系。她与伊玛堪中的女萨满拜师学徒获得武功和法术一样，经历着超能力的身心修炼。红罗女的师父长白圣母佛陀妈妈亦是靺鞨人始祖，能通天地人三界。在满通古斯语族叙事中，具备沟通三界能力的都是神授大萨满。因此，作为靺鞨人始祖的长白圣母佛陀妈妈，无疑是萨满神出身。由于她掐算出二徒弟黑铁头下山伙同契丹奸细杀害敖东将军，并且叛逃到契丹国被封为耶律黑将军，与渤海国作对，因此决定招奥都为徒，令其以杀父之仇（血亲复仇）为动力，打败契丹侵略者，诛杀她的恶徒黑铁头耶律黑。萨满神鹰接奥都上山学艺，此时在山中练武的还有长白圣母的徒弟绿罗女。绿罗女把人参花染色的红衣裙送给奥都，奥都格格获长白圣母赐名红罗女。

经过八年修炼，红罗女不仅盘马弯弓百发百中，耍枪舞剑样样精通，还心怀慈悲，同情弱者。她送仙药给山下闹瘟疫的寨子，拯救百姓于危难。见大鹰追逐小鸟，她怒发冲冠，把大鹰射得羽毛乱飞。不巧的是，她射中的大鹰是靺鞨人的保护神。靺鞨人以打鱼为生，学会种庄稼，收成总让山雀啄走，天神派山鹰帮助靺鞨人驱逐山雀。山鹰通神，靺鞨人遂将其供奉起来。大鹰飞到长白圣母处告状，圣母不仅没有责备她，反倒称赞她路见不平，拔刀相助，有惩恶扬善的德行。准其下山，将惩治叛徒黑铁头的事和盘托出，并教诲她：“以后两军对阵，只能智取，不可力胜。”① 口述至此，已为红罗女征途险恶做了铺垫。

红罗女学成下山，长白圣母赠给她两件宝物——长白山镇山之宝青龙剑和大红马，并对她讲述了翡翠簪荷包的秘密，“你在尘世正有一段姻缘，你下山后，早晚会遇到昨天我跟你说的那个乌将军的儿子，他手里也有着和你留存的一模一样的荷包和翡翠簪”，“他是你命中注定的夫君，也是你为国报效、为民

① 傅英仁讲述，王宏刚、程迅记录整理，《红罗女三打契丹》，吉林人民出版社，2009年，第19页。

除害的搭档”。[①] 正如满通古斯语族的男英雄在报仇雪恨之前要经历种种历练一样，女英雄也要经受考验，获得较之常人更高水平的能力，从而使之能够承担起“血亲复仇”和保家卫国的重任。

二、红罗女

傅英仁口述传承的《红罗女三打契丹》传主女英雄红罗女，与他家族传承的富察氏英雄萨布素将军一样，在武功之上，也追求人格完美，这是傅英仁系列口述英雄的主要特点。因此，在展示人物伸张正义为人正派等人格魅力方面，颇为讲究地设置了一些难题，赋予人物一些规定性动作，给予人物选择机会，以试验其德行是否过关。

（一）法器

正如英雄获得功力和法术都是通过竞争比武拔除征途中的障碍，而后获得神器法术的赠予一样，红罗女也不例外。她的法器黑豆兵和红罗巾，也是靠一身武功拼杀得来的。从长白山习武学成归来下山途中，她遭遇大蟒，和大蟒苦战了一夜，天放亮时仔细查看，被杀大蟒形影皆无。太阳出来了，她看见“紫檀色漆盘，盘里垫着一块白绢，绢上是七颗晶光闪烁，像珍珠一样的黑豆”，白绢上的字是写给红罗女的：“七双宝灯亮晶晶，化成七粒黑豆兵，留与勇士红罗女，临敌陷阵御顽凶。”[②] 七粒黑豆兵，是她战胜大蟒得到的神器，也是试验她武功和勇气的一种方式。

红罗女遇大蟒厮杀一夜，验证了她武功高强，身手不凡。在河边，她又遇到生病的老太太，红罗女不辞辛苦精心侍候。突然间，老人康复，精神抖擞，对她唱着祝福的古歌，拿出一块上面绣着日月星辰山水花草，红光照耀的红罗巾，口中念念有词，报答她的好心照顾。“红罗巾，像彩虹，飞行百里不费工，要在河里摆一摆，千条鱼儿落网中。要在地上摆一摆，六畜兴旺五谷丰登。红罗巾，照天红，只要红罗一摆动，千军万马难阻行。红罗巾，显神通，只要红

---

① 傅英仁讲述，王宏刚、程迅记录整理，《红罗女三打契丹》，吉林人民出版社，2009 年，第 21 页。
② 同上注，第 22 ～ 23 页。

罗一摆动，遇难呈祥保太平。”[①] 红罗巾是老太太受长白圣母之托，把祖传驱妖镇邪之宝送她护身，故意生病，也是试验她的德行是否可靠，是否配得上红罗巾的一种方法。另外，她又遇到一个非马非鹿非猪非熊的怪物，发出悲切之声，红罗女从它咽喉里拔出一根大骨刺，也算是救了它一命。红罗女不仅对人，对万物亦是存有悲悯之心。这一点又为她日后在与奸相大英士的关系中，总以善心揣度人导致系列恶果，埋下了伏笔。

红罗女下山归家途中遇到难题，该杀伐的杀伐，需救助的救助，由于她的选项正确，从而获得神赐的两件举世无双的神器，即说明她的武功了得，品德亦是上乘，有资格使用这些神赋予的秘密武器。因此，她只消下山，找到杀害敖东将军投奔契丹的耶律黑，兑现复仇的承诺即可。

（二）家国利益

在此，口述所要表达的主旨相当明确，即英雄并非武功盖世即可，还要具备家国胸怀和拯救他人的牺牲精神。这拯救他人的心胸和志向与满族萨满神话中为氏族部落赴汤蹈火的女萨满是一脉相承的。

红罗女所处的时代，是封建时代。她参与的战争，不是氏族部落为争夺部落大联盟盟主而展开的部落战争，而是国家与国家之间的战争，她代表着渤海国国家利益，也怀着契丹国杀父之仇。但是，红罗女下山做的第一件事不是血亲复仇，而是从瘟疫中拯救百姓，建立民间英雄形象。她的母亲已被瘟疫夺走生命，但她还是拿出长白山仙药去拯救他人。山城的人都知道敖东将军的女儿红罗女从长白山回来了，药到病除，一时名声大震。当地人把她像神一样地供奉，及至日后民间口耳相传她的故事，靺鞨后裔满族人沿袭了供奉红罗女的习俗。

傅英仁口述传承的《红罗女三打契丹》，叙事策略是以将军格格的身份，由社会高层坠入民间底层这一身份的成功转换，是以民间传奇红罗女的名满天下而告终的。口述以她动荡的下层生活经历，大跨度全视野地展示了渤海国民间的疾苦，唤醒了她救国救民的宏伟抱负。因此，下山所见，渤海国朝廷对靺鞨人的压榨，官府与靺鞨人的冲突也表现得很充分。底层靺鞨人中，也有身怀绝

---

① 傅英仁讲述，王宏刚、程迅记录整理，《红罗女三打契丹》，吉林人民出版社，2009年，第24页。

技的女英雄。在关键时刻，她们也会挺身而出拯救百姓，在民间传为佳话。正如英雄所到之处会聚集起支持她的人群，红罗女作为征战沙场的主角，身边必然有陪衬她的配角，她们同时也是红罗女征战沙场所需要的帮手。

红罗女回到家乡后，从虎口中救出两个采山果的女孩。姐姐叫珍珠，在忽尔汗海[①]打鱼，因水性好，总能采到珍珠而得名。某年朝廷限月内贡纳三颗大珠，不交连差官也要治罪。她潜入深海拿到三颗鸟蛋大的珍珠救了渔民。妹妹叫喜鹊，会盘弓射箭，打围时救过被狗熊扑倒的猎人。两个没有血缘关系的英雄小姐妹常结伴而行。红罗女从虎口救出两人，便将其收到门下，组成武功班底。

红罗女下山是她建功立业的起点。为确立民间英雄形象，以便将来在国难当头时，为朝廷召唤她出征做铺垫，口述传承人不断地为她积累声望。譬如，消除瘟疫射杀老虎等，引得当朝将军乌黑里写信请她去敖东做客。乌黑里获知她是将门之后，颇为感慨："金风递传忽尔汗海打虎英雄，竟是大将军遗爱。闻之，悲喜交集，老泪纵横。敖东旧戚，亦无不为之感奋。"[②] 红罗女带着珍珠、喜鹊两侍女，赴渤海国旧都敖东城，衣锦还乡。

三、女扮男装

在传统的说唱文本以及民间口述中，经常会有女扮男装"花木兰"式的巾帼英雄，为了报效国家，冲向战场杀敌立功。这种女英雄传奇的出现，无论在台上还是在台下，都会引发一片喝彩声。这是父权制下女英雄出场习惯使用的套路，也暗含着父权制下由于男女地位差异，女性进入家庭之外的外部社会所进行的一种性别化妆。在父权制下，适当的隐藏女性身份的化妆，是制度可以接受的。历来效忠朝廷的汉族武将世家都允许诞生巾帼英雄。口述英雄红罗女生在唐朝仿唐制的地方民族政权渤海国地界，其父敖东将军生前是渤海国朝廷命官，将门虎女身份高贵自不必说。若想让她为国效力，需要跨越的是男主外女主内的父权制格局。这种动摇封建体制男人本位的杀敌上战场，是不见容于父权制社会的，因此不能大张旗鼓号令天下，必须隐身，迂回出场。

① 忽尔汗海，即忽汗海，镜泊湖的古称。

② 傅英仁讲述，王宏刚、程迅记录整理，《红罗女三打契丹》，吉林人民出版社，2009 年，第 35 页。

（一）女扮男装

红罗女“女扮男装”的出场，是在乌黑里将军府。乌黑里将军以敖东将军女儿武艺超群而自豪，但囿于身份不便昭告朝廷，便设宴为红罗女接风，乘机让她舞剑示人，以引起唐朝刘将军注意，意图借刘将军之口将红罗女推出。刘将军惜才爱才，建议红罗女去参加敖东比武，以武功胜出。乌黑里说：“我也想让她有一个为国效力的机会，可她偏是个女的。”刘将军却说：“何不让她女扮男装。”① 这里的女扮男装已成了一种推出女武将的定式，父权制的掌权人如父亲辈、祖父辈身份地位的人，是不必征求红罗女是否愿意女扮男装，便可直接让她以一种众人可以接受的虚假的隐身方式迂回出场。乌黑里从辈分上与其父敖东将军相当，他可以代其行使父权。

（二）敖东比武

红罗女自幼上山学武，目的是替父报仇，攻打契丹为国效力也是她的最终目标。为尽快结束比武，推出红罗女，刘将军选朝中武艺高强的将军出场。关键时刻，红罗女使出长白山梅花枪，全场喝彩，一举获胜，由此红罗女武功盖世，声名鹊起。红罗女有相当把握继承父亲的衣钵，效命于朝廷，祭奠父母时，她说出要重振武将门庭的决心。“父母有知，孩儿绝不辱没门庭，要为山河增彩，祖坟争荣，要以忠义谢天下。”② 刘将军对其寄予厚望，以大唐女英雄的故事勉励其为国建功立业。

（三）红罗公主

红罗女进入渤海国王大钦茂的视野，起于一次出围。敖东城乌黑里将军要陪国王狩猎，红罗女三姐妹以副将打扮随行。祭礼过后，正式打围。大钦茂被侄子大英士引诱，被契丹兵包围。正待抹脖子自杀时，红罗女骑一匹大红马与契丹兵激战。大钦茂绝处逢生，谢她救驾。乌黑里率兵赶到，大钦茂方知救驾之人是敖东将军的女儿。渤海王称奇之余，敦请红罗女进宫，赐巴图鲁称号，以表彰其救驾功劳，并收为义女，改称红罗公主，赐其在宫中伴王后左右。

---

① 傅英仁讲述，王宏刚、程迅记录整理，《红罗女三打契丹》，吉林人民出版社，2009 年，第 39 页。
② 同上注，第 41 页。

傅英仁口述传承的《红罗女三打契丹》，是来自民间的英雄故事传承，而非本家族英雄叙事。但在父权制体制内，若在“男主外女主内”的男性至上时代，让红罗女替父亲替男人进入疆场保家卫国，逻辑上仍然有一定的难度。因此，口述设置了渤海国仿唐朝体制，成为推出红罗女获得父权体制承认的关键。“仿唐”在起用人才上的突破性，在于学习唐朝，在任用朝廷命官时可任用女武官。武将在渤海国封号大将军，等于吃国家俸禄。红罗女由民间进入正统的身份转变，才为她替国出征奠定了基础。

战争爆发，是武功高强的女人进入战场获得巾帼英雄称号的一个理想契机。红罗女所处时代，女人的身份定位在相夫教子上，一生固守家庭。契丹国屡屡进犯，渤海国总不太平。大敌当前，国仇家恨将红罗女推到武将舞台。大钦茂吸纳众臣建议，仿唐朝开科取试，网罗武才。刘将军借机宣扬唐朝亦有女科，“我朝自武后秉政以来，曾三次开过女科，女辈中也是人才济济”①，“北国女子之勇武，名闻遐迩，如今国家急需人才，理应不分男女”。② 大钦茂顺势决定，男女皆可参加武科大比。武科大比时，扶余府白袍小将乌巴图横扫各路举子，直到无人出场，红罗女才请令出战。两人技艺高超，几次交手，不分胜负。但因乌巴图求胜心切，终败在红罗女手下。比赛结束，红罗女夺魁，乌巴图第二。乌巴图得知红罗女是大钦茂义女，也是从小定亲的奥都格格。宴会上，他把荷包挂在腰间，以引起红罗女注意，而她也有凤头碧玉簪，与乌巴图相合。王后同意两人婚事：“既由父母做主，有簪花为媒，天意不可违，待我和你父王商量，招他为驸马。”③ 口述至此，两位流落民间的渤海名将之后，终于在武功开科场上合会。从此两人共赴国难，攻打契丹。

四、三打契丹

口述英雄红罗女正式登场，充任攻打契丹的渤海军主帅，乌巴图任先锋，大军启程。红罗女出师不利，遇到的第一个障碍是她的绝密武器，也是长白山

① 傅英仁讲述，王宏刚、程迅记录整理，《红罗女三打契丹》，吉林人民出版社，2009 年，第 53 页。
② 同上。
③ 同上注，第 65 页。

圣母给她的法器红罗巾被偷，但她一无所知。偷红罗巾的是与契丹里通外国，试图取代大钦茂统治的奸相大英士。他让国王小妃借跳红罗巾舞，偷换红罗巾。

口述在此卖了个关子，激起读者的想象，对蒙在鼓里的红罗女以及故事发展方向产生了担忧，这也是傅英仁口述传承的红罗女叙事与众不同的地方。在《红罗女三打契丹》中，口述传承人在叙事时，视角全部打开，是一种全知全能的视角。这一视角的采用，使故事推进情节展开一一呈现，恰恰把主人公红罗女蒙在鼓里。红罗女潜心长白山习武，对外部世界的争权夺利和阴谋诡计全然不知。初出茅庐，她以忠直勇敢的性格、超强的武功和慈悲的心怀，应对两股强大的敌对势力——杀父仇人耶律黑和内奸大英士，前途充满着悬念。

（一）一打契丹

契丹围三关，红罗女为帅，大钦茂离宫御驾亲征，将京都托与奸相大英士，并赐他若遇朝中不测事，可请出尚方宝剑的特权。大英士借机陷害上京将军谋反，清洗大钦茂忠臣，安排死党，京城被恐怖的气氛所笼罩。战场上，红罗女不负重望，连夺二关，三关不攻自破。契丹元帅耶律黑出场，红罗女急于求成，忘记长白圣母嘱咐，口念咒语“黑豆兵，显神通，杀狼兵，立奇功”[①]，撒豆成兵，契丹兵顿时大乱。耶律黑举小黑旗念咒，招来兀鹰破黑豆兵阵。乌巴图前来助阵，耶律黑抽小红旗，无数狼虫虎豹冲击渤海兵。红罗女使出红罗巾，失去效力。耶律黑声称真巾在他手中，红罗女仰面长叹：“我中了奸计，又丢了红罗巾。如今仇未报、恨未雪，反倒损兵折将，奈何！奈何！”[②]

此时大鹰扔下金光铜镜[③]，落到红罗女手中。知是长白神鹰救场，红罗女高喊神镜显神通除妖兵，狼虫虎豹顿时化烟散去，耶律黑身中三箭逃命，红罗女按旨烧掉契丹大本营三寨，渤海兵大获全胜。

大钦茂得知京中出事，令乌巴图守三关，班师回朝。城门紧闭，并无迎驾迹象。小妃拿到红罗巾，待大钦茂回宫，便用红罗巾将渤海兵挥倒大片。突然来了一道白光，将红罗巾收走。大英士杀小妃灭口，获得大钦茂和王后的信任，

---

① 傅英仁讲述，王宏刚、程迅记录整理，《红罗女三打契丹》，吉林人民出版社，2009 年，第 83 页。
② 同上。
③ 铜镜是萨满神器，指长白圣母作为萨满神借力给徒弟红罗女。

在朝中继续扩大势力。红罗女对奸相大英士并无觉察，回忽尔汗海祭拜父母。在忽尔汗海，恢复神力的红罗巾，又被妖道偷走，游云法师将红罗巾送还时说："最难看透是人心，终生切记。"[①] 一打契丹，红罗女虽初战告捷，但由于丢失了红罗巾，总体上是不成功的。

在忽尔汗海，红罗女遇上妖道变巨蟒，致忽尔汗海渔民翻船，巨蟒上岸吞牛吃人事件发生。红罗女为此调来镇边的乌巴图，他手中握有降妖宝镜，配合红罗巾除蟒，成功的概率更大。奸相大英士假意赞成乌巴图"将在外，王命有所不受"，可来忽尔汗海降蟒，私下陷害乌巴图违王命擅离岗位。乌巴图来到忽尔汗海，嘱杀三蟒的规矩。除蟒消耗力气，需要吃饽饽长劲。他伸手要岸上递送饽饽时，大英士放了一筐石头陷害他。满嘴流血，身受重伤的乌巴图和红罗女除蟒成功后，寨民们在海边庆功祭神，祭天神海神，开始酬神娱乐活动。

口述英雄红罗女，在封建王朝君臣父子体制下，在王权至上大一统的时代，卷入了王权之争。大钦茂昏庸，忠者被谤，奸臣当道。奸相大英士陷害乌巴图，不经圣命准许与红罗女私会。大钦茂盛怒之下发配乌巴图去东海蛮荒部落服苦役。乌巴图得到东海部首领胡苏里妈妈的照顾，便教人造更好的弓箭，名声越来越大，当地人像神一样对他。为解红罗女相思之苦，珍珠和喜鹊把她偷运到乌巴图所在地。胡苏里为两人操办婚事时，长白圣母出场，道出两人姻缘潜伏巨大危机。"如今天下乱纷纷，刀兵四起，烽火连天，奸臣当道，忠臣受害，你们只能看见白天的人，看不到暗中的鬼；只能感到眼前的福，未能察觉背后的祸；只能体察眼前，不能预知未来。你俩今生结成姻缘，将来必有大灾大难。"若想白头偕老，还要遵守见花轿不坐，见书信不信，见美酒不饮的"三不"原则。[②]

红罗女婚后征服了抢劫东海的萨哈部，胡苏里部落由此强盛起来。红罗女的"事迹越传越奇，越传越神，教功习文，治病除灾，插花绣朵，捕鱼打猎，样样能，样样精，有求必应，有的人就把她当神仙供起来"[③]。红罗女的名声威震东海，也传到京城。奸相大英士诬告乌巴图造反。大钦茂派乌黑里将军按叛

---

① 傅英仁讲述，王宏刚、程迅记录整理，《红罗女三打契丹》，吉林人民出版社，2009 年，第 112 页。
② 同上注，第 138 ～ 139 页。
③ 同上注，第 149 页。

逆罪带两人回京。乌巴图和红罗女在猞猁泉边设宴招待乌黑里将军。敬天地后，两人以死明志，携手跳入深潭。

两人东海投潭之事传到家乡忽尔汗海，家乡人焚香祈祷，怀念为民除害的红罗女：“红罗女在时百花开，千山万岭开不败。红罗女走了百花谢，荒山秃岭长茅蒿。”① 民间叙事所敬仰的是为民除害的英雄红罗女，而非渤海国的忠臣良将，口述传承正是由于民间性才得以完整地保留下来。

（二）二打契丹

红罗女复活，是满族民间口述叙事中突出的例子。人死难以复活，但在满族民间口述叙事中，女英雄复活寄托了民间复杂的感情因素，包括渴望女英雄降临除妖降魔，渴望女英雄带领民众抗击侵略冲锋陷阵，渴望女英雄拯救民众于水火之中，这些都是母系氏族社会女神崇拜的遗迹。

二打契丹是口述的关键部分，也是红罗女扬眉吐气成为拯救国家民族大英雄的主要战绩。大英士和契丹大帅耶律黑联手挑起新罗国和渤海国的矛盾，大钦茂中奸计调京城兵力星夜出发，到边境打新罗。契丹主帅耶律黑趁机攻打渤海国京城。国王派人搬刘总兵和乌黑里将军救京城。红罗女和乌巴图闻讯，在渤海上京城沦陷时，两人赶到救驾。

红罗女和乌巴图的“复活”，是对当朝王政堕落的讽刺，大钦茂重用奸相大英士，致两人报国无门，走投无路，被逼无奈，“装死”多年，闻者莫不唏嘘叹息。然而，大英士见风使舵，做足了面上功夫。“往时，我也未能深察，错怪了他们，看来那些无知的刁民所传谣言真不可信，险些酿成大祸。正是：真金不怕火炼，忠良就是忠良，仰赖祖先有灵，社稷大幸。”② 大英士对两位英雄大加赞赏，圆下场面，以图谋再度陷害。

傅英仁口述传承的《红罗女三打契丹》，是封建制时代产生的民间故事，因而道德旨归明确。不敢批判昏王，便拿臣子开罪。这种唯君唯上的历史观正是封建王朝体制决定的。若君王不明察，便是大英士之流，行迹奸猾心存恶念口蜜腹剑的奸臣当道，而红罗女、乌巴图、乌黑里等忧国忧民，为江山社稷黎民

---

① 傅英仁讲述，王宏刚、程迅记录整理，《红罗女三打契丹》，吉林人民出版社，2009 年，第 157 页。
② 同上注，第 168 页。

百姓赴汤蹈火的忠臣良将受害。民间口述中常以正义与邪恶对抗，最终正义战胜邪恶为大团圆结局。这是取人心向背，顺应听众读者的正义要求而设置的一些“好人好报”式的结局。但是，在傅英仁口述传承的《红罗女三打契丹》中，却很难找到英雄受难之后苦尽甘来的理想局面。这说明，傅英仁口述传承的红罗女，主要是显示民间思念怀念的力量，而非为封建王朝的皇帝渤海王的昏聩脱罪。

一打契丹时，红罗女是被恶势力陷害，不得不以死明志，苟且偷生。民间传说中，她和乌布图有可能在一打契丹被奸臣陷害时，就已经死了。那么，口述中将两人复活，更含有一种口述者内心潜伏的愿望。在国家需要红罗女时，她能够再度挺身而出，救国护民。作为英雄出世，红罗女是负有使命的。对这一民间口述史进行编排演绎，正是口述传承人把红罗女等民间英雄看作叙事主体所做的必然选择。于是，让红罗女对朝廷尚心存信任，决计拯救家国，倾报国之心。由于奸相大英士仍然把持着朝中重权，且连红罗女都难以识破其阴险嘴脸，二打契丹结局如何，仍是口述留下的悬念。

红罗女不再痛恨朝廷对她和乌巴图的陷害，一门心思的愚忠，跪地陈述：“父王如此自责，让儿臣无容身之地，乌巴图虽是除蟒有功，却未得君诏，私离边关，触犯军法，是为大罪乃是自取其咎，后事乖违，事出有因，今得昭申，未酿大祸，实乃大幸。而今尔后，儿臣当牢记教训，三省吾身，报效朝廷，以功补过，望父王宽宥，重叙亲情，整顿朝纲，俾使国泰民安。”①

此番演讲，以报效国家为主题，带有封建王朝臣子对君王唯命是从的调门，是红罗女在乌巴图与君王中间做出的明确选择。在爱情与国家利益之间，她放弃了乌巴图，至少是名义上的。因此，在二打契丹中，红罗女代表国家利益出场了，她忠贞不渝的爱情退居其后。

二打契丹时红罗女当主帅，乌巴图任先锋，最终得胜而归。两军对峙，耶律黑和红罗女相遇，红罗女运用智取策略，制定战术规则。先由珍珠、喜鹊穿红罗女衣袍轮番替她上阵，待耶律黑放松警惕时，红罗女上场。耶律黑只顾招架，绝无还手之力。经过一系列大战，耶律黑被抓获。耶律黑撤兵，签字永不

---

① 傅英仁讲述，王宏刚、程迅记录整理，《红罗女三打契丹》，吉林人民出版社，2009 年，第 168 页。

犯边，红罗女班师回朝。红罗女和乌巴图谢绝高官厚禄，返回家乡忽尔汗海。红罗女作为渤海国女英雄，得到“智勇双全，忠义兼备”的称号。

满通古斯语族口述塑造的古代英雄，有一个很重要的特点，他们需要不断解决难题障碍，以增进力量和法术，红罗女也不例外。但对她而言，解决难题在此不是增进力量和法术，而是证明她具备更高的智商。战争结束后，红罗女声名显赫，成为威震东方的渤海国荣誉和尊严的象征。

为此，红罗女必须接受渤海国域外“猜谜”挑战，替渤海国解答难题，从而使她的形象一跃而为智勇双全，武能救国，文能安邦，文治武功双全的盖世女英雄。在和平时期，红罗女又要分担内政外交事务，并由她解决了一些超难问题。

黑水靺鞨怪兽图。黑水靺鞨传来怪兽图，请渤海人辨认，这个只吃动物不吃人的怪兽到底是什么，无人揭榜。红罗女揭榜后，找到兽神，问：“请问布罗布恩都力，黑水靺鞨人有什么过失，遭到惩罚？”[①] 兽神认为，早先黑水靺鞨人行猎要祭山神，后代忘本祭祀少了。尤其是黑水靺鞨王秋围时只祭天不祭山，根本不把兽神放在眼里，“只要他们以后按时祭山，就不再惩罚他们了”。[②] 此事解决后，渤海国声望更高了。

七星阁。一位外国老木匠在渤海国造了座七星阁，不要渤海国王的赏赐，却叫阵渤海人，谁能从原门进原门出就分文不取，否则就要拆掉七星阁。红罗女深夜看到北斗七星后受到启发，在众人的见证下走出原门。这七星阁是木匠神盖的，后来宁古塔一带满人祭祀时，还留下祭七星、闯七门的祭木匠神习俗。

龙太子娶渔家女。龙太子硬要娶渔家女海兰，红罗女代替海兰坐在彩棚中，龙太子抱起新娘返回龙宫。红罗女与龙太子对打起来。红罗巾一展，虾兵蟹将纷逃。龙太子变回蛐蛐原形，准备再抢海兰姑娘。红罗女从渔民口中得知抓蛐蛐的办法，“菱角开花角对角，飞到洞里刺蛇妖，三扎两扎受不住，只好钻出往外跑”[③]。红罗女把各洞口都塞进菱角，龙太子不得已，连连求饶，最后被剪掉

① 傅英仁讲述，王宏刚、程迅记录整理，《红罗女三打契丹》，吉林人民出版社，2009 年，第 182 页。
② 同上。
③ 同上注，第 189 页。

一个犄角，并答应为渔民做好事。

这三桩体现智慧的难题，是民间口述传承过程中不断地附加在女英雄身上的。武功盖世不足以表现民间对红罗女的热爱，人们倾其人间所有美好品质，加在红罗女身上，来完美地诠释女英雄。她不单是一个驰骋沙场的“花木兰”，而且是比肩世间大智大勇者，充满大智慧的渤海女神。

（三）三打契丹

三打契丹尽管赢得了战争，但对红罗女来说，仍是个悲剧。乌巴图出使唐朝，考取武进士，打败了唐朝边关叛军，在长安名声大震。唐朝皇后欲将其招为驸马，乌巴图以有妻室为由返回渤海。乌巴图进京见到红罗女和大英士的婚讯，误解了红罗女，遂写下绝交信。大英士设毒酒给乌巴图，使其坠马而死，红罗女决定替丈夫报仇。①

口述至此，英雄红罗女已是建功立业，光宗耀祖，名满天下的渤海国女武官。在为乌巴图守墓时，听到大钦茂在敖东城外祭祖大典上被契丹兵包围的消息，红罗女再次出手救驾，并决定出征契丹，把耶律黑除掉。战争爆发时，作为武将，家国信仰让她第一时间冲上战场。她破七道险关，九钩九环阵，终于和耶律黑大军对阵。红罗女身穿孝服上阵，受到耶律黑嘲弄。“一个女人家，不好好过消停日子，今天除妖，明日打仗，逞什么强，卖什么命，真不知好歹。”② 耶律黑对红罗女的讥讽，从反方证实了女武官在家国与婚姻方面难以两全的悲剧命运。

红罗女身穿孝服三打契丹，班师回朝。大英士提亲，并允诺乌巴图官复原职，且为他立碑。娶亲之日，大英士被红罗女杀死在乌巴图墓前。红罗女骑马纵身跃入忽尔汗海，追随乌巴图而去。

为纪念红罗女，民间传说忽尔汗海瀑布是她的水晶棺，浪花是为她戴孝，瀑布声是为她痛哭。这些永恒的口述传说，至今仍像一对比翼双飞的蝴蝶，在镜泊湖瀑布前上下翻飞。

红罗女悲剧的核心是国家利益与爱情的冲突。红罗女两次跳海均为爱情。

---

① 傅英仁讲述，王宏刚、程迅记录整理，《红罗女三打契丹》，吉林人民出版社，2009 年，第 230 页。
② 同上注，第 239 页。

第一次是决心伴爱人隐居，放弃宦海生涯。第二次是国恨家仇已报，愿与乌巴图生死相随。正如耶律黑所言，她为国家利益放弃了女人居家过日子的本分。居家过日子，是父权制对女武官红罗女身份的定位，她生前不能夫唱妇随，死后亦要追随丈夫，不可能有独立的生活内容。这一点，口述传承人相当清楚。纵然她握有兵权，担当渤海主帅，最终也难逃烈女自杀的悲剧命运。

同时，满族说部萨满教传承的影响力，使得傅英仁口述传承的《红罗女三打契丹》在很大程度上仍保留着萨满女神的痕迹。无论是红罗女的名字，还是红罗巾和黑豆兵，都是长白圣母赐予她的萨满神器。另外，由于耶律黑与红罗女都是长白圣母的徒弟，由红罗女收服耶律黑，更像是由红罗女去替长白圣母，也就是满族祖先神萨满神犯下的错误埋单。这与以往满族先世女神下凡，去解决阿布凯赫赫留下的祸乱，有异曲同工之意。因此，这一段发生在父权制时期的女英雄传奇故事，添加了许多萨满神的内容，也体现出口述传承人对母权制女萨满英雄的精神怀想。

第二节　富育光《雪妃娘娘和包鲁嘎汗》

满族说部《雪妃娘娘和包鲁嘎汗》由富育光讲述、王慧新记录整理，吉林人民出版社于 2007 年 12 月出版。共计 43 万字，是满族“巴图鲁乌勒本”，即英雄传记。

富育光口述传承的《雪妃娘娘与包鲁嘎汗》主要流传在黑龙江流域，形成于清朝康熙年间。瑷珲满洲八旗氏族中，许多会讲此传说的家族多是从黑龙江中下游地区的费雅喀、索伦、赫哲族人那里听来的，又在本族中传讲。譬如，萨布素将军、马喇等人从费雅喀人口述传承中记录下来的《雪娘娘与大丘坟》，是见诸史料记载的。在萨布素将军《兵痕备钞》中，记载了“混同北岸有巨丘，古木参差。土人诵传有母子厚葬乃成丘陵焉”①。在富育光口述传承的《雪妃娘娘和包鲁嘎汗》中，主要人物女真后裔雪妃、蒙古科尔沁部色音布尔等人，在历史上都确有其人，他们最终死在漠北，并留下荒坟。

---

① 富育光讲述、王慧新记录整理，《雪妃娘娘和包鲁嘎汗》，吉林人民出版社，2007 年，第 1 页。

《雪妃娘娘和包鲁嘎汗》版本很多，由于流传地域不同，口述传承者个人兴趣爱好不同，因此在传承过程中产生了《孤女离恨》《大丘坟》《黑水狼儿传》《宝福晋和包鲁嘎》等异文，基本上都是在讲述同一个故事。富育光口述传承的《雪妃娘娘和包鲁嘎汗》来自于他的父亲富希陆。富希陆传承于朋友杨青山，杨青山传承于他的叔叔，他的叔叔传承于他的爷爷，他的爷爷传承于盲眼说部人乌德林老玛法。

杨青山祖居黑龙江江东精奇里江桃木河边，清咸丰、同治年间到黑龙江出海口和鄂霍茨克海，以猎鹰貂为生。杨氏家族与黑龙江入海口的堪扎阿林部落十分熟悉，这里居住着清初辽南一带的逃荒人和乞列迷人。乞列迷人即费雅喀人，现归属俄罗斯，也称尼夫赫人。

盲眼说部人乌德林玛法是堪扎阿林部落人，会讲包括《大丘坟》等在内的多部满族长篇，通晓女真语和费雅喀语。他身世坎坷，一生飘零，自称“无主的奴才”。他最早是德钦部女真人，归附乌拉部，后又被俘到建州部为奴隶。他讲述的雪妃娘娘和包鲁嘎汗故事的来源，始终是个谜。传说乌德林玛法“夜梦雪妃私得此说部讲唱起来，一时风闻四野。家家传讲宝音福晋的悲凉历史和传奇遭遇，引起听众的同情和共鸣，听讲雪妃娘娘的人越来越多”①。乌德林玛法由于长年在杨青山家居住，去世前，《大丘坟》《雪妃娘娘和包鲁嘎汗》等说部都已传讲给了杨青山的爷爷。

1900 年，庚子俄难，杨青山逃到瑷珲大五家子村定居，为当地满族、达斡尔族、鄂伦春族口述雪妃娘娘的故事。1950 年，该说部传给朋友富希陆。1953 年，富希陆之子富育光对此说部不同版本的讲述人进行了采访，包括黑河职工干部学校的徐昶兴、下马场的祈世和、大五家子村的吴宝顺等人。1980 年，富育光赴辽宁新滨、内蒙古自治区通辽市等地进行实地考察，对故事发生的年代和地名进行核实。

一、科尔沁藏娇楼

富育光口述传承的《雪妃娘娘和包鲁嘎汗》，是一部满族先世女真女英雄宝音其其格和其子包鲁嘎汗坎坷命运的口述英雄传奇。口述背景定格于努尔哈赤

① 富育光讲述、王慧新记录整理，《雪妃娘娘和包鲁嘎汗》，吉林人民出版社，2007 年，第 2 页。

和皇太极开创满洲帝国宏伟基业的初始阶段。两位建州女真雄才，在奠定盖世武功的历史地位的同时，采用类似于赫哲族伊玛堪口述英雄的联姻方式，将具备一定实力和影响力的女人力量移植到自己身上。也就是说，通过联姻手段，达到壮大军事和政治力量的目的。在这一历史进程中，一俟目的达到，曾经身份地位无法与其平起平坐的女人，将被迫退出政治舞台。这些女人的历史作用和功绩被无情地碾压粉碎，无缘进入正史。

（一）萨哈连故乡

口述英雄是一对母子，母亲雪妃娘娘即宝音其其格，她的儿子也即皇太极之子包鲁嘎汗。两人的悲剧故事是从她生活过的地方传讲的。雪妃娘娘与本说部最早的传承人盲人乌德林玛法一样，在部落战争中沦为奴隶。口述从她的奴隶根脉讲起，虽然她是从科尔沁草原发迹的，但她的家乡却是黑龙江女真部落德钦部。明万历年间，洪水和瘟疫横行。建州部落首领努尔哈赤攻打哈达部，难民涌向科尔沁草原。莽古思、莽古里两位蒙古王爷收留了这批难民。

宝音的家在黑龙江，部落战争中，小宝音被蒙古人那日松牛录章京收留，从此在科尔沁草原生活，住在莽古思王爷家。宝音生得美貌，能歌善舞，骑术高超，慕名前来的富人往往带着礼物，乘兴而来，因莽古思王爷的阻挡，又扫兴而归。宝音想嫁莽古思之子色音布尔，莽古思却要建一座藏娇楼给宝音住，将其据为己有。盛怒之下色音布尔捎信给朋友芒格，希望他进攻莽古思庄园，打消莽古思娶宝音的想法。由于莽古思的据守和芒格想打通乌拉部大道的私欲，芒格烧掉了藏娇楼，摧毁了莽古思庄园。

（二）割袍为旗

在战乱中，宝音决定逃回萨哈连故乡，为亲人守灵。路上，她与乌丹部落逃难的人裹挟在一起。她割袍为旗，召集逃难者重建部落，拯救了乌丹部落。乌丹格格认为：“这小姑娘还真不简单，是个有作为的人，年岁这么小，就这么有办法，将来她年纪再大些，说不定还能办出什么惊人的大事。这个丫头的前程不可限量啊。”①

---

① 富育光讲述、王慧新记录整理，《雪妃娘娘和包鲁嘎汗》，吉林人民出版社，2007年，第129页。

宝音的能力引起努尔哈赤派往草原购马的扈尔汉将军的关注。宝音被留在努尔哈赤赫图阿拉城，全城传诵着宝音带着草原牧民打败恶霸多尔沙图汗的英雄故事。在向努尔哈赤等女真将军进献歌舞时，宝音借机告白："我请求您不要把我送给多尔沙图汗。他是强盗，是我们蒙古人里的害群之马。我死也不会到他那里去。"① 努尔哈赤不仅没有将其送给多尔图汗，反赏赐她欲进贡大明王朝的东海彩珠项链。由于宝音美丽善良，而且聪慧明理，具备一般男子都不具备的大无畏性格，因此引起了努尔哈赤好感。他设想，利用宝音熟悉蒙古语，通晓当地风土人情的特长，为他建立起与蒙古北部西部草原的联系。在努尔哈赤的棋盘中，宝音的作用不再是蒙古草原的绝色美女，而是变成了一座连接蒙古科尔沁王爷的桥梁。

二、努尔哈赤女部将

口述女英雄宝音真正发挥才干是来到赫图阿拉城，在努尔哈赤麾下任职。

（一）庭审

努尔哈赤重用宝音，让她参加庭审，审案对她来说并非难事。明朝色刻②刘扁头说，多尔沙图汗与大明李成梁商议，组成蒙古部落联军马踏科尔沁乌丹地盘。以向努尔哈赤讨要宝音为名，血洗赫图阿拉城等。努尔哈赤利用宝音和蒙古部落传递的大量信息，得到打击蒙古喀尔喀部多尔沙图汗的计谋。努尔哈赤认为，宝音才智过人，智慧超过不少将领和谋士。为笼络宝音，不仅给她地位，还利用皇太极，在情感上牵制宝音。

努尔哈赤看上去对宝音言听计从，并赏赐她原本打算给大明朝皇后进贡的天鹅绒白玉袍。努尔哈赤说："宝音姑娘，你比大明皇后在我们心目中占的位置都大。这件衣服你穿着最合适。"③ 并赐名白雪格格，以纪念她是女真人后代。在赫图阿拉的包袱楼子④，为其父母设立祖宗牌位，焚香上供，一众同辈皇兄

---

① 富育光讲述、王慧新记录整理，《雪妃娘娘和包鲁嘎汗》，吉林人民出版社，2007 年，第 228 页。
② 色刻，指探子、间谍。
③ 富育光讲述、王慧新记录整理，《雪妃娘娘和包鲁嘎汗》，吉林人民出版社，2007 年，第 261 页。
④ 包袱楼子，即努尔哈赤家坟。

弟，也要叩拜她的祖先牌位。努尔哈赤相信宝音不会离开赫图阿拉，让她定心效力，拉拢住蒙古人那日松，必将会牵制蒙古一派势力倒向赫图阿拉。

（二）左翼总翼领

努尔哈赤政治上的宏图大略，由宝音得以实施。赫图阿拉的旗兵分为左右两翼，右翼以对付布占泰为主，包括对付东海窝集部，盯紧辉发部。左翼对付李成梁，以宝音为首的赫图阿拉左翼核心建立起来，努尔哈赤在议事厅宣布，宝音为左翼总翼领，皇太极、扈尔汉、那日松为副翼领。宝音设计谋吸引明朝种地的人到赫图阿拉种地，既给粮食又给银子花，使六堡子人口增多。努尔哈赤借机以明朝难民跑来太多，承担不起为由，找明守边李成梁谈判，并欲上报明朝朝廷解决此事。李成梁不得不把六堡子明朝管辖的人迁往内地，于是，六堡子这大片土地等于给了赫图阿拉。从此，鸭绿江以北直到桓仁八百多平方公里的肥沃土地归了赫图阿拉领土。这场没有硝烟的战争，使宝音的威望在赫图阿拉强大起来，包括诸位大臣在内也对她刮目相看。

三、皇太极联姻

（一）鸟尽弓藏

在奴隶制向封建制转型的战争中，努尔哈赤麾下女部将宝音的地位被压缩或被放大，不在于其才智聪明或武功盖世，而在于她在特定历史时期对努尔哈赤政治军事扩张作用的大小。

宝音不费吹灰之力，为努尔哈赤获得大片土地，在赫图阿拉声名显赫。这一时期，她与皇太极的感情也日渐升温，达到难解难分的地步。努尔哈赤认为，过去赫图阿拉与蒙古关系联系不上，由在科尔沁影响巨大的宝音充任一座桥梁，组织反喀尔喀多尔沙图汗的联盟很容易。他充分利用了皇太极和宝音的爱情，将其牢牢地拴在赫图阿拉城这辆所向披靡的战车上。

多尔沙图汗受到宝音的沉重打击，引发连锁反应，草原部落开始倒向赫图阿拉。赫图阿拉与蒙古草原诸部关系缓和，努尔哈赤跟科尔沁、喀尔喀及蒙古诸部关系逆转。此时，宝音其其格在赫图阿拉的作用已降到零点。为避免皇太极和她结婚，她被努尔哈赤软禁，与众人隔离。因此，当赫图阿拉与蒙古建立了良好关系时，曾经叱咤风云的宝音不得不承受“鸟尽弓藏”的命运，无缘于皇太极政权。

（二）联姻羁绊

口述至此，口述传承人借他人之口，描述了女人在父权制社会成为牺牲品的附属地位和必然命运。努尔哈赤对扈尔汉说：“雪儿要是科尔沁人，也可以让她做我的儿媳妇。她是一个平庸的女真后裔，身份太一般了。”① 皇太极的福晋格博黑亦是政治联姻的牺牲品，她劝宝音早做打算。因为“男人的事根本不好揣测”，皇太极“以后还说不定得娶几个福晋呢”。② 格博黑想着宝音“为赫图阿拉做了这么多的事，真是女中豪杰，却也要受汗王爷的摆布。她好像看透了世间的女人是最苦的。掠来的女子是奴隶，高贵人家的女儿，又是另一种权势之下的可悲奴隶，都没把女人当人，而是掌权者为达到自己的目的，所利用的一种工具”③。口述人鲜明的女权立场，使故事向着控诉父权制奴隶制对女人不公平待遇的方向转化。对女人的掠夺是不分地位身份的，因而，更说明父权制奴隶制的残酷无耻。

父权制在皇太极和宝音之间制造了一道鸿沟，为建州部落版图的扩大，两人成为努尔哈赤政治联姻的牺牲品。努尔哈赤为儿女选择的婚姻，都与部落扩张有直接关系。皇太极与东海蜚优城主女儿结婚，等于不费吹灰之力就可为努尔哈赤打开东海东大门，切断乌拉部布占泰的通道。赫图阿拉还可以得到辽东大片富庶土地。下一步，还要将怀着皇太极孩子的宝音嫁给蜚优城主乌拉贝勒的儿子，借以达到巩固儿女亲家利益共同体地位，减少两部落未来敌对风险的目的。

这种强大的父权体制，荡平了皇太极的少年梦想。他海誓山盟地寄予未来，若得到汗位，宝音将成为他最爱的雪妃。他把母亲的金项圈送给她，作为定情信物。宝音离开赫图阿拉后，皇太极一病不起。努尔哈赤悬剑于议事厅门上，并命诸位大臣勿提此事。皇太极在病中与东海女乌拉纳喇氏成婚。

---

① 富育光讲述、王慧新记录整理，《雪妃娘娘和包鲁嘎汗》，吉林人民出版社，2007 年，第 313 页。
② 同上注，第 314 页。
③ 同上注，第 315 页。

在成就努尔哈赤征服者伟业的历史进程中，来自蒙古科尔沁草原的一代女英雄宝音其其格为赫图阿拉效命，所成就的事业，就此被正史掩盖得全无痕迹，只留下无法载入史册的民间传唱。

四、母子山

在父权制奴隶制下，口述女英雄尽管有盖世英名，但相对于努尔哈赤疯狂扩张的父权制宏大伟业，其存在毫无价值。由于历史不公正所带来的悲剧命运，成为刺激民间口述者传唱其不朽业绩的动因。

（一）雪妃悲剧

满族说部《雪妃娘娘和包鲁嘎汗》的口述传承者，对他所讲唱的女主角雪妃的不幸遭遇充满同情和愤怒。他弹着口弦琴敲着咚咚的神鼓，以天神阿布凯赫赫给他的口才和智慧，来讲述雪妃的动人的故事。“白雪格格走在五月风雪之日，白雪格格走在端阳降临之期。她，愤慨地走了，她，忧伤地走了。赫图阿拉思念白雪格格，赫图阿拉齐赞她的业绩。她帮助赫图阿拉缔造了升腾的生活；她给赫图阿拉带来了显赫的威名、各族的情谊。如今，她义无反顾地走了，她去寻找生育她的故里。是谁对她如此绝情？是谁这么忘恩负义？历史将会评说曲直。”①

口述在此成为一种为雪妃伸张正义的途径，在口述女英雄业绩的同时，批判努尔哈赤父权制权力集团打着建州部落扩张版图的幌子，对女英雄进行的无情摧残，据女英雄业绩为己有的无耻行径。

雪妃的遭遇，是奴隶制父权制下男女地位不平等造成的悲剧。她以勇敢智慧和人格魅力为建州女真部落征战杀伐，扫除障碍。然而，她在战乱中沦为乌拉部奴隶身份的印迹却清洗不掉。因此，回归奴隶身份，寻找故乡萨哈连是她唯一的选择。部落战争以掠夺女人、奴隶、财产为旨归的残酷性，使天资聪颖的一代女英雄沦落底层，这一没有任何家世背景支持的身份条件，使她不仅失

① 富育光讲述、王慧新记录整理，《雪妃娘娘和包鲁嘎汗》，吉林人民出版社，2007年，第321～322页。

去了与皇太极的爱情，也落得无家可归的地步。

口述英雄以军功、智慧等能力业绩，也无法跨越身份障碍，使得雪妃比任何一个口述英雄都晚景凄凉。渤海女英雄红罗女尚有将军之女的显赫家世身份，使得她被百姓看成是“子承父业”，并给予她极大的尊重。被努尔哈赤收为义女的雪妃，只是实现与蒙古部落结盟的工具，她在蒙古草原被金屋藏娇，也仅仅是因为她不具备独立地位，是附属于王权的女人。她的悲剧就在于，她是皇太极的女人而不是一个独立的部落首领。否则，她可拉起一班人马，在乱世中独霸一方。这正是多年后努尔哈赤担心的心腹之患。智勇双全的雪妃回到北方德钦部地界，自然会成为他政治上的强敌，阻碍其统一北方部落。遗憾的是，雪妃并没有走这一步，这是女英雄局限性的表现。

口述英雄雪妃在此并没有上升到红罗女那种救国救民的全民英雄地位，她的英雄业绩被框囿在努尔哈赤征服者的雄才大略中。女英雄的价值不再为汗王所用，女人的价值就会凸显出来。对致力于开疆拓土的征服者努尔哈赤来说，女人的价值同样也是政治价值。美貌和地位相比较而言，地位的价值显然高于美貌。

（二）包鲁嘎汗

当被抛弃的命运到来时，作为皇太极的女人，雪妃选择的并不是反抗而是隐居起来。在用大量段落歌颂她美貌才艺智慧武功等卓越能力之后，她一落千丈的地位，压抑得听众快要窒息的时候，口述似乎只有一丝希望为她不公平的命运翻盘，即指向一个目标，英雄母亲还有一个儿子。她和皇太极流落民间的儿子之所以不同凡响，在于他有一位英雄母亲。因此，她的悲剧在口述后半部，终于有了逆转，在苦难中长大的儿子，天生地坐在应该为她准备的部落首领宝座上，为她争得了荣誉。

回萨哈连途中，她在山火中失踪的儿子，被母狼叼走喂养，练出奇特功夫，学到狼的生存方式和技能。母头狼让位于小公狼后，他被群狼撵走。他饿得连哭带闹，老鹰送来山梨吃，引他学会爬树、钻木取火。他和动物交朋友，生活变得容易起来。他用母狼教他的办法，找到有流水洞口隐蔽的山洞当家，成为兽中之王，人称包鲁嘎，许多动物在他的掌控之中，可以招之即来挥之即去。

英雄包鲁嘎在德钦部一带活动，抱打不平，扶弱济贫。德钦部老王爷教会了他语言和人际交往礼节，但又担心他夺王位，就用毒酒灌醉他，并将他捆住扔到仓房以绝后患。上千只老鼠打洞为蟒蛇开路，巨蟒用凉体缠住他，把烈酒热量吸过去。醒来后的包鲁嘎一怒之下杀掉老王爷一家，但他没有马上坐上汗王位，而是和部落人比力气，用超人力量让德钦部佩服他。包鲁嘎汗成为公平正义的象征，每听到其他部落的不平事时，他都要去治服部落首领。他依靠大量动物朋友的支撑，收服了多个部落。结婚后，他的势力迅速扩张，方圆千里之内都是他的地盘，德钦部也改为包鲁嘎部。

皇太极得知萨哈连北部兴起一个强大部落包鲁嘎部，黑龙江下游至出海口一带全由包鲁嘎部控制，包鲁嘎汗身世不详，那日松最终凭借项圈找到了包鲁嘎汗。包鲁嘎汗怨恨父亲，不愿进京觐见皇太极，他将金项圈交还给母亲雪妃。回到科尔沁草原的雪妃，死前要求将骨灰送回家乡，要和儿子在一起。包鲁嘎活到顺治初年，在外兴安岭的一场火灾中为救部众葬身火海。死后葬在母亲坟旁，两座坟慢慢地形成一座大坟，后人称为母子山。

口述英雄雪妃和包鲁嘎，在民间口述传承中，的确是不能够拆开叙述的一对英雄母子。假如没有雪妃跌宕起伏的命运做铺垫，包鲁嘎汗也不会在母亲家乡德钦部起家。在很大程度上，努尔哈赤和皇太极这种不公平待遇对雪妃造成的创伤，由包鲁嘎汗的卓越才能抚平了。

这是满族先世女真人部落战争中，从奴隶制向封建制转型，开疆拓土中女人卑微命运的悲剧，是封建父权制下“母凭子贵”苍白无力的幻想。母子坟其实是对女英雄一生的赞颂，而非对其子包鲁嘎汗的赞颂。包鲁嘎汗最终没有投降皇太极，没有给皇太极和解的机会，在于他的存在并不代表封建制的皇太极，而是代表部落大联盟制的母系一族。包鲁嘎汗以部落联盟王者的身份，与封建制皇太极对峙，实际是为部落战争中失去家园的母亲争得一席之地。因此，口述传承人站在了母权制而非父权制立场，这一点是显而易见的。

第三节　张立忠《平民三皇姑》

满族说部《平民三皇姑》由张立忠讲述，张德玉、张一、赵岩整理，吉林人民出版社于2009年4月出版。口述文本计28万字。

张立忠口述传承的《平民三皇姑》主要流传于辽宁省新宾满族自治县大四平镇大四平村一带。在大四平村一带，直到1949年，三皇姑开矿的传说几乎家喻户晓，人人皆知。流传百年而未消失的三皇姑传说版本，主要集中在开矿、被抢等情节内容上。

口述传承人张立忠是整理人张德玉的父亲，生于清光绪三十四年（1908），在大四平村生活了一辈子。小时候跟“老饱学”孙笙认字，熟读《三国志》等小说唱本。张立忠天生博闻强识、口齿伶俐，是有名的民间故事家。他所传承的三皇姑的故事，与他的父亲张书田、祖父张满昌、曾祖父张桂森有密切关系。张立忠以张氏家族与三皇姑初来四平街，住在张家开伙等日常事务频繁接触的特殊身份，获知大量三皇姑传奇经历为素材，多角度、全方位地讲述了由于三皇姑赴家乡首开煤矿，开创了四平街工业重镇源头的故事。

口述中出现的张氏家族这一系列真实人物，成为三皇姑故事中主要的配角。“那些服侍三皇姑和一起开矿的满族当事人，经常随同三皇姑到张桂森家中来，常常向他们讲起三皇姑的故事”①，使口述得以完整地流传下来。其传承顺序为张桂森、张满昌、张书田、张立忠、张德玉、张一等。1986年，张立忠口述传承的《平民三皇姑》，以满族说部的形式，较为完整地整理了出来。

一、三公主逸事

平民三皇姑的故事发生在清朝同治年间至光绪初年，说的是道光皇帝东巡祭祖过程中，在行宫与喜塔腊氏家族的芦花姑娘一夜风流，留下女儿三公主，也即三皇姑的故事。口述从三皇姑进宫读书后受到慈禧排挤，智斗贪官，带着咸丰密旨回到家乡，流落民间开矿谋生，扶危救贫，巧断奇案等波澜起伏的一生展开叙事，塑造了一个性格率真，胆大心细，处事侠义，不拘法度，“浑不吝”的“女汉子”三皇姑形象。口述传承年代并不久远，也就一百多年，所以无论是人物语言，还是性格特征，都闪耀着鲜活生动的气质。

---

① 张立忠讲述，张德玉、张一、赵岩整理，《平民三皇姑》，吉林人民出版社，2009年，第2页。

（一）道光三公主

采录《平民三皇姑》说部时，口述人张立忠已七十多岁。他是八九岁时听爷爷爹爹讲的。爷爷见过三皇姑，“那时她三十来岁，长得杨柳细腰，白白嫩嫩，中上等个儿，脸上有几个浅皮麻子”，“三皇姑在大四平开煤矿、炼碴子、开铁场，究竟干了多少年不知道。她回盛京，是因为被抢了。三皇姑走后，有关她的传说故事一直流传到今儿个”。[①]

三皇姑，也称三公主，是道光东巡祭祖时在行宫一夜情的产物，她母亲被赐在行宫养老，她也随之在行宫长大。到七八岁时，道光批复盛京将军奏章，命三公主进京读书。进宫前，她与两小无猜的玩伴三格子开玩笑，说三格子将来若当了都统，她就是一品诰命夫人。在宫中，她和太子奕詝一起读书学武功。道光病中良心发现，传太子奕詝，让其好好照顾三公主，遂她心愿，替她找个如意郎君。奕詝也即咸丰皇帝登基后，特赐她与三格子缔结婚姻。

在宫中，三公主和小弟奕老疙瘩看尽官场丑陋。姐弟联手治贪，一时间京城官场对两人恨之入骨。奕老疙瘩说：“这朝政算是颓废了！谁要当官升职，不给王公重臣上礼，就是有劈天裂地的能耐也白搭，三姐，你说这是什么世道！”[②] 三公主给弟弟出主意，只要看到谁送礼，进哪个王府或大臣家，就大胆地闯进去，拿他一半的礼就走人，拿回来交给户部充公。两人对贪官狠打死磕，不留半点情面，惹恼了众贪官，商议对付奕老疙瘩的办法，决定让九门提督派人盯梢奕老疙瘩。三公主对此出重招：“先治治九门提督，把他制住就可以得心应手了。”[③] 他们装上二十箱石头，冒充金银财宝，先把封条割开苫布盖好。进城时，还真让九门提督给扣了，定要从箱中挤出点油水来。两人骑着毛驴慢悠悠地进城，故作惊讶地查验被扣箱子，嚷着封条已被割开，九门提督私下明白，奕老疙瘩和三公主是来讹人的。三公主说：“三天内照单子把货物还给我们。否则，三天后我们到皇上那告你去，那些跟你一把联儿的官员的猫腻，都记在我们的小本本上。”[④] 此后，九门提督再也不敢派人监视奕老疙瘩了。以恶制恶，

---

① 张立忠讲述，张德玉、张一、赵岩整理，《平民三皇姑》，吉林人民出版社，2009 年，第 1 页。
② 同上注，第 23 页。
③ 同上注，第 24 页。
④ 同上注，第 26 页。

可见三公主的胆量过人，出手狠辣。

（二）咸丰密旨

咸丰多病缠身恐不寿永，担心兰贵人趁子嗣微弱，独揽朝纲，遂封奕老疙瘩亲王，到老家充个差，三公主后背刻上咸丰密旨。若真有兰贵人乱政之事，要向王公大臣展示遗诏，用家法惩治不孝子媳。三格子做三公主保镖，赐两人成婚。

临行前，咸丰说："我派八个人保护你，服侍你，你就在老家好好生活吧！京城皇宫发生什么事，你都不要管，在乡下做一个真真正正的平民百姓吧！若能在地方上为老百姓做几件好事就更好了，这样，老百姓就会真心实意地欢迎你。"①

三公主走出京城，就等于与皇族生活告别了。正是这种命运的安排，成就了民间三皇姑的一番事业，从而使大四平村一带留下了一段闯荡江湖的女强人传说。

二、三皇姑创业

咸丰年间，口述主角三皇姑回家乡定居是因为咸丰预感自己将不久于人世，提前安排的后事，因此是秘密行事。

（一）四平开矿

三皇姑得到盛京将军英隆的叩迎。在将军府，盛京将军按圣旨给三皇姑和三格子举办了婚礼，有情人终成眷属。咸丰在圣旨上还要求盛京将军安排三皇姑生活。在副都统的建议下，盛京将军建议三公主去四平街地方挖煤。

她思考着挖煤是否会动了祖宗地气。开矿"离祖陵也就一百多里地……冲跑了地气，这若叫那个奸诈狠毒的兰贵人知道了，可是置我于死地的最好借口。可不去开采煤炭，我干什么呢？地气，地气，什么地气！有地气的话，早叫先祖神灵给压住了，还跑什么跑"②。

---

① 张立忠讲述，张德玉、张一、赵岩整理，《平民三皇姑》，吉林人民出版社，2009 年，第 36 页。
② 同上注，第 55 ～ 56 页。

现实的困境让她放弃了祖宗陵墓跑地气的风水讲究，决定在四平开煤矿，养活自己。她去永陵街见了奕老疙瘩，奕老疙瘩的副都统衙门坐落在永陵街正中的路北。三皇姑从京城来，住在口述传承人张立忠的祖先张桂森家，邻居称老张家。老张家是四平街里的大户人家，村里人都争抢着到老张家一睹三皇姑尊容。

口述以咸丰对她的期望，解释了皇家对百姓的关心，这是口述奠定的皇权制下草民心态的反映。民间总是企望皇亲国戚能给自己带来福祉。因此，对于三皇姑流落民间，要干的大事，作为平头百姓，十分期待能沾上光，对她自是顶礼膜拜。但是，三皇姑是由于宫廷内斗败走故乡的，她无法与兰贵人也就是慈禧的势力抗衡。若是咸丰皇帝在世，她也不会流落到大四平街来办矿。因此，她不主张人家跪拜，皇亲国戚的势力不在了，架子就没有必要搭。务实的三皇姑，要在四平街这个地方确立自食其力的民间皇姑地位。口述从另一个角度试图说明，由于清朝皇族流落民间，也带动了大四平的繁荣兴起。

（二）“女汉子”三皇姑

在众多满族说部中，张立忠口述传承的《平民三皇姑》是唯一一部介入近代中国工商业领域的民间口述。以往的满族说部，多将叙事集中在萨满女神、战争中的英雄、将军、部落大首领等具有时代主体身份的人物身上。即使是尼山萨满，虽然是世俗萨满，而且身为寡妇，可她具有“过阴追魂”的萨满神技，仍然不能算作近世传说。

《平民三皇姑》是满族说部中最具现代意识的近代民间口述传承。因此，在进入人物叙事时，着重在人物性格的刻画上，让听众和读者看到一个敢作敢为，鲜亮亮的有女权色彩的“女汉子”三皇姑形象。为此，口述人以开矿为主线，交织着她处理问题、面对重大事件时的选择，通过展示她聪明智慧的决断力和仁义正直的向善心，讲明人格魅力是助推她迅速立足于四平街的主要因素，她的性格和心胸也是成功极为重要的因素。三皇姑的为人处事很有特点。

讲求实际。三皇姑不摆皇族架子，盛京将军和同僚研究给她找个饭碗，便想到让她在四平街带头挖煤矿，其他人也会过来开矿，将军衙门就可坐收渔利，干拿税收。盛京将军的福晋得知此事后，很难接受堂堂清王朝公主，先皇血脉，落得挖煤的下场。但三皇姑却不像其他女人那样自怨自艾，而是爽快地答应了。

为民做事。在京城，她和奕老疙瘩联手整治过贪官污吏。到四平街，她对房东张桂森说："人生一世，只此一回，总要做点好事。为民为百姓做点好事，才不枉人生一回。"① 因此，她挣了钱先考虑为百姓做事。三皇姑和张桂森两家出钱，修了肚脐岭道、东小堡道、大平岭子道，这些道路由赶驮子小道变成了能通马车的大道。

先人后己。三皇姑办事讲究为他人着想。创业之初，资金和矿工来源都由盛京将军筹办。资金是将军衙门口内募捐而来，矿工是山东河北的死刑犯和长期罪犯，她也好生对待。她要求先盖工棚、工人住房，后盖她住的房子，因为工人干活累，要保证他们休息好。

奖惩分明。三皇姑在衣食住行方面处处为矿工着想，还从山东请唱头子戏也即木偶戏的张永福给工人们唱戏。她处理工棚起火事件，大有满族家里说了算的管家姑奶奶的架势。"这下子你们满意了？抽烟，抽烟，站出来吧！是哪位仙人惹的祸？"② "这工房子若烧塌了，你们大家上哪去住？眼瞅着天冷了，泥水不和了，怎么盖？"③ "从现在开始，在这矿上谁也不许抽烟！只要进了这地界，谁抽烟一次，罚银五两！……举报谁抽烟了，一次就罚抽烟的五两银子，把这银子赏给举报的。谁抽烟就从谁的工钱里扣，严重不改的就送回原来的死牢里去。"④

三皇姑处理突发事件相当有力度，把满族管家姑奶奶说一不二的断事风格拿出来，用在了办企业上。在她的管理下，煤矿采煤、炼焦、炼铁、灌钟、铸锅等生产规模越来越大，许多外地人纷纷前来开办煤场、铁场、焦场、沙金场，四平街一时市面繁荣，成为辽东边外工商业运输业的集散地。

奕老疙瘩为皇三姑的人身安全考虑，拟奏章请朝廷批准在四平街设立四平街九品巡检使司公署，在体制上保证一方平安。为世俗民生考虑，又设关帝庙，庙会定在每年四月十八，衙门请来戏班子，保地方百姓安居乐业。四平街市面

① 张立忠讲述，张德玉、张一、赵岩整理，《平民三皇姑》，吉林人民出版社，2009 年，第 60 页。
② 同上注，第 91 页。
③ 同上注，第 92 页。
④ 同上。

就此兴旺发达起来。

三、三皇姑断案

满族说部中，从满族先世女真萨满到近代三皇姑这些口耳相传的女主角，最受口述传承人青睐的除正直、勇敢、武艺高强等特征外，主要特征是智慧，这是满族女人能够与男人平起平坐的资本。

三皇姑在四平街的地位举足轻重，她是皇亲国戚，随时可以调动官府资源，也能够压得住地头蛇。但她若只是个行事鲁莽，只会吆五喝六摆管家姑奶奶派的小女子，没有大智慧支撑的话，她在四平街开板做生意走江湖，手下管着几千名死囚矿工，这么一个大摊子，就算有皇亲国戚的身份也难以持久。三皇姑正是凭借自身的聪明才智，在四平街断了几个难办的案子，名声大震，才压得住四平街的阵脚。

（一）偷鸡案

矿工总是偷村里人的鸡吃，但又很难证明是谁在偷吃。为此，三皇姑当着报案人的面，让前一晚下班的人集合。每个矿工喝水漱口，吐在碗里。三皇姑挨个验看，看漱口水是否带有油星，当场有四个矿工被叫住。三皇姑训话：“老百姓一年养那么几只小鸡多不容易，长虫吃，耗子咬，黄鼠狼子叼，若赶上闹个鸡瘟什么的，就一个也不能剩，好不容易把小鸡养到能下蛋了，却被你们给掏去烧着吃了，你们怎么下得了手?”① 三皇姑处理了矿工，又责令伙房为矿工改善伙食，并着手安排矿工成家立业，让他们过上正常日子。

（二）打人案

打媳妇，是旧社会男人的权利。崔大牙在三皇姑的矿井里干活，五十三岁时，他花五两银子找了个姓丁的姑娘当媳妇，女方不同意嫁他，他就打，打得丁姑娘皮开肉绽，只剩下口气。有人找三皇姑救命，三皇姑问：“为什么女方不同意，硬娶?”崔大牙说：“她爹妈乐意，我们硬把她绑上扛到我家的。打到的

① 张立忠讲述，张德玉、张一、赵岩整理，《平民三皇姑》，吉林人民出版社，2009 年，第 103 页。

媳妇，揉到的面，不乐意就打，我花了钱了！”[①] 三皇姑勃然大怒：“你花钱就能买到人心吗？丁姑娘是个大活人，不是什么货物，可以买，可以卖。男女定亲，男方家给女方家点钱，那是报答女方的爹妈养育女儿花费的十几年心血，怎么能把人当成东西来买卖呢？”[②] 三皇姑不仅怒斥崔大牙，对丁姑娘实施暴力，还亲自证明，崔大牙和丁姑娘的婚姻没有明媒正娶，宣布买卖婚姻无效。崔大牙被送到衙门挨打挨罚，丁姑娘恢复了自由身。三皇姑拯救丁姑娘于水火，实在是出于女性平等立场，这一进步行为，为她赢得了许多赞誉，当地人背后对着三皇姑竖大拇指。

（三）盗墓案

碱场堡发生了一起盗墓案，姓祁的跑来请三皇姑做主，希望能抓到盗墓的人。女儿祁玉嫁到郭华家结婚当天就死了，葬在郭家坟里，当晚坟墓被盗，女儿却活了。祁玉说是大姑姐贪财把嫁妆独吞了，她一口气没上来就气死了。醒来发现有个盗墓的，盗墓贼扒下她的衣服首饰，她才有机会逃回父母家。三皇姑派人把郭华姐姐姐夫押来询问，把两个贪小便宜吞掉弟媳妇嫁妆的夫妻送衙门惩治。

（四）争地案

四平街水沟南北两村，吵架争地，男女老少手抄棍棒准备械斗。衙门和三皇姑到场制止。三皇姑大怒：“就因为十来棵苞米的地方，两家记仇这么多年，弄得两个村子几百号人来械斗，若是出了人命，伤了人，你们能赔得起人命，还是养得起伤号？”[③] 针对争地理由，她侃侃而谈：“什么老婆孩子不让人，房屋土地不让人，就那么几铺炕大的地方，你们就让了，看能不能穷了！”[④] 最后，让两村把水沟挖直了，南沟北沟各种树为界，此办法一出，再无人争吵。三皇姑下令：“今后谁也不许纷争！谁挑刺儿，就治谁！”[⑤] 可见其威信之高，

---

① 张立忠讲述，张德玉、张一、赵岩整理，《平民三皇姑》，吉林人民出版社，2009 年，第 105 页。
② 同上。
③ 同上注，第 160 页。
④ 同上注，第 161 页。
⑤ 同上。

足以镇得住一群争地争红了眼的村民。

（五）尼姑案

三皇姑去行宫探望生病的母亲老皇妃，期间听办案人奕老疙瘩讲起发生在老城关帝庙尼姑庵的命案。尼姑婉静死在炕上，口内含半截舌头，炕底有男人衣物，就将无舌之人许东抓来定罪。三皇姑认为，可能是错断了案。于是，她假扮道士，暗访关帝庙尼姑庵探得实情。

尼姑婉静与许东交好，为将其甩掉，撮合许东大姣成事。大姣丈夫方成圭在京考试回家，听到此事便设计收拾两人。方成圭让大姣和许东调情，命其乘机咬下舌头，再将婉静勒死，将断舌置入婉静口中，陷害许东。许东被处死后，方成圭对老丈人说，凶手逍遥法外呢。大姣上吊自杀。老丈人明白缘由，为保名声，又将次女二姣续给他。方成圭巧用计谋连杀两人，又得新妇。案件水落石出，方成圭被押入死囚大牢，秋后问斩。

口述传承人通过解决几个难办的案子，就将三皇姑为人光明磊落、料事如神、伸张正义的形象立了起来。她虽是开矿办企业，但由于个人的聪明才智和过人胆识，善于摆平处理重大疑难事件，获得了当地人的尊重。正如满族重视管家姑奶奶的传统一样，母权制对满族女性性格身份的影响延续到近现代。张立忠口述传承的《平民三皇姑》中所塑造的三皇姑形象，身上闪耀着满族女祖先神断事神的光彩。

四、三皇姑办学

三皇姑威震一方，不是靠断了几个重大疑难案子那么简单，而是与她的人格魅力和超越世俗的眼光有关，也与她心胸开阔，想在四平一方地界干事创业的大格局有关。

（一）地方治理

在口述传承人眼里，三皇姑是皇家血脉，对她行事风格的赞颂带有民间崇拜皇权的印记。三皇姑身上的民间性，更像是近现代以来，一个喝过洋墨水见过大世面的女人，寓居在四平煤矿实施改革实验，以实现她个人的政治抱负。

三皇姑办煤矿挣钱，并非满足个人的物质需要，而是想“办几件事”。她的治理欲望和管理理念，都让她看上去更像是满族先世的部落女酋长，四平街的大事小情都在她的管理范畴。她让四平街保长把管辖的鳏寡孤独、生活无靠之人拉个名单，给他们送去银子过年。

（二）建学堂

三皇姑把家有九到十四岁孩子包括女孩的人家拉个名单，孩子父亲名也列上，先是在关帝庙办学，动员八九十个孩子，并从桓仁县请来山东秀才华砚洗教《三字经》《千字文》《庄农杂字》《百家姓》以及《论语》等。华先生很厉害，上课捣乱的学生要挨手板，家长来找他，他训斥家长：“从孔圣人教弟子到今天，两千多年过去了，老师就是学生弟子的父亲，老师教好，学生弟子学好了，将来做了大官了，没有不尊敬师长的。你还敢来找先生的碴！”①

学习风气已成，三皇姑又建学堂。操场能容纳四五百名学生，有教书先生单独的办公室。增加教书先生人数，学生越来越多，“连西掌河、小四平和东升堡子的孩子也送来了。四平街学堂成为远近百余里内唯一的一所学堂”②。一年级背书，二年级写仿影字，高年级写毛笔大楷。孩子们进步很快，学堂名气很响亮，培养了不少人才。

张立忠口述传承的《平民三皇姑》，与塑造人物形象相关的背景也铺排得非常到位，百年前辽宁四平一带的风土人情尽收眼底。譬如，三皇姑财源广进，便要请人烧喜香庆祝。烧香是有固定烧香班子的，班头叫于显义，唱起歌来音调悠扬。当地人称烧香为唱太平鼓，唱太平鼓很受欢迎。三皇姑在西屋摆神桌，供公鸡、猪头、火龙鱼。神桌上放置一个斗，斗里是高粱，插一杆色旗一支秤杆，挂五色彩布。还有三摞供穰、一面铜镜是纪念佛陀妈妈的。第一铺香，是开坛，唱《开坛调》《摆供》小段。唱的内容是主家请香的缘故和香的来历，小灵童设案摆香。第二铺请土地，站鼓表演。唱遣灵童请土地神，土地和灵童白马先锋一起来的故事。从第一铺到第十铺，站鼓走鼓，打霸王鞭，抡三节棍，滚小鼓，走腰铃，耍鼓，掰鼓，打刀，精彩纷呈。《孟姜女哭倒长城》最受欢

① 张立忠讲述，张德玉、张一、赵岩整理，《平民三皇姑》，吉林人民出版社，2009 年，第 124 页。
② 同上注，第 125 页。

迎，看热闹的人挤满了屋院，三宿烧香热闹地结束了。[1] 不仅唱太平鼓，口述中还有对山歌，秧歌会。四平市面的这些热闹，世俗生活趣味，也都在口述中穿插交会，使叙事变得生动活泼，不拘一格。

（三）遇劫匪

叙事的结尾颇为奇特，也是大商人经常会遇到的事情。三皇姑的财大气粗引起了贼的惦记。大过年，三皇姑被抢。她用银锞子供祖先让人看见传了出去，七个小伙起了歹心。他们看三皇姑坐在炕头上摆弄小牌，先把供桌上的银锞子抢到手，三皇姑“既没害怕，也没愤怒，好像这伙人去了不是抢劫，而是去借物一样”[2]。他们既害怕又想多占便宜，想着她不动是不是因为屁股下坐着银锞子，于是操起烧红的平板锹就要往她屁股下撮，看她不动声色，又被吓回去了。又一个想要上来摸她，还说：“要抢就抢皇杠，要嫖就嫖娘娘。今儿个先让我亲亲皇姑，看是什么滋味。”[3] 三皇姑才开口：“抢了银子还不快走，等着我收拾你们啊!”[4] 后来七个歹人被拉到盛京砍头了。口述在此将三皇姑遇山崩地裂而不动声色的气势再一次描述出来，让听者读者感到震撼。一个女人活得响当当的，面对贼人不苟且，也不低头，足见其英雄本色。

1986 年，口述传承人张立忠完整地讲述《平民三皇姑》这部民间故事时，他的家乡四平街在经历了百年历史变迁后，已成了辽东的工业重镇，但是三皇姑办矿的实物遗迹依然可见。

张立忠关于三皇姑的口述传承，对一百多年前四平街进行了追根溯源，讲述了清朝末世一位皇家女性突破父权制深宫大院的藩篱走向民间自食其力的故事。三皇姑是口述传承的主角，是满族女性的代表，也是泼辣爽快、光彩照人的东北女性的缩影。对于不公平的命运，她没有委曲求全，也没有怨声载道，而是开辟了一条向外发展，闯荡社会，造福一方的新路径。这与满族一向重视管家姑奶奶的地位有关。即便是在皇权至上的父权制体系里，满族姑奶奶在娘

---

① 张立忠讲述，张德玉、张一、赵岩整理，《平民三皇姑》，吉林人民出版社，2009 年，第 194 ～ 204 页。

② 同上注，第 248 页。

③ 同上。

④ 同上。

家的地位也很难撼动。传统的满族说部，英雄人物多来自于氏族部落内部传承，虽然也有《尼山萨满传》这类起源不详，民间广泛流传的女萨满英雄故事，但近现代以来，对女性英雄气概加以歌颂的满族说部，仅此一部。

三皇姑作为四平街男女老少耳熟能详的地域性传说，是满族说部中民间性最强、最具现代性和女权色彩的故事。

第七章

满通古斯语族口述故事性别叙事

第一节 女英雄

满通古斯语族口述故事与神话、史诗、传奇等长篇大论的口述资源相比较而言，篇幅更为短小，内容更为朴实，形式更为随意，讲述也更为简单。

口述故事传承人范围相对宽泛，人员身份复杂，传承人之间无序传承以及传承人的无“文化性”无书写能力非常明显。相对于满族英雄史诗《乌布西奔妈妈》《恩切布库》，满族神话故事《天宫大战》等流行于神圣萨满领域，由德高望重的萨满在内部世代相传具有神秘性保密性的萨满神话而言，民间故事的口述传承在并不神圣的纯民间领域展开。传承人既包括伊玛堪史诗的赫哲族歌手“伊玛卡乞玛发”，摩苏昆的鄂伦春族歌手，满族说部的口述传承人等民间故事家，也包括许多没有留下姓名的老猎人、老农民、老村妇等，由他们口述的民间故事带有鲜明的老人“闲话”特点。

在东北农村、小镇，满通古斯语族民间故事主要是农闲时或休渔休猎时，族群或家人围坐着一起“讲古”，用来打发时间的小故事小片断，或是日常生活中给小孩子讲述的小故事小片断。

传统民族心理、民族节日、民族物事、重大历史事件、日常生活小景等，都可以通过这些琐碎的民间故事传播出来。通过这些小故事，可以发现满通古斯语族不同的族群从远古到现代的民族想象与幻想。虽然民间故事看上去比史诗神话英雄叙事显得杂乱无序，却是这些渔猎、农耕民族长期以来生活中不可缺少的精神支撑。

一、赫哲族《达子香》

《达子香》① 由赫哲族吴进才、吴连贵口述，黄任远搜集整理，记录时间是1975年11月，主要流传于黑龙江边境地带，黑龙江省同江县八岔公社②。

---

① 中国民间文艺研究会黑龙江分会主编，《黑龙江民间文学》第5集，1983年，第51～54页。

② 同江县现为同江市，位于黑龙江省东北部黑龙江与松花江交汇处南岸，北隔黑龙江与俄罗斯犹太自治州相望，边境线长达170公里。

（一）地域性物产

满通古斯语族民间故事，在专注于某种地域性物产展开丰富联想时，往往赋予该物产以自身民族所认同的精神价值。赫哲族《达子香》是一篇关于赫哲族女英雄拯救百姓于水火的责任与义务的故事。在黑龙江畔，有一种野山花达子香，每到春天时便盛开。达子香是一种先开花后展叶的花灌木，生长在崇山峻岭中，花为紫红色，冰雪尚未开化时，在江畔山崖上草丛中沙滩边，到处可见满山遍野的达子香，甚为壮观。生活在黑龙江畔的赫哲人也称其为“圣开列”①，意为迎春花。

口述最早发生的时间是无法追溯的，因而套用民间故事口吻“据说在很早很早以前”，原本生活幸福的黑龙江两岸渔猎民族赫哲人遇到了一场灾难。来自北方的一条吃人的木杜里②，霸占了整个黑龙江。它命两岸百姓每年奉送美女，进贡粮食猪马牛羊等，若有怠慢便兴风作浪危害百姓。十年来，赫哲人备受屈辱，无可奈何。这一年，部落头人额真请各嘎深③的头人商量对策。被认为通天通神的一位萨满说，这是神的旨意，人是没有办法对抗的，只能多送点人参、鹿茸、鳇鱼、狍子，让木杜里保佑百姓平安无事。

在萨满教传承中，向神奉献祭品是对神表示尊崇敬畏。人敬神并且不违背神的意愿，神领了祭品也意味着承担了保护人的责任。因此，赫哲族萨满是将木杜里当作神来对待的。在满通古斯语族中，神又分为恶神和善神。若不供奉祭品，或者曾经供奉祭品但后来不再供奉祭品了，表现出对神的怠慢，那么善神也会转变成恶神，危害百姓的。但是，额真的女儿并不认同萨满对木杜里的妥协建议，她认为木杜里就是“无底的口袋”，人是没有办法满足它的。只有杀死它，才能使整个部落免于灾难。由于木杜里每年要赫哲族选一个美女进献，额真的女儿请求父亲，她愿意为拯救部落危难充当献给木杜里的贡品，这样才能接近木杜里并将它刺死。

① 圣开列，赫哲语，指达子香。

② 木杜里，指龙。

③ 嘎深，指村子。

（二）生命献祭

拯救作为一种文化母题，在短小的民间故事中仍然保留了英雄牺牲的完整内核。这里表现为生命的“献祭”。额真的女儿穿上精心绣制的鱼皮紧身衣裤，披上狍皮披风，头上戴着一朵达子香花，向黑龙江走去。她向萨满认为的神，她个人视为妖魔的木杜里献身。为了拯救部落族人的志向赴死，使她的行为如“荆轲刺秦王”般悲壮。她为送行的人唱了一首此番为民除害明志的歌：“赫尼哪呀赫尼哪——北飞的阔力，不忘乡亲的情意，血染大江水，誓杀木杜里。赫尼哪呀赫尼哪——北飞的胡萨[①]，带上父老的心意，志比铁石坚，狂风不能移！”[②] 这是拯救族众乡亲的誓言。带着使命，她准备去赴死，行色悲壮。荆轲反对暴政，在刺秦王临行前，对送行人唱《易水歌》：“风萧萧兮易水寒，壮士一去兮不复还。探虎穴兮入蛟宫，仰天呼气兮成白虹。”这里不禁要问，荆轲这样的男人哪里去了？怎么让此等女子前去送死？

显然，对赫哲族部落而言，这是有前提的。因为木杜里不仅要珠宝等财物，还要美女。男性英雄愿意主动放弃战斗，不想保护部落财产和女人，那么只有女人自行捍卫这个家园了。同时，口述也透露了一个信息，美女成为被掠夺的资源，此类型故事大约产生于奴隶制社会。

午时三刻，江边狂风大浪，她被刮上天，醒来后已在堆满珍宝和白骨的木杜里的洞里。她将短剑刺进木杜里心脏的同时，自己也身受重伤。她不顾伤痛，刺死了木杜里，割下龙角，挖出眼睛，包裹在包袱里往家走。她的伤口流着鲜血，翻过了九道山，蹚过了九条河，走到黑龙江边，对父亲说，死后要将她埋在高岗上，她要看着美丽的家乡和年迈的父亲。

口述对额真女儿的死，处理得相当悲壮。人们遵嘱将她安葬在江边大石砬子上，似乎是对她以身献祭救助部落的真心忏悔，也似乎需要把这种不安移情。对她的纪念是与鲜血融合在一起的，是与牺牲贡献连在一起的。每到春天，她的坟头和她走过的江边草地山坡都开出了漫山遍野的达子香。这些鲜艳的红花代表了乡亲们的希冀。这个故事非常短小，但传承了长期生活在江河流域的赫

① 胡萨，指天鹅。

② 中国民间文艺研究会黑龙江分会主编，《黑龙江民间文学》第5集，1983年，第52页。

哲族渔猎民族对黑龙江泛滥成灾的原始记忆，也传承了在大灾大难到来时，赫哲族女英雄奋不顾身，勇救族人的牺牲精神。

二、鄂温克族《太阳姑娘》

《太阳姑娘》[①]，由隋书今搜集整理。记录时间是1981年10月15日，搜集地点是海拉尔区。整理时间是1983年3月15日，地点是哈尔滨。整理时参照了英山、白杉采录翻译的鄂温克族民歌《希温·乌娜吉》。主要流传于内蒙古自治区呼伦贝尔市一带。

（一）太阳崇拜

鄂温克族是一个崇拜太阳的民族，据老人们传说，一年四季的形成均来自太阳离得人们远近的关系。比如冬天，太阳离得太远才变得寒冷；夏天，太阳离得太近所以太热。

太阳是古代社会原始天象崇拜中最为普遍的一种。希腊神话中的太阳神是男神，被称为阿波罗，他的威力非常大，是人类的保护神。但是，鄂温克族把太阳神看作女神，是造福于人类和宇宙万物的光明女神，她是天宫玉皇大帝[②]的小女儿希温·乌娜吉[③]。从威力上讲，这个太阳女神比不上阿波罗男神，甚至在某种意义上，她活得很卑微，很委屈。她低下的神祇地位与她的责任担当并不匹配，包含着鄂温克族对父权制的批判。

希温·乌娜吉的太阳神职责是向玉皇大帝主动请缨得来的。她每天起早贪黑，工作辛苦，但乐此不疲。她每天早出晚归，门神宝勘老人不能睡早觉，不愿意大清早起床给她开门。为早点把东天门打开，她要好言相劝并承诺送礼品感谢他。她唱道："我要去最黑暗最寒冷的地方，给他们送光明送温暖拯救人们。你要早一点把东天门打开，用珍贵的礼品感谢你宝勘老人。森林中的灰鼠子需要我，山间的苍鹰盼我早点莅临。大地上的人们多么繁忙劳累，都需要我快点去帮助他们。我给宇宙万物和人类，去送光明温暖去送赤诚火热的心。我

① 中国民间文艺研究会黑龙江分会主编，《黑龙江民间文学》第6集，1983年，第133～136页。
② 玉皇大帝是道教天神，在此表述为鄂温克天神，可见这则民间故事传承过程中杂糅了外来影响。
③ 希温·乌娜吉，鄂温克语，指太阳姑娘。

一天需要做的事情太多啦，恳请你宝勘老人快开门吧快开门！”[①] 在此，被鄂温克族世俗化的太阳女神，为实现造福万物拯救人类的理想所付出的精神和物质代价极其昂贵。东天门的门神老人被她无私的品格感动了，提早把门给她打开。

鄂温克族太阳女神的神祇特点并不突出，相反，她的身上更多地呈现了世俗化平民化特征。这说明鄂温克族以日常生活女性的理想化形象，塑造了他们心目中的太阳女神。

（二）太阳女神

太阳女神是天之骄女，虽然为了工作可以忍受诸般刁难，但并非总是低三下四，委曲求全。对只知道和妻子喝酒取乐，不给她开门的西天门门神玛克依格添，她一怒之下爆发了太阳女神威风。她先是好言相劝，唱道：“玛克依格添尊敬的老人，快给我开门吧，快快开门！我去给最黑暗最寒冷的地方去送光明温暖，拯救人们。我忙碌一天累坏了，回来晚了别生气，快点给我开门！黑夜里寒风刺骨袭人，我的金耳钳把耳朵都冻得麻木不仁；我的金戒指把手指都冻僵硬了，再不开锁我就要冻死在西天门。我不是私自出去游山玩水，我是为宇宙人类造福有重任在身。虽然回来晚了耽误你歇息，你也应该快点给我开门！”[②] 在得不到回应，意识到西天门门神夫妇故意刁难她时，太阳女神震怒之下大打出手。她先是把西天门踹开，后又不依不饶，把变成砍刀和槽子的玛克依格添夫妇摔折弄碎，而后奏明玉皇大帝，给西天门换了门神。从此，她早晚出门都没有拦阻，一心一意去送光明和温暖。

太阳女神的经历，很像满通古斯语族神话、英雄史诗中勤勉劳作的女萨满，她们为人类和世间万物付出心血甚至生命。人类和万物都感激她，尤其是住在深山密林里的鄂温克人，为感谢希温・乌娜吉把他们从黑暗寒冷中拯救出来，特意尊称她为太阳神。天宫女神的勤勉供职和父权制下男神的懒惰，形成鲜明对比。这是一个女权色彩很浓厚的民间故事。当然，她的特殊身份——玉皇大帝的女儿，也为她怒打西天门守门神赢得了护身符。

---

① 中国民间文艺研究会黑龙江分会主编，《黑龙江民间文学》第6集，1983年，第134页。

② 同上注，第135页。

三、满族《朱舍里格格》

《朱舍里格格》① 由傅英仁讲述、王士媛搜集整理。搜集地点在黑龙江省宁安市，讲述时间是1982年8月3日，整理时间是1982年9月1日。主要流传在黑龙江省牡丹江一带的两家子、乜河、新卡伦、旧卡伦，以及宁安市西园子等地。

（一）三音妈妈

这则民间故事讲述的是满族氏族部落时期，发生在海浪河口上游部落的人与狼精搏斗的曲折经历。当时主管部落的是一个老太太，叫三音妈妈。三音妈妈治理部落很成功，也很会看病，在海浪河一带名声大震。部落时期，一般会看病的人本身就是萨满，三音妈妈既是萨满又是部落女酋长。三音妈妈曾经为一个老狼看病，后来这个老狼变成一半狼脸一半人脸，又接着变成人脸，以假象欺骗人类危害人类。三音妈妈意识到她拯救过的狼精祸害人类，因此训练了朱舍里格格，等她十五岁时，让她接手部落管理大权，并对她说："你的武艺都学通了，也有个半仙之体了，你可以自个儿生活了，我这就要回长白山去了。你要好好给人治病，好好练武。"②

朱舍里格格承接三音妈妈的是个烂摊子，此时狼精已修炼得法术大增。三音妈妈临走前，送给朱舍里格格四颗榛子③，并告诉她四颗榛子的作用，她遇到困难的事情，想解决时就扔一颗榛子。但是第四颗榛子不能随便扔，那是保护她性命的。因此，第四颗榛子就成为衡量朱舍里生命价值和道义的砝码，在故事中起决定作用。

（二）第四颗榛子

在满通古斯语族中，"扔东西"解决难题是传统口述故事情节中的一个重要元素。譬如满族神话、赫哲族伊玛堪中，都有靠"扔东西"的法术制止妖魔追

① 中国民间文艺研究会黑龙江分会主编，《黑龙江民间文学》第6集，1983年，第47～52页。

② 同上注，第49～50页。

③ 榛子是一种木本油科树种，榛科榛属坚果植物。生长于东北山林中的榛子树，是野生植物。卵圆形的榛子果仁含油性，可食用，味香美。

赶、赢得决胜时间的战争命题。《朱舍里格格》表现的也是一种战争，只不过是人与狼精的战争。对手狼精修炼了十五年，获得了一种独特嗥叫的法术。只要它对着部落里一嗥叫，便致人和猪陷入昏迷。狼精大量地吞吃无法逃跑的猪，部落族人则吓得落荒而逃。

为拯救整个部落，朱舍里格格用第一颗榛子把狼精打得逃回山里。狼精披上野猪皮再次进攻部落，由于野猪皮厚，第二颗榛子没有砸死狼精。她就念着咒语，让榛子往狼精嘴里钻，雨点似钻嘴的榛子终于把狼精制死。但是，由于狼精通法术，死后它的毛变成毒马蜂，肉变成狼毒草，骨头变成尖锥石危害人类。尤其是它的脑袋变成有两只眼的黑石山，监视着部落。在这种恶劣的条件下，部落族人被害得无法生存。朱舍里格格动用了第三颗榛子，将其变成天鹰，骑上天鹰去长白山寻找三音妈妈，治理了毒马蜂狼毒草和尖锥石。部落恢复平静，族人过上正常日子。监视部落的狼头并不死心，它喷出毒气，熏倒部落族人。危急时刻，朱舍里格格把保护自己性命的第四颗榛子扔出去，狼头消失了，朱舍里格格也化作一阵清风，冲散了毒气。

这清风在海浪河口的上空盘旋不散，至今守护着部落。由于清风的缘故，马蜂也变成了蜜蜂，毒草也变成了山菜。朱舍里格格为部落族众牺牲了生命，她也因此成为部落的保护神。

满通古斯语族流传下来的口述资源，经常会在“牺牲”问题上表现得相当一致，相当母性化。每当需要为部落族众牺牲的时候，往往是妈妈或者格格挺身而出，透露出一种母权制氏族社会的基因选择倾向。世代相传的满通古斯语族口述资源，多半来自于母系氏族社会，传承历史相当久远，因此呈现出母权式拯救者的思维特征。

四、鄂伦春族《好心的姐姐》

《好心的姐姐》① 由海龙妈讲述、白文搜集整理。讲述时间是 1983 年 11 月 15 日，讲述地点是黑河市新生公社，整理时间是 1983 年 12 月 25 日。主要流传在黑河一带。

---

① 中国民间文艺研究会黑龙江分会主编，《黑龙江民间文学》第 11 集，1984 年，第 316 ~ 324 页。

（一）女扮男装

故事发生在黑龙江茨尔滨河一带，在猎民中间广为传诵。一对孪生姐弟，父母亲双亡，家中只有一匹小红马陪伴。弟弟充军被人害死，小红马把弟弟驮回家，给姐姐出了个难题，必须快点给弟弟娶回三个妻子他才能死而复生。为拯救弟弟，姐姐把尸体放在撮罗子里，捉来几只树鸡和飞龙，分别捆在弟弟胳膊腿上，靠翅膀的扇动来阻止苍蝇靠近尸体。然后，她女扮男装，走出家门。

在满通古斯语族史诗叙事和民间传奇中，“女扮男装”是父权制下女人试图与男人比肩的一种志向性书写，无论是为国杀敌还是为家族复仇，都包含着国恨家仇的重大责任义务。姐姐“女扮男装”的前提虽然也有家仇，但在战场上害死弟弟的那个仇敌始终也没有出现。因此，核心并不指向替弟弟复仇。故事所要讲述的是，在拯救弟弟的征途中，姐姐必须替弟弟找到三个妻子。她要作为弟弟的替代品，以弟弟的男性魅力征服三个女人。于是，她穿上弟弟的衣服，骑上弟弟的小红马，作为一个求婚的男人出发了。

求婚需要一种仪式，夫家必须对女家承诺，以达成共识。但是，满通古斯语族叙事中，女家主动招亲也是有的，主要是身怀绝技的女萨满，或美艳超群的姑娘，通过“比武招亲”得到相匹配的英雄作为丈夫，以建功立业。姐姐替弟弟求婚，不得不扮成弟弟模样，她并没有武艺也没有力气去征服女家。但是，口述故事把情节结构做了调整，由“比武招亲”到“抛绣球”，把主动权全部交给三个姑娘。姐姐来到第一个乌力楞，有个姑娘向人群抛红头巾，姐姐下马看热闹，突然红头巾落在她头上，她为弟弟娶到第一个妻子。第二个乌力楞，有个姑娘向人群抛出白头巾，又落到姐姐的肩上，她为弟弟娶到第二个妻子。第三个乌力楞，有个姑娘向人群抛出绿头巾，又落到姐姐手里。她为弟弟娶到三个妻子，三个妻子带着三种颜色的头巾，在小红马的催促下，赶紧往家走。

这个民间故事的主角是四个女人，她们以不同的方式突出女人的力量。姐姐女扮男装，去拯救处于死亡线上的弟弟。三个抛绣球的姑娘，都身怀绝技，可自由选择她们喜欢的男人。选择意味着主动精神和个人意志。在抛绣球这一男女婚姻模式中，女方的强势风格在民间故事中得到强化。

譬如，回家路上，三个姑娘开始考察男人，等同于为英雄设置难题婚。通过赛马、烀狍头、下河洗澡等生活细节，观察姐姐是否是真男人。根据常规，赛马时，若是女人骑马便不会跑出像男人一样干净利索的直线。烀好的狍头趁开锅捞出来，若是男人就不怕烫，若是女人，就非烫得松手不可。下河洗澡更可以看出是真男还是假男。虽然三个姑娘都没有女萨满的诸多能力，但是从娘家带来的魔术头巾说明她们精通法术，绝非一般人物。姐姐在小红马的帮助下，连闯三关“难题婚”，带着三个姑娘回到家中。女人对男人考验的过程，也是确立平等地位的过程。

接受各种考验并成功脱险的姐姐先骑马回到撮罗子，把尸体上的树鸡和飞龙放掉，在小红马鞍上留下些字，然后离开撮罗子。三个姑娘走进撮罗子，发现地下停着一个小伙子的尸体，和丈夫长得一样。姑娘们把红头巾放在死者心窝上，白头巾放在头下，绿头巾放在腿下，用银簪子在他鼻梁上来回画三下，小伙子醒了。小伙子根据小红马鞍上姐姐留下的字迹了解了事情经过，和三个姑娘成了亲。成亲后，家里的东西总是不翼而飞。三个妻子跟踪丈夫，得知了好心姐姐拯救弟弟的故事，就把姐姐接回来住。全家人高兴地吃喝唱跳，陪嫁的金首饰不小心落在姐姐嘴里，姐姐被憋死了。弟弟把姐姐装进棺材，鹿用角顶着棺材跑了。

（二）隐姓埋名

故事到此并没有结束，而是曲折地朝着另一个方向发展。卧肚河边山根下有老两口没孩子，老人抓住了鹿，好心的姐姐得救。老两口老来得女，找了个上门女婿，生了个白胖小子，一家人和乐地过日子。终于有一天，弟弟打猎路过姐姐家的撮罗子，听见老妈妈唱着好姐姐救弟弟的儿歌：“茨尔滨河上有名的好心姐姐，这个人就是你的阿妮。”① 姐弟经历过生生死死，终于相见，两家人相邻而居，成为一个乌力楞的人。

这是两个死而复生的故事。弟弟的死而复生是姐姐“女扮男装”隐姓埋名换来的。复仇这条线索到最终都没有展开，害死弟弟的人是谁并不重要，重要的是姐姐为弟弟改换性别，为弟弟生活幸福隐藏起来。姐姐的死而复生，也是

① 中国民间文艺研究会黑龙江分会主编，《黑龙江民间文学》第 11 集，1984 年，第 324 页。

为了让弟弟少些愧疚。

因此，作为弟弟的拯救者，姐姐自身的价值反倒被忽略了。似乎她的存在只是为了解救死亡的弟弟。她本身并无女萨满“过阴追魂”的异能和法术，必须借助外力，通过三次替弟弟娶妻，获得三个妻子法术的帮助。三个妻子的功能，类同于以往满通古斯语族中的女萨满，按传统模式，她们是嫁给英雄的。弟弟是否是英雄不得而知，但是在战场上死亡却是事实。所以，故事隐去了战争场面，而以幸福生活为大团圆结局，没有展开的情节也可以视为传承过程中在口述传承人那里产生的变异。口述的核心是姐姐救弟弟，也是姐姐等四个女人救一个男人的故事。为了男人，女人可以隐姓埋名，可以远走他乡。女人具有的拯救情怀和法术能力，都是口述认同的值得歌颂的价值立场。

第二节　仙女

满通古斯语族的民间叙事，在男人陷入困境时，往往会出现“仙女下凡”，或者是动植物等化形为女人帮助男人的场景。在这类仙女猎人的婚姻组合中，猎人是孤独无助的弱势群体，因为娶不上媳妇，甚至到了哭哭啼啼的地步，才最终被仙女拯救。这种仙女猎人的叙事原型，与满通古斯语族的女祖先崇拜有直接关系，往往是女方具有神奇的超能力或者本身就是神女下凡，可以带领男人过上幸福生活。

一、鄂伦春族《花儿姑娘》

《花儿姑娘》[1] 由鄂伦春族猎民莫希那讲述，鄂伦春族猎民关宝福翻译，王朝阳整理。主要流传在大小兴安岭一带。

（一）生命繁衍

《花儿姑娘》讲述了在兴安岭森林里，猎人阿拉坦聂二十多岁了还没有媳

① 中国民间文艺研究会黑龙江分会主编，《黑龙江民间文学》第11集，1984年，第224～227页。

妇，父母为此忧愁成疾终于病死。他孤身一人，总是哭哇哭的。事情就在绝望之际现出希望。某日，他在仙人峰打猎时，选中了一朵最鲜艳的大红花，准备带回仙人柱[①]栽种。第二天，猎人打猎回来后发现有人做好了饭菜，这些都是女人干的事情。连续七天，天天如此。后来，他假意外出打猎，躲藏在仙人柱后面，发现花蕊中走出一个非常漂亮的姑娘，下地为他做饭。他狂喜之后决定将姑娘留下。“原来你在那朵大红花里住着哇！我把大红花拿到手，你就回不去了。”[②]显然，与花朵相比，猎人更有计谋，控制了花朵的猎人，终于有了妻子。

花朵自古以来象征着繁殖，也象征着女人。猎人的渴望不仅是家里有个做饭的女人，还有生命的繁衍传承。花儿作为母系祖先的一方得到赞美，将其提升到仙女的地位。这则仙女与猎人结婚繁衍生息的民间叙事，是鄂伦春族远古时代女祖先崇拜和图腾崇拜的遗型。

（二）花神与儿子

故事的发展融入了鄂伦春族被清朝纳入八旗的历史线索。花儿姑娘引起了周围邻居的围观，尤其引起了一个协领[③]的垂涎，他亲自带兵前来抢花儿姑娘，猎人不知如何应对，只是不停地哭。花儿姑娘说：“你不要哭。只要你把花还给我，他们就抢不走我。”[④] 拿到花身的花儿姑娘，在协领威逼要打死猎人时，突然从花蕊中走出来，站在草甸子上吸引协领带兵去抓她。协领刚到跟前她又消失了。如此反复，协领找了七天七夜，还是没找到花儿姑娘。花儿姑娘救出丈夫后，在百十里外的小房子与丈夫会合，把亲生儿子交给他。

与史诗英雄一样，花儿姑娘和猎人生下的小男孩带着花神的基因，他的成长相当传奇。父亲亲他一下，他就长一尺，亲了七下，孩子就长了七尺。孩子不仅生长快速，而且天生会打猎。

花儿姑娘对丈夫说：“有协领官的坏蛋们在，咱们穷苦猎民就过不了好日

---

① 仙人柱，也称撮罗子，指一种简易住处。
② 中国民间文艺研究会黑龙江分会主编，《黑龙江民间文学》第11集，1984年，第225页。
③ 协领，清代驻防八旗各旗所设职务，正三品官，位在副都统之下，佐领之上。
④ 中国民间文艺研究会黑龙江分会主编，《黑龙江民间文学》第11集，1984年，第225页。

子，我发大水把他们冲走，咱们自己选一个为猎民说话、办事的好协领。”[①] 在此，花儿姑娘使用神的手段，颠覆了世俗欺男霸女的协领的统治。代表着正义一方的花儿姑娘，为拯救猎人，不仅与穷苦猎人结婚生子，还为他所属的下层人代言。她运用法术，对着小河吹了口仙气，小河立刻大浪滔天，冲走了协领府。花儿姑娘站在她的领地仙人峰上，往峰下同时扔红绿两种布条，由布条来选新协领。布条落到她儿子肩上，儿子当上协领，由于传承了父母的好基因，花神的儿子为猎人带来了好日子。

这则民间故事讲述的是作为仙女的花儿姑娘通过嫁给猎民，与其繁衍出有神仙血统的英雄儿子，从而使英雄儿子带领猎人过上幸福生活。是对英雄儿子之所以成为英雄的祖先神的追溯，是图腾崇拜类型。

二、鄂伦春族《莫日根和仙女》

《莫日根和仙女》[②] 由鄂伦春族猎人吴吉明口述，王朝阳整理。据吴吉明讲，1958 年，他听一位鄂伦春族老猎人讲述了此故事。

（一）漂亮皇娘

仙女下凡拯救莫日根的故事，基于善良和丑恶两种敌对势力的对抗，以仙女和妖女如何在人间确立各自的价值取向和代表人物而展开的矛盾冲突。故事表面上是由财主渴望当皇帝，不断地给猎人出难题，索取皇帝所具有的各种宝物，以便能够顺利坐上皇位而展开，实际上却是仙女与妖女之间的代表正义和邪恶的战争。

开篇讲述一对贫穷的鄂伦春族母子，儿子莫日根在杀鹿时得到件皇袍，对飞来的奇异事情，母亲不小心说漏了嘴，让财主知道了。财主认为，若得到皇袍，穿在身上就成了皇上，于是从莫日根母亲手里抢走皇袍。得到皇袍的财主并不满足，再次让莫日根替他找皇帽。寻找途中，莫日根路过一个房子，他进屋给一位素不相识的姑娘下跪，哭诉找不到皇帽母子俩都会被杀的遭遇。姑娘

---

① 中国民间文艺研究会黑龙江分会主编，《黑龙江民间文学》第 11 集，1984 年，第 226 页。

② 同上注，第 243 ～ 251 页。

深表同情，为他出了个主意，告诉他如何从夷巴汶①那里找到皇帽。按照姑娘的指点，他带着镜子、木梳和十包针，鼓足勇气拿到皇帽送给了财主。财主竟然还不满足，继续向莫日根索要龙头拐杖和皇靴。这些难题依靠莫日根的力量根本无法解决，于是，他不断地央求姑娘给他出主意。在姑娘的帮助下，他终于在保汶鬼、犸猊那儿拿到龙头拐杖和皇靴。财主居然还是不满足，又让莫日根找个漂亮皇娘。莫日根再次拜见姑娘，希望她能解决皇娘的事。口述至此，终于请出这位神奇的姑娘，她说要亲自去会会财主。

（二）仙女助手

故事所设计的一系列难题，均是为难倒莫日根，激发出他的勇气、智慧和能力。可是故事越往后发展，莫日根本身的能力所发挥的作用越小，每一次成功他都担着不劳而获的嫌疑。姑娘作为天上下凡的仙女，原想帮人做些好事，但却碰上了女妖和财主，不希望猎人过好日子。女妖由于功夫太差，无法与仙女对抗，在上天学艺前把皇袍皇帽龙头拐杖皇靴等交给鹿、夷巴汶、保汶鬼、犸猊这四个动物保管着，以便日后与财主通过皇位掌控天下。决定给莫日根当媳妇的仙女，给了莫日根一件宝贝，并告诉他当财主穿戴好了准备跟她拜天地时，就往财主身上指。这一指，财主穿戴好的皇上装束就都自然地移到莫日根身上，财主瞬间变身为猪。

女妖挑战仙女，是一场天宫大战。仙女嘱咐莫日根，财主家有三只白鸡，是女妖的体外灵魂。她在天上跟女妖厮杀，空中狂风大作时，莫日根在地上要杀死财主家的那三只白鸡。女妖的体外灵魂一死，就被彻底除掉了。

莫日根作为仙女助手，贯穿故事始终，直到除掉女妖和财主为止。与伊玛堪相比，英雄主体形象恰恰在此走向了反向，变成为仙女充当助手的辅佐形象。所谓女妖和财主，都是贪婪残酷的化身，与正义的道德是不相容的。在这场没有硝烟的战争中，融入了各种英雄史诗的元素，如伊玛堪阔力空中作战遗型，妖魔体外灵魂遗型等。仙女为拯救猎人过好日子不惜以身下凡，是民间故事重点歌颂的对象。因此，仙女作为神仙体系的拯救者，对猎人的拯救是垂直的，

---

① 夷巴汶，指长相如七八岁小孩子模样的小动物。

全视角的，猎人在此不过是体现仙女的法术而已，这则故事可看作是赫哲族女神崇拜遗型。

三、赫哲族《鳌花姑娘》

《鳌花姑娘》[①] 由吴连贵口述，黄任远搜集整理。口述时间是1976年6月，地点是黑龙江省同江县八岔公社。主要流行于黑龙江省同江一带。

（一）鱼神

《鳌花姑娘》讲述的是年轻穷苦的渔郎和鱼神姑娘结婚的故事。渔郎从小失去父母，懵懵懂懂地被巴彦玛发[②]告知要替父还债。渔郎打了十年鱼还了十年债，还是两手空空，巴彦玛发家却盖起十间大房，养着成群的牛马。渔郎对此很不解，他非常苦闷，叉鱼时经常吹口弦琴倾诉悲情。鳌花鱼喜欢听他的口弦琴，听到高兴时又蹦又跳，悲伤时也会流下眼泪。他与鳌花鱼心有灵犀，就把跳进船里的鳌花鱼带回家养起来，每天单独给鳌花鱼吹琴倾诉，找到了相依为命的感觉。

渔郎与鱼神姑娘的故事，核心是凡人通过与鱼神缔结姻缘，改变贫穷处境，过上幸福生活。这种幸福生活是鱼神的眷顾。正如史诗伊玛堪英雄西征途中，要娶身怀绝技的女萨满为妻，必须解决老丈人出的难题一样，渔郎不能白白拣个鳌花鱼神当老婆，他也要为这桩美好婚姻的缔结付出代价，使他配得上鱼神。这就是他要有勇敢和智慧。

他所遇到的难题是，先要替鳌花姑娘拿到变身为人的物件——离水宝珠。鳌花鱼神托梦说："我爱听你吹的口弦琴，更爱你这个人！如果你愿意娶我做媳妇，你就想法把江里千年的大鳇鱼的离水宝珠要来。"[③] 渔郎醒来后非常兴奋，用歌声应答了这场求婚："赫尼哪呀赫呢哪——鳌花姑娘我和你，口弦琴声结情

---

① 中国民间文艺研究会黑龙江分会主编，《黑龙江民间文学》第5集，1983年，第206～209页。
② 巴彦玛发，指有钱人。
③ 中国民间文艺研究会黑龙江分会主编，《黑龙江民间文学》第5集，1983年，第207页。

意。明日夺取离水珠，渔郎和你成夫妻。”① 他用口弦琴声引诱千年大鳇鱼浮上水面倾听，借机网住大鳇鱼并威胁它。大鳇鱼无奈，只好吐出离水宝珠。鳌花鱼变身漂亮姑娘。两人盖起两间新草房，男打鱼女织网，吹吹唱唱每天过着幸福生活。

（二）替天行道

在善恶两立的对抗模式中，善良的渔郎对抗恶势力巴彦玛发时，只会气得掉眼泪，完全没有能力抗衡。这里的恶势力是指有钱人，而有钱人在父权制体制中自然而然也占据较高的政治地位，也有权势。巴彦玛发得知渔郎娶上漂亮媳妇，又来登门要债，否则便让鳌花姑娘到他家为奴顶债。在发生重大生活变故的当口，《鳌花姑娘》所透露的信息说明，鱼神有能力拯救渔民之家。渔郎退居女人身后，由鳌花姑娘走上前台来解决渔郎遇到的难题。她到江边拣回一袋沙，用离水宝珠照照，就变成一堆金子。可见获得财富对她来讲是极其简单的事情，不过像拣沙子一样。巴彦玛发继续刁难：“欠债你还清了，可是你犯了族规，娶媳妇不告诉我族长，得罚你媳妇给我做一件百鱼衣，用一百条鱼皮缝的，三天内务必完成，做不出来得上我家来当家奴！”②

巴彦玛发动用族长权威，胁迫鳌花姑娘当家奴，显然他认定鳌花姑娘三天内解决不了难题。百鱼皮衣的要求触碰了鱼神底线。鳌花姑娘与渔郎的关系非常微妙，代表着她与感情善良的人类可以通约，尽管鱼神与人类的关系是赐予人类食物，也是以身饲养，渔郎叉鱼时并不贪多，大部分是为了还债。在此，鱼神不仅代表善良贫苦的渔民的利益，身为鱼族一类，也会保护鱼族的利益。巴彦玛发要的百鱼衣，不是果腹之用，而是贪婪的见证，必欲除掉之后快。她从江边拿来一件鱼皮大袍，百鱼衣的鱼眼还会动。巴彦玛发高兴地试穿百鱼衣，结果被百条活鱼吃掉了。在鳌花姑娘的帮助下，渔郎终于打败了有钱有势的巴彦玛发，过上了幸福的生活。

民间故事《鳌花姑娘》讲述了赫哲族渴望鱼神替天行道，惩治贪婪无道欺

---

① 中国民间文艺研究会黑龙江分会主编，《黑龙江民间文学》第5集，1983年，第207页。

② 同上注，第209页。

压渔民的族长巴彦玛发，拯救渔民于苦海。由于家奴制的存在，该故事应是民族部落时期奴隶制父权制社会的产物。

第三节 女奴

满通古斯语族的民间故事，有一部分是讲述女人逃婚的。女人逃婚起于各种原因，但说到底都是由于父权制下强权对弱势群体的迫害。无论是丈夫酒醉后的身体虐待，还是欺男霸女官员的强抢民女，抑或恶婆婆视儿媳为女奴，逃婚作为女人最终的选择，都是无奈的反抗，也是唯一获得女人尊严的活路。

一、鄂伦春族《受气的媳妇回娘家》

《受气的媳妇回娘家》[①] 由孟南杰讲述，暴侠记录整理。讲述时间为 1961 年 9 月 10 日，地点是黑龙江省呼玛县十八站。主要流传于黑龙江省呼玛一带。

（一）逃婚

《受气的媳妇回娘家》讲述了茨尔滨的老猎人孟呼古特的女儿乌娜吉，被酒鬼巴拉黑强娶过门，终日遭受毒打虐待，最终在老虎的帮助下逃回娘家的故事。

在鄂伦春族民间故事中，逃婚是女性觉悟的一种表现，是不自由的女儿身在父权制控制下“向死而生”的一条出路，也是对恶势力象征巴拉黑的反抗。“两年前他用两瓶老酒把茨尔滨的老猎人孟呼古特灌醉，没花一文钱，就把老猎人的独生女儿骗娶过来。”[②] 父亲在此是个无力的小角色，他用两瓶酒就出卖了女儿。酒在此成为鄂伦春族指向明确的不名誉事件的物化象征，也是靠不正当手段获得的财富象征。巴拉黑作为故事大加抨击的主角，是个酒鬼，也是和“外国富商”打得火热的鄂伦春通事。在外国人与鄂伦春族的通商贸易中，他站在外国商人的立场，帮助盘剥鄂伦春族。因此，他在鄂伦春族眼中是有瑕疵和罪恶的，这是乌娜吉在父权制社会模式中能够斜出一枝，作为弱势群体代表正

① 中国民间文艺研究会黑龙江分会主编，《黑龙江民间文学》第 11 集，1984 年，第 344 ～ 347 页。
② 同上注，第 344 页。

义一方逃婚的前提。

作为民间叙事，时间的不确定性和口述的久远，是常规性开头。述说苦难故事的鄂伦春唱腔，也是一个明显特征。“寒风吹断河边柳，冰雹打落迎春花，受气的媳妇乌娜吉，跳出苦海回娘家，哪依耶，哪依斯耶，跳出苦海回娘家。”① 很久以前，在古老的松树林里，万木枯萎，猎人打不到野兽，饿得皮包骨头。库玛哈乌力楞的猎民乌娜吉的父亲，为了一醉解千愁的两瓶酒，将女儿卖给了酒鬼巴拉黑。

乌娜吉心灵手巧，巴拉黑配不上她，婚后还要对她施暴，让她挨打受骂，忍饥挨饿。乌娜吉决定逃回娘家。她在山顶上回望巴拉黑的撮罗子，一种自由的心情让她兴奋地唱起来：“失群的小鹿哟，回到了森林；入笼的飞龙鸟哟，打开了笼门；天神恩都力呀！保佑我见到亲人。”②

（二）山神老虎

途中乌娜吉搭了个撮罗子休息，夜里遇到了老虎。她为自己的悲惨命运而痛哭，老虎也在哭。

她大胆地询问：“虎大哥，虎大哥，你为啥落泪，为啥伤心，难道你也和我一样，受人欺凌？”老虎回答她：“善良的人哪，你有一颗金子一样的心，如果你没忘记自己的苦处，就该救救遇难的‘山神’。”③ 乌娜吉看到老虎胸前插着支利箭，鲜血直流，她勇敢地为老虎治疗箭伤。虎通人性，且是鄂伦春族的山神，老虎也为她拿来食物。她吃着狍子肉，唱起感恩的歌：“背阴坡上长毒草，向阳坡上开奇花，受苦的人哪，总会遇上山神‘白那恰’。”④ 对回家的渴望，对天神恩都力和山神白那恰的信仰，让乌娜吉克服了恐惧。

在巴拉黑骑着快马追上来拔猎刀向乌娜吉刺去时，山神老虎把巴拉黑摔到山崖下。没有了婚姻束缚的乌娜吉，骑上虎背拍拍虎头，很快就到了茨尔滨河，回到娘家。

---

① 中国民间文艺研究会黑龙江分会主编，《黑龙江民间文学》第11集，1984年，第344页。

② 同上注，第345页。

③ 同上注，第347页。

④ 同上注，第346页。

在回娘家途中，乌娜吉的善良感动了老虎，作为山神的老虎，必然出手杀掉强取豪夺的巴拉黑，帮助乌娜吉重新回到娘家。这也是善有善报，恶有恶报，由山神主宰山林的结果。

二、赫哲族《巴托力与爱赫恩》

《巴托力与爱赫恩》[①] 由何桂清口述、姚明贤搜集整理，1977 年元旦记录。主要流传于黑龙江省饶河地区。

（一）官家强娶

《巴托力与爱赫恩》讲述了一对相爱的男女被当官的拆散，强行嫁娶，成亲前姑娘逃跑，追随爱情远走高飞的故事。故事发生在乌苏里江畔挠力河口一个叫诺罗的村子。巴托力和爱赫恩从小一起长大，一起唱歌打鱼。爱赫恩美妙的歌声引起了武官哈房的注意，他从三姓也就是依兰刚进贡回来，听到歌声后忍不住从船里探头张望，发现穷渔家女爱赫恩生得貌美如花，便想让她当儿媳妇。他带着绫罗绸缎登门为儿子提亲，狂妄地说："旱泡子里的小鱼遇上了大雨，穷阿哈[②]碰上了善人，把你的女儿嫁过来，我管叫你们享尽荣华富贵。"不料，爱赫恩的父母并不领情，坚称不愿高攀："旱泡子的小鱼干死情愿，俺和女儿不愁吃穿。"[③]

被拒绝后，哈房强行抓捕爱赫恩未果，就将其父母关押起来鞭打。爱赫恩不得不去解救父母，说是她有了心上人。哈房说若不愿意当儿媳妇，也必须给他儿子当女奴。爱赫恩被关押起来遭逼婚。

（二）布天鹅

春去秋来，巴托力和爱赫恩互相思念着对方，爱赫恩还是不肯答应与哈房的儿子结婚。到了达子香花开的春天，爱赫恩对前来逼婚的哈房说，同意到刺

---

① 中国民间文艺研究会黑龙江分会主编，《黑龙江民间文学》第 5 集，1983 年，第 218 ～ 220 页。
② 阿哈，指奴隶。
③ 中国民间文艺研究会黑龙江分会主编，《黑龙江民间文学》第 5 集，1983 年，第 218 页。

玫花开的时候成亲，并要来一匹白布和一把剪刀。

巴托力每天在两人曾经待过的北河沿等待她归来。成亲前，爱赫恩用要来的白布和剪子缝了两只白天鹅。到了刺玫花开的季节，哈房家大张旗鼓地为儿子办喜宴，萨满敲鹿皮鼓，歌手吹口弦琴，整个诺罗约洪非常热闹。爱赫恩乘乱跑到北河沿，和巴托力准备划船逃走时，哈房一伙追了过来。两人骑上布天鹅，布天鹅变成了活天鹅。爱赫恩和巴托力飞上蓝天，飞到自由幸福的地方。女主角为了爱情，与恶势力抗争到底，最终获得了大团圆的结局。

三、赫哲族《天象的传说・月亮》

《天象的传说・月亮》[①] 由赫哲族尤卢氏、韩福德口述，刘魁立、马名超采集于 1963 至 1979 年，由马名超整理。

（一）恶婆婆

月亮是民间神话传说中的主要形象之一，作为天象传说，月亮神话流传于世界各地，普遍存在于各民族原始记忆里，表现为人类内在情感的需要和想象，大多数原始月亮神话都与生殖崇拜相关。原始部落的人，“相信月亮不仅使女人怀孕，而且还监护着孩子的诞生。当一个女人即将生产的时候，就要向月亮乞求援助。通常接生婆的主要责任是向月亮献祭并进行适当的祈祷，以保护女人顺利分娩”[②]。

在赫哲族民间故事里，《天象的传说・月亮》是个例外，对于月亮的乞求，与生育并不相关。很久前，一个叫伯雅木奇格的赫哲族姑娘，生得容貌俊俏，人人见了都会夸奖几句。由于家里贫穷，父母无奈把她送给有钱人家当团圆媳妇[③]。伯雅木奇格到了婆家后，每天都要干很多活，熟皮子、抽鹿筋、打柴、采野菜、担水等等，一天到晚不停歇地劳作。更不幸的是，她遇上个恶婆婆。婆

---

① 中国民间文艺研究会黑龙江分会主编，《黑龙江民间文学》第 5 集，1983 年，第 21 ～ 22 页。

② M. 艾瑟・哈婷，《月亮神话：女性的神话》，蒙子、龙天、芝子译，上海文艺出版社，1992 年，第 23 页。

③ 团圆媳妇年龄比丈夫大，到丈夫家主要是帮助夫家干活，是丈夫家的女奴。丈夫因为年龄小，在经济上没地位，由父母管束，更帮不到媳妇。

婆心狠手辣，家里富得流油，却让伯雅木奇格终日吃不饱穿不暖，身上从来没有穿过像样的衣服。由于伯雅木奇格衣不蔽体，婆婆怕外人看见笑话，就经常让她夜里出门干活。“夜晚，就逼她上井台挑水。一路，筲①里漾出的水滴答多少，团圆媳妇的眼泪就淌多少。有时候，还直溜溜地给婆婆跪着。”②

在恶婆婆的非人待遇下，她的丈夫实在忍无可忍，便亲自替她求情，说她勤快，一个人顶全家人使唤，但她的境遇并没有得到改善。与她悲惨的命运相反，婆婆“耳朵戴六只耳环子，还年年跑依兰三姓打首饰”③，到处炫富，与她寒酸的处境形成了鲜明的对照。婆婆残酷的虐待彻底摧毁了伯雅木奇格活下去的生路。

（二）月亮庇护

有天夜里挑水，伯雅木奇格哭泣着永无尽头的不幸命运。她羡慕柳树身上有枝叶，纵然落叶也有转青的机会，也羡慕缺个边角的月亮，还会有再圆的日子。于是，她对着半空中的月亮说：“若是你也有灵，就来搭我一把，救我上天去吧！”④ 月亮果然听懂了她的话，伸出棵大树，枝条搭到她面前，她放下水筲，拽着树枝上了天。“永远住在金子似的月亮里。不信你细看，如今她还拽着那悠悠荡荡的树枝呢。”⑤

赫哲族关于月亮的故事，不是讲述月亮本身如何散发她的性别魅力，如何为女人的生育提供助力，而是讲述女人不堪忍受悲惨命运，寻求月亮的庇护。

按天象逻辑推论，白天是太阳的天下，太阳具有男性特质，白天是阳气上升阴气下降的时间段。夜里是月亮的天下，月亮由于与潮汐和月经的连带关系，性质属阴，也是女神特质。当月亮女神目睹了伯雅木奇格的痛苦时，伸出援手拯救她到天上，民间故事中所讲述的一切痛苦都得到了释放。

在赫哲族民间故事里，美貌勤快但家境贫穷的伯雅木奇格必须有个好归

---

① 筲，指水桶。

② 中国民间文艺研究会黑龙江分会主编，《黑龙江民间文学》第5集，1983年，第21页。

③ 同上。依兰三姓，即今天黑龙江省依兰古城，史称“三姓”，源自三户赫哲族渔民葛姓、卢姓、胡姓最早居住。依兰三姓，也是松花江下游的名城。

④ 同上。

⑤ 同上注，第22页。

宿，从而在道义上否定嫌贫爱富观。口述最终形容她的归宿时，用了“金子似的月亮”，不仅说明月亮女神对她的拯救具有永恒价值，而且与她恶婆婆炫耀的金首饰相对应，说明伯雅木奇格住的地方要好过婆家千倍万倍，那金子般辉煌的住处，每天夜里都放射着光芒的地方，必然会给伯雅木奇格的人生带来幸福。

第八章

满通古斯语族口述歌谣女权叙事

第一节　婚嫁歌谣

口述歌谣是满通古斯语族最简单的民间口述形式。钟敬文将民间歌谣定义为，劳动人民集体的口头诗歌创作，可歌唱和吟诵，具有特殊节奏、音韵、章句的曲调等形式特征，并以短小或比较短小的篇幅及抒情性质与史诗、民间叙事诗、民间说唱等其他民间韵文样式相区别。[①] 口述歌谣的类别相对较多，大致分为情歌、时政歌、劳动歌、仪礼歌、生活歌等。歌谣除为儿童说唱外，多讲述本民族的风土人情。

满通古斯语族口述歌谣中，婚嫁歌谣通过男女双方富于象征寓意的对唱，不仅呈现出非常明显的风情色彩，还带有浓厚的女性主体性。

一、鄂伦春族《送亲迎亲歌》

《送亲迎亲歌》[②] 由周淑芬采录，李路摘自《塔河文史资料》第一辑，1987年9月版。主要流行于黑龙江省大兴安岭塔河一带。

鄂伦春族是个热衷于民间说唱的民族，摩苏昆、坚珠恩，是这些生活在大山里的山民们丰沛情感的真挚表达。歌谣相对于摩苏昆这类长篇大论的口述叙事来说，虽然特别短小，在情节上难以达到矛盾冲突白热化以及洪钟大吕的气势，但从中仍然可以感受到鄂伦春族青年男女的生存智慧和奔放的热情。《送亲迎亲歌》呈现的是鄂伦春族一种婚嫁习俗。双方在送亲、迎亲时，依据传统民俗规定的仪式，男女两家送亲迎亲队伍要列阵对歌，形式上带有“打擂”性质。

（一）列阵对歌

女方作为送亲一方，起头唱起送亲段子，目的是故意为难男方，给对方一个下马威，为日后女方在婆家获得较高待遇，争得先机权利。对唱场面喜庆热闹。“山路弯弯不好走，漂亮的姑娘你们求。这么远的路程送新娘，送来了如花

① 钟敬文主编，《民间文学概论》，上海文艺出版社，1980年，第238页。
② 郭崇林主编，《中国歌谣集成·黑龙江卷》，中国ISBN中心出版，2007年，第130页。

似朵的好姑娘；多余的话呀不必说，我们送她去见公婆。”

这一段开场表明，女方一行人要走这么难走的山路，往遥远的婆家送美丽的新娘并不容易。主要是强调，在这桩婚姻中，女方“被追求”，主动一方是你们男方，从而奠定女方将来在男方家中受尊重的地位。

“白桦是要有青松配的，心灵手巧的姑娘，要英俊能干的猎手娶，今后我们也是她的骨肉至亲。”这一段是迎亲方男方家表态，至此，形成了娘家和婆家两大阵营对歌。接新娘的婆家人听明白了，娘家送亲的人，夸奖送来的是个好姑娘。婆家一方迅速准备相对应的唱词，以白桦与青松、姑娘与猎手须匹配的对仗句式，理直气壮地回应，我们这边的小伙子不仅是个英俊能干的好猎手，配得上你们的好姑娘，婆家这边其他人也会像亲人一样对待她。

婆家一方的对答，对娘家一方的尊重溢于言表。于是，女方又抛出第二个问题：“酒盅底下有蛤蟆，怎么能喝这样的酒？”

这是一个毫无来头的难题，类似于民间场合的出对子。女方出的是上联，以蛤蟆卧在酒盅里这样挑衅式的难题，刁难对方。在此，可以看作是古代氏族部落时期女方家族选女婿“难题婚”的变种。

男方对出下联，流露出既取悦女方，又不失仪态的智慧。“蛤蟆跳出吐清水，清水里头情意柔，迎来媳妇进新房，喜酒喝好心欢畅。”

蛤蟆和酒本身难以组成对子，但蛤蟆多籽，象征子孙满堂，民间习俗上也算吉祥之物。男方以清水包含情意，进新房喝喜酒意味着吉祥，以蛤蟆具有的多籽功能，新房和喜酒作为民间吉利象征的解释，迅速化解了女方设置难题的尴尬。进新房，也将迎亲的路程进一步缩短。走过了山路，到了喝迎亲酒的阶段。

此时，女方又出第三个难题，以没有整块的地毯说事，讽刺男方家里太穷：“亲家亲家寒酸相，地毯弄得不像样，中间有缝不成块，难为我们新嫁娘。”

实际上，男方家里未必穷，这里有夸张调侃的意思。“不像样”是东北话，意思是不上档次，品位不够。“不像样”也意味着让人们看上去未免对新娘不重视。亲家，在此是指婆家。

男方也调动起聪明才智，将被说成寒酸相的地毯解释为成双对，迅速化解了矛盾，形成寓意吉祥的说辞：“两块毯子成双对，姑娘小伙来一起，没有缝呀不成对，没有对怎么成夫妻？”

（二）男女平等

女方最后一次提问，涉及性格和人品，也是女方最担心的事情，即嫁到婆家去的姑娘，是否能受到宠爱，女婿是否对岳父母孝心。“我们的姑娘很娇气，你们的儿子要懂礼；媳妇待公婆如父母，女婿怎么对待岳父母？”

最后一个问题，男方的回答很重要。这是关键的问题，若答不好，前面无论应对得多么成功，也意味着全盘皆输。“说得好啊问得好，贤惠媳妇娶不易；磨平一指高的马镫坎，说薄一寸厚的嘴唇皮。媳妇就如我们的亲生女，亲家请喝放心酒一杯。”

男方以“磨平一指高的马镫坎，说薄一寸厚的嘴唇皮”夸张地形容定下这门亲事的难度，表明经历过这么不容易的主动上门说亲过程，定会将媳妇视同女儿对待。亲家喝完放心酒，接亲过程结束，通过对歌、应答，皆大欢喜。

整个对歌过程，处处显示出女性拥有很高的社会地位。因此，这篇歌谣叙事明显是描述1949年法定男女平等权利义务颁布后鄂伦春族男女平等的婚嫁现状。在父权制氏族部落时期，无法产生这类突出女性意识，抬高女性地位的歌谣。

二、赫哲族《叉鱼招女婿》

《叉鱼招女婿》① 由吴连贵演唱，黄任远采录。1976年采录于黑龙江省同江市八岔乡，主要流传于黑龙江省同江市八岔乡一带。

（一）比武招亲

这是一首赫哲族传统的“比武招亲”歌谣。“比武招亲”是赫哲族史诗伊玛堪主要叙事情节之一。在短篇口述歌谣中，故事场面仅限于一场表演，其他程序都加以免除。话说有一位以打鱼为生的父亲，与女儿相依为命。女儿长大了，人品很好，出落得远近闻名，引来众多求婚者。父亲要求未来女婿必须有“一叉叉双鱼”的本事。在众多青年都退缩的情况下，一位名叫土尔高的莫日根，手持鱼叉接受挑战。

---

① 郭崇林主编，《中国歌谣集成·黑龙江卷》，中国ISBN中心出版，2007年，第336～337页。

"'各位兄弟请赏光，我来试一试怎么样?'爸爸点头微微笑，姑娘眼睛闪闪亮。一群人来到大江边，土尔高持叉看水纹。人人都为他憋着气，一道银光飞大江。鱼叉出水看端详，叉尖叉着两条鱼，金翅金鳞闪金光，摇头晃脑伸胡须。土尔高送到爸爸前，爸爸笑着把话讲：'土尔高不愧是神叉手，莫日根英名远近扬，今日选他做女婿，请大伙到家喝一场!'"

（二）父权主场

这首口述歌谣讲述的虽然是赫哲族渔民"比武招亲"，女方处于优势地位，但招女婿的还是父亲，体现的是父权制体制下父亲至高无上的权力，必须由父亲将女儿转送给女婿，而非双方一见钟情。关于找女婿，也并没有更多地描述女儿主动，她只是在父亲点头之后，眼睛闪闪亮地表达她的同意。

对女婿考试的标准是赫哲族的看家本领——叉鱼。"一叉叉双鱼"看重的是渔猎民族传承的手艺，推崇的是神叉手。招女婿上门，在此并不涉及高攀富户官家的物欲心态，只是尊重凭精湛的渔猎手艺吃饭的渔民。说明这首叙事歌谣产生的年代比较久远，此时的赫哲族生存主要依赖的仍然是渔业。这首赫哲族青年男女定亲歌谣，带有明显的氏族部落"比武招亲"色彩。

三、鄂伦春族《去找我心上的人》

在满通古斯语族口述中，除表现在父母干涉和祝福下获得男女平等地位，顺利走上婚姻之路的男女定情歌谣外，还存在着另一种反映为追求男女平等地位和自由幸福生活而反抗恶势力的"逃婚"歌谣。

以鄂伦春族民间口述歌谣为例，从女性立场和角度，决意摆脱父母指定婚姻独自追随爱情，涉及婚恋自主观念的比比皆是。

（一）包办婚姻

《我要和心上人飞向远方》[①] 由关吉瑞演唱，葛长海采录。1982年9月采录于大兴安岭塔河县，主要流传于黑龙江省大兴安岭地区塔河县一带。

---

① 郭崇林主编，《中国歌谣集成·黑龙江卷》，中国ISBN中心出版，2007年，第246页。

这首逃婚歌谣很简单，表达了女性反抗父母包办婚姻的决心。认为婚姻必须由女性个人满意才行，要充分体现她个人的意愿。因此，母亲的逼嫁甚至被比拟为“乌云”，成为一种对青年男女爱情施加压迫的敌对力量。在心上人的配合下，她逃婚的决心非常大。“天边飞来一片乌云，妈妈逼我嫁给无缘的人。喜鹊落在桦树枝上，有情的人儿我才看得上。海骝马跑起来风一样，我要和心上人飞向远方。”

另一首意思相近的鄂伦春族民间歌谣，由于采用了更多的比喻对仗句式，对于待嫁女儿寻找何种类型的男人，她的细腻心思有了进一步展示，因而整个歌谣更为饱满，更有力度。

《去找我心上的人》① 由吴双梅口述，莫桂茹采录。1982 年采录于黑龙江省黑河市新生乡，主要流传于黑龙江省黑河市新生乡一带。

“喜鹊落在白桦树，了解的人我才能嫁他。乌力鸟落在杨树上，说实话的人我才能嫁他。仙鹤落在榆树上，有情意的人我才能嫁他。蚂蚁爬在松树上，亲密的同辈人我才能嫁他。父母做主找的男人，我让他在柳毛子里歇着，我要去找心上的人。父母啊，你们不要埋怨我狠心，等将来，我会报答你们的养育之恩。”

与上一首逃婚歌不同的是，这首歌谣在表达婚姻自主意识时，对不喜欢的男人有不屑一顾的描写。“父母做主找的男人，我让他在柳毛子里歇着”这句中，“歇着”在东北方言中主要是休息的意思，但在此表达了“扔在一边”“不管不顾”“不理他”“不喜欢他”的意思。相反，对她认为和自己匹配的男人，从了解、说实话、有情意、亲密的同辈等方面，做了全面的概括。也就是说，在婚姻大事上，她相当自信地抛开父母的意见，提出她所认可的择偶条件。暗示着父母找的男人很可能由于年长，比年轻人物质条件更优越，因此获得父母的赞赏。与父母观点恰恰相反，她在婚事上主张个人权利，没有一条提到物质，完全专注于精神意趣。

在男女两性关系的建构上，婚姻是唯一正式合法的途径，也是衡量健康两性关系的重要尺度。鄂伦春族民间口述歌谣中，“逃婚”主题非常突出，父母与

---

① 郭崇林主编，《中国歌谣集成 · 黑龙江卷》，中国 ISBN 中心出版，2007 年，第 246 ～ 247 页。

子女冲突的焦点，主要在于婚姻对方是物质优越地位高低等家境优势，还是两情相悦彼此理解等精神优势。这种物质与精神的势不两立，构成了鄂伦春族逃婚歌谣的内在张力，以及生动形象运用极度夸张的语言表述方式。

（二）自由恋爱

《金晃晃的耳环》① 也是一首针对父母考量婚姻价值的唯金钱论所展开的一种反抗性叙事，由孟老汉演唱，鲁荒采录。1986 年 7 月采录于黑龙江省讷河市兴旺乡索伦村，主要流传在黑龙江省讷河市兴旺乡索伦村一带。

“金晃晃的耳环，你戴着挺好，为什么你要把它摘掉？响叮叮的项链，你戴着多美，为什么你要把它摔碎？金晃晃的耳环，我戴着挺好，你没看见抓狍子的网套？响叮叮的项链，我戴着多美，你没看见铁青马的笼嘴？快帮我牵马缰绳，我的哥，快扶我上马呀，别这么看着我！爹妈已把我许给别人了，不是嫁给你，叫我怎么活？让我们像小鹿逃进深山吧，穿过这岩石边的榛柴棵！让我们像飞鱼钻进大江吧，顺着这山下的小河！”

这首口述歌谣是热恋中一对青年男女的对话。在回答小伙子的不解，为什么放弃她所佩戴的显示身份和美丽的金首饰时，姑娘明确地将象征物质的金首饰和项链，视为自己无法接受的诱捕和束缚自己的圈套。显然，这里有一个为此付费的“他者”存在。接下来，她向迷惑不解的小伙子发出呼吁，快扶她上马，和她一起逃走吧。当然，小伙子也未必就肯与姑娘一起逃走。仅就女方而言，不嫁给心上人，就必须逃离。这是一种多么热烈大胆的情感表述！不顾危险，不计后果。

逃离，是身居高山林海中的鄂伦春族女性摆脱强制性婚姻的唯一道路。由于鄂伦春族女性身怀骑马绝技，马儿成为口述歌谣中必不可少的描述对象，也成为和心爱的人奔向自由幸福远方的一种工具。鄂伦春族女性大胆热烈的情感表述，不仅说明女权意识的觉醒，而且说明她所处的时代男女平等已进入法律框架内，女性拥有婚姻自主选择权的时代已经来临，否则，女主人公身上难以具备这种“理直气壮”的凛然正气。

---

① 郭崇林主编，《中国歌谣集成·黑龙江卷》，中国 ISBN 中心出版，2007 年，第 248 页。

四、鄂伦春族《背着摇车再回家》

《背着摇车再回家》[1] 也是一首逃婚歌谣，由魏金祥演唱，孟淑珍采录。1982 年 6 月采录于黑龙江省逊克县新鄂村，主要流传在黑龙江省逊克县新鄂村一带。

（一）男权立场

这首逃婚歌谣的立场，与上述几首女性自发选择逃婚不同，是以男性的口吻说服女性坚定信心，选择跟他逃婚。表面上是说女人与男人一样“能骑马挎枪打猛兽”，不必害怕逃婚带来的父母反对和邻居闲话的困扰，实际上是以男权立场来刺激她威胁她与其原生家庭决裂，并为其勾画未来与父母和解的美好愿景。在整个事件的描述中，男性的主导地位和男权意识非常明显。“害怕父母责骂，你就别来。担心别人说闲说，你就别来。一个姑娘家，能骑马挎枪打猛兽，这件事怕啥？”

（二）计谋深算

所谓“背着摇车再回家”，是指生下孩子之后，“生米做成熟饭”，再回娘家求得父母谅解。“达子香花不怕春寒，走吧走吧，走得远远的。花儿开啦，花儿结籽啦；咱们背着摇车再回家，老人家火气再大也没啦。等到春暖花开的时候，紧锁的眉头舒展开啦！”

这件事本身就带有男性的强制性、绑架性的思维逻辑。遗憾的是，在男性居高临下的大男子主义式的训斥过程中，女人一直处于“无语”状态。同时，女人也没有表明立场，使得这场逃婚最终变得模糊不定。

五、满族《靰鞡草开花胡子多》

满族也是一个善于用歌谣表达内心情感和愿望的民族，逃婚主题的口述歌

---

① 郭崇林主编，《中国歌谣集成 · 黑龙江卷》，中国 ISBN 中心出版，2007 年，第 246 页。

谣普遍存在于满族各氏族之中。满族歌谣《靰鞡草开花胡子多》[①] 由梅徐氏口述，傅英仁采录。1931 年采录于黑龙江省宁安市，主要流传于黑龙江省宁安市一带。

（一）婚礼

"靰鞡草[②]开花胡子[③]多，出嫁姑娘坐轿车；送亲哥哥阿胡里，两眼流泪瞅着我。哥哥哥哥别难受，我和胡子恶官动干戈；谁死谁活我不怕，达子香开花你接我。"

口述歌谣开头点出靰鞡草，这种特定地区生长的植物，可以说明故事发生的地点，开花则提供了故事发生的时间。靰鞡草花果期一般在 6 至 7 月，也是一年中的夏季。

（二）抗婚

"胡子多"暗含着在夏季，她是被土匪、强盗一样的恶官抢逼成婚的。成婚那天，她的情人阿胡里也在送亲队伍中，出嫁姑娘借机向阿胡里表明心迹。此番成亲，必然与"胡子恶官"兵戈相见，到了达子香开花的时节，她都要寻机反抗抢婚者。达子香花开在春季，也就是说，在来年的春天，无论是死是活，阿胡里都要接她回来。

这是一个坚持女性立场对爱情忠贞不渝的烈性女子，也是一个智慧的女子，对于无法逃脱的抢夺式婚姻，她暂时顺从而后寻机反抗，敢作敢当，可见其意志坚定。相对于她的坚定和暂时的妥协，男子阿胡里却只知道流泪，很明显对于恶霸的抢婚无能为力。

歌谣对结尾究竟如何发展，没有明确交代，从而引发猜测。但是，女性抗婚的意志却给人留下了深刻印象。

---

① 郭崇林主编，《中国歌谣集成·黑龙江卷》，中国 ISBN 中心出版，2007 年，第 247 页。

② 靰鞡草，俗称东北三宝"人参貂皮靰鞡草"之一，主要生长在东北、外兴安岭以南一带，是莎草科多年生草本植物，用于垫在东北特产靰鞡鞋里，以隔湿保暖。当下，这种靰鞡鞋已不再使用，多进入民俗馆作为民族生活史的见证。

③ 胡子，指男人的胡须。这里特指东北的土匪强盗。

六、满族《歌儿乱我心》

这一类口述歌谣，也对满族婚嫁恶俗进行了不留情面的揭露。

满族建立起统治中国二百多年的清王朝，以八旗制度定江山。尽管清朝在江山社稷的版图中将汉族纳入官员体制，并给予一定的地位，清朝统治者也熟谙汉文化，并借鉴了许多中原王朝的统治经验。但是，在满汉通婚方面，还是有诸多禁忌不为外人所知。在满族氏族部落内部，蔑称汉人为“民人”。“民人”地位低下，满族家长、族长往往不允许儿女与其通婚。

（一）旗民不通婚

《歌儿乱我心》[①] 将此类蔑视汉族人的满族老俗口述下来。该歌谣由马淑琴口述，李果均、刘凤云采录。1980 年采录于吉林省敦化市额穆镇，主要流传于吉林省敦化市额穆镇一带。

“伊尔根[②]，伊尔根，听歌知道你的心，格格[③]不是无情意，怎奈旗民[④]不通婚。”满族氏族向来规矩多，穆昆达作为满族氏族族长，主持族内大事。族规规定，涉及婚姻和生育等满族传宗接代的根本大事，不得逾越，否则有族规刑法“侍候”。此种教诲根深蒂固。

（二）族规

女孩第一时间告诫汉族小伙，千万不要碰触底线，既不要向她唱情歌，更不要求婚。“伊尔根，伊尔根，穆昆达[⑤]他心肠狠，他会用绳勒死我，他会用箭穿你心。伊尔根，伊尔根，你快闭上嘴，歌儿乱我心，歌儿乱我心。”

口述歌谣《歌儿乱我心》描述了听到情歌的女主人公内心非常害怕，就连汉族小伙子向她表白的情歌，都不敢听。她所担心的是，满族族长心狠手辣，旗民通婚的结局是这对男女青年必死无疑。

---

① 吴景春主编，《中国歌谣集成·吉林卷》，中国 ISBN 中心出版，2005 年，第 145 ～ 146 页。
② 伊尔根，满语，对百姓、民人（汉族）的称呼，这里指汉族小伙子。
③ 格格，满族对姑娘的称谓。
④ 旗民，旗，指满族人，民，指汉人。
⑤ 穆昆达，满族的家族长或部落长。

《歌儿乱我心》所揭示的满族历史上存在的“满汉不通婚”的现象，不仅具有认识满族风俗特征的民间活化石作用，也透露出父权制氏族体制下生存的众多满族女性身份卑微的事实。

第二节 生活歌谣

在表现女性智慧方面，满通古斯语民族有许多民间口述资源可以探讨研究。由智慧而生发出的生命活力和女性主体性，显得格外珍贵。满通古斯语族民俗中散发的创造欲望，使历史活化石的形象更加丰满，耐人寻味。

一、满族《解九连环》

满族歌谣《解九连环》[①] 由张本铎口述，李果钧采录。1960 年采录于吉林省敦化市额穆镇，主要流传于吉林省敦化市额穆镇一带。

（一）九连环

“铁丝儿长，铜丝儿弯，拧个歧中易，做个九连环。[②] 妞儿三天三夜没睡觉，她把文章做里边。往左盘，往右弯，左盘盘成连理枝，右弯弯成并蒂莲。连理枝头鸟一对儿，并蒂莲上蝶孤单。”

这是一首考察男人智慧的口述歌谣，有女中豪杰调侃求婚男人不够档次的轻慢之意。主考官是被称作“妞儿”的满族姑娘，她以解开智力玩具为招幌，以达到选丈夫的目的。

（二）选丈夫

“四邻哥儿来解歧中易，八方哥儿来套九连环。左穿右套解不开，都说这里文章难。妞儿上前说了话：‘不看有方，看有圆（缘）。’哥儿都傻巴咧[③]的光发

① 吴景春主编，《中国歌谣集成·吉林卷》，中国 ISBN 中心出版，2005 年，第 148 ～ 149 页。

② 九连环以铜线或铁线等金属制成，它有一个狭长的方圈，上套九个圆环，可解下套上，作为一种益智玩具，已有两千多年的历史。

③ 傻巴咧的，东北方言，主要指头脑不开窍。

呆，妞儿叫他们都滚蛋[①]。‘不懂我的歧中易（其中意），怎能解开九连环。’”

妞儿解“九连环”的智力游戏，与满通古斯语族中古代流行的“比武招亲”难题婚障碍婚有异曲同工之妙。显然，懂得制作“九连环”的妞儿，是个出类拔萃看重智商的姑娘。她希望找个与之智慧相匹配的年轻人。最终都没有人能够明白她的心意，没有人猜得到她的谜底。于是，她不得不打发这些年轻人走开。这里描述了妞儿设计了“九连环”，希望能遇到懂得她“其中意”的青年而不得的心情。

因此说，这是一首女权色彩特别重的歌谣。最初产生的时间应该在 1949 年以后，是在男女平等法律保护下，女性地位提高以后，女性的聪明才智得以登上大雅之堂，而且可以与男人智商及体力一决高下的女人可顶“半边天”的时代背景下产生的。

二、赫哲族《粗心大意的媳妇》

《粗心大意的媳妇》[②] 由毕张氏口述，晓寒采录。1985 年采录于黑龙江省富锦市，主要流传在黑龙江省富锦市一带。

（一）编瞎话

这是一出编瞎话的歌谣，意在调侃女人在身无分文的情况下，孤身一人勇闯婆家，无所忌惮的女性胆量和智慧。当然，这里的女性智慧也可以说成是一种不被称道的生存智慧——狡猾。为了能在婆家抬起头来，她自编自导自演地说了一大串假话。为此，口述歌谣在开始之前附加了一段说明，解释因为家道贫寒，刚结婚到婆家的女人因为什么嫁妆都没带，挺不好意思。于是，有了下面这段说唱。

“走到窗前的时候，（阔并开）[③] 把烟荷包丢了。开抽匣的时候，把装进去的金镏子丢了。掀箱子盖的时候，把耳钳子丢了。下炕沿的时候，把枕头丢了。迈门槛的时候，把熟皮子的锤子丢了。出门的时候，把熟皮子的抢子丢了。……过泡子的时候，把帽子丢了。看见紫貂的时候，把褥子丢了。迈灰堆

---

① 滚蛋，东北方言，是人在愤怒时的骂人话，指“滚开”。

② 郭崇林主编，《中国歌谣集成 · 黑龙江卷》，中国 ISBN 中心出版，2007 年，第 275 ～ 276 页。

③ 阔并开，说唱故事的衬词。

的时候，把水桶丢了。进门的时候，你们什么都看见了……"

（二）谎言背后

口述歌谣共有23个"丢了"，可见丢的嫁妆之多。结尾又补充了一段说明女人走了一路，带的嫁妆丢了一路，最后所有嫁妆都丢尽了。这一切都怪做媳妇的粗心大意，所以到了婆家，什么都没有带来。从反面来讲，这是对女人带嫁妆习俗的一种控诉和奚落。

口述歌谣中陈述了需要带到婆家去的一连串的日常生活用品。作为嫁妆，虽然没有带到婆家，但也说明嫁妆是旧时女人嫁到婆家获得有尊严的生存地位，立足于婆家的根本。对于一个没有任何家产带嫁到婆家的新媳妇，她有了一番自我调侃的陈述。在此，她放下身段说明自己有错，也就堵住了他人的嘴。

这种编瞎话的智慧，一方面说明女人相当自信和有心计，另一方面也说明旧式婚姻对嫁妆的看重。如此对陪嫁的调侃，也说明旧式婚姻中陪嫁也是女人出嫁过程中无法逾越的一道门槛。

第三节　民俗歌谣

在满通古斯语族民间口述资源中，不同民族的民俗民风经常会在日常生活场景细微处得以呈现。口述歌谣流行一种女性趣味性歌谣，趣味性歌谣中由姑娘或年轻媳妇做主角，制造一种女性色彩极其浓厚的生活氛围。

一、满族《嘎拉哈歌（一）》

《嘎拉哈歌（一）》[①] 由杨老爷子口述，杨子忱采录。1980年采录于吉林省九台市，主要流传于吉林省九台市。

（一）抓嘎拉哈

抓嘎拉哈[②]在东北民俗中非常普遍，不仅是满通古斯语族姑娘媳妇中间流行

---

① 吴景春主编，《中国歌谣集成·吉林卷》，中国ISBN中心出版，2005年，第126～127页。
② 嘎拉哈，满语，在清朝正规称谓"背式骨"，北京称羊拐，新疆称阿斯克。

的游戏，也是东北各地包括汉族在内的多个民族姑娘媳妇的日常游戏。

嘎拉哈，多采用羊或猪的四个膝盖骨组成一副，缝制个布口袋，里面装上粮食。利用嘎拉哈四个背，把口袋边掷向半空边用抓、按、夹等方式接口袋玩耍，规则多种多样。这首歌谣中的“抓嘎拉哈”，表现的是满族姑娘对爱情婚姻的一种美好祈盼。

“打灯火，挑灯花，正月到了初七八。满族格格走来了，咱们来抓嘎拉哈。嘎拉嘎拉——锥儿，嘎拉嘎拉——锥儿。掷个驹儿选大家，掷个驴儿数二家，有背有坑排开来，银镯叮当挨肩抓。抓抓抓，抓抓抓，格格大了要出嫁。出嫁挑个好人家，搭弓射箭跑骏马。”

歌谣讲述的是春节期间流行于满族格格中的一种“嘎拉哈”游戏玩法。游戏过程中，将满族姑娘对美好婚姻的企愿编织进去。通过一系列“抓”的动作，寓意格格内心的向往，她想主动选择一个“好人家”，由她来挑选心仪的男人。“好人家”是未来丈夫的家，特指心仪的男人。

（二）安家

“阿哥阿哥贴我心，吉祥如意好人家。龙也扎，凤也扎，龙头凤尾窗前挂。格格到了围圈坐，咱们来抓嘎拉哈。嘎拉嘎拉——锥儿，嘎拉嘎拉——锥儿。掷成单儿配成对，掷成对儿双指夹。成双成对排开来，耳环叮铃放光华。抓抓抓，抓抓抓，秫秸炕席花儿大，金花银花大红花，一开开上南山洼。阿哥阿哥贴我心，南山树下咱安家。”

在姑娘们眼里，选一个贴心的“搭弓射箭跑骏马”的阿哥，自己情愿在南山树下与他安家落户。可见，在日常生活中，满族姑娘通过游戏编织着爱情幻想，也是一种对感情的大胆表露。同时也说明，这首口述歌谣最初萌发的时间，应在满族氏族部落父权制等级制度失去作用，中华人民共和国建立之后。由于满族氏族中没有族长穆昆达干涉青年男女婚姻大事，在日常生活里，满族姑娘才可以自由谈恋爱，诉衷肠，更不会犯下由穆昆达惩罚的大逆不道的罪。

二、满族《打发额云出门子》

满族姑娘结婚“过门子”所带嫁妆的口述歌谣，在满族风俗性描写上让人大开眼界。如满族歌谣《打发额云出门子》①，由董秀琴口述，董林采录。1982年采录于吉林省敦化市额穆镇，主要流传于吉林省敦化市额穆镇一带。

（一）嫁妆

“花手巾，包银子，打发额云②出门子。额娘③陪送疙瘩柜，铜闩铜锁带铜穗。送给额云盛嫁妆，麻花褥子麻花被。衣服包了九大包，木底绣鞋装满柜。阿浑④陪送个大铜盆，阿沙⑤送给俩棒槌。”

这首口述歌谣讲述的是满族姑娘出嫁时，娘家亲人们送给她的纪念品，也可以说是陪嫁。“打发”有嫌弃、赶紧撵走、赶紧使其离开的意思。这里面包含着家人对出嫁女孩温情的戏谑调侃，希望她快点结婚。“出门子”，旧式指从娘家出嫁到婆家。

（二）身份转换

“铜盆是个大金碗，富富裕裕过几辈。一个棒槌打五鬼，一个棒槌打太岁。五鬼太岁都打跑，儿女成双又成对。额云问我给点啥，给你碗，给你瓢，给你杜利⑥用不着。红针扎，绿针扎，你要什么只管拿。海螺罐小，蛤蜊瓢大，就是不给嘎拉哈⑦。”

通过这些陪嫁，可以看出满族日常生活趣味和风俗。疙瘩柜贵重又实惠，里面装上正式嫁妆被褥衣鞋。至于哥嫂给的铜盆和棒槌，则有出嫁姑娘到了婆家过好日子的象征意义。铜盆等同金碗，指日子富裕，棒槌用于打鬼驱邪，意寓她生下的孩子平平安安。至于“我”，在送嫁妆的行为中，是个小角色，因而也可以成为捣乱角色，使故事变得轻松起来。“就是不给嘎拉哈”，也有所指代。嘎拉哈是满族姑娘玩的游戏，嫁人后的姐姐身份转化为人家的媳妇，和男人一起顶门过日子，当然不会带玩具嘎拉哈为嫁妆。

---

① 吴景春主编，《中国歌谣集成·吉林卷》，中国ISBN中心出版，2005年，第82页。
② 额云，满语，指姐姐。
③ 额娘，满语，指母亲。
④ 阿浑，满语，指哥哥。
⑤ 阿沙，满语，指嫂子。
⑥ 杜利，满语，指摇车。
⑦ 嘎拉哈，满语，指羊、牛、猪、狍子等动物腿和胫骨相连的一块的骨头玩具。

三、满族《阿沙巧》

在日常生活中，已嫁人的满族媳妇，是如何生活的呢？这类口述歌谣也是满族女性地位之高的描述。例如，满族口述歌谣《阿沙巧》①，由索桂云口述，刘凤云采录。1980 年采录于吉林省敦化市额穆乡，主要流传于吉林省敦化市额穆乡一带。

这首满族口述歌谣主要以小姑子的口吻讲出来，表达了她对嫂子的喜欢和羡慕。

（一）剪纸

"额娘巧，额云巧，谁也没有阿沙巧。一张红纸炕上铺，两把剪子对着铰。左手铰出树枝丫，右手铰出一对鸟。喜鹊报喜穿上飞，鸡鸭鹅狗满墙跑。大肥猪儿噘着嘴，耷拉两个大耳朵。铰个老鹰抓大鸟，铰个小鹿啃青草。铰了个小猫会洗脸，你说阿沙巧不巧？"

这是一首描述满族传统剪纸技艺的歌谣。在日常生活中，母亲和姐姐手都巧，但是在剪纸方面，都无法与嫂子相比。嫂子的剪纸，无论是手法还是效果都出类拔萃。这首口述歌谣，历数了嫂子高超的剪纸技术。除了选择吉祥题材，还富于生动情趣。在此，口述歌谣赞美的不仅是身为男人媳妇的嫂子手巧，还把满族传统女性圈子的生活意趣，以及女性创造的审美价值生动地呈现了出来。

（三）绣荷包

满族口述歌谣《绣荷包》②，也表现了满族女孩心系情人的传统，由关桂英口述，李果钧采录。1980 年采录于吉林省敦化市，主要流传于吉林省敦化市一带。

"红丝条，绿丝条，偷偷给阿哥绣荷包。荷包上面绣支箭，让他经常来见面。荷包上面绣朵花，盼望阿哥来娶她。花旁边，绣棵草，别等秋后花草老。"

这首怀春歌谣虽然简单，但也说明青年男女婚姻自由的生活景象，证明了

① 吴景春主编，《中国歌谣集成 · 吉林卷》，中国 ISBN 中心出版，2005 年，第 357 页。
② 同上注，第 156 页。

口述诞生的年代属于开放性的男女平等年代，而非父权制氏族部落时期。

四、满族《再也不叫尼堪婆》

作为历史上肃慎族系后裔，满族曾弃女真称谓，而后形成满族共同体。满族建立了历史上著名的封建王朝清朝，也是中国历史上最后一个封建王朝。因而，满族在与汉民族和其他民族的交往过程中，充满着民族自信心和自豪感，也经常流露出自高自大鄙薄其他民族的心态。

例如，满族民间歌谣《再也不叫尼堪婆》① 就表现出这种自恋情绪。该口述歌谣由何淑琴口述，李果均采录。1980 年采录于吉林省敦化市，主要流传于吉林省敦化市一带。

（一）尼堪婆

“萨其玛，杜日饽②，噼嚓啪嚓满地泼。又摔瓢，又撊桌，我家起了大风波。阿玛吵，额娘说，阿浑③娶个尼堪婆④。尖尖脚，粗脚脖，头发挽在后脑壳。不会舂米会拉磨，闲着没事儿摇纺车。纺车摇得嗡嗡响，又纺纱来又织罗。做个马褂儿给阿玛卡，做个坎肩儿给俄莫克。俄莫克穿上直抿嘴儿，阿玛卡穿上笑呵呵。都夸阿沙手艺巧，再也不叫尼堪婆。”

该口述歌谣从满汉通婚过程中，由于满汉两种文化差异形成的满族公婆对汉族媳妇的偏见制造的风波讲起，进而发现，在相处过程中满汉民族生活习惯的差异。相比较而言，汉族媳妇更是心灵手巧，频频纺纱织绸制衣，送公婆马褂儿和坎肩儿，赢得了公公婆婆的欢心。尼堪婆是满族对汉族媳妇的蔑称。口述歌谣中的汉族媳妇，我“嫂子”，是个小脚女人。当时的流行服饰马褂儿和坎肩儿，也是清末民初的产物。据这两个信息推断，口述歌谣最初流行时间应在 20 世纪上半叶。但小脚女人表现出的不卑不亢，也说明满族男人跨民族婚姻也得到了时代的允许，由于清朝灭亡，满汉通婚的障碍得以消除，汉族女人的地

---

① 吴景春主编，《中国歌谣集成·吉林卷》，中国 ISBN 中心出版，2005 年，第 292 页。
② 满族糕点。
③ 阿浑，满语，指哥哥。
④ 尼堪婆，满语，指汉族媳妇。

位也并不低下。

（二）比小脚

满汉差异的口述歌谣，是满汉民族融合过程中各自不同的风俗习惯特征互相认识体会的过程。从女性角度来讲，提倡大脚取代小脚的风气，是民族自信的表现，也是满族趣味的体现。

例如，满族民间歌谣《比小脚》①，由乙体仁口述，李果均采录。1981 年采录于吉林省敦化市额穆乡，主要流传于吉林省敦化市额穆乡一带。

“你脚小，我脚小，坐在窗前比小脚。脚小不好，脚大好，阿玛割来靰鞡草。锤它三棒槌，变得像皮袄。絮进靰鞡里，冷天不冻脚。小脚蹬，上山峰，跌了一个倒栽葱。鼻尖卡通红，眼眶卡确青。扔了裹脚条，换上靰鞡草。穿上皮靰鞡，小脚变大脚。可在雪里站，能在冰上跑。回家对你亲娘说，民装②哪有天足好。”

这首对满族女人天足的歌颂，以汉族女人小脚与大脚对比的方式，说明生活中跋山涉水还是满族女人没有裹过的大脚更适应。于是，小脚也穿上了皮靰鞡，以应对冬天的寒冷。这首口述歌谣主要是对汉族女人裹脚风俗的批判和讽刺，也从另一个侧面说明一批“闯关东”的小脚女人在东北这片大地上生存的艰难。满族女人天生没有裹脚的“天足”大脚，由于适合在冰天雪地等艰苦的环境中生存，更成为一种实在的值得歌颂的时尚之美。

五、满族《阿沙》

满族歌谣《阿沙》③，也是赞美吃苦能干的满族女强人，她们有能力在恶劣的环境下生存，这几乎是满族女性的一种标杆性人物。

《阿沙》由张洪福口述，吴战林采录。1964 年采录于吉林省扶余县乌金屯，主要流传于吉林省扶余县乌金屯一带。

---

① 吴景春主编，《中国歌谣集成·吉林卷》，中国 ISBN 中心出版，2005 年，第 355 页。

② 满族将汉族女人裹小脚称为民装。

③ 吴景春主编，《中国歌谣集成·吉林卷》，中国 ISBN 中心出版，2005 年，第 291 ～ 292 页。

（一）“女汉子”

“阿沙长得敦，抓髻梳在头顶心。大脚肥又宽，一天能跑八十三（里）。会春米，能拾柴，拾得多了二人抬。会打围，可山蹽，一气跑遍陶赖昭。朝天每日不闲着，人人夸她好合合①。”

在口述歌谣中，满族人并不倾向于歌颂美貌，除了歌颂女人手巧外，还歌颂女人能干。在这首采录于1964年的口述歌谣中，满族“女汉子”形象跃然而生，对中华人民共和国“妇女能顶半边天”的政治话语，进行了相当准确的诠释。对嫂子的描述，女人的活——春米拾柴她能干，男人的活——打猎上山她更能干，暗合了“男女都一样”“女人能顶半边天”的社会背景，对应了需要劳动力年代的审美标准。

（二）消解男权

女人的强势，还表现在日常生活中敢于戏谑男人，冒犯男人。满族民间歌谣《逼他就地打个滚儿》②，由张本铎口述，李果均采录。1960年采录于吉林省敦化市额穆镇，主要流传在吉林省敦化市额穆镇一带。

歌谣《逼他就地打个滚儿》以诙谐幽默的口吻，从口述者“我”的小婶为她丈夫新做的牛皮靰鞡，加鞋绳的故事切入。集中描述了“我”的小婶和小叔彼此互动“女尊男卑”的情景。在侄辈眼中，小婶在收拾整治小叔方面，是个非常厉害的女人。

“牛皮靰鞡大个耳，不怕泥来不怕水儿。就是没有靰鞡带，小叔打千儿求小婶儿。小婶儿拿绺线麻纰儿，搓根细绳八九尺儿。漫三股，六成尾儿，手巧顶数俺小婶儿。左缠右挽系成扣儿，系朵莲花刚拧嘴儿。系对儿鸳鸯不离分，系条鲤鱼擢弄水儿。十人见了十人夸，小叔鞠躬谢小婶儿。小婶儿摇头不认可，逼他就地打个滚儿。合合见了拍手笑，都说小叔怕小婶儿。”

口述歌谣产生地额穆镇，原称额穆赫索罗。额穆赫，满语意为水滨。额穆镇地处老爷岭东麓，这里以高山峻岭为主。作为东北特有的靰鞡鞋，在山林冬

① 合合，满语称谓，指女人。

② 吴景春主编，《中国歌谣集成·吉林卷》，中国ISBN中心出版，2005年，第354页。

季日常生活里就格外管用，进而发展出一系列关于靰鞡的故事。靰鞡鞋在东北有几百年的历史，做工复杂。一头牛的皮只能出三双鞋，鞋面抽成包子褶，一般制出来都没有鞋带。

口述歌谣把生活中一对夫妻关于穿靰鞡鞋带的故事，呈现出来。女人手巧心灵，丈夫央求她为新靰鞡穿鞋带，她把鞋带系得生动活泼人见人爱。她的丈夫不得不听她口令，就地打滚，以取悦妻子，作为交换条件。小婶逼丈夫就地打滚，获得了事实上控制丈夫的优势地位。在此，夫妻间的打情骂俏“秀恩爱”变成了传统性别战争潜在的隐形线索，提醒着女人以往社会生活中所处的底层地位。

第四节　原始祭辞

满通古斯语族满族、鄂伦春族、赫哲族等口述歌谣中，有相当一部分内容保留着女萨满崇拜遗风，即原始祭辞叙事。

一、满族《笊篱姑姑》

《笊篱姑姑》[①] 由周承武口述，郭崇林采录。1988 年采录于哈尔滨，主要流传于黑龙江省的宁古塔、双城堡、拉林、阿勒楚喀一带。

笊篱姑姑是经常见于满族民间叙事中的女神形象。在满族神话故事中，笊篱姑姑是个美丽的民间村姑，因不满恶霸抢婚，抗婚而死。由于生前喜欢用笊篱淘米洗菜，死后被奉为满族部落保护神“笊篱姑姑”，地位相当于汉民族的“仙姑”。

每年正月十五、十六，满族青年男女都要从山上请下此神，主要由青年男女祭祀并与之共舞。祭礼节日，涉及满族服饰、饮食、萨满历史信仰等诸多内容。

在采录时，附记认为，笊篱姑姑原是具有口述歌舞完整形态的，其中歌舞

① 郭崇林主编，《中国歌谣集成 · 黑龙江卷》，中国 ISBN 中心出版，2007 年，第 148 ～ 149 页。

有十五段之多，歌舞部分现已失传，只保留下口述部分。

（一）笊篱姑姑

“戴上花，披上彩，笊篱姑姑下山来。啥时来，快快快，扭扭搭搭招人爱。笊篱姑姑下山来，十五、十六看灯来。瓜子脸儿樱桃口，蒜头鼻子杏核眼。搽的什么粉？搽的老官粉。抹的什么红？抹的蛮子红。笊篱姑姑下山来，十五、十六看灯来。梳的什么头？梳的四散头，头上抹的桂花油。龙凤簪，左右插，珠花儿翠花儿金银花儿。”

口述内容极为喜庆，“笊篱姑姑”被众人请下山来的情景，堪称满族的一大节日盛况。由于“笊篱姑姑”生前是个满族未婚姑娘，在众人期待中下山，因此，在形态上，她总要拿捏着分寸，于是有了“扭扭搭搭招人爱”的描绘，这句话把她的神态概括得生动可人。众人眼中的“笊篱姑姑”神采飞扬，好不气派。从她的脸蛋、眉眼长相，到涂粉、抹红面部化妆的扮相，从四散头的发型到头油、龙凤簪的装备，说的都是满族社会关于请神的喜事礼俗。

接下来，还有一系列请神下山的描绘。从绫罗绸缎的衣着到替她赶轿车的漂亮小伙，再到骏马四蹄生风的压人气派，说明满族节庆日子主神到来前，人们都在紧张地忙碌着，准备迎接“笊篱姑姑”下山来看花灯。众人不仅看她下山的气派，也奉上各种好吃的东西，以祭祀她，为自己讨得福气吉祥。

（二）欢喜神

流传于吉林省伊通县伊丹乡丛家村的《接笊篱姑姑》① 与黑龙江采录版本相比，内容基本相同。伊通版本共分两段，在第二段结尾，有一句不同处，即“下了山，干什么？跟着大伙看秧歌”，这一句又把“笊篱姑姑下山来，十五、十六看灯来”的内容延伸了一步。但是，整体上缺少黑龙江版本的食物祭礼部分。伊通版本附记认为，传说笊篱姑姑曾救过清太祖努尔哈赤，是满族供奉的女神。满族风俗接笊篱姑姑，是满族女人特有的节日习俗，有占卜女孩闺事的意思。可见，这是一个关于女人婚姻大事的节日，也是一个请女神下山，为自己祈福的口述歌谣。

---

① 口述者张九成，采录者施立学，1982 年采录于吉林省伊通县丹乡丛家村。

流传于吉林省九台市的“笊篱姑姑”，也是述说一位仙姑下山，相对于前两则“笊篱姑姑”口述歌谣，这一则歌谣企望“笊篱姑姑”带来幸福生活的愿望，表达得非常朴素直白。

《笊篱姑姑》① 由张杨氏口述，杨子忱采录。1985 年采录于吉林省九台市城子街乡，主要流传于吉林省九台市城子街乡一带。

“笊篱姑姑本姓白，戴朵花，背捆柴，扭扭搭搭下山来。拍着手儿唱开怀，你也拍，我也拍，笊篱姑姑送喜来。笊篱姑姑送喜来，天门开，地门开，背柴抱柴都是财。”

这首口述歌谣《笊篱姑姑》，与前两首最大的不同是去掉了很多繁文缛节，对笊篱姑姑作为民间仙姑的华丽书写也都省略了，直接描述满族民间借助一年一度的笊篱姑姑的到来，渴望自家接福发财的凡俗心境。由于汉语中柴与财同音，取其谐音，视“背柴抱柴”为发财的意思，也算是为满族千家万户送福的女神。

二、鄂伦春族《祈火神歌》

鄂伦春族有自己更古老的女神——火神、月神，由民间供奉。对火神的祈求，专有祈求歌谣，如鄂伦春族歌谣《祈火神歌》②，由关小云采集，李路转摘自《鄂伦春族风俗概览》，黑龙江民族研究所 1993 年编，主要流传在黑龙江省大兴安岭地区塔河一带。

（一）火神母亲

“你像温暖慈祥的母亲，请你告诉我，亲人近况如何？是否不顺利或有难处？主人请你帮助他，脱离险境平安回家。如果亲人有病，主人你要给驱病。”

口述歌谣《祈火神歌》将火神视作母亲，从渊源上考虑，应该来自更古老的原始氏族社会初民阶段，火神是鄂伦春族极为重视的神祇。鄂伦春族是山林狩猎民族，常年在山林中打猎，火的用处非常大。因此，火祭在鄂伦春族中占有重要地位。逢年过节、家有喜庆以及亲人出猎很久未归、亲人生病时，人们

---

① 吴景春主编，《中国歌谣集成 · 吉林卷》，中国 ISBN 中心出版，2005 年，第 119 页。
② 郭崇林主编，《中国歌谣集成 · 黑龙江卷》，中国 ISBN 中心出版，2007 年，第 151 页。

都要虔诚地向火神祈祷，请祝阖家平安康乐。

（二）月亮母亲

对月神的祈求，也很重要。另一首口述歌谣，叙述古老神灵——月神的功绩。鄂伦春族民间歌谣《祈月神歌》[①] 由关小云采录，李路转摘自《鄂伦春族风俗概览》，黑龙江民族研究所1993年编，主要流传在黑龙江省大兴安岭地区塔河一带。

“月亮神，月亮神，我们已经没有了食物，飞禽走兽远离我们，请你多给予温暖，给予恩惠。”鄂伦春人把月亮女神视为赐予食物的食衣父母，是原始母系氏族社会关于月亮女神的传统记忆在鄂伦春人中间的传递。采录附记认为，在鄂伦春族的传说中，月亮是善神。她每天用铁锅不停地做饭。“一手端锅，一手拿勺，双眼环视大地，哪有饥饿就送食物给哪里。”[②] 如果哪家鄂伦春人没有猎获到野兽，就会拿出桦皮盆，向月亮叩头祈祷。第二天桦皮盆中出现了兽毛，就意味着他们可以捕获到猎物。这是原始社会人类无法获得固定的食物时，内心的一种祈求。因此，我们从鄂伦春族神话故事对月亮女神像母亲一样司伙食分配的定位，发展到遇到困难要占卜求助来看，月亮女神是鄂伦春族祈福主神之一。

三、鄂伦春族《魏神》

鄂伦春族还有对家族女祖神的祈求和祭辞。从鄂伦春族民间歌谣《魏神》[③]中，可以看到对古老的家族祖先神魏姓女神的尊崇。该口述歌谣由魏林通口述讲唱，孟秀春、张桂忠采录，采录时间为1987年3月。主要流传于黑龙江省大兴安岭地区塔河一带。

（一）女祖先神

口述歌谣以请神萨满请神辞为歌谣的开头，表现了这次请神对魏姓家族女

---

① 郭崇林主编，《中国歌谣集成·黑龙江卷》，中国ISBN中心出版，2007年，第151页。

② 同上。

③ 同上注，第155～156页。

神进行的崇拜祭祀，就此可以看出女性祖先神的地位极高。

请神人首先口念咒语，敦请女神下凡："敖来祖神快下凡，敖来祖神快点来，敖来祖神来喝血。给你准备了好供品，我请敖来来下凡。敖来祖神你下来我们太平，你下来所有的朋友都太平。"

这一段是歌谣的引子，也是请神歌。在萨满教中，神的到来需要萨满先念咒语，进行祭品奉献描述等礼仪，之后祖神才能到场现身。这里请女祖神"喝血"，是一种传统祭礼，即在供奉的女祖神神偶上涂抹动物血，以示祭礼隆重。"血祭"是萨满教最高的祭礼。敖来祖神魏姓神开口回应了请神人："敖来祖神是射恩，我是女性的魏姓神，我的领袖是女性，射恩下凡附在我的身。"

这一段讲述的是萨满在请神过程中，魏姓祖神降临附体。通过萨满之口，魏姓祖神对自己的身份表白，确认她就是女性魏神，也就是名字叫射恩的女祖先神。空中的射恩唱："我在天空中往下看，见有人叫我来下凡。为我准备了野鸭，为我准备了天鹅，为我准备了大雁，为我准备了狍子，为我准备了犴达罕。我感谢所有的朋友，你们能幸福平安。"

这一段表明，魏姓祖神射恩对众人向她奉献的野牲祭礼非常满意。这意味着她接受了众人祭礼所托之事，并向友人传递她的谢意。下面，就是她对人们所托之事进行的开解。

（二）司职化解

当她面对女性求助者的时候，讲的是女人们来月经的事情，她们会得到很多来月经时所需的柳树皮。"拉爬犁，拉得快，你们有可爱的太阴。你们有九个皮网，装满例假用的柳树皮。"

魏神射恩在面对男性求助者的时候，她的回答非常明确，让男性按要求去准备祭礼的物品，而后她保佑他们捕猎成功。"你们把鸭子捆双层，高高挂在房后树上。射恩去吃鸭脑袋，射恩去吃小胸脯；射恩来喝狍子血，射恩来喝犴的血。摆好的供品我都品尝，感谢你们来捧场。"

这一段主要讲述魏姓女神的要求，这些要求非常具体细致。在得到奉献的祭品的满足后，魏姓女神要对这些请神祭品，即她所享用的祭品背后的事情，无非是男人要打猎成功，做一个明确回应："我们给你们指路去打猎，你们到石崖顶上能打着鹿，你们到森林中能打着犴，你们到桦林中能打着狍，你们到平坡能打着野猪，你们到林中直走能打着熊，你们到呼玛河边能打着鸭，森林中的泡子边能打着天鹅和雁，你们到石崖的中间能打着貂，你们到松树林中能打着灰皮子，你们到冰河的空洞里能打着水獭，你们到桦林里能打着猞猁。”

对于下次下凡的时间，她也说得非常明确，即明年春天。到时候，她希望人们能够为她准备好供品和周到的祭礼。

口述至此，采录者附有一段采录说明。当萨满代替魏神唱述了她对祭礼的满意和保佑氏族男女时，在旁边侍候的二神，还有五六个男人，把事先在桦皮上备好的血，和大神一起抬起来，发出“胡胡胡”的声音。二神和男人们给大神点烟敬酒，实际也即对大神所请的魏姓女祖神表示敬重。魏姓女祖神享用各种血祭后，众人再次分享，以求各自得到好运。和大神抢血的人都非常高兴，因为射恩祖神保佑他今年收成好、马匹好。这段采录说明，证实了在口述歌谣演述的过程中间，停顿下来并继续祭礼程序，是非常必要的行为。程序结束后，魏姓女神继续她的嘱咐。“我给你们留下无价宝，我不知什么时候再下凡，你们碰上灾难再示我，我就来人间驱散乌云。朋友们、乡亲们，我给你们留下好多鹿和犴，待明年咱们再见面，我要上天了，我要招呼我的小神灵，分给他们人间的供品。”

（三）女性禁忌

叙事到此，魏姓祖先女神射恩向乡亲们陈述她的犯罪经过，这是鄂伦春族将遇见经血的人视为犯罪的一种明示。天神显然高居于射恩之上，由于射恩女神下凡遇到来月经的女人，因此被视为犯罪。可见对有经血的女性的不恭和轻视。

“我是魏姓的女性神，我的名字叫射恩，我向朋友们说出我犯罪的经过；上次下凡我遇有来月经的女人。天神给我定名叫犯罪的射恩，命我把主人的眼睛弄瞎，我不敢下凡到人间；命我在半截的空树上吊着，改造我犯罪的射恩。在半截的树上整整待三年，受了说不完的苦和难。天神又命我把主人的灵魂带走，我左思右想来到人间，感谢人间的朋友们，给我准备下丰盛的美餐，这次我上天永不下凡！”

口述歌谣讲述了鄂伦春族非比寻常的魏姓女祖神。得到祭礼崇拜的魏姓女祖神，可以赐予族人幸福生活。女人可以有足够的九个皮网装着的柳树皮，来处理她们的月经。男人们狩猎丰收，可以收获各种猎物。这里所说来月经的女人使她在天上犯罪，应是鄂伦春原始狩猎民族传统风俗所致，即月经会冲撞神灵。在另一首《卷风神》[①] 歌谣里，也提到射恩是人间祖神，"最怕来月经的人"。从对家族女神的崇拜仪式中，借助女神射恩之口，使原始狩猎民族的禁忌得以宣示，从而使鄂伦春族狩猎文明彰显出性别禁忌的男权力量。

四、满族《祭敖东妈妈》

满族另一首祈求平安幸福的长篇祭辞歌谣，是有 158 行之多的《祭敖东妈妈》[②]，由傅英仁唱，孙立成采录，1932 年采录于黑龙江省宁安市，主要流传于黑龙江省宁安一带。

采录附记说明，此歌谣亦称请神调，是宁安市郭合乐氏族上两辈人传承下来的，距今[③]已有 100 多年的历史。敖东妈妈是满族的保护神，口述歌谣在请神过程中，叙事阵容宏大，声势浩大，堪称满族萨满祭辞的精彩篇章。

（一）"难题婚"

歌谣开篇讲请神之前的准备事项，开门迎接敖东妈妈神唱请神歌："拉尔呼，隆尔呼，升起了东山柴呀，举起了西山火，拿出米儿酒，摆上了狍鹿肉，摆上狍鹿肉。干草细细切，清水安放好，四个侍候神的旗手，腰铃摆动，皮鼓齐鸣，满堂珠甲开门把神迎。"

请神准备过后，是侍候神开始讲述敖东妈妈神的神通广大和丰功伟绩。由侍候神之间展开对唱，主要叙述据守东牟山的乞四阿哥打败契丹军队后，又与敖东城的敖东格格开战，双方不分胜负。乞四阿哥由衷地欣赏敖东格格的武功，认为她是会武功的好人才。敖东格格主动地向乞四阿哥求婚，却遭到了"比武招亲"似的待遇。乞四阿哥为敖东格格摆起了几道关口，设计了"难题婚"。

---

① 郭崇林主编，《中国歌谣集成·黑龙江卷》，中国 ISBN 中心出版，2007 年，第 154 页。

② 同上注，第 157 ～ 160 页。

③ 距今，指 1932 年。

敖东格格连闯五道关，怒杀十八员守军，逼迫乞四阿哥应允亲事，真乃一代女强人气概。

“敖东格格去求婚哟[①]，乞四摆下五道送啦。头道关——十八个铁葫芦上下翻。敖东格格心不慌哟，箭射十八处过了关啦。二道关——波浪滚滚上下翻，敖东格格心不乱，纵身飞马穿山涧啦。三道关——三座高山拦路边，敖东格格心不惊哟，骑马跨过三座山啦。四道关——九条大蟒扑身边。敖东格格心不颤哟，刀斩九蟒过了关啦。五道关——十八员大将把路拦，敖东格格心大怒哟，一气砍翻一十八员。乞四阿哥心一惊哟，两军阵前结姻缘。”

（二）女战神

在强行与乞四阿哥缔结婚姻后，幸福生活还未过多久，契丹国八部来犯，乞四阿哥出征守边，与契丹八部兵戎相见，身赴黄泉。身怀重孕的敖东格格，闻讯怒起，杀到边关，为乞四阿哥复仇。敖东格格能够一怒冲冠，为丈夫报仇雪恨，速赴疆场，不报仇誓不罢休，化身为鼎鼎大名的女战神。

“一怒之下杀到关哪。一杀契丹退二百啦，二杀契丹浑水湾。六甲怀胎整十月啦，浑河旁生下小儿男。三杀契丹大王府喽。四杀契丹尸如山喽。怀揣儿郎又上马啦，率领大军冲上前。”

口述歌谣中，最能显示敖东格格非凡意志的是，在杀敌过程中，她产下婴儿，怀揣着孩子继续上战场杀敌。敖东格格这种勇猛顽强的战斗精神，契丹必败无疑。于是，当她带兵得胜还朝时，“八部百姓争献‘勒天专’[②]”，以示尊崇。此后，她多次率八部出征保家卫国，使契丹兵闻风丧胆。在乞四阿哥移葬过程中，契丹兵偷袭。打败了契丹兵，敖东格格也身心交瘁，累死在乞四阿哥坟前。敖东格格，满族先世抗击契丹进犯的一代名将，就这样在战场上死去。乞四阿哥和敖东格格升上云端，进入满族天神之列。在侍候神讲述完敖东妈妈波澜壮阔的一生后，请神、述神的过程结束，送神开始。

口述歌谣《祭敖东妈妈》，与满族英雄红罗女，也就是奥都格格有极为相似的抗击契丹经历。她们都是流传在宁安一带的民间叙事中的女英雄女战神。在

---

① 郭崇林主编，《中国歌谣集成·黑龙江卷》，中国 ISBN 中心出版，2007 年，第 158 页。

② 勒天专，指满族祭祀用的器皿。

歌谣祭辞中，民间对敖东妈妈的崇拜表现得一览无余。作为满族的保护神，敖东妈妈得到极高的礼遇。如何把敖东妈妈送回山，也颇费了一番周折。请神送神的隆重祭礼，将满族民间世代对敖东妈妈神的尊崇，渴望她保佑阖族平安吉祥、五谷丰登的祈望明示出来。因此，歌谣祭辞叙事更像是一种女英雄精神的传承。

主要参考文献

一、学术著作

［法］列维－布留尔，《原始思维》，丁由译，商务印书馆，1986年。

［英］马林诺夫斯基，《巫术科学宗教与神话》，李安宅译，中国民间文艺出版社，1986年。

［美］O. A. 魏勒，《性崇拜》，史频译，中国文联出版公司，1988年。

［美］戴维·利明、埃德温·贝尔德，《神话学》，李培茱、何其敏、金泽译，上海人民出版社，1990年。

［美］M. 艾瑟·哈婷，《月亮神话：女性的神话》，蒙子、龙天、芝子译，上海文艺出版社，1992年。

［美］阿瑟·科尔曼、莉比·科尔曼，《父亲：神话与角色的变换》，刘文成、王军译，东方出版社，1998年。

［德］埃利希·诺伊曼著，《大母神——原型分析》，李以洪译，东方出版社，1998年。

［美］哈里·A. 威尔默，《可理解的荣格——荣格心理学的个人方面》，杨韶刚译，东方出版社，1998年。

［英］保尔·汤普逊，《过去的声音——口述史》，覃方明、渠东、张旅平译，辽宁教育出版社，2000年。

［美］约翰·迈尔斯·费里，《口头诗学：帕里－洛德理论》，朝戈金译，社会科学文献出版社，2000年。

［美］理安·艾斯勒，《神圣的欢爱：性、神话与女性肉体的政治学》，黄觉、黄棣光译，社会科学文献出版社，2001年。

［英］索菲亚·孚卡（文），瑞贝卡·怀特（图），《后女权主义》，王丽译，文化艺术出版社，2003年。

［美］阿尔伯特·贝茨·洛德，《故事的歌手》，尹虎彬译，中华书局，2004年。

［英］J. G. 弗雷泽，《金枝》，汪培基、徐育新、张泽石译，商务印书馆，2013年。

［德］汉斯·布鲁门伯格，《神话研究》，胡继华译，上海人民出版社，2014年。

葛兆光，《道教与中国文化》，上海人民出版社，1987年。

朱狄，《原始文化研究》，生活·读书·新知三联书店，1988 年。
富育光，《萨满教与神话》，辽宁大学出版社，1990 年。
赵国华，《生殖崇拜文化论》，中国社会科学出版社，1990 年。
叶舒宪，《中国神话哲学》，中国社会科学出版社，1992 年。
富育光、王宏刚，《萨满教女神》，辽宁人民出版社，1995 年。
叶舒宪，《高唐神女与维纳斯：中西文化中的爱与美主题》，中国社会科学出版社，1997 年。
孟慧英，《萨满英雄之歌》，社会科学文献出版社，1998 年。
宋和平，《〈尼山萨满〉研究》，社会科学文献出版社，1998 年。
黄任远，《通古斯－满语族神话研究》，黑龙江人民出版社，1999 年。
徐昌翰、黄任远，《赫哲族文学》，北方文艺出版社，2000 年。
徐昌翰、隋书今、庞玉田，《鄂伦春族文学》，北方文艺出版社，2000 年。
郭淑云，《原始活态文化——萨满教透视》，上海人民出版社，2001 年。
宋兆麟，《中国风俗通史·原始社会卷》，上海文艺出版社，2001 年。
于晓飞、黄任远，《赫哲族与阿伊努文化比较研究》，黑龙江人民出版社，2002 年。
白庚胜、郎樱主编，《萨满文化解读》，吉林人民出版社，2003 年。
黄任远，《赫哲那乃阿伊努原始宗教研究》，黑龙江人民出版社，2003 年。
王松林主编，《远去的文明：中国萨满文化艺术》，黑龙江人民出版社，2004 年。
叶舒宪，《千面女神》，上海社会科学院出版社，2004 年。
富育光、郭淑云，《萨满文化论》，台湾学生书局行，2005 年。
郭淑云，《中国北方民族萨满出神现象研究》，民族出版社，2007 年。
潜明兹，《中国神话学》，上海人民出版社，2008 年。
富育光主编，《金子一样的嘴——满族传统说部文集》，学苑出版社，2009 年。
黄任远、黄永刚，《赫哲族萨满文化遗存调查》，民族出版社，2009 年。
鲁刚，《文化神话学》，社会科学文献出版社，2009 年。
富育光、赵志忠编著，《满族萨满文化遗存调查》，民族出版社，2010 年。
关小云、王宏刚编著，《鄂伦春族萨满文化遗存调查》，民族出版社，2010 年。
郭淑云、沈占春主编，《域外萨满学文集》，学苑出版社，2010 年。
王青，《中国神话研究》，中华书局，2010 年。

高荷红，《满族说部传承研究》，中国社会科学出版社，2011 年。
郎樱，《中国北方民族文学比较研究》，民族出版社，2011 年。
高凯军，《通古斯族系的兴起》（第二版），中华书局，2012 年。
邵汉明主编，《满族古老记忆的当代解读》，长春出版社，2012 年。
叶舒宪编选，《神话——原型批评》，陕西师范大学出版总社有限公司，2012 年。
朝克，《满通古斯语族语言词汇比较》，中国社会科学出版社，2014 年。
朝克，《满通古斯语族语言词源研究》，中国社会科学出版社，2014 年。
朝克，《满通古斯语族语言研究史论》，中国社会科学出版社，2014 年。
吴刚主编，《汉族题材少数民族叙事诗译注·达斡尔族、锡伯族、满族卷》，民族出版社，2014 年。

二、口述文本

《黑龙江民间文学》（1—23 卷），中国民间文艺研究会黑龙江分会编，1986 年。
凌纯声，《松花江下游的赫哲族》，根据 1934 年国立“中央研究院”语言研究所（刊印本影印），上海文艺出版社，1990 年。其次，根据 1934 年南京初版，1991 年 10 月景印一版，“中央研究院”历史语言研究所发行的凌纯声，《松花江下游的赫哲族》。
傅英仁讲述、张爱云整理，《满族萨满神话》，黑龙江人民出版社，2005 年。
吴景春，《中国歌谣集成·吉林卷》，中国 ISBN 中心出版，2005 年。
马亚川遗稿，黄任远、王益章整理，《女真萨满神话》，黑龙江人民出版社，2006 年。
傅英仁讲述，程迅、王宏刚整理，《萨布素将军传》，吉林人民出版，2007 年。
傅英仁讲述，宋和平、王松林记录整理，《东海窝集传》，吉林人民出版社，2007 年。
富育光讲述、王慧新整理，《雪妃娘娘和包鲁嘎汗》，吉林人民出版社，2007 年。
富育光讲述、于敏整理，《萨大人传》，吉林人民出版社，2007 年。
关墨卿讲述、于敏整理，《萨布素将军外传》，吉林人民出版社，2007 年。
郭崇林，《中国歌谣集成·黑龙江卷》，中国 ISBN 中心出版，2007 年。
荆文礼、富育光汇编，《尼山萨满传》，吉林人民出版社，2007 年。

鲁连坤讲述、富育光整理，《乌布西奔妈妈》，吉林人民出版社，2007 年。
傅英仁、关墨卿讲述，王松林整理，《比剑联姻》，吉林人民出版社，2009 年。
傅英仁讲述，王宏刚、程迅整理，《红罗女三打契丹》，吉林人民出版社，2009 年。
富育光讲述、荆文礼整理，《苏木妈妈 创世神话与传说》，吉林人民出版社，2009 年。
富育光讲述、荆文礼整理，《天宫大战 西林安班玛发》，吉林人民出版社，2009 年。
富育光讲述、王慧新整理，《恩切布库》，吉林人民出版社，2009 年。
马亚川讲述，王宏刚、程迅整理，《女真谱评》，吉林人民出版社，2009 年。
张立忠讲述，张德玉、张一、赵岩整理，《平民三皇姑》，吉林人民出版社，2009 年。
赵书、常利民、崔墨卿主编，《八旗子弟传闻录》，吉林人民出版社，2009 年。
黄任远主编，《黑龙江流域少数民族英雄叙事诗·赫哲族卷》，黑龙江人民出版社，2012 年。

后记

这部书稿即将付梓，却有意犹未尽之感。研究过程中，满通古斯语族的女萨满在起源神话中的主体地位，以及部落大联盟时期的女萨满兼部落酋长、联盟盟主的叙事内容，都说明在东北辽阔地域的社会制度变迁中，女萨满具有举足轻重的历史地位。

萨满教是地域性宗教，信奉萨满教的满通古斯语族女真人、满族、赫哲族、鄂伦春族、鄂温克族、锡伯族等民族作为东北古老的世居民族，留下了今天仍然能够“打湿你的双眼，直抵你的心扉”的神话、英雄史诗、传奇、故事、歌谣。这些血脉相连的文化基因经过无数次命运的砥砺和风霜的浸染，内行于外，育化出一系列独特的精神特质，生发出这一区域气势磅礴、开拓进取、戮力同心、险舟共济、威武不屈、“性秉金灵”的壮观生命景象。身怀绝技、富于牺牲精神的女萨满乌布西奔妈妈、恩切布库妈妈、苏木妈妈、尼山萨满、红罗女、敖东妈妈，身上所具有的勇敢智慧、不计得失、自由奔放的大家风范，仍为今天的人所景仰和追捧。生命在此，实为高蹈，恰凤凰涅槃般绚烂多姿，引人遐思。

2007 年，我因主持黑龙江省社科规划项目“兴安岭生态文化形态研究”(06D106)，带队赴大兴安岭加格达奇、塔河、呼玛、漠河等地调研。在与呼玛县白银纳鄂伦春族乡最后一个女萨满关扣尼的对话过程中，惊奇地发现这位从未进过学堂的老人有着超强的记忆力和严谨的思维逻辑，尤其是她的睿智风采，让我深深折服。这也是促使我引入女性主义立场研究口述资源的动因。

2017 年，我主持的国家社科基金项目“满通古斯语民族民间口述资源的女性研究”（12BZW124）结项。从课题立项到结项，在民间文学领域里摸爬滚打了多年，发表了一系列阶段性成果。在中国女性文学委员会与广西民族大学举办的第 11 届中国女性文学学术研讨会上，发表了《满族说部〈乌布西奔妈妈〉女性生态叙事》；在中国社会科学院民族文学研究所与伊犁师范学院举办的中国少数民族文学学会 2013 年年会暨学术研讨会上发表了《归顺与辅佐：伊玛堪女萨满性别叙事》；在中国社会科学院与中央民族大学举办的多元文化视野下的满族说部研讨会上发表了《〈乌布西奔妈妈〉女性传承特点及主体叙事策略》；在南开大学文学院主办的中国性别视角与文学文化研究学术论坛上发表了《伊玛堪与满通古斯语族的女萨满崇拜》；在黑龙江省文化厅主办的黑龙江省伊玛堪学术研讨会上发表了《赫哲族伊玛堪说唱：父权制下的性别叙事》；在广西社会科学院主办的民族文化传承与发展学术研讨会暨全国社会科学院文学所所长联席会上发表了《赫哲族口述资源伊玛堪的创新型思维》等论文。尤其是在国家级期刊《民族文学研究》（2014 年 1 期）发表了论文《伊玛堪女萨满“人鹰互变”模式》，为此次学术历程增添了不小的惊喜。上述阶段性成果或被《中国现代文学研究丛刊》《中国妇女报》、中国女性文学网、中国民族文学网等转载引用，或获奖，或开办讲座。随着研究的深入，观点日渐成熟。满通古斯语族口耳相传的故事，为曾经过往的女性生命留下了辉煌灿烂的注脚。毋庸置疑，从未有过的崭新学术体验令我欣喜若狂，感慨万千。世界上所有的生命都有尊严，女萨满熟谙大自然规律，辨识动植物属性，与自然共舞的聪明才智，成就了她们通灵的生态禀赋。她们与自然界的默契如同建造了一所迷宫，为后世提供了不懈探索、反复开解的动力。

中国自 20 世纪 80 年代引入口述理论以来，女性主义也进入该领域。遗憾的是，结合地域民间口述资源的女性研究非常之少。这部书稿旨在把被正史遮蔽的民间女性声音召唤到前台，展示其鲜活独特的地域性和民俗特征，探讨民间口述文化传承过程中，地域性女萨满叙事、女英雄叙事大量存在而母性精神、女性精神研究相对匮乏的问题。

书稿第一章至第七章以及全书策划设计、统稿由我完成，第八章由郭崇林与我共同完成。

感谢黑龙江历史文化研究工程编撰委员会。感谢周峰书记、赵儒军所长对本项目的大力支持。感谢中国社会科学院学部委员、中国社会科学院民族文学研究所所长朝戈金先生对本项目的指导。在本书的写作过程中，许多同行朋友提供了资料帮助，在此一并谢过。感恩朋友，感恩学术给予我的快乐！

郭淑梅

2018 年 10 月 17 日于哈尔滨